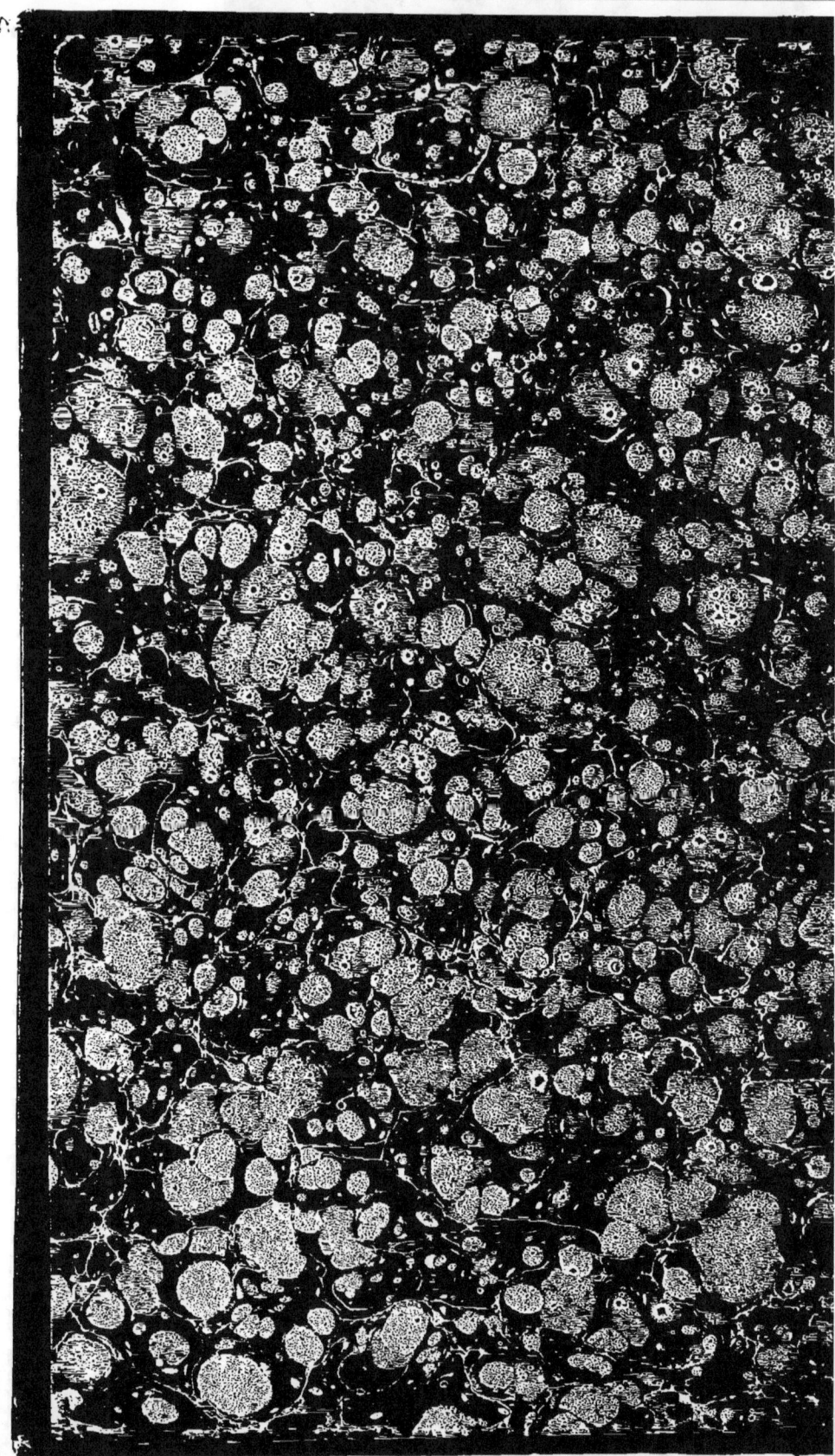

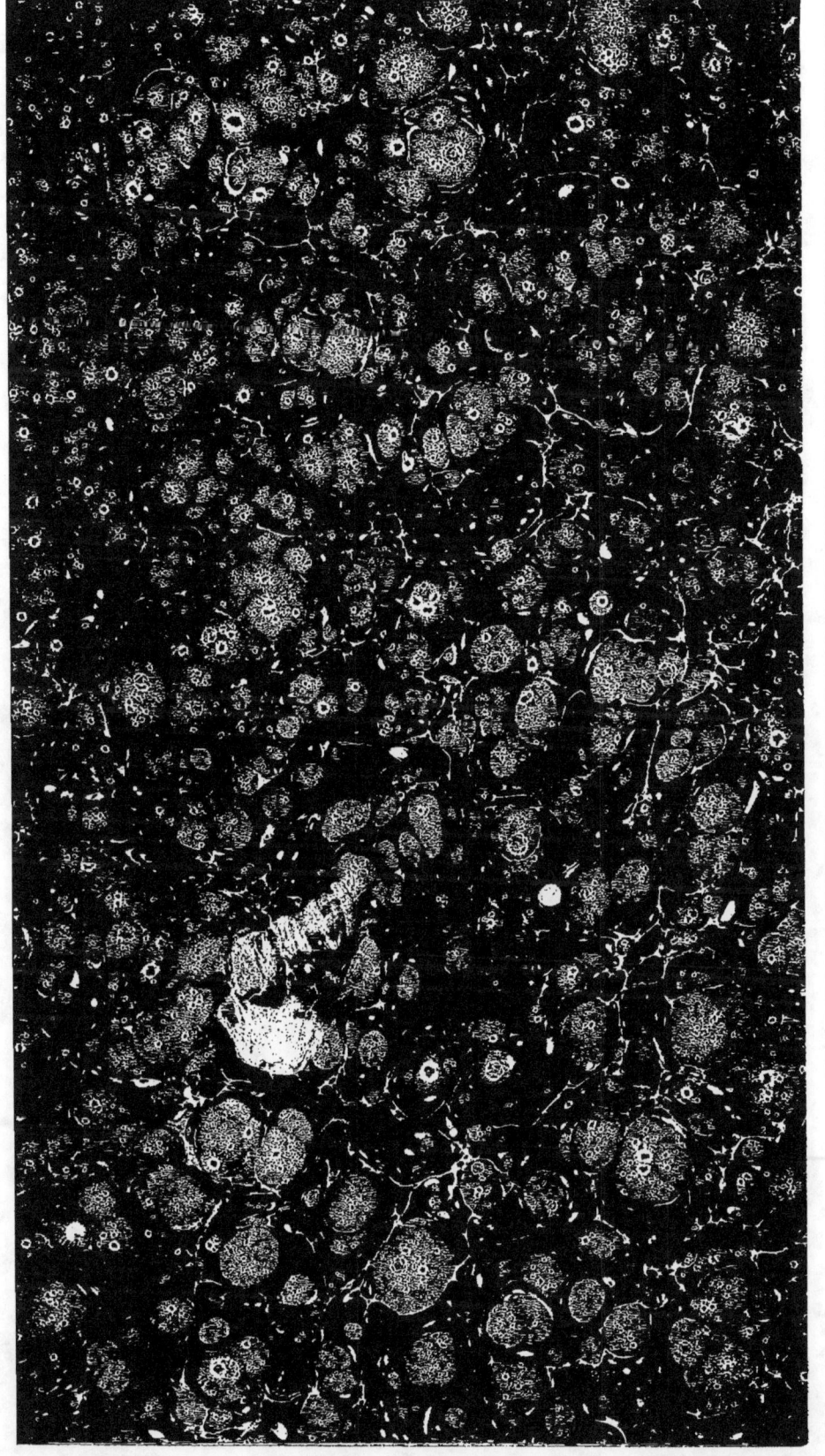

L'EUROPE

PENDANT

LE CONSULAT ET L'EMPIRE

DE NAPOLÉON.

PARIS. — IMPRIMERIE D'AMÉDÉE GRATIOT ET Ce,
11, rue de la Monnaie.

L'EUROPE

PENDANT LE CONSULAT ET L'EMPIRE

DE

NAPOLÉON

PAR

M. CAPEFIGUE

Tome deuxième.

PARIS
PITOIS-LEVRAULT ET Cie, RUE DE LA HARPE, 81.

A l'Étranger

DULAU et Cie, à Londres.
ROHRMANN et SCHWEIGERD, à Vienne.
AL. DUNCKER, à Berlin.
BOCCA, à Turin.
DUMOLARD et fils, à Milan.

ZEELT, à Amsterdam.
BELLIZARD et Cie, à Saint-Pétersbourg.
JUGEL, à Francfort-sur-le-Mein.
BROCKHAUS, à Leipzig.
ARTARIA et FONTAINE, à Mannheim.

1840.

L'EUROPE

PENDANT

LE CONSULAT ET L'EMPIRE

DE NAPOLÉON.

CHAPITRE I.

ORGANISATION DU GOUVERNEMENT PROVISOIRE.

Conséquence du coup-d'état du 18 brumaire. — Réunion clandestine des Conseils. — Fausse délibération. — Résolution de nuit. — Formation d'un Consulat provisoire. — Commission législative des Anciens et des Cinq-Cents. — Premiers actes du Consulat. — Proscriptions. — Déportations. — Révocation de la loi des otages. — De l'emprunt forcé. — Ordre et police de Paris. — Opinion publique.

Novembre 1799.

Ce n'est pas la journée d'un coup-d'état qu'il est difficile de passer, c'est le lendemain : détruire un gouvernement c'est l'œuvre de l'audace et de la force; souvent il suffit d'une fureur de peuple ou de quelques régiments qui s'exaltent pour un homme ou pour une cause; dans quelques heures tout est dit, le pouvoir fléchit et tombe. La tâche véritablement pénible et haute consiste à créer après avoir anéanti ; il faut établir un nouvel édifice quand le vieil ordre est complétement en ruines. Organiser en matière de gouvernement, c'est la véritable puissance intellectuelle, la force d'esprit des hommes d'état, et, sous ce point de vue surtout, le Consulat est une magnifique époque [1].

Les grenadiers avaient fait évacuer la salle des Cinq-Cents à la baïonnette; les bancs étaient vides; nulle opposition, nulle résistance ne se montrait. Les conjurés du 18 brumaire remportaient une victoire complète; il n'y avait plus de Conseils, plus d'orateurs véhéments, qui pussent faire entendre les derniers accents de la République expirante. Qu'était devenu le Directoire? le sceau même de l'État avait été apporté par le secrétaire, M. Lagarde. Fouché répondait de la tranquillité de Paris et de la paix des Jacobins [2]; les conjurés en pleine possession du gouvernement, devaient pourtant le manifester par des actes : la constitution de l'an III n'était-elle pas entièrement renversée? Les pouvoirs n'existaient plus; où étaient les Conseils? où chercher les représentants du peuple? Le Directoire donnait sa démission; Barras était parti pour chasser avec sa grande meute, en vrai gentilhomme, à Gros-Bois, tandis que le président Gohier et le général

---

[1] « Tout ici a changé comme par l'effet d'un pouvoir magique : l'arrivée d'un seul homme a produit cet étonnant prodige. Il ne faut croire cependant ni au récit officiel de la journée de Saint-Cloud, ni à l'éloquence, ni au sang-froid de Bonaparte dans cette occasion, ni à ses dangers personnels, ni au coup de poignard reçu par un grenadier qui le défendait contre ses assassins; ce sont autant de mensonges débités par lui et les siens pour abuser le public et l'intéresser à sa personne. Mais ce qui est de toute vérité, c'est l'impuissance dans laquelle l'État était tombé avant son administration, et le bien sans exemple qu'elle a rapidement produit. Tel est l'avantage, plus senti que jugé, de l'unité du pouvoir sur sa diffusion ; de la pratique du gouvernement sur la théorie ; de l'intérêt conservateur sur le délire des passions. Il fallait cette dernière révolution pour pouvoir sonder les plaies de la France; il les fallait aussi pour les cicatriser. » (Dépêche d'un agent secret prussien, au ministre Haugwitz).

[2] Une proclamation de Fouché était partout affichée : la voici :
Le ministre de la police générale de la République, à ses concitoyens.

« Citoyens, le gouvernement était trop faible pour soutenir la gloire de la République contre les ennemis extérieurs, et garantir les droits des citoyens contre les factions domestiques ; il fallait songer à lui donner de la force et de la grandeur.

« La sagesse nationale, le conseil des Anciens, en a conçu la pensée, en a manifesté la volonté.

« Il a ordonné la translation du Corps législatif hors de l'enceinte où trop de passions grondaient autour de lui.

Moulins, tenus captifs au Luxembourg, protestaient vainement sous la garde de Moreau. La troupe saluait de ses acclamations le dictateur victorieux, soutenu par les chefs les plus brillants de l'armée.

Était-ce là une organisation politique ? La force avait dispersé les autorités anciennes, ne fallait-il pas établir un pouvoir légitime qui les remplaçât? Dans les révolutions il faut toujours, à côté de la force qui agit, un certain semblant de lois qui transforme les actes de violence en mesure politique ; autrement ils n'impriment aucun respect. Les conjurés du 18 brumaire l'avaient compris ; il fallait bien en finir sans doute par un coup de soldats, puisque la résistance était violente; mais pour donner un caractère stable à la forme du gouvernement qu'on allait fonder, on devait, de toute nécessité, le revêtir de quelque légalité.

Le soir du coup-d'état, les hommes politiques et habiles qui avaient présidé à la crise de la journée, réunis en conseil, songèrent à formuler l'organisation

« Les deux Conseils allaient proposer des mesures dignes du peuple français.

« Une poignée de factieux a voulu y mettre obstacle, ils se sont livrés à une fureur que l'immense majorité a rendue impuissante.

« Cette majorité libératrice s'est réunie après la dispersion des factieux ; elle a chargé deux commissions, prises dans le sein des Conseils, du dépôt de la puissance législative.

« Elle a remis l'autorité exécutive entre les mains de trois Consuls, qu'elle a revêtus des mêmes pouvoirs que le Directoire.

« Elle a choisi les citoyens Sieyès, Bonaparte et Roger-Ducos, et aujourd'hui ils entrent en fonctions.

« De ce moment, un nouvel ordre de choses commence. Le gouvernement fut oppresseur, parce qu'il fut faible ; celui qui lui succède s'impose le devoir d'être fort pour remplir celui d'être juste.

« Il appelle, pour le seconder, tous les amis de la République et de la liberté, tous les Français.

« Unissons-nous pour rendre le nom de citoyen français si grand, que chacun de nous, orgueilleux de le porter, oublie les désignations funestes à l'aide desquelles les factions ont préparé nos malheurs par nos divisions.

« Les Consuls atteindront ce but parce qu'ils le veulent fortement.

« Bientôt les bannières de tous les partis seront détruites ; tous les Français seront ralliés sous l'étendard républicain.

« Bientôt les travaux du gouvernement assureront le triomphe de la République, au dehors par la victoire, sa prospérité au dedans par la justice, et le bonheur du peuple par la paix. »   Fouché.

définitive du nouveau pouvoir qu'ils voulaient établir. Tout ce qui s'était passé semblait si extraordinaire, qu'on arrêta d'abord d'expliquer et de justifier en quelque sorte la journée du 18 brumaire, en face de l'opinion publique alarmée [1]; quelle autorité mettrait-on en action pour prononcer la déchéance de l'ancien pouvoir renversé de fait et pour en constituer un nouveau? Quel serait le gouvernement provisoire? les deux Conseils étaient dispersés, la plupart des membres quittaient Saint-Cloud à la hâte, et d'ailleurs auraient-ils été présents, que les opinions étaient tellement irritées qu'on ne pouvait rien obtenir des députés; on les avait chassés ignominieusement par la force militaire. Que faire dans cette situation si violente? comment imprimer un caractère de légalité à une contre-révolution tout entière opérée par la force des baïonnettes à la vue de tous? J'ai dit que les conjurés du 18 brumaire faisaient presque tous partie des deux Conseils; comme ils étaient engagés dans les événements des deux journées, à ce point qu'ils jouaient leur fortune et leur vie, nul ne pouvait refuser son assentiment aux faits organisateurs du gouvernement. Tous ces hommes étaient habiles, entreprenants; on avait commencé par la force qui expulsa le vieux Directoire, on finit

---

[1] C'est ce qui donna lieu à la proclamation suivante, émanée des Consuls.
Les Consuls de la République aux Français,
Du 20 brumaire, an VIII.

« La constitution de l'an III périssait; elle n'avait su ni garantir vos droits, ni se garantir elle-même. Des atteintes multipliées lui ravissaient sans retour le respect du peuple; des factions haineuses et cupides se partageaient la République. La France approchait enfin du dernier terme d'une désorganisation générale.

« Les patriotes se sont entendus. Tout ce qui pouvait vous nuire a été écarté; tout ce qui pouvait vous servir, tout ce qui était resté pur dans la représentation nationale, s'est réuni sous les bannières de la liberté!

« Français, la République raffermie et replacée dans l'Europe au rang qu'elle n'aurait jamais dû perdre, verra se réaliser toutes les espérances des citoyens, et accomplira ses glorieuses destinées.

« Prêtez avec nous le serment que nous faisons d'être fidèles à la République, une et indivisible, fondée sur l'égalité, la liberté et le système représentatif. »

Par les Consuls de la République : Sieyès, Roger-Ducos, Bonaparte.

par un mensonge dans l'organisation du nouveau pouvoir.

En révolution les grands résultats sont souvent obtenus par un faux semblant de légalité; les premiers actes d'un gouvernement sont presque toujours entachés de fraudes heureuses et de surprises nécessaires. On suppose des actes ou des signatures, des volontés ou des assentiments qui n'ont jamais existé; sûr qu'on est de ne point recevoir de démenti quand la victoire vous reste. Les hommes d'état qui menaient le 18 brumaire, MM. de Talleyrand, Fouché, Berlier, Boulay (de la Meurthe), Sieyès, déclarèrent qu'un moyen légal se présentait; rien n'était plus simple que de réunir tous ceux des représentants qu'on avait sous la main; seraient-ils dix, vingt, peu importait; et de supposer ainsi une délibération des deux Conseils pour changer la forme du gouvernement. Qui pourrait s'informer du nombre des votants? qui viendrait calculer les voix et compter les majorités et les minorités? les deux Conseils n'étaient-ils pas en poussière[1]! les signatures du président et du secrétaire ne suffisaient-elles pas pour constater légalement que la délibération avait eu lieu? On était maître de la presse par la police; nul journal n'oserait dire la vérité sur la séance; on insérerait les résolutions dans le Bulletin des lois comme un acte constitutionnel, et tout serait dit et accompli. La révolution politique prendrait de cette manière un caractère légal; elle serait sanctionnée.

Il n'y eut donc pas de délibération et de résolution

---

[1] Toutes les formules prennent les apparences de la loi, en voici un exemple :

« En exécution de la loi de ce jour, portant qu'avant sa séparation, et séance tenante, chaque Conseil nommera dans son sein une commission composée de vingt-cinq membres, lesquels statueront, pendant l'ajournement du Corps législatif, avec la proposition formelle et nécessaire de la commission consulaire exécutive, sur tous les objets urgents de police, de législation et des finances; — Le conseil des Cinq-Cents nomme, pour composer la commission prise dans son sein qu'il est chargé de former, les représentants du peuple, etc, »

législatives dans les deux Conseils, comme il semble résulter du Bulletin des lois; les conjurés eux-mêmes rédigèrent tous les actes pour sanctionner le mouvement militaire qui avait expulsé de leurs fonctions les représentants dans la journée du 19 brumaire. Il était curieux de voir, dans l'orangerie de Saint-Cloud, les initiés au complot délibérer à eux seuls comme une assemblée légale, la nuit, à la lueur de quelques bougies, ici là posées sur des bancs [1]. Les membres principaux des deux Conseils présents étaient : MM. Cabanis, Boulay (de la Meurthe), Chazal, Lucien Bonaparte, Chénier, Creuzé-Latouche, Bérenger, Daunou, Gaudin, Jacqueminot, Beauvais, Arnould, Mathieu, Thiessé, Villetard, Girot-Pouzot, Gourlay, Casenave, Chollet, Ludot, Devinck, Thierry, Frégeville, Thibaud, Chabaud, Bara, Lebrun, Garat, Rousseau, Vimar, Cretet, Lemercier, Régnier, Cornudet, Porcher, Vernier, Lenoir-Laroche, Cornet, Goupil-Préfeln, Sédillez, Laloi, Sargues, Péré, Depère, Laussat, Chassiron, Perrin, Caillemer, Châtry-Lafosse, Herwyn et Beaupuy. Peu à peu on put réunir cent-quatre-vingt votants [2] sur les six cents membres qui votaient habituellement dans les deux Conseils; tous étaient entrés plus ou moins directement dans la conjuration, quelques autres s'y étaient rattachés après la victoire. Comme il arrive toujours, on allait aux triomphateurs pour se partager les débris de l'ancien gouvernement. Il faut pourtant dire à l'honneur des deux Conseils, que presque tous les patriotes restèrent en dehors de l'intrigue, et que l'événement du 18 brumaire resta ce qu'il devait être, dans les termes d'une conjuration heureuse et nécessaire.

Les premières opérations du conciliabule formé à

---

[1] Récit de M. Collot sur le 18 brumaire. [2] Le mémoire secret dit cent-vingt.

Saint-Cloud au milieu de la nuit, devaient être la formation d'un gouvernement provisoire; la force était en pleine voie de succès, et rien dès lors ne s'opposait à l'établissement d'une administration régulière : qui pouvait songer encore à réunir les Conseils et à solliciter leur appui? ils s'étaient dispersés par les portes et les fenêtres. Les conjurés victorieux rédigèrent un décret qui les ajournait à trois mois : ils l'étaient par le fait [1], car les grenadiers avaient saisi au collet les représentants de la nation. Ce qui était fait se trouvait sanctionné, et pour remplacer le Corps législatif, on forma deux commissions provisoires qui durent agir pendant l'absence des Conseils et les remplacer dans les fonctions législatives. Les conjurés se désignèrent eux-mêmes comme membres des commissions, chose simple; ils étaient seuls et se choisirent, que pouvaient-ils faire de mieux? Ces commissions devaient exercer toute la puissance de la loi pendant l'ajournement des Conseils.

Ensuite on s'occupa de l'action du gouvernement, la force essentielle pour diriger les affaires publiques. On se rappelle que l'idée de l'abbé Sieyès avait été d'abord de réduire les cinq Directeurs à trois pour marcher plus vivement vers l'unité; le titre de Directeur n'était-il pas trop flétri? celui de Consul parut à Bonaparte plus mâle, plus romain. Trois Consuls furent nommés, provisoires aussi, comme les commissions législatives : les deux Directeurs qui s'étaient réunis au conseil des Anciens, Sieyès et Roger-Ducos, désignés d'avance, eurent les deux premières places du Consulat; la troisième fut confiée à Bonaparte, avec le titre de troisième Consul. Le général se plaça modestement à la suite de Sieyès et

---

[1] Tous ces actes sont insérés au Bulletin des lois comme disposition législative.

de Roger-Ducos; il ne prit dans le décret, que la dernière position, et c'est pourtant pour lui et par lui que tout le mouvement avait été fait. Bonaparte marche lentement et avec mesure à la conquête du pouvoir; il craint de blesser les susceptibilités dans les premiers moments du 18 brumaire, et de révéler ses desseins d'avenir [1]. Les trois Consuls recevaient des pouvoirs extraordinaires afin de rétablir l'ordre public et la tranquillité générale; en leurs mains était déposée une sorte de dictature politique, un droit de sauver la patrie; ce qui comprenait tous les pouvoirs dans un même acte.

Enfin, et comme complément de cette première mesure, un dernier coup-d'état rédigé dans ce conciliabule, déclarait exclus de la représentation nationale, pour excès et attentats commis dans la journée du 18 brumaire, tous les ennemis de Bonaparte, les patriotes qui avaient exprimé une opinion ardente dans les Cinq-Cents; tels que Talot, Aréna, Poulain-Grandprey, Bertrand (du Calvados), Destrem, et une foule d'autres Jacobins obscurs qui pouvaient se réunir à Paris, et proclamer dans un nouveau Jeu-de-Paume, l'illégalité des actes des deux journées militaires. On sortait tout à fait des voies légales : une petite fraction des Conseils proscrivait la majorité, et se substituait à la souveraineté populaire. Ces commissions qui s'étaient formées elles-mêmes, exilaient leurs collègues parce qu'ils n'avaient pas partagé leur complicité dans le coup-d'état; on allait aussi loin que le 18 fructidor, comme

---

[1] Le général parlait sans cesse de sa retraite philosophique à la Malmaison. Au reste, Bonaparte avait besoin de grands ménagements.

Quelqu'un ayant osé dire, devant le général Lefebvre, que Bonaparte serait roi de France avant deux ans, cet officier tira son sabre, avec un mouvement d'indignation, et, frappant vivement sur une table voisine: « Voilà, dit-il, ce qui ferait justice de l'audacieux qui chercherait à détruire la République. » La République fut néanmoins détruite, et personne ne tira le sabre pour la défendre.

arbitraire, seulement on se dispensait de la cruauté.

Les trois Consuls formaient le véritable et seul gouvernement et leur triumvirat composait une dictature hautement organisée; le Consulat était une idée de l'abbé Sieyès et de Bonaparte qui avaient grande vénération pour les noms antiques, et les attributs républicains sans la République; on marchait à la dictature avec hardiesse. Le nombre de cinq Directeurs était réduit à trois Consuls, et le Consulat lui-même devait plus tard se résumer dans la seule unité de Bonaparte, premier Consul : telle était la tendance des esprits, fatigués du tumulte et de la vie orageuse des révolutions; on voulait bien sauver les intérêts acquis, consacrer les existences que cette Révolution avait fait naître; mais ses formes paraissaient comme un grand désordre qu'il fallait au plus tôt faire cesser pour courir à l'idée monarchique.

Tous ces actes se firent de nuit, avec la plus grande précipitation [1], parce que l'on craignait toujours quelques tentatives des Jacobins sur les faubourgs de Paris; Fouché, comme ministre de la police, avait hâtivement quitté l'orangerie de Saint-Cloud, à peine veuve des deux Conseils, pour empêcher tout essai de réunion soudaine et factieuse des Jacobins, soit dans leurs clubs, soit dans le Manége. Il avait vu les chefs principaux et suivait toutes leurs démarches; il persuada aux généraux mécontents, à Bernadotte, Augereau, Jourdan, qu'ils devaient rester paisibles : « Bonaparte n'avait, disait-il, qu'un pouvoir complétement provisoire. » Tout en jouant la sécurité profonde, Fouché redoutait que les têtes ardentes ne se vissent dans les clubs, pour renouveler le fameux serment du Jeu-de-Paume, et exciter l'émeute des faubourgs; et c'était afin de l'éviter que les Conseils de

[1] Récit de M. Collot (19 brumaire).

Saint-Cloud avaient déclaré indignes de la représentation nationale les plus fiers, les plus ardents du parti patriote.

Fouché en arrivant à Paris mit toute la police sur pied avec un dévouement qui saluait le parti vainqueur. Les barrières furent un moment fermées; on jeta dans les rues des proclamations pleines de promesses pour préparer les esprits à l'adoption du nouveau système [1]. Une simple ordonnance du ministre suffit pour dissoudre les douze municipalités de Paris, formées dans un esprit trop révolutionnaire; les clubs en disposaient depuis le 18 fructidor. On ne laissa subsister que le département, sous la direction de M. Réal, tout entier dans les intérêts et les idées des conjurés. M. Réal, habile, et grand roué d'opinions, montra du zèle et une activité remarquable au 18 brumaire; il domina le département de Paris et les autorités municipales; on retrouva le vieux procureur de la commune sous Chaumette.

Dès que le jour se leva sur Paris, on répandit à profusion les décrets de la veille, avec des explications et des commentaires de police, et le *Moniteur* parut avec une longue apologie du mouvement qui venait de s'opérer... Tout y était défiguré, les séances des Conseils et leurs délibérations soudaines et clandestines; le récit supposait ce qui n'avait jamais eu lieu : que le Consulat avait été institué par la volonté des représentants, tandis que, depuis la dispersion des Conseils par la force militaire, il n'y avait plus eu de délibérations légales. Tout ce qui s'était passé dans la nuit n'était que le résultat

---

[1] Bonaparte donna le commandement du quartier-général à Lannes, celui du Luxembourg au général Milhaud, celui du palais du conseil des Cinq-Cents au général Murat; celui de l'artillerie au général Marmont; et choisit pour son lieutenant-général, le général Lefebvre. Le général Berruyer conserva le commandement des Invalides, le général Morand eut celui de Paris, et les généraux Serrurier et Macdonald, ceux de Saint-Cloud et de Versailles.

d'un vaste plan qui plaçait le gouvernement sous la main de Bonaparte. Qui ne se rappelle les touchantes histoires sur les dangers qu'avait courus le général? On supposa des poignards, des complots, des assassinats, et comme il faut toujours des apothéoses, la police politique inventa la fable du grenadier Thomé, blessé en sauvant les jours de Bonaparte; il eut une pension, une récompense nationale, car les premiers jours d'un pouvoir sont toujours prodigues en enthousiasme. Le grenadier Thomé devint pour le 18 brumaire ce que le vieillard à la longue barbe fut à la prise de la Bastille. Il faut mener le peuple par des images saisissantes; Thomé reçut deux baisers de madame Bonaparte; ils retentirent au cœur de l'armée[1].

Enfin Bonaparte lui-même crut indispensable de s'adresser aux Français pour faire connaître sa pensée. Ses amis lui conseillèrent une apologie de sa conduite, et il la dicta en ces termes :

« A mon retour à Paris, j'ai trouvé la division dans toutes les autorités, et l'accord établi sur cette seule vérité que la constitution était à moitié détruite et ne pouvait sauver la liberté.

« Tous les partis sont venus à moi, m'ont confié leurs desseins, dévoilé leurs secrets, et m'ont demandé mon appui : j'ai refusé d'être l'homme d'un parti.

« Le conseil des Anciens m'a appelé; j'ai répondu à son appel. Un plan de restauration générale avait été concerté par des hommes en qui la nation est accoutumée à voir des défenseurs de la liberté, de l'égalité, de la propriété : ce plan demandait un examen calme, libre, exempt de toute influence et de toute crainte. En conséquence, le conseil des Anciens a résolu la translation du

[1] Voir le curieux récit qui fut imprimé, par l'ordre de la police, le 20 brumaire, au matin.

Corps législatif à Saint-Cloud; il m'a chargé de la disposition de la force nécessaire à son indépendance. J'ai cru devoir à mes concitoyens, aux soldats périssant dans les armées, à la gloire nationale acquise au prix de leur sang, d'accepter le commandement.

« Les Conseils se rassemblent à Saint-Cloud; les troupes républicaines garantissent la sûreté au dehors. Mais des assassins établissent la terreur au dedans; plusieurs députés du conseil des Cinq-Cents, armés de stylets et d'armes à feu, font circuler tout autour d'eux des menaces de mort.

« Les plans qui devaient être développés sont resserrés, la majorité désorganisée, les orateurs les plus intrépides déconcertés, et l'inutilité de toute proposition sage évidente.

« Je porte mon indignation et ma douleur au conseil des Anciens; je lui demande d'assurer l'exécution de ses généreux desseins; je lui représente les maux de la patrie qui les lui ont fait concevoir : il s'unit à moi par de nouveaux témoignages de sa constante volonté.

« Je me présente au conseil des Cinq-Cents, seul, sans armes, la tête découverte, tel que les Anciens m'avaient reçu et applaudi; je venais rappeler à la majorité ses volontés et l'assurer de son pouvoir.

« Les stylets qui menaçaient les députés sont aussitôt levés sur leur libérateur; vingt assassins se précipitent sur moi et cherchent ma poitrine : les grenadiers du Corps législatif, que j'avais laissés à la porte de la salle, accourent, se mettent entre les assassins et moi. L'un de ces braves grenadiers *(Thomé)* est frappé d'un coup de stylet dont les habits sont percés. Ils m'enlèvent.

« Au même moment les cris de *hors la loi* se font entendre contre le défenseur *de la loi.* C'était le cri farouche des assassins contre la force destinée à les réprimer.

« Ils se pressent autour du président, la menace à la bouche, les armes à la main ; ils lui ordonnent de prononcer le hors la loi ; l'on m'avertit ; je donne ordre de l'arracher à leur fureur, et six grenadiers du Corps législatif s'en emparent. Aussitôt après, des grenadiers du Corps législatif entrent au pas de charge dans la salle, et la font évacuer.

« Les factieux intimidés se dispersent et s'éloignent : la majorité soustraite à leurs coups rentre librement et paisiblement dans la salle de ses séances, entend les propositions qui devaient lui être faites pour le salut public, délibère, et prépare la résolution salutaire qui doit devenir la loi nouvelle et provisoire de la République.

« Français, vous reconnaîtrez sans doute à cette conduite le zèle d'un soldat de la liberté, d'un citoyen dévoué à la République. Les idées conservatrices, tutélaires, libérales, sont rentrées dans leurs droits par la dispersion des factieux qui opprimaient les Conseils, et qui, pour être devenus les plus odieux des hommes, n'ont pas cessé d'être les plus méprisables. »

19 brumaire, onze heures du soir.   BONAPARTE.

Ce récit justificatif, qui se ressent des émotions de la journée, était plein de faits controuvés. Il n'était pas un membre du Conseil qui ne sût la réalité sur la séance. Mais tel était le besoin d'ordre dominant les esprits, telle était la tendance vers une administration forte, unie, que tout était permis à la nouvelle autorité. Le Consulat fut salué comme une vérité heureuse et réalisée ! Bonaparte pouvait changer, bouleverser sans qu'on s'inquiétât du système qu'il allait remplacer dans l'État. Ainsi les choses arrivent toujours quand une forme de gouvernement est finie ; peu importe alors que l'acte qui la renverse soit légal ou illégal, on ne s'en inquiète pas; ce qu'on veut avant tout, c'est le changement.

Au reste, les présidents des conseils des Cinq-Cents et des Anciens, c'est-à-dire les chefs des conjurés eux-mêmes, adressèrent à leur tour une proclamation au peuple : on y parlait aussi des factieux, des poignards et des mains parricides, avec les déclamations obligées contre le Directoire et la constitution de l'an III : « Les séditieux avaient plus d'une fois profité des parties faibles de la constitution, y disait-on, pour la détruire; le règne constitutionnel n'était plus qu'une suite de révolutions; il fallait enfin que la grande nation eût un gouvernement digne d'elle; c'était le but de tous les actes accomplis dans les dernières séances; le royalisme ne devait plus relever la tête, les traces hideuses du gouvernement révolutionnaire étaient effacées [1]. » Double phrase, toujours jetée dans les adresses, afin de populariser le gouvernement consulaire parmi les idées bourgeoises. Il est rare qu'un pouvoir nouveau ne déclame pas contre l'ancien ordre de choses; il vit à ses dépens, il ronge ses derniers débris. Cette proclamation, signée de Lucien Bonaparte, président du conseil des Cinq-Cents, fut affichée à Paris et dans toutes les communes de la République. De tels manifestes, émanés du pouvoir, plaisent à la foule; elle y cherche des garanties pour son repos et voit qu'on fait attention à elle; le peuple étudie la pensée de ceux qui le gouvernent. Les proclamations diffèrent peu; tous les pouvoirs promettent la même chose : la liberté et

---

Français!
« La République vient encore une fois d'échapper aux fureurs des factieux; vos fidèles représentants ont brisé le poignard dans ces mains parricides; mais après avoir détourné les coups dont vous étiez immédiatement menacés, ils ont senti qu'il fallait prévenir pour toujours ces éternelles agitations; et, ne prenant conseil que de leur devoir et de leur courage, ils osent dire qu'ils se sont montrés dignes de vous. » etc.

l'ordre; tout ce qui n'est pas avec eux est factieux; tout ce qui n'a pas leurs principes est frappé de proscription.

Hélas! ces proscriptions commençaient; le gouvernement consulaire signalait son avénement par une mesure d'ordre et de sûreté générale, conseillée par Fouché et Sieyès contre les Jacobins; la Révolution ne se divisait jamais qu'en proscrits et en proscripteurs; les rôles changeaient alternativement entre les vainqueurs et les vaincus. Il ne s'agissait de rien moins que de frapper, comme au 18 fructidor, par un simple arrêté, des hommes ardents dans le parti jacobin, ceux que les Consuls craignaient avant tout. Il fallait s'en délivrer à tout prix; tant qu'ils seraient à Paris, qui pourrait répondre de la sûreté du gouvernement? Les proscrits furent frappés par le mot vague de sûreté générale. Un acte des Consuls prononçait la déportation de Destrem, Aréna, Marquézi, Truck, Félix Lepelletier, Charles Hesse, Scipion Duroure, Gagny, Massard, Fournier, Giraud, Fiquet, Bache, Boyer, Vanhek, Michel, Brutus Maignet, Marchand, Gabriel, Mamin, J. Sabatier, Clémence, Marné, Jourdeuil, Metge, Mourgoing, Corchand, Maignan, Henriot, Lebois, Soulavie, Dubreuil, Didier, Lamberté, Daubigny, Xavier et Audouin. Tous étaient les membres les plus ardents du club des Jacobins, hommes de tête et de cœur, capables de soulever les faubourgs; on les proscrivit par cela seul qu'on les craignait. Tel était le caractère de Fouché; il aimait les listes d'exil, nul n'était plus habile que lui à les composer parfaitement pour les besoins de la police [1].

---

[1] Le décret avait une disposition odieuse:

Art. 3. — « Immédiatement après la publication du présent arrêté, les individus compris dans les deux articles précédents seront dessaisis de l'exercice de tout droit de propriété, et la remise ne leur en sera faite que sur la preuve authentique de leur arrivée aux lieux fixés par le présent arrêté.

Art. 4. — « Seront pareillement dessaisis de l'exercice de ce droit, ceux qui quitteront le lieu où ils se seront rendus, où ils auront été conduits en vertu des dispositions précédentes.»

Dans une seconde catégorie, on plaçait les Jacobins moins dangereux, obligés de se rendre à La Rochelle, lieu affecté par la police. Fouché connaissait le degré d'énergie des révolutionnaires, et graduait pour chacun la peine; il comprenait dans la seconde catégorie, Briot, Antonelle, Lachevardière, Poulain-Grandprey, Grandmaison, Talot, Daubermesnil, Frison, Declercq, Lesage-Senault, Prudhon, Groscassand-Dorimond, Guesdon, Julien (de Toulouse), Santhonax, Tilly, Stevenotte, Gastaing, Bouvier et Delbrel. Ainsi ce ministre frappait les Jacobins redoutables au Consul; on les confondait tous sous le titre d'anarchistes, ou de terroristes, terme banal que la police d'alors avait jeté en avant pour excuser toutes les vengeances. Ces patriotes affiliés aux clubs, menaçaient le gouvernement établi; avec eux il n'y avait pas d'ordre possible; or, ces mesures de proscription dirigées contre des citoyens et par un simple arrêté, supposaient un commencement de pouvoir absolu, et d'une autorité inouïe; quoi! la signature de trois Consuls suffisait pour jeter en exil des hommes dangereux sans doute, mais contre lesquels il n'existait aucune culpabilité légale [1] et judiciaire. Ces caractères d'énergie que Sieyès et Fouché craignaient si vivement, Bonaparte lui-même les avait vus dans le conseil des Cinq-Cents, agitant leur toge, et demandant la mise hors la loi du général; le Consul avait peur de les retrouver comme obstacles à sa marche politique, et le triumvirat

---

[1] Aussi ces décrets donnèrent-ils lieu à de vives et ardentes réclamations : En voici une dans le style antique.

Dubreuil à Bonaparte.

« Livré par goût à la solitude, à la méditation, ne remplissant, ni ne voulant remplir aucune place; m'étant peu fait remarquer dans le cours de la Révolution, et par conséquent ne pouvant compter qu'un petit nombre d'ennemis, je languissais patiemment et avec une espèce de sécurité, avec ma femme et ma fille, sous l'abri que nous ne devons qu'à la commisération d'un citoyen compatissant, et sans lequel nous n'aurions d'autre toit que le ciel, en attendant que la justice vînt atteindre nos

nouveau les frappait sans s'arrêter aux principes de justice et de liberté qu'on n'invoquait plus que comme une forme; dans ces premiers moments, je le répète, un pouvoir peut tout oser; l'opinion l'appuie et le seconde parce qu'elle craint l'anarchie.

Depuis la nuit du 18 brumaire tout était violence et souplesse; on allait rudement à l'ordre; que coûtait une mesure de plus? dans une pareille ligne il faut nécessairement marcher; quand on a frappé un coup-d'état il faut briser tous les obstacles et aller jusqu'à la dernière limite. Le besoin impérieux d'ordre public est un mobile avec lequel on peut oser le despotisme; pour réparer les maux d'une société agitée, la dictature seule domine dans le faisceau des licteurs. L'autorité du Consulat fut forte parce qu'elle était nécessaire; garantissant les intérêts de la classe bourgeoise, elle fut secondée par l'opinion publique qui avait peur de la démocratie, idée passionnée du peuple.

Après avoir constaté sa puissance en exilant ses ennemis, la commission consulaire dut naturellement choisir ses ministres parmi les hommes qui l'avaient fortement secondée; MM. de Talleyrand et Fouché, les habiles meneurs du 18 brumaire, eurent chacun le département de leur spécialité; M. de Talleyrand prit les affaires étrangères, provisoirement conduites par M. Reinhard, sa créature; c'était une garantie donnée aux cabinets

---

spoliateurs lorsque le coup que tu as dirigé contre moi est venu me frapper à l'improviste.

« Tu avais promis d'être juste, et tu dresses des tables de proscription? Tu avais parlé d'*humanité*, et tu me condamnes, de ta seule autorité, à hâter ma propre destruction, en allant au travers des mers, passer les restes de ma vieillesse dans un désert pestilentiel! Tu veux encore, si je n'obéis à tes ordres suprêmes, que je sois privé avec ma femme et mes enfants de tout espoir de subsistance : ainsi, *par ton plaisir,* tu voues une famille entière à la mort la plus déplorable. Que t'ai-je fait? comment ai-je pu encourir ta disgrâce? de quelle part et sous quel rapport me connais-tu? » Cette harangue austère produisit une profonde sensation.

et à la vieille société; Fouché eut la police, parce qu'il contenait et servait tout à la fois le parti révolutionnaire; on plaça à la justice Cambacérès, caractère d'intelligence poltrone, un des esprits les plus fertiles en distinctions pour faire proscrire les ennemis d'un gouvernement, confisquer leurs biens et aider tout pouvoir fort, comme le Comité de salut public. Bonaparte se plaça lui-même à la guerre, en y jetant Berthier son aide-de-camp; Gaudin, commis des finances, eut le trésor; esprit prudent, méticuleux, avec les idées des vieux financiers, c'est-à-dire la théorie de l'agrandissement de l'impôt pour l'appliquer à tous les services. On voulut illustrer l'intérieur en le confiant à M. de Laplace, tandis que l'ingénieur Forfait eut le département de la marine. En résumé, l'administration préparée par le triumvirat de Consuls était plus forte que celle qu'avait instituée le Directoire. Bientôt, Consuls, ministres, commission législative, tout fut placé sous la main du général Bonaparte [1].

Pour appuyer ses mesures d'organisation politique, le gouvernement consulaire, à peine formé, s'adressa hautement aux sympathies publiques, en révoquant deux me-

---

[1] Une feuille d'Angleterre s'exprime ainsi sur le ministère du Consulat formé par Bonaparte.

« Berthier, l'Éphestion du petit Alexandre, a été promu au ministère de la guerre, à la place du Jacobin Dubois de Crancé, qui a été renvoyé avec humeur et durement. *Manebit mente repostum.*

« Talleyrand-Périgord, l'ami du prince, a été replacé au timon des affaires étrangères, *vice* Reinhard, qui a été renvoyé à son ancienne ambassade de Suisse. Ainsi les cabinets étrangers, les courtisanes un peu fameuses et les agioteurs, sont avertis qu'on peut maintenant savoir le secret du Consulat, ouvrir des négociations, obtenir des audiences; il ne s'agit que de savoir l'adresse des courtiers et auxquelles il faut s'adresser, et avoir de l'argent, beaucoup d'argent, pour y parvenir.

« Forfait, constructeur de vaisseaux, dont le nom s'alliait si bien avec ceux de Rapinat et Grugeon, lorsque ce triumvirat exploitait la Suisse, est ministre de la marine, à la place de Bourdon qui a été renvoyé présider aux coupes de bois dans le Brabant.

« M. de Laplace, savant distingué et un des plus grands géomètres de l'Europe, a été nommé au ministère de l'intérieur, qu'avait avant lui le Jacobin Quinette. M. de Laplace doit déjà s'apercevoir qu'il a eu

sures qui avaient provoqué tous les mécontentements de l'opinion sous le Directoire. Toute chose est facile à un gouvernement qui commence ; appuyé sur le pays, il ose beaucoup, parce qu'il peut beaucoup. La loi des otages avait jeté la consternation dans les familles ; la peur l'avait provoquée et elle imposait des formes si odieuses, des précautions si arbitraires, qu'on ne pouvait l'exécuter sans exciter partout les plus violentes clameurs. D'après cette loi, rendue dans un moment de crise, les parents des émigrés ou des royalistes de province répondaient des attentats de leurs parents ; les familles garantissaient la conduite de tous, sorte d'appendice donné à la loi sur la responsabilité des communes. Les Consuls, par un simple arrêté des commissions législatives, révoquèrent cette odieuse loi des otages.

Ensuite le Directoire, au moment de l'invasion de la République par la coalition, avait fait adopter par les deux Conseils, comme mesure de finance, un emprunt forcé de cent millions. Au milieu de la décadence et de la ruine du crédit public, on revenait souvent à des emprunts forcés, qui n'étaient que des impôts déguisés ; nul ne donnait volontairement son argent à ceux qui avaient fait la

moins de peine à composer son *Exposition du système du monde*, qu'il n'en a aujourd'hui à débrouiller le chaos du système de la France.

« Robert Lindet, digne membre de l'ancien Comité de salut public, a cédé le portefeuille des finances à un ancien commis de la trésorerie, peu connu, mais honnête homme et instruit, nommé le citoyen Gaudin.

« Cambacérès reste au ministère de la justice. Fouché, l'horrible apostat *Fouché*, conserve encore la police. Cependant, malgré le zèle servile qu'il a témoigné à Sieyès, sa conduite et ses liaisons passées ne peuvent faire croire qu'il reste longtemps à cette place. On parle d'un nommé Abrial pour le remplacer.

« Maret, ci-devant rédacteur du *Moniteur*, puis envoyé à Londres, puis détenu à Mantoue par ordre de l'empereur, et enfin secrétaire de légation des négociateurs français à Lille, est secrétaire du Consulat. Lagarde y conserve le sceau et quelques fonctions subalternes.

« Au total cette composition du ministère est faite pour inspirer plus de confiance que l'ancienne, aux partisans de la modération et aux amis de l'ordre. »

double banqueroute des assignats et des mandats territoriaux. Qui aurait pu confier sa fortune au Directoire? Il y avait un inconvénient dans l'emprunt forcé; injuste dans son origine, puisqu'il n'était qu'un supplément d'impôt, il ne produisait jamais que de faibles résultats, et à l'avénement des Consuls trois millions étaient à peine rentrés dans les caisses publiques, à travers les ravages du fisc. Les finances étaient dans le plus grand épuisement; devait-on maintenir ces dispositions? Les Consuls, pour faire de la popularité, abolirent l'emprunt forcé, qui n'était appuyé sur aucune garantie réelle; cet acte dépouillait le trésor de son dernier moyen. Le nouveau gouvernement était-il maître de le maintenir? Il est des choses flétries qu'un système nouveau ne peut conserver: un gouvernement qui commence n'est pas toujours libre dans sa position; il se doit au mouvement qui l'a élevé. La société attendait une ère rajeunie, un système qui parlât aux intérêts; plus on avait été violent et irrégulier dans la formation du Consulat, plus on avait besoin de poser ce gouvernement comme un grand réparateur qui viendrait guérir les plaies que le Directoire avait faites. Les Consuls n'hésitèrent point, l'emprunt forcé fut révoqué comme la loi des otages; on exalta la paternité du nouveau pouvoir.

Le trésor était vide [1]; les Consuls, en prenant possession du pouvoir, ne trouvèrent pas 500,000 francs dans

---

[1] Voici un extrait du rapport de Gaudin aux Consuls.

«Il me serait doux, dit Gaudin, ministre des finances, dans un rapport aux Consuls, de n'avoir à vous proposer que cet acte de justice et de bienfaisance; mais les besoins du trésor public sont connus: il faut, pour arriver à une paix honorable, fournir à nos braves armées les moyens d'obtenir de nouveaux triomphes. Il faut que la confiance des citoyens qui ont aidé le gouvernement dans des temps si difficiles, ne soit point trompée; il faut qu'elle se rattache ainsi à ses opérations, et que les hommes probes ne craignent pas de s'en approcher. Pour obtenir cet heureux résultat, il faut des moyens. Nous en trouverons sans doute dans un nouveau sytème de recette et de dépense, qui, en régularisant la rentrée de l'une et le paiement de l'autre, nous

les caisses, et ils héritaient financièrement d'une situation malheureuse et inféconde; ils avaient à pourvoir à tous les besoins du service, au paiement de la dette publique, à la guerre, à la marine, aux frais d'administration, d'autant plus coûteux qu'il fallait établir un examen, un contrôle dans le maniement des finances ! Que faire? on ne pouvait pas recourir aux mesures violentes, afin de ne pas être confondu avec le gouvernement du Directoire. Les Consuls voulaient conserver leur force morale; ils étaient perdus s'ils tombaient dans les résolutions inconsidérées et violentes du Directoire. Ils réunirent donc les banquiers de Paris, les hommes d'argent qui pouvaient seconder le crédit public; on sonda toutes les plaies avec sang-froid, et puisqu'on avait été obligé de supprimer les 100 millions d'emprunt forcé, on reconnut qu'il fallait y pourvoir par l'action du crédit public, qui naît lui-même de la confiance.

Le nouveau gouvernement essaya sa force morale; une compagnie de fournisseurs et de banquiers réunis, lui offrit un emprunt de 10 millions environ, à des conditions modérées, afin d'aider le service de l'an VIII, presque partout arrêté. Ces banquiers ajoutèrent que désormais ayant foi dans le gouvernement établi, ils pouvaient l'appuyer de toutes leurs ressources, moyennant un bénéfice réglé. En échange des sommes avan-

---

amènera enfin aux idées d'ordre qui fécondent et multiplient les ressources. Je vous soumettrai incessamment des vues sur cet objet important; mais le passage du chaos à cet ordre si désirable, exigera des préparations qui consommeront un temps nécessaire, et les besoins sont de tous les jours. Je trahirais donc mes devoirs, si je différais à vous exposer l'urgente nécessité de substituer à l'emprunt forcé une subvention de guerre, réglée dans la proportion de 25 centimes des contributions foncière, mobilière, personnelle et somptuaire seulement. Le coup porté au commerce et à l'industrie par la loi sur l'emprunt forcé, me détermine à vous proposer de ne pas faire frapper cette subvention sur les patentes, dont j'aurais bien plutôt proposé la réduction pour l'an VIII, si l'empire des circonstances ne s'y opposait pas absolument. »

cées, ils demandèrent des traites souscrites par les receveurs-généraux, et payables à des termes rapprochés; on obligea tous les comptables du gouvernement à souscrire des traites au trésor, à échéances qui furent négociées à 9 pour cent aux banquiers. Le jour même une loi, ou pour mieux dire un acte des commissions, en supprimant l'emprunt forcé de 100 millions, établit une addition de 25 centimes par franc, sur le principal de toutes les contributions payées en France. Les recettes devinrent ainsi plus considérables; les receveurs-généraux trouvèrent des avantages dans ce système de traites qui les faisait jouir d'une forte remise dans toutes leurs transactions. Puisqu'on ne pouvait pas relever le crédit public comme en Angleterre, il fallait adopter les petits moyens de vivre au jour le jour [1].

Avec ces ressources bien emménagées par M. Gaudin, on put faire face aux dépenses premières et impératives; la guerre reçut des subsides; l'habillement du soldat fut complété; on paya presque intégralement la solde arriérée; des fonds furent accordés à la marine pour ses armements. Alors reparut le numéraire dans les transactions des particuliers et du gouvernement; le semestre de la dette publique fut acquitté aux malheureux rentiers qui l'espéraient vainement sous le Directoire; on paya les pensions viagères; la confiance vint à un pouvoir qui tenait

---

[1] Voici comment cette mesure financière était jugée en Angleterre.

« Environ soixante-dix banquiers ou négociants de Paris, après avoir été pérorés par le Consul Bonaparte sur le bonheur futur qui se prépare pour la France, ont voté par acclamation un prêt de 12,000,000 à la République. Sept commissaires ou syndics ont été nommés sur-le-champ pour aviser au mode d'exécution. Ce sont MM. Perrégaux, Récamier, Mallet, Doyen, Delessert, Fulchiron et Germain, c'est-à-dire les mêmes qui avaient souscrit, en faveur de l'ancien Directoire, pour 30,000,000 de bons hypothéqués sur les contributions. Ces billets à court terme connus sous le nom de *bons du syndicat*, ont perdu jusqu'à 1 pour cent par jour, restant à courir jusqu'à leur échéance. » *(Times.)*

quelques-uns de ses engagements, par d'incroyables efforts. En matière de finances, les premiers actes sont les plus difficiles; le crédit ne se forme et ne grandit que par l'accomplissement exact de toutes les obligations de la dette. Les fonds publics s'élevèrent avec rapidité; à la fin du Directoire leur cote était descendue si bas que le capital n'était pas plus élevé que l'intérêt; le cinq pour cent se trouvait coté à 7 francs sans acheteur. L'avénement des Consuls et ces premières mesures l'élevèrent jusqu'à 15 et 18, et plus tard à 21 francs. Encore quelques essais pour obtenir la paix de l'Europe, et le crédit se trouvait restauré [1]. Telle est la puissance de ce levier, que le paiement des intérêts de la dette donne des ressources pour en créer de nouvelles, et l'on trouve à mieux emprunter quand on se jette franchement dans le système du crédit illimité; n'avait-on pas sous les yeux l'exemple de la Grande-Bretagne? Aux jours les plus difficiles de la guerre, le cinq pour cent se tenait au pair, et M. Pitt empruntait à quatre pour cent à 85; immense force politique qui remua l'Europe par les mains de la Grande-Bretagne!

Pour seconder ce mouvement de confiance publique, la commission consulaire multipliait les mesures de réparation. Une loi inquisitoriale poursuivait les pauvres

---

[1] « On s'est occupé de finances de préférence à tout autre objet. On a supprimé toutes les distinctions, imputations, attributions particulières de fonds dans le ministère de la guerre, et l'on a mis en masse 130,800,000 francs à la disposition de Berthier. On a ordonné une fabrication de 39,500,000 fr. de bons au porteur, pour payer aux rentiers les six derniers mois du tiers de leurs ci-devant rentes (ces bons se vendent sur le pied de 90 francs les 100 livres). On s'est occupé, sur la demande du ministre, de la formation d'une caisse d'amortissement, d'une nouvelle agence des contributions, chargée de former les rôles des impositions; et enfin de faire souscrire par les receveurs des finances des obligations à valoir sur leurs recettes, payables de mois en mois, et négociables par le trésor public, à l'instar de celles qu'ils fournissaient avant la Révolution sous le nom de rescriptions. » (Dépêches à M. de Haugwitz, novembre 1799.)

et vieux prêtres, les jetait en exil ou les condamnait à la déportation; la commission consulaire se montra plus équitable; elle établit des catégories parmi les prêtres. Le pouvoir n'était pas assez religieux pour respecter la foi, seulement il se montra assez fort pour n'être plus persécuteur; quelques-uns de ces ecclésiastiques pouvaient troubler l'ordre, on les en accusait à tort ou à raison, ils furent soumis encore à une surveillance de police. Quant au principe général, ce fut la tolérance pour le sentiment religieux; on ne bannissait plus les ministres de l'Église, à condition qu'ils respecteraient le gouvernement établi [1].

A côté des malheureux prêtres proscrits, depuis deux ans une autre persécution s'étendait à des naufragés que la tempête avait poussés sur les côtes de France; chacun sait la lamentable histoire des compagnons de M. de Choiseul et de ces malheureux émigrés qui touchèrent les rives inhospitalières; avaient-ils foulé volontairement le sol de la France? A leur égard, il ne pouvait y avoir application des lois terribles prononçant la mort contre les émigrés qui venaient saluer le tombeau de leurs ancê-

---

[1] Tous les ministres firent des circulaires comme quand un gouvernement nouveau s'organise. Voici celle de Cambacérès; ce ne sont plus les expressions ardentes des rapports du Comité de salut public :

« Depuis longtemps, citoyens, la voix publique appelait des changements dans les dispositions organiques de notre pacte social.

« Ces changements se feront.

« On va préparer dans le calme de la méditation, et discuter avec sagesse, des codes établis sur les bases immuables de la liberté, de l'égalité des droits, et du respect dû à la propriété.

« Alors, tous les cœurs se rattacheront au système représentatif, et la République recevra de sa législation un éclat non moins brillant que celui qu'elle tient des triomphes de ses défenseurs.

« C'est afin de parvenir à ce but si désirable que les représentants de la nation ont décrété les mesures consacrées dans la loi du 19 de ce mois, que je vous transmets avec cette lettre.

« Recevez cette loi comme un bienfait, et secondez de tous vos moyens les efforts généreux des Consuls, qui travailleront sans relâche à donner à la patrie des jours de paix et de prospérité. » (Le ministre de la justice, Cambacérès, aux administrations centrales, aux tribunaux criminels et civils de la République, et aux commissaires du pouvoir exécutif, établis près de ces autorités.)

tres; et, cependant, le Directoire les avait fait poursuivre devant des commissions militaires, et l'on cherchait à appliquer la peine de mort à toute cette noblesse que la piété publique entourait; M. Merlin s'était montré leur implacable adversaire avec son ergotisme cruel. Les Consuls provisoires ordonnèrent de leur propre autorité : que la peine des réfugiés de Calais serait commuée en la déportation; les déporter c'était les sauver; les jeter hors de France, n'était-ce pas les rendre à la liberté? A mesure qu'il devint plus fort, le gouvernement se montra plus juste encore; il autorisa M. de Choiseul lui-même à rester en France [1]. Ces mesures rapprochèrent la commission consulaire de la Vendée; comme on ne persécutait plus les prêtres et les nobles d'une manière implacable, il y avait moyen de transiger avec l'héroïque terre de la guerre civile. Tous les gouvernements s'étaient flattés d'avoir pacifié la Vendée, mais l'œuvre ne fut véritablement accomplie, comme on le verra plus tard, que par l'abbé Bernier. Fouché se mit hautement à la tâche et il parvint à parler aux Vendéens le langage qui seul leur convenait; il leur fit voir les Consuls comme les magistrats du peuple qui allaient relever les autels et faire cesser l'incendie de leurs métairies. La Vendée reprit plus tard sa vie d'ordre et de travail.

Époque laborieuse que cette première période du Consulat provisoire! on ne tient pas assez compte aux gouvernements nouveaux de toutes leurs fatigues, et de toutes les épreuves qu'ils subissent pour organiser la société; pour eux c'est un souci de tous les moments,

---

[1] MM. de Valence, Lezai de Marnesia, de Larochefoucauld-Liancourt eurent bientôt la permission de rentrer en France sous la seule condition d'une simple surveillance municipale qui fut ôtée quelques mois après.

et le Consul Bonaparte s'imposa cette noble tâche avec un dévouement, une intelligence, une fermeté qui devaient légitimement lui assurer la puissance [1] : quoi de plus légitime que le bien que l'on fait à un peuple? On ne se demanda plus dès lors si ce gouvernement avait une origine légale, si le 18 brumaire était la conséquence régulière de la constitution, et si ses actes rentraient parfaitement dans la légalité; on vit surtout la protection que le gouvernement donnait à tout ce qui était bon et juste. Avant le 18 brumaire, nul intérêt ne trouvait de protection; on marchait violemment et par soubresauts; une fois la commission consulaire établie, l'administration alla droit à son but sans se détourner; que peuvent demander les nations à un pouvoir? ce n'est pas d'où il vient, ni quelle est sa mission; si cette mission correspond à l'ordre, s'il fait le bien, s'il entoure sa grande tutelle d'un sentiment de justice et de force, toutes autres questions deviennent oiseuses; elles rentrent dans le domaine des sentiments ou des passions. L'enthousiasme fut juste et grand pour les premiers temps du Consulat; tout seconda l'autorité, on

---

[1] J'ai résumé ici toutes les lois rendues seulement dans le mois de novembre.

10 novembre (19 brumaire). — Loi qui remplace le Directoire exécutif par une commission consulaire exécutive, et les conseils des Cinq-Cents et des Anciens par deux commissions composées chacune de vingt-cinq membres.

10 nov. (19 brum.).—Acte du Corps législatif pour la formation d'une commission chargée de statuer sur tous les objets urgents de police, de législation et de finances.

10 nov. (19 brum.). — Dernier acte du Corps législatif, qui s'ajourne.

10 nov. (19 brum.). — Loi contenant une proclamation aux Français.

10 nov. (19 brum.). — Loi qui prohibe l'exportation des pierres à feu à l'étranger.

11 nov. (20 brum.). — Acte des Consuls qui détermine des mesures de sûreté contre plusieurs individus.

13 nov. (22 brum.). — Loi qui abroge celle du 24 messidor an VII sur les otages.

16 nov. (25 brum.). — Loi qui autorise une adjonction de jurés et de juges pour suivre les débats dans les procès criminels d'une étendue considérable.

16 nov. (25 brum.). — Loi qui prescrit la forme du serment à prêter par tous les fonctionnaires publics.

17 nov. (26 brum.). — Acte relatif au

POPULARITÉ DU CONSULAT (1799).

l'entoura comme une dictature dont on avait besoin, et à ces époques tout est facile. La confiance du peuple créait la puissance de l'autorité; on s'inquiétait peu de l'arbitraire, parce que l'on supposait qu'il était destiné à ramener l'ordre et la paix du pays.

Aussi les partis extrêmes furent-ils momentanément abattus et hors de cause; il n'y eut ni protestations, ni résistances; qui les aurait écoutées? On avait parlé d'une réunion de représentants, comme à l'origine de la Révolution française; la partie opposante des deux Conseils devait se rassembler pour dénoncer au peuple tout ce qu'avait d'illégal, l'origine du gouvernement consulaire; les Jacobins s'agitaient partout, et tout se résuma pourtant à quelques déclamations secrètes. Le parti de l'opposition militaire sous Bernadotte, Augereau, Jourdan, Moreau, fut obligé de subir instantanément le joug; le vent politique soufflait pour Bonaparte; les Jacobins parlaient de renouveler le serment du Jeu-de-Paume! Les temps n'étaient plus les mêmes; il n'existait aucune similitude entre les époques. En 1789, tout marchait à la démolition du pouvoir, les hommes et les choses; il y

---

président du tribunal criminel du département de l'Yonne.

17 nov. (26 brum.). — Loi qui suspend l'exécution de celle du 23 fructidor an VI relative au personnel de guerre.

18 nov. (27 brum.) — Loi qui substitue à l'emprunt forcé de cent millions une subvention extraordinaire de guerre.

18 nov. (27 brum.). — Loi relative au paiement des rentes et pensions du second semestre de l'an VII.

24 nov. (3 frimaire). — Loi qui supprime les agences des contributions directes, et ordonne l'établissement de directions pour en assurer le recouvrement.

25 nov. (4 frim.). — Acte qui met sous la surveillance du ministre de la police les individus dénommés dans l'arrêté du 20 brumaire.

27 nov. (6 frim.). — Loi relative aux obligations et cautionnements à fournir par les receveurs-généraux de département.

29 nov. (8 frim.). — Acte des Consuls additionnel à celui du 13 vend. an VII, relatif aux bureaux de garantie des matières et ouvrages d'or et d'argent établis à Spire et à Mayence.

29 nov. (8 frim.). — Acte relatif aux prêtres assermentés, mariés ou n'exerçant plus leur culte, dont la déportation aurait été ordonnée en application de la loi du 19 fructidor an V.

avait une guerre acharnée contre tout ce qui était puissance établie; il n'était plus permis à la monarchie de respirer sans exciter le mécontentement général. Tout était force dans le pays, excepté l'autorité; et dès lors on s'explique très bien comment quelques hommes rassemblés au Jeu-de-Paume, purent résister au faible gouvernement de Louis XVI.

Après le Directoire, les esprits étaient dans une situation tout opposée; on avait derrière soi dix ans d'anarchie; la démocratie fatiguait, on ne voulait plus de ces désordres qui compromettaient la sûreté des citoyens. Tous les bras, comme tous les cœurs, étaient acquis à l'autorité tutélaire; supposez que les Jacobins du conseil des Cinq-Cents, expulsés de Saint-Cloud, se fussent réunis à Paris, nulle opinion ne les eût secondés; la société n'était pas pour eux; elle préférait le gouvernement du sabre à celui du bonnet rouge. Fouché, avec sa sagacité merveilleuse, avait parfaitement compris cette situation fatiguée. En répondant de la sûreté de Paris, il se fiait moins à sa police, qu'à la lassitude des esprits; beaucoup de ces vieux révolutionnaires savaient qu'il n'y avait plus d'étoffe pour faire une insurrection! Quelques-uns considéraient le général Bonaparte et le pouvoir de fer qu'il créait, comme une continuation du Comité de salut public. Ce comité se faisait homme, et s'incarnait dans un soldat! Il n'y eut donc plus en dehors que les Jacobins de second ordre, sans direction et sans but, troupe indisciplinée qui avait produit Babœuf sous le Directoire, Aréna et Destrem sous le Consulat.

Bonaparte avait promis l'ordre à l'intérieur, la paix avec l'étranger; cette dernière promesse, le jeune Consul pouvait-il la tenir?

CHAPITRE II.

SITUATION DIPLOMATIQUE DE LA FRANCE
AU 18 BRUMAIRE.

Opinion générale de l'Europe sur le 18 brumaire. — Idée allemande sur Bonaparte. — Pamphlets de Wieland. — Le Messie. — Situation de l'Angleterre. — Premières tentatives de négociations secrètes. — La Russie. — Paul Ier. — Suwarow et l'armée russe. — L'Autriche. — Le baron de Thugut. — Le comte de Saint-Julien. — La Prusse. — Agrandissement de son système. — Développement de son influence. — Origine de la question des neutres. — État précaire des négociations.

Novembre et décembre 1799.

L'événement du 18 brumaire, ce coup de main qui ramenait l'ordre et l'unité dans la Révolution française, devait être salué par la diplomatie régulière comme un heureux résultat. La stabilité des gouvernements est la première condition et la garantie la plus efficace des traités ; là où il n'y a pas d'organisation forte, il n'y a pas de sécurité possible dans les transactions. La Révolution française avait débordé comme un torrent sur l'Europe ; la propagande et le désordre étaient ses auxiliaires en Allemagne, en Italie, en Irlande. Tout gouvernement assez ferme pour la contenir était un progrès ; on pouvait dès lors songer à la paix. Qu'avait-on fait sous le Directoire? quel traité était resté sacré pour l'autorité publique en France?

les agents du Directoire, en remuant tous les peuples, ébranlaient toutes les royautés, et la manie des républiques s'était manifestée partout où avait paru le drapeau tricolore, depuis les Alpes jusqu'aux Apennins, à Naples même, la molle cité, pour qui on avait réveillé le titre de Parthénopéenne. Des tentatives étaient faites sur le Rhin, au milieu de cette population germanique, rêveuse dans ses projets de perfectibilité [1].

L'avénement de Bonaparte au Consulat provisoire offrait un acheminement vers l'unité forte et désirée; et sous ce point de vue, l'Europe vit dans ce changement un progrès positif vers la paix générale, et la stabilité des transactions [2]. Quand le 18 brumaire fut accompli, M. Reinhard, qui tenait provisoirement le portefeuille des affaires étrangères, se hâta d'envoyer une circulaire à tous les agents diplomatiques auprès des cabinets, pour leur indiquer l'esprit dans lequel la révolution s'était opérée : « Les nouveaux Consuls maintiendraient la foi des alliances, l'exécution des traités; ils apporteraient une extrême modération dans les rapports d'État à État, fondés désormais sur la justice et le droit, sauve-garde des gouvernements et des peuples [3]. » Cette circulaire était destinée à rassurer l'Europe sur la portée et l'esprit

---

[1] Voyez les proclamations démocratiques du général Jourdan aux populations du Rhin.

[2] Voici dans quels termes flatteurs un agent prussien rend compte du 18 brumaire.

« La journée du 18 brumaire a eu plus l'air d'une fête que d'une révolution. Un de ses plus remarquables caractères, et ce qui relève le plus les espérances abattues, c'est qu'elle ne ressemble en rien à celles qui l'ont précédée. L'ordre de fermer les barrières, échappé par hasard, a été révoqué à l'instant. Il n'a été question d'aucune destitution, d'aucune arrestation, d'aucune peine pour aucun individu. On a rendu à l'oubli des hommes qui n'auraient jamais dû en sortir, et l'obscurité sera la seule punition de ceux dont elle aurait dû être la seule récompense. » (Dépêche du 20 novembre à M. de Haugwitz.)

[3] *Circulaire du ministre des relations extérieures aux ministres étrangers.* — (22 brumaire.)

« Monsieur, j'ai l'honneur de vous notifier que les Consuls de la République française viennent de prendre en main les rênes du gouvernement de l'État.

« Nos agents extérieurs vont incessamment recevoir l'ordre de faire la même

du mouvement opéré dans les Conseils de la République.

Les agents secrets des cabinets à Paris avaient depuis longtemps étudié les faits, et prévu le 18 brumaire. Dès l'arrivée de Bonaparte, ils avaient signalé cette irrésistible tendance des événements. Leurs correspondances, parfaitement bien informées, avaient suivi l'action simultanée des partis, le choc de l'armée et des Conseils, des généraux et du Directoire. Un de ces rapports, adressé au ministère prussien, explique toute la politique suivie depuis deux ans; le Directeur Sieyès est surtout l'objet des études approfondies de la diplomatie; son séjour à Berlin l'avait mis en rapport avec les gouvernements et les ambassadeurs; on juge bien sa position en France. Cette note examine quelles seraient les conséquences d'une révolution nouvelle qui mettrait Sieyès à la tête du gouvernement. Dans ces dépêches, Bonaparte est toujours placé hors ligne comme capacité; comme le fort et puissant organisateur qui personnifie le parti militaire; et cette capacité est tout dans la République quand elle voudra se montrer [1]!

Déjà l'enthousiasme se rattache à cet immense personnage historique; des aperçus d'une certaine hauteur sont écrits sur la fortune de Bonaparte. En Allemagne surtout, un sentiment d'approbation générale se fait sentir pour tout événement qui mettrait le pouvoir dans les mains du général; les colosses plaisent aux imaginations enthousiastes; la Germanie comptait des esprits trop

---

notification aux gouvernements auprès desquels ils résident. Les rapports politiques de la France avec les autres peuples, les rapports diplomatiques de son gouvernement avec les autres gouvernements, restent les mêmes : seulement la réunion éclatante de toutes les volontés, secondée par la direction éclairée, énergique et unanime qui sera donnée à la force publique, en assurant désormais les destinées de la République française, doit relever aux yeux des gouvernements étrangers la valeur des rapports politiques qui les attachent à nous. »

Recevez, etc. *Signé* Reinhard.

[1] Dépêche du 18 novembre adressée à M. de Haugwitz.

éclairés pour ne pas participer aux idées et aux progrès de la philosophie. La haute libéralité des études, la tendance très avancée des universités, associaient le peuple au mouvement d'intelligence se déployant magnifique sur le monde. Le caractère de Bonaparte avait séduit les âmes ferventes et rêveuses ; il y avait dans ce général, qui allait, jeune conquérant, porter ses légions victorieuses sur les sables de l'Égypte, comme aux jours des Alexandre et des Auguste ; il y avait, dis-je, quelque chose de profondément empreint de grandeur et de mysticisme ; et ce caractère plaisait à ces peuples qui vivent dans les cités aux traditions grandioses sur Arminius, Charlemagne et Vitikind : Bonaparte était comme le héros de ces légendes fantastiques qu'inspirent aux blonds étudiants des bords de l'Elbe et du Wéser, les poétiques conceptions de Kant sur la raison pure.

Il parut à la fin des guerres de l'Italie, quand Bonaparte s'embarquait pour l'Égypte, un pamphlet bien curieux de Wieland, le remarquable auteur qui remplissait alors la Germanie de sa renommée ; il fut publié à Leipsick, sous le titre de *Dialogue entre quatre yeux* ; les interlocuteurs se nomment Willibald et Héribert ; ils s'entretiennent de la situation de la France, et comme Héribert demande quel moyen on peut employer pour mettre un terme à cette Révolution incessante et terrible, Willibald répond : « Vous ne pouvez pas avoir un roi, mais vous aurez un dictateur ; un dictateur ou un lord protecteur, pour me servir des termes de l'histoire d'Angleterre. — Et qui peut réunir toutes ces qualités, demande Héribert ? — Bonaparte, réplique Willibald ; lui seul pourra accomplir les destinées de la République [1] ; cet être unique dans son espèce est

---

[1] Voici un autre passage de ce pamphlet :

« Vous devez chercher un dictateur qui réunisse toutes ces qualités en lui-même

déjà tout trouvé; dictateur de la grande nation, voilà son titre. » Ce pamphlet, d'une curiosité si grande, fut écrit en Allemagne deux ans avant la pensée et la tentative du 18 brumaire.

Depuis cette époque même, la réputation de Bonaparte s'était accrue; les fortes têtes allemandes, les hommes d'étude s'étaient enflammés à l'aspect de cette destinée jusqu'à ce point de faire des prophéties sur le général; on le considéra comme la main de Dieu appelée à fermer l'abîme révolutionnaire, tout en réalisant les grandes pensées de civilisation, de science et de perfectibilité humaine; cet inconnu mystérieux, après lequel nous tous, nous courons dans nos ambitions et dans nos doutes rêveurs. Cet institut que Bonaparte avait fondé au milieu de la terre des Ptolémées, cet amour des sciences sérieuses, ce grandiose dans les conceptions, ses expéditions marquées à l'antique, tout cela plaisait aux Allemands; on croyait Bonaparte l'homme des promesses, car la Germanie attendait le Messie de l'intelligence; et telle était la renommée du Consul, que plus d'un pamphlet lui attribuait la destinée intime de rendre à chaque nation son unité, et à chaque peuple sa puissance prépondérante et sa liberté! Aussi quand Bonaparte brisa ces illusions, l'Allemagne se leva toute entière contre celui qu'elle avait d'abord tant admiré.

Cette disposition entraînante des esprits devait favoriser

mais il ne faut pas et pour beaucoup de raisons, que ce soit un Français, ni quelqu'un de famille ancienne et connue; et même, s'il porte un nom étranger, il n'en sera que plus propre à la chose.

« Il faut, outre cela, qu'il ait donné plusieurs preuves qu'il possède toutes les qualités que je juge nécessaires pour un dictateur, et dont je ne peux pas même le dispenser d'une seule. Si un homme de cette espèce avait acquis une grande réputation dans le monde, et l'estime publique, je ne vois pas pourquoi il ne pourrait pas devenir votre libérateur et celui du monde entier. Ce qu'il y a de plus extraordinaire, c'est que vous ne vous occupiez pas d'employer un tel homme, car, par un hasard heureux, et peut-être unique en son espèce, il est déjà tout trouvé, c'est Bonaparte.»

les rapprochements des souverainetés et les traités de paix positifs entre la France et les États d'Allemagne ; quand l'opinion est fortement dessinée dans une voie, il est bien difficile que les gouvernements puissent s'empêcher de la suivre. Les cours allemandes ne pouvaient longtemps maintenir leur cabinet dans un état d'hostilité permanente contre la France. Bien avant que la confédération germanique fût formée sous la protection de la France, la pensée en existait dans les esprits et dans les âmes; autant à cette époque, il y avait en Allemagne haine et répugnance pour les Russes, barbares du Nord, nation esclave, autant il y avait amour et tendance pour la France; et le gouvernement consulaire devait profiter de cette situation des esprits dans ses négociations avec la Prusse, l'Autriche, et les États intermédiaires surtout, tels que la Bavière, la Saxe et le Wurtemberg, avec leurs ardentes universités de Dresde et de Leipsick.

Une des promesses du nouveau système de gouvernement avait été la paix, et le général Bonaparte voyait, avec sa sagacité habituelle, qu'il devait en préparer les éléments, ou au moins constater qu'il avait fait des démarches officielles et sincères pour l'obtenir à des conditions honorables. On se souvient que la popularité du général s'était développée, moins encore par ses magnifiques campagnes d'Italie, que par la pacification amenée à la suite du traité de Campo-Formio ; pour établir solidement l'édifice nouveau du Consulat, Bonaparte devait constater encore sa volonté de la paix. Le Consul avait pénétré depuis longtemps la véritable source de toutes les transactions pour la paix ou pour la guerre; le terrain des cabinets lui était parfaitement connu : L'Angleterre lui semblait donc le principe de tous les mouvements diplomatiques qui depuis sept ans agitaient le monde.

Avant de tenter une démarche officielle, il essaya une négociation secrète; la Grande-Bretagne venait d'éprouver un échec; la retraite de ses troupes dans la Hollande, la capitulation du duc d'Yorck avec le général Brune, avaient porté un coup vigoureux à l'administration de M. Pitt. Par compensation, l'Angleterre avait obtenu des avantages incontestables dans l'Inde, et partout où ses flottes déployaient leur pavillon; Nelson revenait vainqueur d'Aboukir; Malte, ceinte d'une grande escadre, était à la veille d'une capitulation; le cabinet Pitt, dominant sur toutes les mers, décrétait impérativement la loi de son pavillon aux neutres. Plus forte par la centralisation de l'Irlande et de l'Écosse sous un même parlement, la Grande-Bretagne obtenait ainsi des avantages éminents dont il fallait tenir compte dans une négociation diplomatique [1].

Indépendamment de ces faits si importants pour son existence et sa considération, l'Angleterre n'agissait pas seule, elle avait des alliés dont la situation était bonne; si la Hollande et la Belgique étaient délivrées d'une occupation anglaise, l'Italie était totalement au pouvoir des Autrichiens; un corps de douze mille Russes, joints aux émigrés français, se tenait prêt à débarquer en Bretagne et à seconder les royalistes de la Vendée, de l'Anjou et de la Basse-Normandie [2]. M. Pitt, maître de son parlement,

---

[1] *Annual Regist.* 1798-1799.

[2] L'Angleterre avait, dès la fin de décembre, jeté des armes et des munitions sur les côtes de Bretagne, rassemblé à Mahon une armée destinée à une invasion en Provence, et envoyé en Italie les généraux Willot et Danican pour y former des légions contre-révolutionnaires, et entretenir des intelligences dans le midi de la France.

Voici les statistiques que l'Angleterre avait sur les forces des royalistes :

« Ces forces sont réparties sous les ordres de M. le comte de Frotté, dit un agent, commandant en Basse-Normandie; de M. le comte de Bourmont, commandant une armée formidable dans le Maine; de MM. de Scepeaux, de Châtillon, d'Andigné et de Turpin, commandant l'Anjou et partie de la Bretagne jusqu'au Morbihan; du général Georges et de M. de Sol, commandant toute la Basse-Bretagne; de M. le Mercier, commandant la partie de Saint-Brieuc; de MM. d'Autichamp, de Suzannet, Sapineau,

s'y montrait toujours à la hauteur de ses destinées; la majorité ne devait jamais lui manquer sur les questions nationales ; fortement soutenu de son ami Dundas, il dirigeait les communes au moyen de cette magnifique éloquence qui retentissait dans les deux mondes; l'Irlande ne menaçait plus d'une révolte, et dans une position aussi bonne, M. Pitt n'avait pas besoin précisément de la paix ; la guerre même était nécessaire au développement des prospérités anglaises. La puissance du ministère résultait de cet état de violente hostilité entre les nations, et de cette distribution de subsides qui créait sa force en Europe ; l'Angleterre y trouvait le développement de sa marine et de son commerce.

Trop de questions étaient d'ailleurs en dissidence entre les deux cabinets : que ferait-on de l'Égypte? serait-elle évacuée? Bonaparte perdait sa popularité par ce sacrifice, et son Consulat était frappé à l'origine d'une triste déconsidération. La France garderait-elle l'Égypte? Alors l'Angleterre se trouvait exposée dans ses grandes possessions de l'Inde, et tout ministère britannique, signant un pareil traité, aurait été mis, par le parlement, en état d'accusation, car il exposait les intérêts anglais dans leur partie la plus sensible [1]. Il en était de même de la question belge. La France pouvait-elle garder Anvers? L'Angleterre obtiendrait-elle Malte? Que ferait-on de la maison de Carignan? Ne fallait-il pas reconstituer la monarchie de Piémont et de Sardaigne? Et la royauté de Naples serait-elle également proscrite parce qu'une révolution l'aurait abîmée? Ainsi d'immenses questions devaient s'agiter dans les négociations entamées entre l'Angleterre et la France; pouvaient-elles aboutir à un résultat?

Soyer, commandant le Poitou et le pays de la rive gauche de la Loire jusques aux confins de l'Aunis. »

[1] Note secrète de M. de Talleyrand aux Consuls, sur les difficultés d'un traité.

Cependant tout ne fut pas désespéré d'abord, et les deux gouvernements, quelques jours après le 18 brumaire, se tâtèrent par des missions secrètes, sans s'engager par des pouvoirs écrits. L'échange des prisonniers exigeait la présence à Londres de commissaires; on substitua à l'un de ces commissaires insignifiants, un homme habile, spécialement désigné par M. de Talleyrand, M. Otto, secrétaire à Berlin sous l'abbé Sieyès, et qui offrait une certaine distinction, une étude consciencieuse des faits. M. Otto dut pénétrer la véritable situation du cabinet anglais, et sans s'ouvrir avec aucun ministre, directement sous un caractère officiel, il pressentit quelles seraient les conditions d'une paix générale, et s'il y avait possibilité de tenter une négociation régulière : en aucun cas elle ne pouvait être isolée pour l'Angleterre. Une dépêche écrite à M. de Talleyrand par M. Otto, indique que l'Angleterre exige le rétablissement du stathoudérat en Hollande, auquel on joindrait la Belgique, sous le nom de royaume des Pays-Bas; le rétablissement du roi de Sardaigne, l'évacuation de l'Égypte, la possession de Malte et le cap de Bonne-Espérance pour l'Angleterre [1].

En même temps, M. Pitt, à l'instigation de Dundas et de Caning, envoyait un agent secret en France, pour pressentir les intentions diplomatiques de Bonaparte : les dépêches de cet agent secret annoncent : « qu'il a vu M. de Talleyrand et le Consul lui-même, sous le prétexte d'un échange de prisonniers, et que là, il a pu se persuader de la difficulté d'un rapprochement actuel entre la France et l'Angleterre. La cause principale vient de ce que l'*utipossidetis* ne peut pas être admis comme base d'une né-

---

[1] Décembre 1799.

gociation, sans bouleverser le droit public, et cependant aucune puissance ne veut céder les conquêtes déjà faites, et la France, moins encore que toute autre. Dans une conférence qu'il a eue avec M. de Talleyrand, l'agent secret annonce : « que le ministre lui a proposé de reprendre les négociations officielles sur le pied où lord Malmesbury les avait laissées à Lille; et que par ce moyen on pourrait arriver à une solution désirable pour tous les différends jusqu'à présent soulevés... » Il faut remarquer que ces négociations intimes précédèrent toutes les démarches officielles faites par Bonaparte devenu premier Consul, et sa lettre au roi d'Angleterre dont plus tard j'aurai à parler; il est important de ne pas confondre les époques [1]. Jusqu'alors tout faisait pressentir la continuation de la guerre avec la Grande-Bretagne, plus énergique, plus acharnée que jamais.

Avait-on plus d'espoir d'une pacification à l'égard de la Russie? On a déjà exposé dans ce livre les motifs de la politique de Paul Ier; sa pensée était une grande croisade pour le rétablissement des anciennes souverainetés. Le but de l'empereur était une absolue restauration des droits antiques, parce qu'il trouvait dans cette acte généreux et chevaleresque, un moyen d'agrandir l'influence morale de la Russie sur le centre de l'Europe; il avait franchement marché dans cette voie sans détourner la tête; Louis XVIII reconnu roi de France et de Navarre fut comblé de prévenances de la part de l'empereur de toutes les Russies, et le corps de l'armée de Condé

---

[1] Cette négociation secrète est restée tout entière inconnue; il s'en trouve trace au *Foreing office*. Une dépêche d'un agent anglais rapporte même les paroles prononcées par le Consul Bonaparte :

« Je suis prêt à rendre les Pays-Bas à l'Autriche, à accepter d'ailleurs les préliminaires proposés à Lille, par lord Malmesbury, et à concourir avec l'Angleterre au rétablissement du roi de Sardaigne. » (Réponse du consul Bonaparte à Philippe Messeria, agent secret de l'Angleterre, qui lui exposait le désir qu'avait l'Angleterre de contracter une paix honorable.)

passa dès ce moment à la solde du czar. De cette situation il devait résulter un grand éloignement de l'empereur Paul pour toute négociation directement ouverte avec le gouvernement de fait qui dominait en France. Le czar pouvait être fortement irrité du mauvais vouloir de l'Autriche; l'échec éprouvé par ses armées lui tenait au cœur, mais tout cela n'était pas suffisant pour déterminer une modification aussi brusque dans la diplomatie de Saint-Pétersbourg; il fallut du temps pour changer les idées de Paul Ier, sur la valeur et la destinée de Bonaparte[1] : l'établissement du pouvoir consulaire inquiétait à peine l'empereur; sa préoccupation était de réparer les pertes militaires faites en Suisse; il comprenait l'importance de relever le moral de l'armée russe; sa prépondérance en Europe en dépendait. Pour la première fois les Moscovites apparaissaient sur les champs de bataille de l'Italie, était-ce donc pour s'y faire battre qu'ils avaient passé les Apennins, les Alpes et traversé tant de contrées? Comprenait-on tout ce que cette situation avait de blessant pour l'orgueil

---

[1] Les agents russes jugent avec prévention le 18 brumaire; ils écrivent : « Sieyès et Bonaparte sont unis pour se séparer.

« Si des deux chefs, récemment aigris par les Jacobins, et devenus par conséquent leurs ennemis implacables, nous passons aux hommes qui ont leur confiance, et qui sans doute partageront leur travail, les premiers qui s'offrent sont : Talleyrand, Rœderer et Volney, constitutionnels de 1791, grands apologistes de la philosophie moderne, se tenant toujours entre les Jacobins et l'ancien régime, assez souples d'ailleurs pour se lier successivement avec tous les partis intermédiaires.

« Si ensuite les commissions législatives doivent être comptées pour quelque chose, on y trouvera beaucoup d'hommes de la même trempe, tels que Garat, Daunou, Lenoir-Laroche, Cabanis, Goupil-Préfeln, Mathieu, etc. On y trouvera des députés qui étayèrent de toutes leurs forces la tyrannie du Directoire, au 18 fructidor, comme Boulay, Chollet, etc. On y en trouvera d'autres dont les opinions passent pour modérées, tels que Girot-Pouzot, Casenave, Ludot, Thibaud, Rousseau, Régnier, Vimar, Sédillez, Laussat, Chassiron, Vernier, Beaupuis, Sargues, Lebrun, Lemercier, Porcher, etc. On trouvera avec eux enfin des hommes qui condamnèrent Louis XVI, tels que Chénier, Laloi, Chazal, Villetard, etc.

« Que peut-on attendre de l'assemblage de tant d'éléments hétérogènes? Rien de bon, si la toute-puissance des Consuls n'y mit de l'harmonie. » Cette note russe, toute secrète, est signée d'une †.

de Paul Ier, et de fatal pour l'influence de la Russie.

Ainsi le czar, tout en gardant un profond ressentiment contre l'Autriche de ce qui s'était passé, ne pouvait-il rompre, sans se compromettre, une alliance qui préparerait une campagne plus heureuse et plus forte en Occident. Lord Witworth lui promettait l'appui complet de l'Angleterre, et en aucun cas le cabinet de Londres n'abandonnerait les idées et les intérêts russes dans l'accomplissement du dessein commun. Les instructions de M. Pitt à son ambassadeur portaient : « que lord Withworth eût même à caresser la réalisation de l'idée qui souriait à l'esprit chevaleresque de Paul Ier, la restauration des anciens trônes, et l'avénement des Bourbons en France, des Carignans en Piémont et la grande maîtrise de Malte même. Sur le point des Bourbons, l'Angleterre ne pouvait prendre d'engagement officiel, tant le ministère craignait le parlement, mais M. Pitt seconderait intimement les efforts de l'empereur Paul pour accomplir l'avénement de Louis XVIII [1].

[1] Les agents de Louis XVIII remettaient notes sur notes à Paul Ier et à Pitt, pour les entraîner à une démarche solennelle pour la reconnaissance de Louis XVIII. « Depuis l'avénement de Bonaparte, la Révolution s'est faite *homme*, disaient-ils; il faut lui opposer un homme puissant, Louis XVIII, solennellement reconnu ; et la Révolution ne s'affermira point de nouveau au profit d'un usurpateur ; je crois même que cet usurpateur, calculant les circonstances, se trouverait trop heureux de jouer en France le rôle que joua Monck en Angleterre. On lui a laissé un trop grand avenir, et il veut l'employer au profit de son ambition.

« Que Louis XVIII soit solennellement reconnu, que son rétablissement soit le but de la guerre, et le règne de Bonaparte ne sera bientôt qu'un songe, ou plutôt qu'un exemple à jamais mémorable. La monarchie reprend son empire ; elle s'affermit pour des siècles ; les rois retrouvent leur grandeur ; les peuples leur tranquillité ; des idées nouvelles se propagent en Europe, la philosophie moderne devient en horreur au monde entier : la religion, la morale et la politique forment une alliance éternelle; et que faut-il pour arriver à ce résultat consolant? une volonté des souverains.

« Ah ! s'ils attendaient au sein de la paix le sort que leur prépare la Révolution française, il faudrait les armer au nom de leur gloire et de leur sûreté; mais la guerre dévore l'Europe depuis huit ans ; la Révolution combat les rois, et les rois ne combattent que la France. Terrible vérité ! la France s'est agrandie ; et plusieurs rois ont succombé sous les coups de la Révolution... Le passé n'est-il donc pas assez fort d'événements pour commander au présent?

Les intérêts de l'Angleterre étaient alors de resserrer les liens de la coalition, afin de se rendre plus formidable au gouvernement établi en France; quel moyen d'ailleurs le Consulat pouvait-il avoir de se rapprocher du czar? L'éloignement de la Russie ne permettait pas ces relations continues des agents secrets, comme pour l'Allemagne et l'Angleterre; des lois sévères étaient portées contre les voyageurs français; il n'y avait à Saint-Pétersbourg que quelques artistes privilégiés, appelés à servir les joies fatiguées de l'empereur et de la cour de Russie; on ne savait ce qui se passait dans les palais d'hiver que par cette voie très imparfaite de police. Dans les temps réguliers, Berlin était un moyen de contrôle et d'examen pour connaître les intentions de la Russie; depuis la dernière coalition, le czar, au plus mal avec ce cabinet, fut sur le point de lui faire la guerre; quarante mille Russes campaient sur l'extrême frontière[1], et la Prusse avait répondu par des levées militaires à ces armements. Le Consulat provisoire pouvait-il espérer de bonnes relations avec le cabinet de Saint-Pétersbourg? il devait jusque-là renoncer à des tentatives infructueuses.

« Monarques, qui tenez dans vos mains les destinées de l'Europe, et qui, comme le Créateur, pouvez commander à l'avenir, choisissez; ou la paix, ou la guerre à la Révolution... La paix a quelques avantages présents; la guerre à la France n'en présente aucun; la guerre à la Révolution les réunit tous. »

[1] La conduite du cabinet prussien est vivement dénoncée par l'Angleterre. Voici une dépêche d'un de ses agents, datée de Berlin, 16 décembre 1799. « Le bruit court ici que les Russes avaient commencé des hostilités contre les Prussiens sur les frontières. Ce qui a donné lieu à ce bruit-là, c'est un ordre aux sémestriers et recrues d'un régiment levé nouvellement (le régiment de Courbières), qui est en garnison sur les frontières en Lithuanie, de rejoindre leur régiment vers le mois de février.

« Duroc va partir; tous les matins, il regarde, avec une grande attention, la parade et les manœuvres.

« Le grand faiseur du cabinet prussien est le conseiller Beyme. Il est démocrate, et le roi l'est aussi. Vous pouvez vous en convaincre par sa ténacité à détruire les privilèges de la noblesse.

« Il a commencé par la Silésie, où la noblesse est la plus puissante. Il lui a ôté tous ses privilèges, juridictions, les droits d'entrée qu'elles ne payait point, et il a rendu plus légers aux paysans les fardeaux, corvées, etc. »

A Vienne, l'avènement de Bonaparte dut susciter quelques dispositions favorables à la paix ; on avait les meilleures notes sur celui que le 18 brumaire élevait au Consulat ; M. de Cobentzl, le négociateur de Campo-Formio, ne cessait de faire l'éloge du général français, dont les manières faisaient contraste avec les agents vulgaires du Directoire ; Bonaparte était un homme de convenance avec lequel on pouvait traiter ; on le savait impératif, violent ; mais les esprits habiles et de sang-froid sont toujours si puissants à la face de ces caractères impétueux qui s'emportent ! L'admiration qu'inspirait le général Bonaparte, en Allemagne, secondait les idées de paix et de rapprochement. Le traité de Campo-Formio, si vivement censuré par le Directoire [1], ne pouvait-il pas servir de base ? Bonaparte Consul n'était-il pas le général négociateur dont on caresserait la pensée, en lui rappelant les promesses et les engagements de Campo-Formio, où toutes les éventualités de son ambition avaient été prévues et discutées ?

Ainsi raisonnait le parti de la paix à Vienne ; le ministre, baron de Thugut, n'était pas dans ces idées : « La situation, selon lui, n'était pas la même qu'en 1797 ; on

---

[1] Je répète que le traité de Campo-Formio avait été formellement réprouvé par le Directoire.

Voici ce qu'on lit textuellement dans le *Moniteur* de l'an VI, n. 24, au sujet de ce traité.

« Souvent une fausse politique a été plus funeste que dix victoires n'ont été utiles. On se demande avec douleur, que signifie la cession de la Belgique ? N'était-elle pas française avant que Bonaparte partît de Gênes ? Et que nous donne-t-on pour rendre les trois quarts de l'Autriche ? Que veut dire l'établissement d'une République lombarde ? N'existe-t-elle pas dès longtemps ? Pourquoi ne nous dit-on pas ses limites ? Pourquoi nous parle-t-on de celles de la France, dans les endroits où le roi de Bohême ne possède rien ? Aurait-il conservé la prétention de stipuler pour d'autres que pour lui ? Aurions-nous abandonné la sage maxime de ne faire que des paix particulières ? La profonde sagacité de Bonaparte l'a-t-elle abandonné dans un moment si décisif ? Sa position était-elle plus brillante que solide ? A-t-il éprouvé quelques revers que nous ignorons ? L'esprit s'égare dans toutes ces questions. »

n'avait traité à Campo-Formio qu'après cinq campagnes malheureuses, et les armées autrichiennes refoulées les unes sur les autres; le général Bonaparte se trouvait à 25 lieues de Vienne, et pouvait imposer la loi; aujourd'hui les choses étaient-elles dans la même situation? L'Italie se trouvait perdue pour les Français; leurs armées étaient dispersées; Masséna, acculé sur Gênes, ne comptait plus que quelques débris de régiments. Les Autrichiens touchaient les Alpes et le Rhin, sous les généraux Kray et Mélas; il n'y avait plus en France d'armée considérable; les finances étaient épuisées; le génie de Bonaparte était grand, mais pouvait-il créer ce qui n'existait pas? D'ailleurs, esprit aventureux, Bonaparte jouait si souvent sa fortune qu'une carte pouvait bien tourner contre lui. Le parti de la guerre à Vienne croyait qu'un traité, d'après celui de Campo-Formio, serait une trahison; il fallait courir les chances de la victoire, ou garder les positions prises par l'acceptation du *statu quo*, comme base des préliminaires. M. de Thugut était complétement dans cette opinion de l'Angleterre : qu'on devait profiter des conquêtes, et ne pas abandonner un pouce de terrain.

Le parti de la paix comptait comme chef le comte de Saint-Julien, qui n'avait pas une assez grande importance à Vienne pour faire dominer ses opinions. Ainsi que M. de Cobentzl, M. de Saint-Julien avait conçu pour Bonaparte une haute estime à la suite des transactions diplomatiques d'Italie. Pourquoi ne point négocier avec le général qui, le premier, avait ramené l'ordre et l'unité dans les négociations du dehors? En résumé, les succès de l'Autriche [1] étaient trop considérables, sa position

---

[1] Dans le chapitre suivant, je suis l'histoire des hommes d'état de chaque cabinet, et de leurs forces respectives ; c'était un travail essentiel pour bien connaître les négociations postérieures.

militaire était trop bien établie dans le Milanais, pour qu'on pût traiter sur les bases de Campo-Formio; le cabinet de Vienne voulait garder ce qui lui convenait des stipulations de ce traité et des préliminaires de Léoben : la possession de Venise, de Trieste et de la Dalmatie; mais, en aucun cas, il n'admettait la reconstitution des républiques Transalpine et Cisalpine, perdues dans la tempête. Il fallait des victoires pour lui arracher ces concessions, et le Consul Bonaparte avait besoin de recommencer une belle campagne pour la contraindre à l'exécution du traité de Campo-Formio.

La Prusse avait activement secondé le mouvement d'unité qui renversait le Directoire exécutif; à Berlin la première conjuration fut formulée, lors de l'ambassade de l'abbé Sieyès, pour faire cesser le désordre politique que le Directoire avait partout introduit. Bonaparte excitait en Prusse le plus vif intérêt parmi les esprits sérieux; M. de Haugwitz, l'expression du parti philosophique et français, suivait avec une vive sollicitude toutes les phases de la vie politique de Bonaparte, et c'est de Berlin qu'étaient parties les dépêches secrètes, annonçant au général, en Égypte, l'état précaire de la République, et le besoin qu'on avait de sa main si ferme et de sa tête puissante. Jusqu'ici la cour de Prusse gardait la plus parfaite neutralité; à mesure que l'Europe se déclarait plus activement contre la France et que les alliés obtenaient des succès, la Prusse, cherchant à se faire payer plus cher sa neutralité, exprimait, dans des notes répétées, toutes les offres que lui faisaient les alliés; la Russie surtout voulait l'entraîner, de la neutralité impartiale, à la guerre immédiate contre la France; or, ne fallait-il pas que le cabinet de Paris l'indemnisât? ne ferait-il rien pour elle? suffisait-il de quelques subsides secrets?

« Prenez le Hanovre, répondait le cabinet de Paris ! » Le Hanovre formait le patrimoine de la maison de Brunswick qui régnait en Angleterre, l'ennemie implacable de la République ; beau lot, sans doute. Mais la Prusse hésitait, parce que, d'abord, elle avait elle-même proclamé la neutralité du Hanovre dès le commencement de la guerre de 1795, et la prise de possession de ce royaume n'était rien moins qu'une déclaration de guerre contre le cabinet de Londres ; or, le système de la Prusse était de se maintenir neutre dans le grand débat qui s'ouvrait sur le continent ; elle économisait ses finances ; pauvre en ressources, elle recevait de toutes mains des subsides ; elle avait l'espoir que, dans l'ébranlement commun de toutes les souverainetés, elle trouverait en définitive un meilleur avantage territorial, un ventre pour ce long boyau de terre qui s'étendait depuis Kœnisberg jusqu'à Coblentz ; son système fut de se plaindre incessamment auprès de la France des sacrifices que lui imposait sa neutralité ; elle voulait obtenir quelques dons d'argent, quelques concessions de territoire ; la France lui répétait sans cesse de s'emparer du Hanovre parce que ce moyen pouvait la compromettre.

Quand le 18 brumaire lui fut notifié, elle fit valoir auprès du Consul Bonaparte toutes les démarches qu'elle avait faites pour ramener l'unité dans le gouvernement français et son système de neutralité bienveillante. Les hommes d'État de Berlin ne furent pas sans influence sur les déterminations ultérieures que prit le général pour absorber exclusivement dans ses mains l'administration de la France. Le Consul se proposait d'envoyer à la cour de Berlin l'homme de sa confiance, le général Duroc [1],

---

[1] « Bonaparte, Consul provisoire, vient d'envoyer à Berlin son aide-de-camp Duroc, jeune homme âgé seulement de vingt-cinq ans, qu'il a ramené d'Égypte avec lui,

chargé d'exposer ses sentiments personnels pour le maintien de la bonne harmonie qui existait entre la Prusse et la France; l'aide-de-camp Duroc devait exposer au roi Frédéric-Guillaume les avantages d'une alliance dans laquelle se trouvait tout l'avenir de la Prusse; l'occupation du Hanovre et la garantie d'une cession définitive pour le cas d'une paix générale étaient offerts au roi comme premier gage, et on lui cédait également les villes anséatiques, riche indemnité proposée à la cour de Berlin; la République faisait ainsi les affaires des monarchies contre les villes libres. A Campo-Formio on avait assuré à l'Autriche, comme indemnité, Venise, Trieste et la Dalmatie, et le Consul, suivant le même système, offrait à la Prusse les républiques du Nord et le beau territoire du Hanovre. L'ambassade de M. de Beurnonville eut spécialement cet objet, et il sera plus tard curieux de la suivre dans tous ses développements [1].

Les petits États intermédiaires jouaient un rôle trop médiocre dans les transactions européennes pour qu'ils eussent réellement à se préoccuper des conséquences d'un changement politique en France; ils reçurent la notification de M. Reinhard, et se conformèrent à tout son

---

L'objet de cette mission est de faire part à S. M. prussienne de la grande révolution, et de lui porter des lettres de ses auteurs, pour demander à Sa Majesté à resserrer encore plus étroitement les nœuds qui unissaient la petite nation prussienne à la grande nation. Nous ne pouvons croire, par respect pour le nom de roi, à la vérité des rapports qu'on trouve dans les journaux français, sur la manière brillante et distinguée dont ce Duroc a été reçu par le roi de Prusse. S'ils étaient vrais, on ne pourrait se figurer comment Bonaparte lui-même serait reçu, s'il se présentait à cette cour démocratique de Berlin.» (Note anglaise, 15 décembre 1799.)

[1] Le général Beurnonville, nommé ambassadeur en Prusse dès le 18 brumaire, y arriva le 24 décembre 1799; il n'apporta au cabinet de Berlin que des paroles favorables à ses vœux. Il n'était pas encore marié avec mademoiselle de Durfort, mais recherchait alors madame de Custine, née de Sabran, et belle-fille du chevalier de Boufflers, connu et estimé de la cour de Prusse; il cherchait ainsi par une alliance illustre, à se lancer dans les cercles de la haute société française.

contenu ; le roi d'Espagne, Charles IV, se hâta d'écrire une lettre autographe aux trois Consuls, comme autrefois le petit-fils de Louis XIV le faisait dans toute l'étiquette, à l'avénement d'un roi. Une question seule allait bientôt appeler les neutres dans une ligue générale, parce qu'il s'agissait de l'honneur de leur pavillon et de la liberté des mers ; cette question était celle-ci : « fallait-il admettre le principe que le pavillon couvrait la marchandise, et que nul n'avait droit de visiter la cargaison d'un vaisseau ? » Pour s'expliquer l'importance, à l'égard des neutres, d'une solution immédiate sur ce point de droit public, il faut se rappeler que pendant les guerres de la Révolution française, les neutres s'étaient emparés de la presque totalité du commerce ; ce que l'on ne pouvait pas sous le pavillon national, on l'osait sous le couvert de la neutralité. Par ce moyen les relations commerciales de la Suède, du Danemarck, des villes anséatiques et des États-Unis d'Amérique pendant les dix dernières années, s'étaient accrues démesurément ; il y avait eu des fortunes colossales dans les banques et dans les maisons d'armateurs ; les transactions fabuleuses des Hollandais au xviiie siècle, avaient disparu, pour se concentrer tout entières aux mains des neutres [1].

Cette situation si opulente et si riche des petits États nuisait essentiellement à la prospérité et à la force de l'Angleterre. Cette puissance ne pouvait admettre un système commercial en dehors de son ascendant ; elle posait en

---

[1] Cette question des neutres fut alors souvent traitée ; elle le fut avec une grande distinction par M. d'Hauterive dans le livre remarquable dont je parlerai plus tard : *De l'état de la France à la fin de l'an VIII*. Après vingt ans de travaux diplomatiques et de négociations, M. d'Hauterive fut nommé chef de la division des archives aux affaires étrangères. C'était dans les temps réguliers une place donnée en dehors des partis aux longs et vieux services diplomatiques.

principe sa suprématie sur les mers, parce qu'elle était pour elle une nécessité. Sans le *dominium maris*, l'Angleterre n'existait plus comme nation, d'où elle tirait cette double conséquence : 1° qu'elle pouvait détruire toute flotte destinée à lutter contre elle ; 2° qu'elle devait abîmer également tout commerce qui s'élevait jusqu'à une lutte directe contre sa suprématie. Les neutres étaient dans cette catégorie ; les flottes danoises et suédoises faisaient ombrage au cabinet de Londres, et leur pavillon favorisait trop ouvertement la contrebande de guerre pour que William Pitt ne proclamât pas le principe de la visite des neutres, tel que Selden l'avait établi dès le xvii° siècle. Le conseil privé proclama par un acte « que tout navire de guerre anglais pouvait visiter les neutres pour voir s'ils n'avaient pas des marchandises ennemies ; et, de plus, que l'amiral ou même un officier de rang inférieur pouvait en tous les cas, s'emparer des matelots, sujets d'un autre prince sur un navire étranger, quand l'escadre britannique manquerait d'hommes de mer. » Ce droit si exorbitant, qui tenait à la nature même des intérêts britanniques, excita un mécontentement universel parmi tous les neutres [1] ; il y eut des réclamations répétées, et aucune des puissances intéressées n'admit comme un droit le privilège que le peuple anglais exerçait comme un fait. On vit des exemples inouïs d'arbitraire le plus absolu exercé par la Grande-Bretagne ; des bâtiments américains, danois et suédois, furent saisis ou confisqués pour de simples défauts de formes ; mais telle était la position politique de l'Angleterre, qu'elle ne pouvait pas faire autrement sans se condamner à périr comme nation.

---

[1] Au reste, il n'était que la conséquence de l'acte de navigation sous Cromwell.

La diplomatie française, empressée de saisir tous les motifs de mécontentement contre l'Angleterre, pouvait parfaitement exploiter les plaintes des neutres. En soutenant avec ténacité que le pavillon couvrait la marchandise, la France se plaçait à la tête d'une sorte de ligue maritime contre la Grande-Bretagne, son ennemie; il était dès lors facile de faire comprendre aux cabinets de Copenhague et de Stockholm : « qu'ils devaient se rapprocher très intimement du pavillon tricolore, invoquer sa protection, afin de soutenir, dans une ligue commune, l'honneur et le droit des nations outragés par les escadres anglaises. » Les chargés d'affaires de la République eurent mission d'exposer la nécessité d'un armement et d'une déclaration de guerre contre la Grande-Bretagne.

Tous ces États de second ordre éprouvaient le même besoin d'une défense de leurs droits ; seulement ils avaient crainte d'échanger leur sécurité de nations neutres contre les avantages incertains d'une ligue qui serait la guerre maritime. Il fallut du temps pour les convaincre; la France développa une grande habileté; elle prit le meilleur moyen d'arriver à l'ambition de Paul Ier en lui proposant de se placer à la tête de cette ligue du Nord, idée favorite de la grande Catherine. La Russie pouvait bien repousser avec dédain les premières avances du gouvernement consulaire; son intérêt était de confondre le passé et le présent, afin d'en tirer le meilleur parti pour son empire. Mais quand le Consulat fut assez bien établi pour proposer des mesures qui correspondissent aux sympathies et aux besoins de la nation russe, Paul Ier changea de sentiment envers Bonaparte et la France. Dans les affaires sérieuses, il s'agit moins de caprices que d'intérêts ; Paul Ier ne se décida pas brusquement à passer du mépris à l'enthousiasme, comme l'ont dit les écrivains vulgaires ; il avait marché avec l'Angleterre par un motif d'influence politique et nationale ; plus tard il se déclara contre elle en suivant le même ordre d'idées, c'est-à-dire dans le but d'assurer la suprématie maritime des flottes russes et la prépondérance de ses transactions dans la Baltique et la mer Noire.

En résumé, les relations diplomatiques ne changeaient pas avec le Consulat ; seulement on avait plus de confiance dans l'homme qui prenait les rênes du pouvoir ; on voyait en lui un système plus fort, plus uni, et par conséquent plus propre à réaliser une paix raisonnable en face des intérêts européens.

CHAPITRE III.

HOMMES D'ÉTAT DE L'EUROPE

A L'AVÉNEMENT DU CONSULAT.

Les quatre écoles diplomatiques. — 1° L'école anglaise. — Le parti Pitt. — Dundas. — Canning. — Castlereagh. — Windham. — Grenville. — Le parti Addington. — Le parti Fox. — Erskine. — Grey. — 2° L'école allemande. — Diplomates autrichiens. — Cobentzl. — Stadion. — Thugut. — Metternich père. — Saint-Julien. — Diplomates prussiens. — Haugwitz. — Hardenberg. — Lombard. — Dohm. — 3° L'école russe. — Panin. — Strogonoff. — Repnin. — 4° Débris de l'école italienne. — Lucchesini attaché à la Prusse. — Premier temps du comte Pozzo-di-Borgo.

1799.

Un des phénomènes les plus remarquables de l'histoire politique en Europe, c'est que la France qui déborda avec tant d'impétuosité sur le continent depuis 1792, se soit trouvée réduite, après ses victoires brillantes et ses revers instantanés, aux frontières de la vieille monarchie. Les États du premier et du second ordre ont presque tous accru leur territoire et leur importance, dans la période de la Révolution française; l'Angleterre a acquis d'immenses colonies : Malte, les îles ioniennes, le cap de Bonne-Espérance, l'île de France et les possessions riches et considérables de l'Inde aux dépens de la France, du Portugal et de la Hollande. L'Autriche a partagé la Pologne, en même temps que sur l'Adriatique elle possède l'Illyrie, Venise, les territoires de Dalmatie et les bouches du Cattaro ; le royaume lombardo-vénitien la rend pour ainsi dire maîtresse de l'Italie. La Prusse, ce long boyau de terre, pose ses pieds encore aujourd'hui sur les provinces rhénanes et sa tête en Pologne ; elle a acquis une portion de la Saxe. Si la Suède a perdu la Finlande, elle a obtenu la Norwége ; et le roi de Sardaigne occupe Gênes d'une part, et de l'autre la Savoie dans des proportions plus larges et plus militaires qu'avant 1792. Quant à la Russie, ses acquisitions depuis quarante ans sont fabuleuses, elle s'est agrandie de plus de quatre cents lieues carrées de terre et de plus de dix millions de sujets.

Dans cette circonscription nouvelle de l'Europe la France seule n'a rien acquis ; on la dit même heureuse qu'après les revers militaires de 1814 et de 1815, on ne lui ait pas imposé d'autres sacrifices : on les demandait impérativement ; la fermeté de Louis XVIII nous en préserva[1]. D'où vient cet abaissement ? qui a produit ce triste abandon de nos intérêts, cette imprévoyance de l'avenir ? La cause en est, il faut bien le dire, dans les malheurs de la guerre sans doute, mais aussi dans l'absence de toute école diplomatique, prévoyante et forte, dans la disparition de toute pensée une et ferme, telles que la vieille monarchie les comprenait. Richelieu, Louis XIV avaient de vastes idées, chaque règne eut son œuvre, chaque roi son système de réunion. Depuis 1792 on donna tout au hasard ; l'esprit de conquête (ce que les étrangers appellent la furie française) débordait sur l'Europe ; qui pouvait arrêter le torrent ? on prenait des villes confusément, on réunissait des provinces, sans suite, sans pensées, avec le sentiment de la posses-

---

[1] Voir mon travail sur la *Restauration*, tomes II et III (pièces).

sion actuelle, sans que rien fit prévoir un établissement durable et politique. A partir de la Révolution, la France n'eut pas de diplomatie à proprement parler; depuis 1792 on agit sans études, sans méditations, sans vastes plans arrêtés d'avance; de sorte que ce que la victoire avait donné, les revers l'enlevaient à la domination du pavillon tricolore; quand l'océan révolutionnaire se retira, les vagues s'apaisèrent et le rivage fut à nu [1].

L'Europe, au contraire, éprouvée par tant de malheurs, avait conservé de véritables têtes diplomatiques, des hommes d'état du premier ordre, qui suivirent avec persévérance les pensées et les résolutions longtemps méditées. Au milieu de tout ce chaos, quatre écoles principales de diplomatie se manifestèrent, et leur influence se fit sentir sur la marche des affaires. J'ai besoin de les résumer : 1° L'école anglaise forte par ses études, par la puissance de sa constitution, par ses haines, et sa ténacité traditionnelle. 2° L'école allemande, également nourrie du droit public, réunion d'hommes de science et de réflexion historique. 3° L'école russe si habile, si bien élevée, visant à la plus haute influence par ses manières et son éducation avancée. 4° L'école italienne enfin, héritière des vieilles traditions florentines avec l'esprit fin, délié, qui échappe par des faux-fuyants, à toutes les résolutions dessinées au milieu des complications européennes.

L'école des hommes d'état d'Angleterre a quelque chose de si uniforme, de si patriotique, de si constam-

---

[1] Depuis Henri IV, la vieille monarchie s'était accrue, 1° de la Navarre ; 2° du Roussillon ; 3° de la Flandre; 4° de la Franche-Comté; 5° de l'Alsace; 6° de la Lorraine; 7° des Évêchés, 120 lieues carrées, 4,500,000 sujets ; après les vastes conquêtes de la Révolution et de l'Empire, elle a perdu 1,500,000 sujets dans les colonies, et 17 lieues carrées en Europe sur le territoire de 1789

ment dévoué au pays, qu'on pourrait justement dire qu'il n'y a plus là de partis quand il s'agit des intérêts de la Grande-Bretagne, le but constant, le sujet des méditations de tous les hommes d'état. Qu'on fût wigh, tory, ou du parti mixte de M. Addington, on n'en était pas moins dévoué à la cause nationale; on pouvait voir les questions d'une manière différente, se séparer sur l'opportunité de la paix ou de la guerre, mais il n'était pas un homme d'état de la Grande-Bretagne qui se posât en dehors de ces combinaisons; tous faisaient de longues études, ils recevaient cet enseignement classique, partie essentielle de l'éducation haute et forte des hommes du parlement. Les colléges d'Oxford, d'Éton, étaient la pépinière d'où sortaient ces têtes remarquables qui conduisaient ensuite les destinées de l'empire britannique. On apprenait la constitution, les lois, les annales du pays, on s'adonnait à l'étude des traités, à la balance des intérêts, à l'économie politique, de telle sorte qu'en entrant aux affaires les hommes d'état connaissaient profondément le terrain sur lequel ils allaient agir. De plus, chaque famille suivait une opinion traditionnelle dans la constitution même; les fils héritaient des principes et des engagements de leurs pères, on était wigh ou tory par héritage : Fox fut ce qu'était lord Holland, Russel ce qu'était le duc de Bedfort, Pitt ce qu'était Chatam; et de cette unité dans la famille résultait une vocation plus intime et plus élevée pour toutes les affaires d'état; c'est ce que l'on retrouve incessamment dans l'histoire de la Grande-Bretagne [1].

Le parti le plus puissant, le plus fort alors dans les

---

[1] Je ne sache rien de plus grand et de plus curieux que l'histoire parlementaire de la Grande-Bretagne, depuis 1793 jusqu'en 1815. C'est une lutte au moins aussi vigoureuse que celle de la France.

affaires, était incontestablement celui de Pitt ; il développait son œuvre de haine et de guerre à mort contre la Révolution française conquérante et propagandiste. A l'avénement du Consul, Pitt touchait à sa quarantième année, c'est-à-dire qu'il était dans toute la force de ses facultés intellectuelles [1], vigueur indispensable alors, car il allait bientôt se trouver en face de l'homme de la fortune et de la victoire. Tout devient symbole et personnification dans les annales des temps. Si Bonaparte Consul, Empereur, fut l'expression de la guerre, le type le plus fort de la pensée militaire et conquérante, Pitt fut en face de lui comme l'incarnation de la pensée industrielle et commerciale ; l'un agissait par la force de la victoire, l'autre par la puissance des subsides, du change et du crédit public : à la longue le système anglais triompha, parce que la guerre semblait avoir fait son temps, et le règne de l'industrie commençait. L'Angleterre formulait le système commercial et représentatif, Bonaparte s'était fait le symbole de l'unité gouvernementale et de la conquête. L'idée industrielle et de crédit obtint la victoire après les plus grands sacrifices, parce qu'elle était neuve et forte, parce qu'elle n'avait pas encore accompli sa destinée. Pitt aperçut toutes les conséquences de l'avénement du Consul ; plus la France allait se centraliser, plus elle serait énergique, et la Grande-Bretagne devait redoubler d'efforts et de sacrifices pour réaliser les desseins d'abaissement et de guerre qu'elle s'était proposés contre la Révolution.

Cette pensée vaste, féconde, tenace, que Pitt procla-

---

[1] Ce fut aussi l'époque de ses plus grandes journées de mélancolie et d'ivresse ; alors on fit sur Pitt et Dundas le fameux dictique :

I do n't see the speaker, do you ?

I do n't see one, I see tow.

« Je ne vois pas l'orateur, le voyez-vous ? demandait Dundas. — Je n'en vois pas un, j'en vois deux, répondait Pitt. »

mait comme base de son école, avait pour défenseurs des hommes d'une grande puissance de talent et de résolution. J'ai parlé de Dundas [1], le compagnon le plus fidèle du premier lord de la trésorerie, son Achate, comme on le disait, car il ne le quittait ni dans ses plaisirs, ses distractions grossières, ni dans ses études profondes. Pitt et Dundas ne formaient plus qu'une seule unité. Aux longues séances du parlement on les voyait tous deux sortir des communes quand un orateur de l'opposition parlait; ils allaient avaler quelques bouteilles de Porto, puis revenant simultanément à leur place, ils développaient avec une constance et une volonté qui faisaient le désespoir de Fox, tout le système politique de la Grande-Bretagne et l'énergie de ses moyens.

Assis sur le même banc que Dundas, et placés derrière Pitt, deux jeunes hommes soutenaient ses prin-

---

[1] Henri Dundas, vicomte Melville, naquit vers l'année 1741, et mourut le 27 mai 1811. Il descendait d'une famille écossaise, et était le plus jeune fils de Robert Dundas, lord-président de la cour de session en Écosse. Il fut élevé à l'université d'Édimbourg, et admis membre de la faculté de droit, en 1763. Après avoir été assesseur des magistrats d'Édimbourg, il devint successivement avocat-député et procureur-général d'Écosse. En 1775, sous l'administration de lord North, il succéda à James Montgommery, dans l'emploi de lord-avocat d'Écosse, qu'il conserva jusqu'en 1783. En mars 1777, il avait été nommé garde adjoint du sceau d'Écosse et fut choisi pour représenter au parlement la ville d'Édimbourg. Nommé par l'opposition, il ne tarda pas à se joindre au parti ministériel, après la chute du cabinet de lord North; il se fit élire président du comité secret qui avait été formé sur la proposition du ministère lui-même, pour rechercher les causes de la guerre du Carnate; il fut recherché constamment par les divers ministères qui succédèrent à celui de lord North. En 1782, il fut admis au conseil privé, et nommé trésorier de la marine, sous l'administration de lord Shelburne, et il continua d'exercer cet emploi jusqu'à la dissolution de ce cabinet. Pendant la courte durée du ministère dit de la coalition, Dundas parut au premier rang des adversaires du fameux bill de l'Inde. Dans le mois de décembre 1783, Pitt étant devenu premier ministre, Dundas fut rappelé au poste qu'il avait occupé, et fut nommé en même temps président du corps du contrôle. En 1788, il concourut à faire rejeter la question de la régence. Il ajouta bientôt à ses nombreuses places, celle de principal secrétaire d'état pour le département de l'intérieur (1791), en 1794, Dundas remit le ministère de l'intérieur au duc de Portland et devint secrétaire d'état de celui de la guerre, jusqu'à ce qu'il cédât ce poste à Windham.

cipes et appuyaient son administration; le premier avait fait de fortes études au collége d'Éton, il appartenait à une famille du comté de Cumberland, devenue irlandaise à cette époque où la révolution de 1688 transplanta un si grand nombre d'étrangers pour dénaturer la nationalité de l'Irlande. Ce jeune homme se nommait Canning, membre du parlement pour l'île de Wight depuis 1793. Suivant son usage, Pitt étant allé assister aux exercices du collége d'Éton, pour étudier et choisir les talents ministériels, avait remarqué Canning parmi les jeunes élèves qui pouvaient le servir dans le parlement. Doué d'un certain esprit littéraire, Canning faisait facilement le vers; il avait rédigé, pour Pitt, l'*Anti-Jacobin*, journal plein de vigueur contre la Révolution française. Canning se fit bientôt remarquer dans le parlement par des improvisations fortes et soudaines, et sa parole caustique surtout; il était déjà sous-secrétaire d'état au foreign-office[1].

Castlereagh, d'une famille écossaise aussi transplantée en Irlande, n'avait pas la même facilité que Canning à s'exprimer dans le parlement ou à écrire dans une feuille

---

[1] Canning (George) naquit à Londres le 11 avril 1770, et mourut le 8 août 1826. Il fut placé d'abord à Hyde-Abbey, près de Winchester; de là, il passa à Éton, et, en 1787, à Oxford, comme élève du collége de Christ, où il remporta le premier prix du chancelier par une pièce latine. Canning fut porté par Pitt au parlement comme représentant du bourg de Newtown, dans l'île de Wight, en 1793; et c'est le 31 janvier 1794 qu'il prononça son premier discours. Pitt le nomma, en 1796, sous-secrétaire d'état aux affaires étrangères, et un peu plus tard lui donna une direction générale au trésor. Canning fut aussi chargé par Pitt de la direction des écrits ministériels. Canning, réélu par le bourg de Wendower, ne se montrait pas favorable à la cause de la Révolution; toujours avec le ministère, il soutint le principe de l'abolition de la traite des Noirs, et se montra aussi favorable à l'union de l'Irlande et de l'Angleterre. La même année il fut nommé un des commissaires pour la direction des affaires de l'Inde, s'opposa, lors de l'avénement de Bonaparte au Consulat, à toute proposition de paix avec la France, et soutint avec force la suspension de l'*habeas corpus*. Il épousa, le 8 juillet 1800, la plus jeune fille du général John Scot de Balcomie qui lui apporta plus de cent mille livres sterlings.

publique, contre une opposition si haute, si brillante ; sec, tranchant, tenace surtout, il avait le sentiment profond qu'il fallait tout sacrifier au triomphe d'une idée, une fois conçue ; l'âme de Castlereagh était ferme comme les rochers de ces lacs féériques où il avait passé sa jeunesse sur une frêle embarcation, couchant sous les grottes du rivage quand l'orage ou la tempête grondait. Depuis longtemps Castlereagh faisait partie du parlement d'Irlande ; après la fusion des deux couronnes, il vota constamment à côté de Pitt, et seconda son système avec dévouement [1]. Windham, homme de résolution, destiné au ministère de la guerre, suivait la même bannière ; votant d'abord avec Fox, il fut wigh très avancé ; mais, une fois rallié aux tories, il défendit les idées de Pitt avec une constance et une fermeté qui dominèrent toute son administration ; il s'était associé à toutes les mesures de sûreté politique : à la suspension de l'*habeas corpus*, à la défense territoriale, au recrutement de la milice, aux votes des subsides ; et, comme ministre de la guerre, il présida à presque tous les armements qui menacèrent les côtes de Bretagne ou de Vendée sous le Consulat [2].

---

[1] Le vicomte de Castlereagh, marquis de Londonderry, descendait d'une famille écossaise qui vint s'établir en Irlande, sous le règne de Jacques Ier. Il naquit le 18 juin 1769 et mourut le 12 août 1821 ; ses études, commencées dans la ville d'Armagh, s'achevèrent au collége de Cambridge (1786). Il n'avait que 21 ans lorsqu'il fut nommé membre du parlement irlandais par le comté de Down. Il fit partie de l'administration de lord Camden, avec le titre d'adjoint du secrétaire-général Pelham, et, quelques semaines après, celui-ci ayant donné sa démission, le jeune Stewart le remplaça. Le 5 février 1800 lord Castlereagh parla avec vigueur dans le parlement irlandais en faveur de la réunion de l'Irlande à l'Angleterre, ce qui lui valut l'avantage d'être appelé à la chambre des communes britanniques ; et bientôt Pitt l'ayant adjoint à son cabinet en qualité de président du bureau de contrôle (ou bureau des Indes-Orientales), il se fit distinguer par son attachement au système de ce ministre.

[2] Windham (William) descendait d'une ancienne famille du comté de Norfolk. Il naquit à Londres le 3 mai 1750, et mourut le 4 juin 1810. Il fit des études brillantes à l'université d'Oxford. Il entra en 1782 au parlement, où il siégea à côté de Fox. Wind-

WINDHAM, GRENVILLE (1799).

Il faut ajouter à cette liste d'hommes d'état qui suivaient le cabinet Pitt, lord Grenville, alors ministre des affaires étrangères et l'organe de tout le vaste système d'hostilité qui embrasse cette époque de l'histoire d'Angleterre. Son esprit n'était point étendu mais exact; comme Windham, dont il portait le nom, il s'était dévoué corps et âme à Pitt. Grenville était ministre du premier ministre, une espèce de sous-secrétaire d'état pour les affaires étrangères [1], dont Pitt était la seule pensée; et c'est ce qui précisément faisait la force de cette administration; l'idée d'un seul homme dominait dans toute sa puissance. Quand Pitt concevait un plan, il trouvait sous sa main Dundas, Windham, Grenville, qui mettaient en action sa pensée, tandis que Castlereagh et Canning la développaient en plein parlement. Il pouvait y avoir dès lors un système, une volonté unie qu'on suivait avec force et persévérance.

ham se montrait encore fort opposé en 1789 au ministre Pitt dans l'affaire de la régence. Il s'éleva contre le bill de la loterie et contre la traite des noirs. La Révolution française le vit passer avec Burke dans les rangs du ministère. A la fin de 1792, il s'opposa ainsi que ce dernier à la proposition d'une réforme parlementaire. Windham entra au ministère comme membre du conseil privé ayant le département de la guerre. Vers cette époque, il fut nommé représentant du comté de Norwich; il se montra constamment opposé à la paix avec la France en 1797, 1799 et 1801.

[1] Grenville (Guillaume Windham) troisième fils de Lord George Grenville, qui lui-même avait été premier lord de la trésorerie et chancelier de l'Échiquier,(1763-1765), naquit le 25 octobre 1759. Placé d'abord au collège d'Éton, et ayant pris part à la révolte de Foster, il quitta le collège et n'y revint que pour quelques instants. Il entra ensuite à Oxford, Christ-Church. où il remporta un prix de vers latins. Sorti de l'université avec le titre de bachelier, il étudiait le droit et se destinait au barreau; mais la politique l'entraîna bientôt et il fut élu en 1782 le représentant du bourg-pourri de Buckingham. Son frère aîné, le comte Temple, ayant été nommé lord-lieutenant d'Irlande, Grenville partit avec lui en qualité de secrétaire particulier et ne tarda pas à devenir membre du conseil privé d'Irlande; puis il revint en Angleterre en 1783, où il fut nommé par Pitt, son cousin, payeur de l'armée à la place de Burke. Grenville passa d'abord en 1790 au ministère de l'intérieur, puis, quelques mois après, il reçut le portefeuille des affaires étrangères. Dans l'intervalle, il avait été élevé à la pairie. Pitt et son ministère, y compris Grenville, laissèrent la place (en février 1801) au cabinet Addington.

Au milieu des troubles et des sacrifices que s'imposait la Grande-Bretagne durant la guerre, il s'était élevé un parti mixte, une opinion moyenne, qui, tout en partageant le principe conservateur de Pitt, ne voulait pas en soutenir l'exécution avec autant de persévérance. Ce parti se formulait sous le nom d'Addington : tierce opinion qui n'avait ni la couleur des wighs ni celle des tories. Addington porté à la place d'orateur, de *speaker* des communes, avait peur des sacrifices qu'imposait la guerre[1]; il voyait avec douleur le développement des dangers qui menaçaient la Grande-Bretagne, et c'est afin d'épargner le sang et les subsides qu'il penchait pour un traité définitif ou provisoire avec la République française. Le parti d'Addington, faible d'abord, avait considérablement grossi à l'avénement de Bonaparte au Consulat; voulant la paix, il se rattachait comme à une ancre d'espérance, à tous les accidents, à toutes les résolutions politiques qui pouvaient amener la France à un système régulier sous une unité. Le parti Addington s'était donc momentanément séparé du système de Pitt; il pouvait attirer à lui les tories modérés las de la crise si vigoureusement développée depuis la déclaration de guerre de 1793. Quand les esprits sont portés vers une idée de paix par la fatigue des événements, il est difficile de les arracher à cette inévitable tendance.

Toute l'opposition anglaise était dans Fox[2]; si le ca-

---

[1] Addington (Henri), depuis lord Sydmouth, fut élevé avec Pitt; en 1789, il fut nommé orateur de la chambre; en 1792, il se rangea du côté de Dundas au sujet de la traite des nègres, et appuya en 1799 la motion pour une nouvelle levée de troupes, destinées à secourir les Bataves.

[2] Fox (Charles), troisième fils de lord Holland, naquit le 24 janvier 1748 et mourut le 13 septembre 1806. Il fut élevé au collége d'Éton. Son père le fit élire en 1768, membre de la chambre des communes, pour représenter le bourg de Midhurst en Sussex. Lord North, chancelier de l'échiquier, le nomma successivement payeur de la caisse des veuves et des orphelins, et l'un des lords de l'amirauté, puis de la trésorerie. S'étant déclaré contre

binet avait sa pensée personnifiée en Pitt, les bancs opposés s'étaient placés sous la vive parole de Fox. Il y avait sans doute un grand talent dans Erskine, Wilberforce, Shéridan, renommées retentissantes des communes d'Angleterre [1]; ils parlaient avec une facile éloquence et une certaine force intellectuelle; mais telle est la tendance inévitable des opinions, que l'opposition cherche son unité comme le pouvoir lui-même, et Fox représentait à lui seul le système des wighs aux communes. Cette vie de Fox n'avait pas toujours été exempte de mobilité; si Pitt inspirait une haute considération morale, Fox s'était d'abord perdu dans la coalition de lord North; il avait encore pour lui la puissance de la parole; en dehors du parlement, ses passions vives, ses dissipations orageuses, lui enlevaient les prestiges de la considération. Fox, mélancolique et brisé, recher-

---

le ministère en 1774, lord North lui annonça sa destitution de lord de la trésorerie, par un billet qui lui fut remis pendant une discussion dans la chambre même. Lors de l'élection générale de 1780, il fut nommé représentant de Westminster. Une nouvelle administration s'étant formée en 1782, sous le marquis de Buckingham, Fox eut le titre de secrétaire d'état des affaires étrangères, il était alors le chef du parti wihg. Lorsque la Révolution française éclata, Fox en prit la défense au parlement, et ce fut cette opinion qui causa sa rupture avec Burke, son ami. Fox seconda la motion de M. Wilberforce pour l'abolition de la traite des nègres; il demanda ensuite une réforme parlementaire, qui fut rejetée, et il proposa au parlement, lors du procès de Louis XVI, de s'entremettre en faveur de ce monarque. Fox, ayant dans une réunion porté un toast à *Sa Majesté* le peuple souverain, le roi le raya de sa main de la liste des conseillers privés. Il ne reparut plus sur la scène politique qu'en 1800.

[1] Erskine (Thomas), troisième fils du dixième comte de Buchan, naquit vers 1750, et mourut le 17 novembre 1823. Son éducation se termina à l'université de Saint-André. Thomas Erskine partit de Leith en qualité de *midshipman*, à bord d'un vaisseau de la marine royale, et remplit bientôt sur ce navire les fonctions de lieutenant. Il quitta la marine au bout de quatre ans, et fut en 1768 enseigne dans le premier régiment d'infanterie; il y resta huit ans, laissa le service, et entra en 1777 au collège de la Trinité à Cambridge, formalité par laquelle il abrégeait de deux ans la durée de l'apprentissage judiciaire obligé. Il fut nommé en 1783, membre des communes, pour Portsmouth. Le prince de Galles l'avait fait son avocat-général. On le vit en décembre 1796, combattre l'adresse que Pitt proposait de voter au roi, mais un évanouissement subit coupa court à son exorde; Erskine combattit constamment dans l'opposition.

chait les tempêtes de l'âme dans les violences et l'agitation du jeu, irrésistible penchant de tous les cœurs blasés; il lui fallait de l'argent, et cette situation ne laisse jamais d'indépendance aux caractères politiques. A l'époque de l'avénement du Consul, Fox avait acquis une grande popularité en Angleterre, il portait des toasts à la *souveraineté du peuple*, il se mêlait aux agitations qui tourmentaient le pays. Ce fut là le tort commun des wighs, la faute aussi bien de Fox que du duc de Bedfort, de lord Grey [1] et de lord Holland. Ils perdirent les sympathies nationales en se faisant trop Français. Tout patriotisme, pour être fort, doit rester égoïste et resserré dans la nationalité; et ces déclamations répétées pour obtenir la paix avec la France, laissaient croire à des relations intimes et anti-nationales pour favoriser le développement des principes révolutionnaires comme en Irlande. Il y eut cela de beau dans Pitt, qu'il fut profondément Anglais; il ne se fit point l'interprète des passions, des sentiments qui agitaient la nation française; il ne se lia pas aux ennemis de l'Angleterre dans la question d'Irlande; il ne fut l'admirateur ni du Directoire ni du premier Consul; il fut haineux pour notre pays comme Nelson l'avait été contre notre marine; enfin il fut dévoué à l'Angleterre comme le Consul Bonaparte le fut à la France. Je n'aime point en histoire ces hommes mixtes qui se font les défenseurs du genre humain pour se donner le droit d'oublier leur propre pays [2].

[1] Lord Charles Grey, comte de Sordy. le chef de l'opposition à la chambre des lords, naquit en 1764. Il fut élevé à Éton; après différents voyages sur le continent il devint membre du parlement pour le comté de Northumberland, et se prononça en 1793, contre la guerre faite à la France, parla avec énergie en faveur de la réforme parlementaire, et s'opposa de tout son pouvoir à ce que l'*habeas corpus* fût suspendu.

[2] Les principaux agents diplomatiques de l'Angleterre au dehors étaient: lord Cornwallis, lord Witworth, l'amiral Warren, M. Lewisson Gower, M. Paget, M. Frère, lord Yarmouth et lord Lauderdale,

L'école allemande avait produit des hommes d'état d'une grande distinction. Si les Anglais s'occupaient des études avancées sur leur propre droit constitutionnel, sur les priviléges des communes et des lords, les hommes d'état d'Allemagne se donnaient une autre tâche. Presque tous étaient des élèves remarquables d'université et d'une éducation classique. Le fils se vouait à la même carrière que le père; il en écoutait les leçons, il en suivait les exemples; sauf quelques fortunes du génie ou du hasard, on apercevait partout en Allemagne l'inflexible classement des familles; quelquefois cinq ou six générations s'étaient vouées à la même carrière diplomatique. Il résultait de là une sorte de tradition éminemment utile dans le maniement des affaires; ensuite ces études d'université dont j'ai parlé s'appliquaient spécialement à l'histoire du droit public allemand, et aux traités qui en constituaient la base. Les jeunes diplomates avaient appris, comme un vocabulaire instructif, toutes les transactions qui, depuis trois siècles, avaient fini les grandes guerres européennes, et de cette érudition ressortait pour eux une haute appréciation de l'histoire; le passé les dirigeait pour le présent et l'avenir. L'étude est un immense moyen en diplomatie; la connaissance du droit public européen est la première condition des têtes intelligentes qui veulent dominer les affaires.

La diplomatie allemande se divisait en deux branches bien distinctes: l'école autrichienne et l'école prussienne; la diplomatie autrichienne était calme, polie, patiente, profondément pénétrée de cette idée que les États ne meurent pas, et que, dans les crises, il faut savoir céder; ces crises passées, la nature des choses revient. La diplomatie autrichienne n'abandonnait jamais rien définitivement, elle conservait toujours la volonté de reconquérir ce qu'elle avait perdu ou ce que les malheurs de la guerre lui avaient enlevé; il n'y avait point là des idées impétueuses comme en France, mais des principes solides et forts. La diplomatie du prince de Kaunitz laissa des représentants d'une certaine puissance d'esprit; j'ai plusieurs fois parlé du comte Louis de Cobentzl, fils du comte Charles de Cobentzl [1], ministre d'état du gouverneur général des Pays-Bas : belle carrière que celle du comte Louis de Cobentzl, car à 27 ans seulement il représentait l'Autriche comme ambassadeur près l'impératrice Catherine II. On a vu que le comte Louis fut le signataire du traité de Campo-Formio; à Seltz, il avait eu également des conférences intimes avec François de Neufchâteau, ministre de la République; le comte de Cobentzl avait beaucoup étudié la France, et peut-être conservait-il un goût trop philosophique, trop entraîné vers les innovations, pour conduire avec sagesse les affaires de la monarchie autrichienne dans les temps de péril et de révolution.

Un homme d'état plus savant, plus avancé que M. de Cobentzl, était le baron François de Thugut, plus tard élevé au titre de chancelier. Lui, n'était pas issu d'une grande et seigneuriale famille; né à Lintz, fils d'un pauvre batelier qui lui donna, néanmoins, une éducation brillante, Thugut, très savant dans l'étude des langues orientales, fut attaché d'abord à l'ambassade de Constantinople; il y fit des progrès immenses, et fut employé dans toutes les négociations actives qui marquèrent l'administration du prince de Kaunitz. Thugut fut d'abord partisan de la Révolution française; il vint à Paris sous le comte de Mercy-d'Argenteau, puis rappelé

---

[1] Le comte Louis de Cobentzl naquit à Bruxelles, en 1753, et mourut à Vienne, le 22 février 1808. Il ne faut pas le confondre avec le comte Philippe, son cousin.

à Vienne, il se jeta hardiment dans des sentiments hostiles à la France, il devint le second du prince de Kaunitz, l'ennemi de la Révolution française. Toutes les fois que l'Autriche traita avec la République, Thugut se retira; toutes les fois, au contraire, que la guerre fut imminente, Thugut devint le maître du cabinet; lui le plébéien fut bien autrement prononcé contre la démocratie que M. de Cobentzl, l'homme d'aristocratie et de grande naissance [1].

Le comte de Stadion, tout jeune encore, avait pris du service dans la carrière diplomatique sous le prince de Kaunitz; à 24 ans, il était en Suède comme ministre; cinq ans plus tard à Londres avec le même titre, et ce fut alors qu'il se retira quelque temps des affaires par dépit, sous l'administration du baron de Thugut; le système de Stadion était néanmoins hostile à la France comme l'avait été celui de Kaunitz, son maître [2]. Je dois parler aussi du prince de Metternich-Winnebourg, le père du chancelier d'état actuel; il avait caquis

---

[1] Le baron François de Thugut naquit à Lintz en 1739, et mourut à Vienne en 1818; il entra comme élève dans l'académie orientale nouvellement fondée à Vienne. En 1784, il fut attaché à l'ambassade de Constantinople, et trois ans plus tard, nommé interprète de l'internonce autrichien. On lui donna successivement le titre de résident et d'internonce. Il fut envoyé en 1772 au congrès de Forkchany; l'impératrice Marie-Thérèse lui conféra, en 1774, le titre de baron, et peu de temps après, la croix de commandeur de Saint-Étienne. En 1777, l'impératrice le chargea d'une mission auprès de ses deux filles, les reines de France et de Naples, et ensuite, en 1778, près de Frédéric II. Joseph l'envoya comme ministre d'Autriche à Varsovie, en 1780, et lorsque la guerre éclata avec les Turcs, en 1788, il lui confia l'administration générale de la Moldavie et de la Valachie, qu'occupaient les armées Austro-Russes; il resta dans ces provinces jusqu'à la paix, en 1790. Thugut obtint en 1792 la direction générale de la chancellerie d'état, sous la présidence du prince de Kaunitz, qu'il quitta en 1797. Vers la fin de 1798, il se rendit à Berlin pour entraîner la Prusse dans une coalition contre la France. François II lui donna le portefeuille des affaires étrangères, lors de la coalition en 1799.

[2] Le comte Philippe de Stadion naquit à Mayence, le 18 juin 1763, et mourut à Bade, le 15 mai 1824; il fit de très bonnes études à l'université de Gœttingue; en 1787, il fut nommé ambassadeur en Suède, et en 1792, le baron de Thugut l'envoya à Londres en qualité de ministre. Il ne reparut sur la scène politique qu'en 1801.

une certaine importance en Allemagne par les négociations de Rastadt qu'il avait conduites dans les idées de l'Autriche, en retardant leurs résultats. Il appartenait à ces familles princières des bords du Rhin qui habitaient Coblentz, Worms ou Cologne [1] ; lié à M. de Mercy-d'Argenteau, dévoué aux principes de sa politique, il obtint la confiance et l'amitié de l'empereur. Au reste, ce qui faisait son orgueil et son espérance, c'était le jeune fils qu'il élevait à ses côtés et qui venait d'achever ses études à Strasbourg et à Coblentz à côté de Benjamin-Constant. Une vaste carrière politique semblait s'ouvrir pour ce jeune homme de vingt-quatre ans, et les voies immenses de la diplomatie s'offraient à l'active intelligence de Venceslas Metternich-Winnebourg. Le comte de Saint-Julien ne parut qu'un moment sur la scène diplomatique après une carrière militaire bien remplie ; il s'avança et se compromit trop dans les négociations avec la France pour qu'on lui confiât les grandes affaires ; il tomba en disgrâce [2].

Les hommes d'état de la Prusse avaient moins de calme, moins de ténacité et de persévérance que les diplomates autrichiens ; l'école du grand Frédéric domina la Prusse pendant le xviiie siècle ; en dehors de lui il n'y avait pas de réputation éclatante et d'hommes d'état de premier ordre ; peut-on citer comme un caractère important le

---

[1] Le prince François de Metternich-Winnebourg naquit le 9 mars 1746, et mourut le 11 août 1818 ; il fut d'abord employé comme ministre près du cercle de Westphalie, puis chargé en 1790 de pacifier le pays de Liége. En janvier 1791, il remplaça M. de Mercy dans le poste de ministre plénipotentiaire près du gouvernement des Pays-Bas, et le conserva jusqu'en 1795. L'empereur le nomma à cette époque, chevalier de la Toison-d'Or. En 1797, il se rendit au congrès de Rastadt. Il fut élevé en 1803, à la dignité de prince de l'Empire.

[2] Le comte de Saint-Julien, d'une famille française, entra de bonne heure dans la carrière militaire ; en 1796 il était colonel, en 1797, général major. Après la bataille de Marengo, il fut envoyé en France comme ministre plénipotentiaire, pour traiter de la paix avec le premier Consul.

baron de Goltz, père du comte de Goltz, qui fut plus officier-général que diplomate? L'école politique de la Prusse ne se développa avec quelque éclat que sous le comte de Haugwitz et le baron de Hardenberg, deux hommes d'un caractère différent, opposés d'esprit, avec une remarquable science d'affaires; le comte de Haugwitz avait pris une certaine passion pour la France, sentiment qui s'était agrandi encore par les relations intimes de cabinet à cabinet; sa fortune s'était rapidement accrue sous l'influence de madame de Lichtenau et du secrétaire de cabinet Lombard. Le comte de Haugwitz avait hérité de cette idée devenue fondamentale sous le règne du grand Frédéric : « que la Prusse ne devait jamais se séparer de l'alliance de la France, parce qu'elle avait avant tout à lutter contre l'Autriche sa rivale. » De là résulta, pour le comte de Haugwitz, une bienveillance remarquable même pour la Révolution; il ne laissa passer aucune circonstance d'en donner des preuves, et on alla jusqu'à dire qu'il recevait des subsides des gouvernements qui se succédaient en France. Au reste, la politique toute de pacification du comte de Haugwitz compromit souvent les intérêts de la monarchie prussienne [1].

Haugwitz faisait sur ce point contraste avec le baron de Hardenberg; Hanovrien de naissance, le baron de Hardenberg semblait avoir conservé son origine et ses prédilections pour l'Angleterre, quoiqu'il eût à se plaindre amèrement du roi qui portait la couronne ; si le comte de

---

[1] Le comte Charles de Haugwitz naquit en 1758, dans la terre de Krappitz en Silésie, et mourut à Venise, le 9 février 1832. Il termina ses études à l'université de Gœttingue. Ce fut le 21 janvier 1793, qu'il reçut le titre de ministre des affaires étrangères. Il dicta toutes les clauses patentes et secrètes du traité de Bâle ; le roi l'en récompensa par l'ordre de l'Aigle-Rouge, et des terres dans la Prusse méridionale, évaluées à plus de 1,500,000 francs. La mort de Frédéric II entraîna la disgrâce de madame de Lichtenau, et par conséquent la sienne, qui fut de courte durée.

Haugwitz était un homme d'affaires, le baron de Hardenberg était un homme d'état; il avait, lui, comme Pitt en Angleterre, et plus tard le prince de Metternich en Autriche, un système conçu sur de larges proportions. M. de Hardenberg put faire des concessions à la République. Il signa le traité de Bâle, mais en cela il servait plus la nécessité qu'il n'accomplissait sa propre pensée. Le système prussien de M. de Hardenberg se développa dans toute son énergie aux époques difficiles, et ce sentiment lui attira des disgrâces tant que le système français domina le cabinet de Berlin [1].

Enfin la diplomatie prussienne se centralisait dans des hommes intimes [2] et de moindre réputation, parmi lesquels le secrétaire de cabinet Lombard, originaire de France et très protégé par madame de Lichtenau. Lombard appartenant à ces familles de réfugiés que l'édit de Nantes avait jetées hors de France, gardait haine à la maison de Bourbon qui avait persécuté ses ancêtres; sortant de la classe plébéienne, quel reproche pouvait-il faire à la Révolution? Très engoué de littérature, faisant de petits vers et de la prose, il était en rapport avec les académies de France et sa vanité littéraire était très flattée des compliments que les gens de lettres lui envoyaient de Paris, souvent par ordre de la police secrète; on ne sait

---

[1] Le prince Charles-Auguste de Hardenberg naquit dans la ville de Hanovre, le 31 mai 1750, et mourut le 26 novembre 1822. Il termina son éducation aux universités de Gœttingue et de Leipzig, puis fut chargé de différentes missions pour l'Angleterre. Hardenberg se rendit à la cour de Brunswick; Frédéric II le nomma grand-prévôt et conseiller privé; ce roi avant sa mort le chargea de porter à Berlin le testament qu'il avait déposé dans ses mains. Le premier témoignage que lui donna Frédéric-Guillaume, ce fut de l'envoyer diriger les provinces d'Anspach et de Bareuth. Il signa le traité de Bâle, le 15 avril 1795, retourna à Berlin dans le mois de juin suivant; à son arrivée, le roi Frédéric-Guillaume le décora de l'ordre de l'*Aigle-Noire*, et le Comité de salut public lui fit présent d'un magnifique service de porcelaine de Sèvres.

[2] Les principaux agents diplomatiques de la Prusse à l'extérieur, étaient le général Knobelsdorf et le baron de Jacobi.

pas toute l'influence qu'exerce la littérature de France sur les esprits graves et sérieux de l'Allemagne; elle a plus d'une fois agi en politique et préparé les traités et les grandes négociations [1].

A côté du secrétaire Lombard, faudra-t-il placer le publiciste Dohm, qui, dans son style de réfugié, propagea tant d'idées favorables à la Révolution [2] au sein de la Prusse héréditaire. Cette pléiade d'agents secrets avaient dû leur fortune à madame de Lichtenau, l'une des femmes si vivement intéressées dans les rapports intimes de la Prusse avec le cabinet de Paris. Madame de Lichtenau soutenait le système de neutralité, et depuis l'origine de la Révolution c'était à elle qu'on s'était adressé pour décider la Prusse à une pensée bienveillante à l'égard de la France. On peut dire qu'il n'y eut pas de système en Prusse avant celui du baron de Hardenberg; parvenu à la suprême puissance, le baron de Hardenberg voulut faire de la Prusse un État fort et influent; il prit la monarchie dans la triste position où l'avait abaissée la bataille d'Iéna, pour ne plus la laisser que dans le progrès et l'accroissement

---

[1] Lombard naquit à Berlin, vers 1767, et mourut à Nice, le 28 avril 1812. Il reçut une éducation assez soignée; il eut d'abord un faible emploi subalterne dans le cabinet particulier de Frédéric-le-Grand. A l'avénement de Frédéric-Guillaume II, il fut nommé secrétaire du cabinet, mais la mort de ce prince et la disgrâce de la comtesse de Lichtenau vinrent renverser sa fortune. Cette disgrâce dura peu, et bientôt il fut nommé par le nouveau roi, conseiller privé.

[2] Guillaume de Dohm naquit le 11 décembre 1751 à Lemgo, dans la principauté de Lippe et mourut le 29 mai 1820. Il commença ses études dans cette ville et les termina à Leipzig. Nommé d'abord instituteur des pages de Frédéric II, il obtint ensuite, par le crédit de Mauvillon, son ami, une chaire d'économie politique à Cassel. Le ministre Hertzberg, le fixa définitivement à Berlin en lui faisant cumuler les honoraires de conseiller intime et ceux d'archiviste. Il fut chargé aussi de que'ques missions assez importantes, et forma en 1786 la confédération qui fut appelée la *ligue des princes*. Frédéric-Guillaume II, à son avénement, lui donna des lettres de noblesse et l'envoya à Cologne comme ministre plénipotentiaire chargé de toutes les affaires prussiennes dans le Bas-Rhin : il se rendit en 1797 au congrès de Rastadt et depuis ce congrès la faveur de Dohm alla toujours déclinant.

territorial où on la vit se manifester à la paix de 1814.

L'école diplomatique de la Russie différait essentiellement pour les principes et les caractères. Dans la Grande-Bretagne, il y avait des hommes d'état parlementaires; en Allemagne, des ministres dirigeants, tels que Hardenberg, et plus tard le prince de Metternich; en Russie, au contraire, tout s'absorbait dans l'empereur, autocrate pour toutes les affaires; il y avait des favoris, des agents habiles, instruits, mais le czar était tout, parce qu'il réunissait en sa personne le système de sa politique, vieille comme Pierre Ier et Catherine II.

A ses côtés toutefois, les deux diplomates qui paraissaient jouir du plus grand ascendant à l'époque de l'avénement du Consul, étaient le prince Repnin et le comte Panin, dont j'ai parlé déjà; car le comte de Strogonoff avait disparu de la scène politique [1]; Repnin, la créature des favoris de Catherine [2], avait beaucoup grandi dans la confiance du czar Paul Ier; sa longue vie toute diplomatique avait assuré à la Russie des conquêtes effectives, des territoires avanta-

---

[1] Le comte Paul de Strogonoff, entra au service comme cornette en 1779 et fut aide-de-camp du prince Potemkim de 1788 à 1791. Il devint successivement gentilhomme de la chambre, chambellan, conseiller privé, sénateur, et collègue du ministre de l'intérieur; il fut tué sous les murs de Laon en février 1814.

[2] Repnin était fils du prince Nicolas Repnin, feld-maréchal et neveu du comte Panin; il embrassa la même carrière que son père, et s'y distingua par une valeur brillante; en 1764 il fut choisi pour aller seconder l'ambassadeur Kayserling dans l'élection de Stanislas Poniatowski; à la mort de celui-ci, peu de temps après, Repnin le remplaça. En 1770, il obtint le commandement d'un des principaux corps du général Roumanzoff, et le seconda dans les batailles de Kartal et de Kagoul. En juillet 1774, il signa le traité de Kaïnardgi, et fut nommé peu après ambassadeur à Constantinople. Repnin fut chargé du commandement de l'armée des frontières de la Gallicie. Il arriva à Breslau le 20 décembre 1778. Durant la campagne de 1789 contre les Turcs, il commandait l'armée d'Ukraine; Catherine le nomma directeur général de la Livonie; il fut ensuite chargé des fonctions de ministre de Catherine en Pologne. Paul Ier l'éleva, le 20 novembre 1796, au grade de feld-maréchal, et le nomma ambassadeur à Berlin, où il arriva dans cette capitale le 18 mai 1798. On prétend qu'à son retour Paul Ier le disgracia pour avoir échoué dans sa mission. Alors Repnin se retira à Moscou et y mourut le 12 mai 1801.

geux pour la navigation et le commerce ; son ambassade à Berlin n'avait pas eu tout le résultat qu'on se proposait, mais enfin un premier point était acquis : l'abbé Sieyès n'obtenait pas l'alliance intime de la Prusse, ce que l'on redoutait dans la coalition de 1799. Le comte Panin parcourait également les cours de l'Europe, et Paul Ier le combla de dignités avant sa disgrâce[1] ; Panin avait du tact et de la finesse comme tous les Russes, une certaine manière de voir les événements avec l'intelligence de la race slave. La chancellerie de Saint-Pétersbourg était fort avancée dans les prévoyances de l'avenir; elle avait un grand plan et le suivait[2] ; tandis qu'on l'accusait d'irréflexion, et ses czars de folie, elle accomplissait son œuvre. Je ne sais pas s'il existe un système développé avec plus de persévérance et de ténacité que celui qui tend à assurer la prépondérance et la suprématie russe dans les transactions européennes. La diplomatie de Saint-Pétersbourg marchait inflexiblement à ses vues; elle ne reculait devant rien ; forte et patiente, sa conduite envers la Turquie et la Pologne était d'une habileté immense; elle s'agrandissait tous les jours ; les yeux fixés sur la Finlande, la Russie cherchait également des débouchés sur le golfe du Nord; enfin ce gouvernement qu'on accusait d'incandescence et de résolutions bizarres, marchait droit à son œuvre avec une tenue et une résolution parfaites.

C'est qu'en effet aucun cabinet ne présentait une réu-

---

[1] Panin, neveu du comte de Panin ministre des affaires étrangères sous Catherine, fut ambassadeur de Russie à Berlin et vice-chancelier sous le règne de Paul Ier.

[2] Les principaux diplomates de la Russie étaient alors : Le comte Rostopchin, le prince Kurakin, le comte Kostchübey, le comte Alexandre de Woronzof, le prince Czartoriski, le baron de Bulderg, M. de Kalitschef, le comte de Markof, M. d'Oubril, M. de Nowosilsof, le comte Rasumowski, et le comte Simon Woronzof (frère du comte Alexandre).

nion d'esprits mieux instruits, et plus au fait de ce qui se passait en Europe. Les hommes d'état de la Russie possédaient une éducation très avancée, ils parlaient les langues les plus diverses avec une facilité qui étonne encore; la plupart avaient voyagé en Europe; connaissant les cabinets dans leurs plus petits détails, ils n'ignoraient aucune circonstance politique, aucun côté faible. L'empereur avait toujours une police d'aide-de-camps dans les diverses cours, ils semaient avec habileté la corruption; chez les Russes il y avait un peu du caractère grec, cette intelligence qui devine tout et prévoit tout ou acquiert tout, même les plans de campagne des adversaires. La diplomatie de Saint-Pétersbourg ne se composait pas seulement de nationaux; les czars appelaient dans le cabinet, des Allemands, des Français, des Suédois même, et ce mélange de toutes les capacités donnait aux opérations diplomatiques du cabinet de Saint-Pétersbourg, un caractère d'universalité qui ne nuisait pas aux projets d'avenir de la Russie.

Deux jeunes hommes s'élevaient déjà à côté de l'habile diplomatie du prince Repnin; tous deux étaient destinés à jouer un rôle plus régulier et plus important, après la mort de l'empereur Paul; le premier avait nom Alopéus, il était Finois de naissance, et l'empereur le ménageait pour accomplir plus tard ses desseins sur la Suède [1]; l'autre, né en Livonie, portait le nom de Nesselrode [2],

---

[1] Le baron Maximilien d'Alopéus naquit le 21 janvier 1748 à Wibourg en Finlande, et mourut le 16 mai 1822. Il fit ses études à Abo, puis à Gœttingue, fut remarqué par le comte Panin, alors ambassadeur de Russie à Stockholm, et devint son secrétaire; lorsque celui-ci fut nommé chancelier, Alopéus obtint par sa protection la place de directeur de la chancellerie de l'empire. Il fut nommé par l'impératrice Catherine, en 1790, ministre plénipotentiaire auprès de la cour de Berlin. Il s'éloigna de cette ville en 1796, époque à laquelle il reçut le titre de conseiller d'état.

[2] J'ai publié en 1835 dans la *Revue des Deux-Mondes* un article détaillé sur le comte de Nesselrode; sa carrière diploma-

jeune tête d'étude, de travail, et surtout d'obéissance aux idées et aux ordres de son souverain. La fortune politique du prince de Liéven commence à une époque postérieure.

J'ai parlé de l'école italienne, plus en ce qui touche le caractère de certains hommes, que pour indiquer la diplomatie spéciale à certains cabinets d'Italie. Ainsi le vigoureux général Acton, ministre de Naples, n'avait rien d'italien, c'était un homme d'énergie et de résolution militaire. Ainsi le comte de Saint-Marsan, quoique attaché à la cour de Piémont, ne possédait pas le type italien dont je fais ici une école, tandis que l'on rencontre ce caractère dans le marquis de Lucchesini[1], attaché à la Prusse et dans le marquis de Gallo au service de l'Autriche. Le type de la politique italienne était surtout une manière fine et adroite de juger les événements, sans se laisser décourager par les accidents fortuits. La diplomatie italienne ne se prononçait jamais avec netteté sur aucune question, elle les esquivait incessamment; tout en ayant l'air de céder, elle ne faisait aucune concession; elle se confiait au temps et à la lassitude; presque toujours elle se sauvait par des équivoques; elle avait peu de courage et beaucoup d'adulation; le marquis de Lucchesini, plus tard envoyé de Prusse auprès du Consulat, fut le modèle parfait de cette école italienne, qu'on retrouve dans les rapports avec le sacré collége et la cour de Rome. M. de Lucchesini avait de l'esprit, de la souplesse, l'œil observateur, la parole adulatrice; les ordres de son gouvernement étaient pré-

---

tique ne commença dans tous ses développements que sous l'empereur Alexandre. Le comte Charles de Nesselrode était né en Livonie vers 1770.

[1] Le marquis de Lucchesini, naquit à Lucques; l'amour des voyages le conduisit à Berlin où il fut présenté au grand Frédéric; son mariage avec mademoiselle de Tarac

cis, on devait maintenir une neutralité bienveillante, et successivement attirer la France dans un système de protection des intérêts prussiens en ce qui concerne l'Allemagne. La Prusse faisait reposer sa prépondérance sur cette neutralité; elle voulait en tirer le meilleur parti possible, et la faire acheter au besoin par des subsides et un appui positif contre l'Autriche:

L'école italienne, mais dans une expression plus forte et plus élevée, était aussi représentée en Europe, par un jeune homme obscur alors, errant de cour en cour, et à peu près de l'âge du Consul. On se rappelle un Corse hardi, tenace, du nom de Pozzo-di-Borgo, dont la *casa* était située vis à vis celle des Bonaparte, à Ajaccio; il s'était séparé de cette famille pour suivre Paoli, et déjà il sentait dans sa poitrine cet esprit de *vendetta*, qui partout l'accompagna jusqu'aux événements de 1814. L'intelligence de Pozzo-di-Borgo était vaste autant qu'active; comme il connaissait le jeune Napoléon, il pouvait deviner plus facilement ses desseins d'avenir. L'Europe avait besoin de lui et de son ingénieuse appréciation des hommes et des choses. Pozzo-di-Borgo avait suivi Paoli en Angleterre; initié aux sociétés diplomatiques, il avait embrassé cette carrière, en la mêlant à celle des armes; il visita le continent avec cet esprit pénétrant et hardi qui caractérise la nation corse. Il connaissait mieux que personne la finesse des Bonaparte, et les destinées qui devaient se rattacher au front du Consul; il savait ses faiblesses, les parties vulnérables par où l'Europe devait l'attaquer. Je retrouverai Pozzo-di-Borgo

---

lui donna la clef de chambellan. Bientôt la protection de Bischoff-Werder le lança dans les grandes affaires. Envoyé à Paris, il arriva dans cette ville le 18 octobre 1800, suivi du jeune Lombard, frère du secrétaire du cabinet; il mourut à Florence en 1825 d'une attaque d'apoplexie.

dans une carrière plus haute et plus active contre cet empereur qui proscrivait partout la tête du jeune Corse de la montagne [1].

Si donc, on a bien suivi l'histoire de la diplomatie telle que je viens de la tracer, on s'expliquera parfaitement comment il arriva que l'Europe conquit un immense ascendant au milieu même de ses malheurs. Il y avait en Angleterre, en Autriche, en Prusse comme en Russie, des hommes d'état à idées fixes, avec un esprit de système qui avait son commencement, son milieu et sa fin. En France tout était improvisé; à chaque quart d'heure on mettait la vie politique de l'État en question; le pouvoir n'avait ni passé, ni avenir; avec plus ou moins d'esprit les diplomates étaient sans études; ils ne connnaissaient rien au-delà de 1789. Les idées révolutionnaires ou bonapartistes formaient leur culte, et ils ne rêvaient que propagande; comme ils n'avaient rien conçu de stable, ils ne pouvaient rien fonder de puissant; ce que la victoire leur avait donné, les revers l'enlevèrent. Voilà comment la France ne garda aucune de ses conquêtes ; la vieille monarchie avec moins de gloire que la Révolution et l'Empire, s'agrandit de sept provinces et de quatre millions de sujets depuis Henri IV jusqu'à Louis XVI, tandis que la Révolution et l'Empire, après des prodiges inouïs, nous ont laissé à peine le territoire de 1789, moins l'Inde et les colonies; grand exemple pour constater qu'il n'y a de ferme et de solide que les systèmes conservateurs, et les hommes d'études qui savent les mettre en action. Quand on

---

[1] Voir les notices que j'ai publiées sur le comte Pozzo-di-Borgo dans la *Revue des Deux-Mondes* sous le titre de *diplomates européens*. La première est sur le comte Pozzo-di-Borgo, la seconde sur M. de Metternich et la troisième sur le comte de Nesselrode. J'agrandirai plus tard ce travail en embrassant les autres sommités diplomatiques de l'Europe.

veut fonder pour l'avenir, Il faut s'appuyer sur le passé; il n'y a de véritable diplomatie que celle qui repose sur les intérêts et l'histoire, et c'est ce que la France ne comprit pas sous la Révolution.

Telle était la situation de la diplomatie au 18 brumaire; quand donc le Consul s'empara des affaires publiques, il dut exposer sa pensée de politique étrangère, et dire à l'Europe ses desseins. Tel fut le but du livre que M. de Talleyrand fit rédiger par M. d'Hauterive [1]; il contenait l'exposé de vastes idées sur le système fédératif européen, la base fondamentale de la politique du Consul et de l'Empereur !

[1] Ce livre est analysé, page 140.

CHAPITRE IV.

PRÉPARATIFS DE LA CONSTITUTION DE L'AN VIII.

Esprit public. — Pamphlets contre le Directoire. — Dictature morale de Bonaparte. — Force de son caractère. — Abaissement de ce qui l'entoure. — Premières conférences pour la constitution. — Division entre les monarchistes et les républicains. — Système de l'abbé Sieyès. — La pondération des pouvoirs. — Séparation avec Bonaparte — Lutte entre la dictature militaire et le gouvernement des légistes. — Retraite de Sieyès et de Roger-Ducos. — Les trois Consuls, Bonaparte, Cambacérès et Lebrun.

Novembre et décembre 1799.

Les négociations diplomatiques ne devaient être fermement et hautement conduites que par un pouvoir fort, en qui l'Europe aurait confiance; n'avait-on pas promis à l'opinion publique une révolution d'ordre et d'unité? Indépendamment de son caractère qui le portait au pouvoir absolu, Bonaparte avait compris qu'il ne pouvait opérer une révolution politique et sociale, sans une sorte de dictature, qui le rendrait maître des idées et des faits du gouvernement. La dernière place qu'il avait prise dans le Consulat, après la révolution du 18 brumaire, ne pouvait longtemps convenir à sa situation; elle n'était pas sincère; était-ce pour se faire le bras armé de l'abbé Sieyès que Bonaparte se plaçait à la tête d'un mouvement militaire? l'épée s'abaisserait-elle devant la robe du clerc? Le Consul ne fut pas longtemps sans révéler ses desseins; on devait s'apercevoir qu'il aurait bientôt le pouvoir absolu, parce qu'il y marchait fièrement et sans détourner la tête.

Comment aurait-il hésité quand tout s'offrait à lui pour arriver à ce résultat d'une dictature morale; la France s'agenouillait pour implorer l'ordre et la force dans l'autorité; Bonaparte était immense; qui n'avait salué son retour? les cités s'en étaient félicitées comme d'une victoire; les temples s'étaient ornés de festons et de fleurs; la France avait un si grand besoin de repos et d'unité! la fatigue était dans toutes les âmes; les changements successifs avaient si profondément ébranlé le sol! tout semblait menacer ruines, et l'on renaissait subitement à l'espérance d'un meilleur avenir. Les amis du général Bonaparte exploitèrent le juste enthousiasme qui avait salué son retour; tout désormais dut concourir à grandir cette renommée; les pamphlets, les pièces de théâtre, les chansons. On eût dit que pour la première fois dans l'histoire, la police se mettait d'accord avec l'opinion publique; et l'on vit la double exaltation du peuple et du pouvoir, des masses et de l'autorité. Il n'était pas une pièce dramatique, un vaudeville même, qui ne rappelât la belle journée du 18 brumaire et ses heureuses conséquences pour la paix et le bonheur du peuple; on chanta des couplets de circonstance couverts d'applaudissements; ils éclataient sur la tête du jeune général, appelé à pacifier ou à conquérir le monde [1].

---

[1] Le vaudeville surtout s'en donna à cœur joie de flatteries : voici ce qu'on lit dans les journaux

«*La Girouette de Saint-Cloud*, faite et apprise en 24 heures, a obtenu le succès le plus complet. La salle était pleine, et de tous ses points, les applaudissements n'ont pas cessé.» Voici le couplet d'annonce :

D'un fait qui vivra dans l'histoire,
Tout-à-l'heure on vous parlera ;
Et, si nous manquons de mémoire,
Aucun de vous n'en manquera,

En même temps une autre manœuvre était accomplie par les amis de Bonaparte; autant on élevait le Consul, son génie, ses idées, autant on abaissait le Directoire avec une rigueur qui tenait à l'injustice; Barras lui-même n'était pas épargné par ses anciens amis. Telle est la triste condition des pouvoirs qui tombent, ils sont poursuivis et flétris avec ingratitude par les vainqueurs; on ne leur pardonne rien; on fouille, on recherche le passé, on oublie s'ils ont fait le bien pour ne voir que le mal. Telle fut la loi implacable que subit le Directoire; certes, jamais gouvernement n'avait fait plus de fautes, jamais pouvoir ne s'était placé dans des conditions plus

> Cette pièce, avant d'être prête
> Fut annoncée aux spectateurs :
> L'ouvrage était dans notre tête ;
> Mais le sujet est dans vos cœurs.

Au théâtre Montansier, dans une nouvelle pièce intitulée : *la Femme en Parachute*, madame Verseuil chanta :

> Douce paix, céleste présent,
> Serais-tu loin de nous encore ?

Verseuil lui répondit :

> Non, l'astre sorti d'Orient
> Vient de nous en montrer l'aurore.

Ces deux derniers vers furent saisis avec un enthousiasme général.

Le couplet suivant chanté par un militaire revenant d'Égypte, a excité le plus vif enthousiasme.

> Je vous ai laissé la victoire,
> Et je trouve d'affreux revers ;
> Je vous ai vus couverts de gloire,
> Et je vous vois chargés de fers.
> Je vois une horde étrangère,
> Où j'avais laissé les Français ;
> Enfin, je retrouve la guerre,
> Partout où j'ai laissé la paix.

> La grande nation qu'un héros sut défendre
>   Sera soumise aux lois ;
> Et l'heureux Bonaparte est trop grand pour descendre
>   Jusqu'au trône des rois.
>   Par Lebrun.

La chute des Jacobins devint entre les mains des poëtes un sujet fécond dont les théâtres se hâtèrent de s'emparer. On joua au théâtre de l'Opéra-Comique *les Mariniers de Saint-Cloud*, petite pièce en un acte, de M. Sewrin ; au théâtre du Vaudeville, *la Girouette de Saint-Cloud* ; et à celui des Troubadours, *la Pêche aux Jacobins*, par MM. Chazet, Léger, et Armand Gouffé. On disait dans la première ;

> Nous connaissons certain génie
> Actif autant qu'il est puissant,
> Qui sait, de l'Europe à l'Asie,
> Franchir l'espace en un moment.
> Si dans ses courses immortelles
> Il nous mit à couvert partout,
> Je crois qu'aujourd'hui de ses ailes
> Il pourrait bien couvrir Saint-Cloud.

> La fuite en Égypte jadis
> Conserva le Sauveur des hommes ;
> Pourtant quelques malins esprits
> En doutent au siècle où nous sommes.
> Mais un fait bien sûr en ce jour
> Du vieux miracle quoi qu'on pense,
> C'est que de l'Égypte un retour
> Ramène un sauveur à la France,

violentes et plus décousues ; mais après la révolution du 30 prairial surtout, le Directoire avait-il été sans force et sans dignité pour repousser l'invasion du territoire ? L'administration du général Bernadotte à la guerre avait préparé la délivrance de la Hollande et la victoire de Zurich. Au milieu du déficit, on avait retrouvé des ressources afin de pourvoir à beaucoup de services, et la coalition de 1799 était presque dissoute par l'habileté et la force déployées dans les derniers temps du Directoire.

Or, tout cela fut oublié par le parti victorieux; on attaqua tous les actes du pouvoir déchu; on le frappa de toutes les forces jeunes et puissantes de l'opinion; il fut de bon goût de se moquer du Directoire [1], de lever le voile de quelques turpitudes; il semblait que rien n'avait été fait avant le 18 brumaire, et que l'histoire de la République, depuis 1792, dût être effacée devant l'expédition de Saint-Cloud. Tout se concentra dé-

---

[1] Voici quelques-uns des pamphlets :
Changements de domiciles ; dans lequel on lit entre autres ces plaisanteries rebattues. Le conseil des Anciens siégeait à Montmartre ; la commission des finances, rue Vide-Gousset ; le conseil des Cinq-Cents, rue de l'Égout ; les Royalistes, au cap de Bonne-Espérance ; les conscrits, rue des Boucheries ; le ministre Bernadotte, rue de la Mortellerie ; etc., etc.
La réponse de Carnot au mémoire de Bailleul, qui avait été supprimée par l'ancien ministre de la police. On y a ajouté une suite qui n'a aucun caractère d'authenticité.
Le mémoire de Ramel, l'un des déportés après le 18 fructidor, contenant la relation du transport et du séjour à la Guyane des 16 déportés, la mort de Murinais et de Tronçon-Ducoudray, l'évasion de Pichegru, Barthélemy, etc.

Instructions de Tronçon-Ducoudray, l'un des représentants du peuple, déportés à la Guyane, rédigées pour ses enfants et ses concitoyens.
Bilan de la République française.
Essais sur les causes qui depuis le 18 fructidor devaient consolider la République en France, et celles qui ont failli la faire périr.
On faisait même des madrigaux sur les dernières mesures du Directoire, relativement à l'emprunt.

A mes yeux vous êtes si belle
Que vos yeux ont su m'embraser,
Et mon amour, charmante Adèle,
Veut vous *emprunter* un baiser.

Adèle.

Vous êtes dans votre tendresse,
Et trop pressant et trop pressé
Sur les faveurs d'une maîtresse
Doit-on mettre un *emprunt forcé* ?

sormais dans le Consulat. Cette situation d'ingratitude avait naturellement grandi l'importance personnelle du général Bonaparte; il arrive des temps où un homme est maître de l'opinion, il peut en disposer; il traîne la société derrière lui, il l'attèle à son char que la foule suit comme un esclave, le front baissé; il est alors plus souverain que le roi qui porte couronne; il commande aux pouvoirs, au peuple, aux partis; partout il est obéi; il peut renverser l'édifice des libertés publiques.

Bonaparte avait compris cette admirable position qu'on lui avait faite; et dès ce moment on le voit à l'œuvre, commander impérativement, faire la loi, et ne la recevoir de personne. Au 18 brumaire, il s'était placé le dernier des Consuls, même au-dessous de Roger-Ducos; il fit bientôt payer à ses collègues cette modestie résignée; une fois qu'il eut tâté l'opinion, et étudié ses forces, il n'épargna plus personne; maître des volontés, il les domine; il sent que le 18 brumaire a été le triomphe du parti militaire dont il est la plus brillante expression, et, cette conviction acquise, il impose ses idées à tout ce qui l'environne; dictateur pour le peuple, il veut l'être aussi pour ses collègues.

Après les dernières séances des Conseils dispersés, les commissions réunies travaillèrent constamment à la nouvelle constitution promise dans les proclamations consulaires pour les derniers jours de novembre; tout ce qui s'était fait jusqu'alors n'était-il pas un provisoire? Les Consuls eux-mêmes étaient-ils autre chose? A cette époque, il n'y avait pas de révolution dans le pouvoir sans qu'on se mît immédiatement en travail d'une constitution. C'était la tâche de tous les jours, la manie de tous les hommes politiques; les constitutions tombaient les unes sur les autres; qu'importait une feuille de papier de plus ou de moins, jetée au vent dans l'histoire? Il fut donc convenu entre les commissaires qu'on se réunirait successivement au Luxembourg, en présence des Consuls, pour préparer le pacte promis aux Français, comme achèvement du 18 brumaire; la Constitution de l'an III étant détruite, il en fallait une autre, et les esprits forts de ces temps durent encore travailler à cette œuvre politique, qui, pour la quatrième fois depuis 1792 [1], devait être éternelle.

Dans ce palais du Luxembourg, qui avait servi de royale habitation au Directeur Barras, se réunissaient donc à neuf heures, tous les soirs [2], les membres des deux Conseils qui devaient discuter la constitution; on fut très assidu à ces assemblées. A mesure qu'on s'étudia de plus près, il fut facile de voir que plusieurs partis se montraient hostiles, et que les opinions étaient loin de s'entendre. Pour accomplir le 18 brumaire, journée décisive, on se rappelle que Napoléon, Lucien, Joseph, avaient eu besoin de s'associer une fraction du parti républicain rationnel, séparé des Jacobins pour soutenir le général; on y comptait MM. Daunou, Chénier, Chazal, hommes à vues bornées en politique, incapables surtout de comprendre la pensée de Bonaparte; M. Daunou, le rédacteur habituel des constitutions, avait montré en cette circonstance une absence totale d'instinct,

---

[1] Épitaphe de nos trois sublimes constitutions.

De rouages confus réunion étrange,
La première, à Paris, périt au 10 août.
La seconde, pétrie et de sang et de fange,
Sans avoir vu le jour, mourut sous le verrou.
La troisième semblait plus forte et mieux conçue,
Mais partout invoquée, et détruite partout,
Par de nombreux viols, en tous ses points rompue,
Elle vient d'expirer *aux filets de Saint-Cloud.*

[2] On se réunissait tous les soirs de neuf heures à minuit; les commissions s'adjoignirent Bonaparte, Cambacérès, Lebrun, Lucien, Joseph Bonaparte, Fouché, Berthier, Réal, Regnault et Rœderer.

une simplicité politique dont rien n'approche; croyant sauver les choses avec les mots, il s'imaginait avoir tout fait parce qu'il avait proposé un magistrat sous le nom grec de *nomarque* ou de *légiarque*; pauvre esprit qui ne comprenait pas le dernier mot du 18 brumaire! M. Daunou avait été pourtant un des ardents de la journée de Saint-Cloud, pour jeter le pouvoir aux pieds de Bonaparte, et une fois qu'il eut placé la dictature sous l'épée, il voulait l'enlacer par de petites restrictions de légiste; il prétendait lier le bras fort par des cordons de soie. En révolution il y a toujours de ces esprits inconséquents qui élèvent des géants, et une fois qu'ils les ont créés, ils s'imaginent pouvoir les faire marcher au petit pas. Ce parti républicain rationnel n'avait donc pas compris qu'en plaçant si haut le général Bonaparte, il se donnait un maître; une fois le pouvoir institué, il se montrait impatient du joug, il ne voulait plus subir les fatalités de son œuvre.

L'autre fraction des commissaires, plus conséquente, plus en rapport avec la situation, était dominée par Lebrun, Régnier, Rœderer et Lucien Bonaparte; celle-là comprenait parfaitement que, puisqu'on avait créé une dictature, il fallait l'organiser le mieux possible, dans les idées et les intérêts du pouvoir. Comme on avait constitué l'autorité absolue, on devait lui donner la force administrative; ils ne croyaient pas qu'il fût possible et rationnel d'affaiblir le pouvoir auquel on remettait l'épée; puisqu'on l'avait fait, il fallait se garder de le taquiner, car la plus mauvaise situation, en politique, c'est de n'avoir ni le courage de soutenir un gouvernement, ni le courage de le renverser; quand on se place au milieu, on est également faible, et également méprisé, et c'est ce qui fait que les tiers-partis sont toujours si bas.

Dans cette situation de deux opinions si tranchées, il était difficile que les membres des conférences, réunis au Luxembourg, pussent s'entendre; tous partaient de bases si distinctes, d'idées si opposées! Tant qu'il ne s'agit que de l'organisation d'un sénat, d'un tribunat ou du Corps législatif, on put laisser à tous les esprits leur sentiment et leur opinion personnelle; c'étaient là les accessoires, et non le principal; on pouvait même dire qu'il y avait unanimité dans ce besoin de pondérer le pouvoir, en multipliant les assemblées politiques. Il se formulait, en ce moment, une réaction contre le principe que l'Assemblée constituante avait posé d'un organe unique, d'une seule asssemblée pour représenter la souveraineté populaire. Autant les Constituants s'étaient montrés hostiles, par théorie, à la pondération des corps les uns par les autres, autant, au 18 brumaire, la réaction fut profonde. Il semblait que plus il y aurait d'expressions diverses des besoins, des intérêts de la société, plus il y aurait aussi d'ordre et de sécurité dans le gouvernement du pays; on adoptait donc généralement l'idée de trois assemblées : la première sénatoriale, inamovible, gardienne de la constitution ; puis un tribunat, comme symbole de la démocratie ; enfin, un Corps législatif qui s'occuperait du vote des lois et de l'harmonie des codes ; on admettait même un quatrième pouvoir, le conseil d'État, qui devait tout préparer pour que le travail du Corps législatif fût moins long, moins appliqué [1].

---

[1] Voici comment ces conférences sont racontées par un témoin oculaire.

« Vers la mi-décembre, les trois Consuls et les deux commissions législatives se réunirent dans l'appartement de Bonaparte. Les conférences s'ouvraient à 9 heures du soir et se prolongeaient jusque bien avant dans la nuit. Daunou était chargé de la rédaction. Sieyès à la première séance ne dit mot; pressé et à force d'instances, il donna ensuite pièces à pièces ses théories renfermées dans des cahiers différents. Avec un ton d'oracle, il déroula successivement les bases de sa constitution chérie. Elle créait

La réaction était ainsi complète contre l'unité populaire de l'Assemblée constituante, et toutes les opinions, sur ce point, étaient d'accord ; les républicains rationnels eux-mêmes avaient peur de l'idée de la souveraineté du peuple, et la crainte des Jacobins les faisait s'éloigner de ce symbole, la passion de leur vie ; ils cherchaient toutes les garanties qui pouvaient les préserver des écarts d'une assemblée unique, tenant en ses mains la dictature. Le souvenir de la Convention nationale, si forte, si fatalement énergique, avait entraîné dans cette répugnance ; on était de toutes parts en garde contre le passé révolutionnaire.

Mais le point sur lequel tous différaient essentiellement, c'était la constitution du pouvoir exécutif, confié aux trois Consuls; ici l'unanimité des opinions était difficile, car le résultat touchait précisément le pouvoir suprême que le consul Bonaparte se réservait dans la distribution des rôles après le 18 brumaire ; la lutte allait se dessiner avec une certaine force entre les adversaires. Quelle serait l'autorité des Consuls ? Y aurait-il parmi eux un président ? Quelle serait la durée de leur gestion ? Tous auraient-ils le partage de l'autorité, ou bien un seul dominerait-il les autres ? Ces corps s'agitant dans l'action constitutionnelle, n'auraient-ils aucune influence sur la marche politique du Consulat ? Le sénat gardien de la Constitution, nommerait-il les Consuls, et pourrait-

---

un tribunat composé de cent membres appelés à discuter les lois ; un Corps législatif plus nombreux appelé à les admettre, ou à les rejeter par le vote sans discussion orale ; et enfin un sénat composé de membres élus à vie, avec la mission plus importante de veiller à la conservation des lois et des constitutions de l'État. Toutes ces bases, contre lesquelles Bonaparte ne fit aucune objection sérieuse, furent successivement adoptées. Quant au gouvernement, Sieyès lui donnait l'initiative des lois, et créait, à cet effet, un conseil d'état chargé de mûrir, de rédiger les projets et les règlements de l'administration publique. On savait que le gouvernement de Sieyès devait se terminer en pointe, en une espèce de sommité monarchique plantée sur des bases républicaines, idée dont il était entiché depuis longtemps ; on attendait

il les absorber? S'il en était autrement, le Consulat était-il autre chose qu'une dictature? Ne livrait-on pas la nation française à la souveraineté d'un général? Les choses ainsi vues, il était évident qu'une large séparation allait s'effectuer entre Bonaparte et le principal auteur du 18 brumaire, l'abbé Sieyès, qui croyait garder l'autorité suprême.

Depuis la convocation des commissions au Luxembourg, l'abbé Sieyès y venait assidûment, les idées du sénat, du Corps législatif et du tribunat, étaient les siennes, et tant que la discussion se tint dans ces limites, son opinion prévalut presque toujours, car il ne s'agissait que des accessoires dans les formes du gouvernement. Mais une fois cette discussion accomplie, quand on arriva jusqu'à examiner le pouvoir des Consuls, le principal auteur de la Constitution se sépara entièrement de Bonaparte. L'abbé Sieyès n'avait créé le sénat si puissant, que pour le faire dominer le Consulat, et l'absorber au besoin s'il tentait la tyrannie ou la dictature; il avait constitué une magistrature irresponsable, une présidence occulte du Sénat et de la République; une sorte de place vacante, qu'il réservait peut-être pour une combinaison de monarchie, à la façon de 1688. Selon son usage, l'abbé Sieyès n'avait pas dit toute sa pensée; évidemment son grand

avec une curiosité attentive et même impatiente qu'il découvrit enfin le chapiteau de son édifice constitutionnel. Que proposa Sieyès? Un *grand électeur* à vie, choisi par le Sénat conservateur, siégeant à Versailles, représentant la majorité de la nation, avec 6,000,000 de revenus, 3,000 hommes pour sa garde, et n'ayant d'autres fonctions que de nommer deux Consuls, celui de la *paix* et celui de la *guerre*, tous deux indépendants l'un de l'autre dans l'exercice de leurs fonctions. Et ce *grand électeur*, en cas de mauvais choix, pouvait être absorbé par le Sénat qui était investi du droit d'appeler dans son sein, sans en donner les motifs, tout dépositaire de l'autorité publique, les deux Consuls et le grand électeur lui-même; devenu membre du Sénat, ce dernier n'aurait plus eu aucune part directe à l'action du gouvernement.

électeur gardait une place de roi constitutionnel[1].

Bonaparte, par son instinct irrésistible du pouvoir, était parti d'une idée entièrement opposée ; d'après lui, tout était soumis au Consulat, et le Consulat devait en définitive se résumer dans le premier Consul. A côté de toutes ces institutions mixtes et pondérées, Bonaparte plaçait un pouvoir exécutif unique; il disait : « Consul, je dominerai tout, et nul ne sera assez fort pour me dominer. » Son plan était ancien dans sa tête ; en plusieurs séances on discuta ces questions avec aigreur ; Bonaparte connaissait ses adversaires, et la puissance qu'il avait acquise sur l'opinion publique. Qui pouvait lui disputer l'influence et le crédit? Il y a des situations qui permettent d'agir hautement ; est-ce que l'abbé Sieyès déconsidéré dans tous les partis, âme molle et tremblante, pouvait entrer en lutte avec lui? Bonaparte tranchait donc tout, parce qu'il était fort; les autres devaient tout concilier, parce qu'ils étaient faibles ; c'était dans la nature des choses, et bientôt, avec cette impérieuse volonté qui caractérisait le général Bonaparte, il effaça de sa main tous ces articles du grand électeur qui restreignaient l'autorité du pouvoir consulaire; il se posa premier Consul d'un trait de plume, et tout fut dit; il jeta son épée et la balance pencha.

---

[1] Voici encore le récit d'un témoin oculaire de ces discussions :

« Bonaparte ne put y tenir; se levant et poussant un éclat de rire, il prit le cahier des mains de Sieyès, et sabra d'un trait de plume ce qu'il appela tout haut des niaiseries métaphysiques. Sieyès, qui d'ordinaire boudait au lieu de résister aux objections, défendit pourtant son grand électeur, et dit qu'après tout un roi ne devait pas être autre chose. Bonaparte répliqua avec vivacité qu'il prenait l'ombre pour le corps, l'abus pour le principe ; qu'il ne pouvait y avoir dans le gouvernement aucun pouvoir d'action, sans une indépendance puisée et définie dans la prérogative ; il fit encore plusieurs objections concertées et préparées, auxquelles Sieyès répondit mal ; et s'échauffant de plus en plus, il finit par cette apostrophe : « Comment avez-vous pu croire, citoyen Sieyès, qu'un homme d'honneur, qu'un homme de talent et de quelque capacité dans les affaires, voulût jamais consentir à n'être qu'un cochon à

Certains esprits ne s'aperçoivent de la puissance qu'ils ont créée que lorsqu'elle éclate par des actes publics et saillants. L'abbé Sieyès, Daunou, Chénier, Ginguené, n'avaient pas prévu les conséquences du 18 brumaire; les abbés, les Oratoriens, les légistes, les dissertateurs républicains, s'étaient imaginé que le triomphe du soldat ne serait que momentané, et que le coup d'état de Saint-Cloud se ferait si bénin, si soumis, qu'il abdiquerait le pouvoir sans l'exercer pleinement; qu'en un mot les armes céderaient à la toge. Les contemporains disent que l'un d'entre eux se plaignit à Fouché de la tournure de la discussion et du peu de liberté qui restait désormais à la France : « Bonaparte ne laissait plus rien à l'action des pouvoirs constitutionnels, la République était sacrifiée ! » Fouché répondit avec ce sourire malin et profond qu'il savait prendre : « Est-ce d'aujourd'hui que vous savez que nous avons un maître? » Oui, ce maître, ce dominateur régnait par la force de l'opinion; il s'était servi de tous ces instruments, des Anciens et des Cinq-Cents; il n'en avait plus besoin, et alors il les brisait. Tout ce qui ne voulait pas lui obéir, il le traitait avec la capricieuse volonté et la parole hautaine d'un despote; la République avait donné sa démission; il fallait n'avoir plus l'instinct

---

l'engrais de quelques millions dans le château royal de Versailles ? » Égayés par cette sortie, les membres de la conférence s'étant pris à rire, Sieyès, qui avait déjà montré de l'indécision, resta confondu, et son *grand électeur* fut coulé à fond. Il est certain que Sieyès cachait des vues profondes dans cette forme ridicule de gouvernement, et que s'il l'eût fait adopter, il en serait resté l'arbitre. C'est lui vraisemblablement que le sénat eût nommé *grand électeur*, et c'est lui qui eut nommé Bonaparte Consul de la guerre, sauf à l'*absorber* en temps opportun. Par là tout serait resté dans ses mains, et il lui eût été facile, en se faisant absorber lui-même, de faire appeler tel autre personnage à la tête du gouvernement, et de transformer, par une transition adroitement préparée, un pouvoir exécutif électif en royauté héréditaire, pour telle dynastie qu'il lui eût convenu d'établir dans l'intérêt d'une révolution dont il était le hiérophante. »

de la France pour ne pas savoir que la question était décidée entre la dictature militaire et le gouvernement des légistes. Si le conseil des Cinq-Cents avait réussi à mettre Bonaparte hors la loi, les légistes auraient triomphé; mais les grenadiers n'avaient-ils pas foulé leurs toges à Saint-Cloud? Le général brisa leurs idées au Luxembourg. C'était la suite nécessaire; tout fut fini pour eux, et ils durent songer à laisser la place au Consul Bonaparte.

Ce qui fait l'éloge pourtant de la sagacité de l'abbé Sieyès, c'est qu'après le rejet de son idée de grand électeur, il comprit parfaitement qu'il devait se retirer de tout mouvement actif de la politique. Il y eut autant de raison que de dépit dans la démission qu'il donna; auteur du 18 brumaire, pouvait-il garder une place secondaire dans le gouvernement fondé par cette révolution[1]? Du jour où ses idées du sénat absorbant, du grand électeur, et des Consuls révocables furent repoussées, l'abbé Sieyès donna sa démission, résultat prévu et dans l'ordre des faits; Sieyès se trouvait un homme complètement usé, et Bonaparte l'avait ainsi placé pour le dominer plus facilement. Quant à Roger-Ducos, que signifiait sa position consulaire, dès que l'abbé Sieyès

---

[1] Beaucoup de versions circulèrent sur les motifs réels de la retraite de Sieyès; en voici une qui fut très accréditée :

« Peu après le 18 brumaire, Sieyès dit à Bonaparte, qu'en notifiant au gouvernement prussien le changement dans la forme du gouvernement français, il conviendrait d'informer le roi de Prusse qu'on avait abandonné l'idée de placer un prince de la maison d'Orléans sur le trône de France, et qu'on ouvrirait des communications pour y mettre un prince de Prusse. Bonaparte lui répondit qu'il ne voulait pas confier un secret de cette importance à son secrétaire; que n'étant pas lui-même bon écrivain, lui Sieyès devait rédiger le projet; qu'il l'enverrait par Duroc, qui allait à Berlin, et qui en serait porteur sans être mis dans le secret. Sieyès rédigea le projet, et crut qu'il avait été envoyé à Berlin, quand, peu de temps après le 18 brumaire, Bonaparte lui dit froidement que, s'il remuait, il publierait son projet qu'il n'avait pas envoyé à Berlin, mais qu'il gardait comme un *memento* de son ignorance et de sa trahison. »

résignait le Consulat? Nul n'était désormais assez important pour mériter l'attention publique, si ce n'est Bonaparte; on força bientôt par pudeur Roger-Ducos à se retirer; les places nettes alors et entièrement à sa disposition, l'habile général put réfléchir avec maturité sur les choix qu'il avait à faire.

Ici commençait la véritable responsabilité du Consul Bonaparte, car du choix de ses collègues allait dépendre l'action du gouvernement tout entier. Chef de l'État, il s'était fait la part large, il avait le pouvoir à pleines mains parce qu'il sentait que la dictature lui était nécessaire; or, afin qu'on ne pût l'embarrasser dans le développement de sa pensée, il devait choisir des esprits assez éclairés pour le seconder dans la marche des idées, et néanmoins tellement au-dessous de lui que jamais ils ne fussent un obstacle à ses desseins [1]. Indépendamment de ce premier motif, d'autres considérations étaient à garder : le Consul Bonaparte avait à ménager tout à la fois la Révolution dont il sortait, et l'ordre public et monarchique qui faisait l'espérance de son avenir. S'il se jetait dans les choix révolutionnaires purs, on allait croire tout naturellement que le dictateur militaire formait son triumvirat pour renouveler les principes et la sombre énergie de la Convention nationale, un despotisme en trois personnes; si, au contraire, Bonaparte choisissait trop immédiatement ses collègues parmi les hommes qui passaient pour dévoués aux idées du vieux régime, tels que Regnault de Saint-Jean-d'Angély et Rœderer, la révolution tout entière se soulèverait contre lui,

---

[1] L'opinion ne s'était pas un instant trompée sur la nullité des deux autres fractions consulaires.
Epigramme.
Pourquoi trois décorés du titre consulaire,
Quand un fait tout, et deux n'ont rien à faire?
Autant valait laisser seul le héros.
Non, dit un des faiseurs, par ce double acolyte
On veut du vrai Consul centupler le mérite;
C'est *un* suivi de deux *zéros*.

pour dénoncer ses desseins et flétrir sa conduite. Le Consul n'était pas assez puissant encore pour braver la Révolution.

Bonaparte réfléchit longtemps et son génie lui révéla ses choix avec un instinct merveilleux. Le Consul prit pour collègues, Cambacérès et Lebrun : qu'avaient à dire les révolutionnaires contre le choix d'un régicide tel que Cambacérès, dont le nom était mêlé à tous les actes du Comité de sûreté générale et de la Convention nationale? Les époques, même les plus sanglantes, avaient vu Cambacérès voter avec le pouvoir; rapporteur des lois les plus fatales, il avait donné des gages cruels au parti révolutionnaire; et avec cela légiste profond, homme de vanité et de gouvernement, comme Merlin, dominé par la peur; son caractère était toujours la soumission envers les supérieurs; qu'importe le nom qu'ils avaient? Robespierre ou Bonaparte, Barras ou Laréveillère-Lépeaux. Le défaut ou la qualité de Cambacérès n'était pas de résister; exécutant à merveille les volontés d'un maître, il possédait avec cela une certaine manière de voir juste dans toutes les questions administratives. Sur ce point il serait un admirable collègue du premier Consul; il pouvait éclairer sans empêcher; il devenait un appui sans être jamais un obstacle.

Le choix du troisième Consul fut pris dans un autre ordre d'idées. Si la société révolutionnaire trouvait une garantie dans l'élévation de M. Cambacérès, les hommes d'ordre et de monarchie, la société antérieure à la Révolution française, allait voir également son expression dans M. Lebrun, que Bonaparte se désignait encore pour collègue [1]. M. Lebrun était membre de la commission

---

[1] Charles Lebrun, depuis duc de Plaisance, naquit dans les environs de Cou- tances, vint jeune à Paris, fut le secrétaire de M. de Maupeou, après avoir été le pré-

des Anciens et tout-à-fait dans les opinions de M. Rœderer, de Regnault de Saint-Jean-d'Angély, sur la nécessité d'organiser un pouvoir conservateur et monarchique; M. Lebrun, excellent administrateur sous l'ancien régime (avant les troubles de 1789), s'était distingué par l'ordre et la rectitude de ses idées; chacun savait qu'il avait commencé sa vie par être secrétaire du chancelier Maupeou, le ministre le plus dévoué à toute idée de centralisation et de pouvoir absolu. Le chancelier Maupeou avait abaissé les parlements et cherché à restaurer les éléments mêmes de la vieille constitution; on ajoutait que M. Lebrun, rédacteur intime des projets du chancelier, avait été l'âme de ce système antiparlementaire qui avait marqué la fin du xviiie siècle. Ainsi, par le choix de Lebrun, le Consul Bonaparte contrebalançait ce que pouvait avoir de trop révolutionnaire la nomination de M. Cambacérès; neutralisant les influences, il les annulait les unes par les autres, de manière à ce que lui seul fût le véritable chef du gouvernement; à Cambacérès il laissait la justice, l'organisation des tribunaux, la candidature des magistrats; à Lebrun les finances, la direction de toute comptabilité; enfin il se réservait à lui Consul, le principe et la force du gouvernement; il se donnait l'armée, les affaires étrangères : l'administration, à proprement parler, la haute appréciation des faits et l'intelligente conduite des hommes.

cepteur de ses enfants, fut ensuite nommé député du tiers-état de la sénéchaussée de Dourdan aux États-Généraux, et s'occupa pendant la session d'objets de police, de finance et d'administration. Le 16 août 1790, il fit un rapport pour la suppression de trois places de contrôleurs-généraux des domaines, et la conservation des académies. Le 6 mars 1792, il parut à la barre de l'assemblée législative, à la tête d'une députation de Seine-et-Oise, pour dénoncer le massacre du maire d'Étampes, et les mauvais traitements exercés sur celui de Montlhéry; M. Lebrun devint membre du conseil des Anciens; le 12 janvier 1796, il en fut nommé secrétaire, et, le 20 février, président.

Le Consul dut également choisir un secrétaire d'état chargé sous son influence de distribuer à tous les ministres les affaires qui regardaient leur département. Un secrétaire d'état devait être au fond l'exécuteur des ordres du premier Consul, et Bonaparte désigna pour ce poste de confiance M. Hugues Bernard Maret, qu'il devait plus tard élever si haut. Ce n'était pas un homme de grande intelligence, mais un écrivain exact, avec une bonne mémoire, un journaliste de second ordre qui avait appris la sténographie pour recueillir les discours des orateurs, et cette rédaction prompte, cette improvisation écrite qui est le cachet de toute coopération à une feuille politique. Une capacité de cette espèce était nécessaire à Bonaparte; il désirait une reproduction sûre et nette de ses idées, un homme qui pût s'habituer à ses manières brusques, soudaines, à lire son écriture, déchiffrer les hiéroglyphes de sa pensée à travers les éclairs du génie; il ne fallait pas auprès de lui des hommes de volonté et de haute intelligence. M. Maret avait appartenu à la diplomatie secondaire; un moment accrédité à Londres en 1792 après M. de Talleyrand et le marquis de Chauvelin, il fut aussi l'un des prisonniers échangés avec Madame Royale après que l'Autriche eut consenti à faire cesser cette dure captivité des compagnons de M. de Sémonville [1]. M. Maret ne pouvait déplaire à aucun parti, car il n'était pas assez

---

[1] Hugues-Bernard Maret, depuis duc de Bassano, naquit à Dijon, le 1er mars 1758. Dès les premiers jours de l'Assemblée constituante il fit paraître un petit journal sous le titre de *Bulletin de l'Assemblée*, qui reproduisait les discours des députés presque mot pour mot. Lorsque, après l'arrivée de l'Assemblée nationale à Paris, M. Panckoucke conçut le plan du *Moniteur universel*, il proposa à M. Maret de renoncer à son Bulletin, mais de continuer son travail dans le nouveau journal. Il était chef de division au ministère des affaires étrangères, lorsque l'Angleterre fit signifier à M. Chauvelin qu'on ne le reconnaissait plus comme revêtu d'un caractère public; alors il fut chargé de partir sur-le-champ pour tâcher de négocier avec le cabinet anglais. Lord Grenville n'écouta pas le négociateur, et il fut obligé de repartir. Il ne tarda pas à être nommé ambas-

important pour blesser [1]. On lui adjoignit M. Lagarde, secrétaire du Directoire, qui avait si facilement abandonné le dernier gouvernement. M. Lagarde avait rendu trop de services au 18 brumaire pour qu'on pût jamais l'oublier ; n'avait-il pas faussement écrit : « qu'il n'y avait plus de Directoire et que le président Gohier avait donné sa démission, » lorsque celui-ci protestait encore? Ce mensonge politique avait déterminé les événements postérieurs et activé le triomphe du général Bonaparte.

Les Consuls organisèrent aussi leur ministère, pour répondre aux besoins de la situation. Au 18 brumaire une administration fut formée dans les intérêts du nouveau gouvernement; toute provisoire, on attendait pour la sanctionner définitivement que le Consulat fût constitué dans ses bases. Plusieurs démissions étaient depuis forcément remises aux mains du Consul : Cambacérès, après le 18 brumaire, avait eu le département de la justice; sa nouvelle dignité ne devenait-elle pas tout à fait incompatible avec le ministère qu'on lui avait confié? Le Consul désigna pour cette administration un des membres du conseil des Anciens, du nom d'Abrial, jurisconsulte modéré, sorte de secré-

---

sadeur à Naples. Prisonnier à Brünn, en Moravie, il parut au conseil des Cinq-Cents, après trente-trois mois de captivité, le 12 janvier 1796. En 1797, il fut envoyé à Lille pour négocier avec lord Malmesbury.

[1] Voici comment fut composé le gouvernement.

Bonaparte, premier Consul.
Cambacérès, second Consul.
Lebrun, troisième Consul.
Hugues-Bernard Maret, secrétaire d'état.
Joseph-Jean Lagarde, secrétaire des Consuls.

Ministres.

Abrial, ministre de la justice, à la place de Cambacérès, second Consul.
Lucien Bonaparte, ministre de l'intérieur, Laplace ayant passé au Sénat.
Le général Berthier, ministre de la guerre.
Gaudin, ministre des finances.
Forfait, ministre de la marine.
Talleyrand-Périgord, ministre des relations extérieures.
Fouché, ministre de la police.

taire du Consul Cambacérès, et qui devait s'empreindre de sa pensée et exécuter sa volonté dans les choix de magistrature.

M. Laplace, renommée retentissante dans la science, n'avait rien fait au ministère de l'intérieur qui fût capable de répondre à la pensée de Bonaparte; ce département ministériel exigeait une spécialité attentive, la connaissance des hommes et des principes administratifs; et Laplace vivait trop dans ce monde scientifique qui abandonne la terre pour de plus vastes et de plus poétiques spéculations; le génie n'aime pas à descendre aux petites régions de fonctionnaire. Porté au sénat, M. Laplace dut renoncer au département de l'intérieur, où il fut remplacé par Lucien, le propre frère du premier Consul.

Lucien offrait une véritable spécialité dans l'organisation administrative; connaissant les membres des deux Conseils, il savait le personnel de toutes les fonctions publiques, et pouvait ainsi donner une impulsion active et profonde aux départements tels que le Consulat allait les organiser. Bonaparte, d'ailleurs, devait sa fortune à Lucien; le 18 brumaire était son œuvre; le général n'avait point oublié le président des Cinq-Cents, montant à cheval, pour faire évacuer les Conseils à Saint-Cloud. Lucien n'avait-il pas aussi de nombreuses et intimes relations avec le parti patriote? Il fallait rattacher les républicains au nouvel ordre de choses, et Lucien pouvait donner au premier Consul des gages incessants pour la fidélité des chefs principaux de la Révolution [1].

Les autres ministres du 18 brumaire restaient à leurs postes: Berthier à la guerre, Gaudin aux finances, Forfait

---

[1] Le choix des préfets, comme on le verra plus tard, donna une vaste issue à l'ambition des Jacobins; on en jeta beaucoup dans les préfectures.

à la marine. Au-dessus de toutes ces capacités de second ordre, les deux ministres importants, M. de Talleyrand et Fouché, gardaient, l'un les affaires étrangères, l'autre la police; leur supériorité brillait au milieu de toutes ces utilités secondaires. M. de Talleyrand et Fouché, véritables hommes d'état, avaient une pensée à eux, une volonté à eux; ils n'étaient pas en adoration continuelle devant le Consul, ils l'appréciaient et le jugeaient avec sagacité. Tous deux avaient l'ambition de gouverner avec lui, mais non pas en s'agenouillant devant lui.

Le gouvernement une fois organisé, avec le premier Consul en tête, fut un second progrès dans les fortes voies du 18 brumaire. Il y avait un pas immense d'accompli depuis la séance des Conseils à Saint-Cloud jusqu'à la Constitution de l'an VIII. Au 18 brumaire tout était encore incertain. Bonaparte tâtonne, il se place modestement au troisième rang; il veut tout laisser à l'abbé Sieyès, et il semble n'être qu'un appui militaire pour le mouvement politique qui s'est opéré.

Mais, après les séances des commissions au Luxembourg, quand il s'est agi d'organiser, tout se modifie; Bonaparte court à la pleine possession du pouvoir; par Sieyès il a mis les conseils des Anciens et des Cinq-Cents à la porte, et, dès qu'il se sent appuyé par l'opinion publique, il chasse à son tour Sieyès et Roger-Ducos; il hésitait jusque-là, mais une fois qu'il vit le pays marcher avec lui, il fut droit à ses fins, il saisit la dictature avec courage, il monta haut parce que son œil d'aigle aimait à voir de loin et à diriger les affaires humaines d'une sphère supérieure! En politique, on ne reçoit jamais le pouvoir, on le prend.

CHAPITRE V.

ESPRIT DE LA CONSTITUTION DE L'AN VIII.

1° Idée aristocratique. — Le Sénat. — Son organisation. — Ses attributions. — Son personnel. — Les listes de notabilités. — 2° Idée démocratique. — Le Tribunat. — Ses membres. — Ses fonctions. — Son but. — 3° Formation de la loi. — Le Corps législatif. — 4° Préparations de la loi. — Le Conseil d'état. — 5° Le pouvoir exécutif du Consulat. — 6° Garanties politiques et civiles de la constitution de l'an viii.

Décembre 1799 — Mars 1800.

Le travail des commissions législatives avait souffert un peu de retard par suite des discussions élevées entre l'abbé Sieyès et le Consul Bonaparte sur l'action du pouvoir exécutif; on allait lentement dans l'examen des principes et des articles de la nouvelle constitution. Plusieurs fois Bonaparte, impatienté, avait demandé qu'on en finît, afin de sortir de ce provisoire qui empêchait le développement des affaires publiques, le but auquel tout pouvoir doit tendre. Quand il fut une fois décidé que le Consulat serait une véritable dictature, s'élevant au-dessus de la constitution, comme un majestueux édifice, toutes les autres questions devenaient accessoires; le parti républicain vit bien que c'en était fait de sa destinée; il avait un maître impérieux, comme l'avait dit Fouché avec sagacité, et il se soumit momentanément à ce point que M. Daunou, le puritain, s'abaissa jusqu'à rédiger la constitution, et à corriger les fautes grammaticales du Dictateur. M. Daunou, dit-on, prêta son style à cette œuvre qui tuait la liberté; il est de ces caractères qui s'assouplissent à toutes les circonstances, pour acquérir, sous tous les régimes, une position commode, tout en conservant une réputation de rigidité; le rigorisme dans certains hommes, tient plutôt aux formes qu'aux sentiments, au costume plutôt qu'à l'âme. Ce furent les commissions législatives qui présentèrent au pays le projet de la constitution de l'an VIII; cette œuvre fut signée par tous les républicains qui avaient pris part au 18 brumaire [1]. Le Consul voulait les compromettre.

En suivant bien les progrès des idées depuis le renversement de la Convention nationale, la seule et véritable assemblée démocratique, on voit que tous les hommes politiques s'étaient préoccupés d'une unique pensée : c'était de trouver un contrepoids aristocratique dans le pays; l'unité avait inspiré tant de résolutions sanglantes au Comité de salut public pendant la Terreur! Tout élément aristocratique manquait en France, depuis le bouleversement de la propriété par la Constituante; le vieil ordre social était brisé. Comme il n'y avait plus ni noblesse, ni clergé, ni corporations, il fallut poser la base

---

[1] Les Consuls soumirent la nouvelle constitution à la sanction du peuple par une proclamation.

Les Consuls de la République aux Français.

Paris, 24 frimaire, an VIII.

Français, une constitution vous est présentée.

Elle fait cesser les incertitudes que le gouvernement provisoire mettait dans les relations extérieures, dans la situation intérieure et militaire de la République.

Elle place dans les institutions qu'elle établit, les premiers magistrats dont le dévouement a paru nécessaire à son activité.

La constitution est fondée sur les vrais principes du gouvernement représentatif, sur les droits sacrés de la propriété, de l'égalité, de la liberté.

Les pouvoirs qu'elle institue seront forts et stables, tels qu'ils doivent être pour garantir les droits des citoyens et les intérêts de l'État.

Citoyens, la Révolution est fixée aux principes qui l'ont commencée.

Signé. Roger-Ducos, Sieyès, Bonaparte.

Signé. Hugues-Bernard Maret, secrétaire-général.

de l'édifice sur d'autres idées; la constitution de l'an III avait pris l'âge pour principe; l'inflexible division de la vieillesse et des jeunes années. Le conseil des Anciens était destiné à balancer l'effervescence des Cinq-Cents; l'œuvre philosophique du salon de madame de Staël était tombée en poussière; le conseil des Anciens n'avait été qu'un appendice à la constitution sans puissance, pour arrêter la démocratie dans le mouvement des idées et des faits; l'abbé Sieyès, pénétré de cette conviction profonde, qu'il fallait une aristocratie dans l'État, comme la force et le contre-poids indispensable au pouvoir exécutif, développa donc l'idée de son sénat, sorte de conseils de vieillards immobiles, base fondamentale de la constitution de l'an VIII. Le Sénat fut la pierre angulaire autour de laquelle devaient se grouper toutes les autres institutions politiques.

Cette idée était plus large que celle de la création d'un conseil des Anciens; elle ne reposait plus sur l'élection populaire, qui en définitive n'était qu'une même expression de la souveraineté démocratique. L'abbé Sieyès voulut que l'aristocratie du Sénat s'appuyât sur les notabilités de la science et des services, nouvel élément substitué à l'élection : ainsi, comme il y avait absence de propriété, comme la fortune était exilée de la constitution, il fallut rechercher dans les sommités politiques, dans les capacités sérieuses, dans les renommées retentissantes, les bases de ce principe de conservation, [1]

---

[1] J'ai recueilli les listes du premier Sénat nommé en brumaire an VIII.

SÉNAT CONSERVATEUR.
Liste des vingt-neuf membres du sénat nommés par les Consuls.

Beaupuy, de la commission des Anciens.
Berthollet, administrateur de la Monnaie.
Cabanis, de la commission des Cinq-Cents.
Cornet, de la commission des Anciens.
Cousin, du conseil des Anciens.
Creuzé-Latouche, de la commission des Cinq-Cents.
Bailly, ex-constituant.

et c'est ce que voulut réaliser la constitution de l'an VIII. On passait de l'idée inflexible de l'âge, au principe plus mobile de la capacité; on renonçait à l'élection; les assemblées primaires n'avaient plus à se mêler de la formation du Sénat. Mais qui pouvait définir la capacité? Ne se mêlait-il pas dans ces sortes de choix un grand arbitraire? Qui peut rester juge en définitive des supériorités intellectuelles, aristocraties qui n'ont rien de matériel, de saisissable et d'incontesté? On marchait en dehors des conditions de l'aristocratie, puisque les grandes existences territoriales n'étaient point admises dans l'organisation du Sénat, et la Révolution ne pouvait pas les y faire entrer. Que pouvait être un aristocrate sans propriété et sans hérédité?

Cependant les choix furent bons généralement; on sauva l'idée par un admirable triage des personnes; on apporta une véritable conscience politique à ne faire entrer dans ce Sénat que des hommes et des sommités qui repré-

Destutt-Tracy, ex-constituant.
Dubois-Dubais, du conseil des Anciens.
Ducis, de l'Institut national.
Fargues, de la commission des Anciens.
Garran-Coulon, ex-conventionnel, substitut du commissaire du gouvernement au tribunal de cassation.
Garat, de la commission des Anciens.
Hatry, ex-général en chef.
Kellermann, ex-général en chef.
Lacépède, professeur au Muséum d'histoire naturelle.
Lambrechts, ex-ministre de la justice, président de l'administration centrale de la Dyle.
Laplace, ministre de l'intérieur.
Lecoulteux-Canteleux, ex-constituant, président de l'administration de la Seine.
Lemercier, de la commission des Anciens.
Lenoir-Laroche, de la commission des Anciens.

Lespinasse, général de division.
Monge, ex-ministre de la marine.
Pléville-Lepeley, vice-amiral.
Porcher, de la commission des Anciens.
Resnier, ex-envoyé de la République à Genève, archiviste des relations extérieures.
Rousseau, de la commission des Anciens.
Vimar, de la commission des Anciens.
Volney, de l'institut national. (Les vingt-neuf sénateurs ci-dessus dénommés formaient avec Sieyès et Roger-Ducos, la majorité du Sénat.)

Liste des vingt-neuf membres du Sénat nommés par la majorité.

Abrial, commissaire du gouvernement au tribunal de cassation.
Casa-Bianca (Raphaël), général de division.
Chasset, du conseil des Anciens.
Choiseul-Praslin, ex-constituant.
Chollet (de la Gironde), de la commission des Cinq-Cents.

sentaient une pensée ou un avancement de l'intelligence. Le nombre des sénateurs ne dépassa pas quatre-vingts; il fallut d'abord récompenser les services rendus au 18 brumaire, et la plupart des membres du conseil des Anciens qui avaient pris part au mouvement, furent placés dans le Sénat. On y ajouta les vieux généraux hors de ligne qui ne pouvaient plus prendre part à la guerre active, noble vétérance que leur donnait la loi; puis les administrateurs qui avaient donné des gages de capacité; les amiraux qui avaient pris une glorieuse retraite; quelques diplomates, des banquiers; deux ou trois commerçants de premier ordre, choisis à Bordeaux, à Marseille, à Rouen; des professeurs renommés, des membres de l'Institut, pour en représenter toutes les classes : la peinture, les sciences naturelles, la philosophie, les langues anciennes et modernes. Un seul nom de vieilles familles

Clément de Ris, ex-commissaire de l'instruction publique, ex-président de l'administration d'Indre-et-Loire.
Cornudet, de la commission des Anciens.
Crétet, de la commission des Anciens.
Darcet, de l'Institut national.
Daubenton, professeur au Muséum d'histoire naturelle.
Davous, administrateur du département de la Seine.
Depère (Mathieu) de la commission des Anciens.
Dizez, ex-conventionnel, commissaire du gouvernement à l'administration centrale du département des Landes.
Drouin (Louis), négociant à Nantes.
François de Neufchâteau, ex-Directeur, ex-législateur, ex-ministre de l'intérieur.
Herwyn, de la commission des Anciens.
Journu-Aubert, ex-législateur, négociant à Bordeaux.
Lagrange, de l'Institut national.
Laville-Leroulx, ex-constituant, négociant.
Lejean (Lazare), négociant à Marseille.
Levasseur, négociant, président du tribunal de commerce à Rouen.
Péré, de la commission des Anciens.
Perrégaux, banquier.
Régnier, de la commission des Anciens.
Rœderer, ex-constituant.
Sers, de la Gironde, ex-constituant, négociant à Bordeaux.
Vernier, de la commission des Anciens.
Vien, peintre, de l'Institut national.
Villetard, de la commission des Cinq-Cents.

Les citoyens Rœderer, Cretet, Régnier et Abrial ayant donné leur démission pour être membres du ministère ou du conseil d'état, ont été remplacés par les citoyens :
Jacqueminot, de la commission des Cinq-Cents.
Morard de Galles, vice-amiral.
Bougainville, vice-amiral.
Serrurier, général de division.

se trouve au milieu de ces notabilités : ce fut M. de Choiseul-Praslin, désigné seulement sous le titre d'ex-constituant, comme pour dissimuler son origine de noblesse et de gentilhommerie.

La pensée d'organisation du Sénat était donc surtout de faire reposer toute la force de la constitution sur les services, l'instruction et la capacité. Le Sénat devait être le gardien inflexible des dispositions constitutionnelles ; il les conservait, comme dans un sanctuaire à l'abri de tout orage ; pour assurer son indépendance, on lui donnait une dotation fixe, qui ne dépendait ni des Consuls, ni du trésor ; ses revenus étaient pris dans les biens nationaux ; les sénateurs ne pouvaient accepter aucune fonction ; ils étaient à vie, et se réunissaient à des époques fixes, sans qu'on pût pénétrer le mystère de leurs délibérations. Leur nombre, fixé à soixante, devait s'élever graduellement à quatre-vingts. Ils élisaient les législateurs, les tribuns, les Consuls, les juges de cassation ; ils annulaient tous les actes inconstitutionnels, de leur propre mouvement et sur la dénonciation du Tribunat.

Le Sénat était donc, comme je l'ai dit, la grande autorité de l'État ; il se nommait lui-même, et tous les choix dépendant de sa volonté, il les prenait sur des listes de notables formées par les assemblées électorales des cantons et des départements. Et c'est ici que s'opérait le changement immense dans l'ordre des idées établies depuis 1789 ; par le fait toute élection était abolie ; toutes les assemblées primaires disparaissaient dans la marche des institutions ; le Sénat nommait les députés, les tribuns, tout ce qui faisait l'ensemble du système représentatif. On renonçait à la pensée de la Révolution de 1789. Que pouvaient être ces listes de notabilités ? Quelle indépendance devait avoir un tribun, un député au Corps législatif, désigné par le Sénat? N'était-ce pas évidemment la suppression complète du système représentatif? Quel pas n'avait-on pas fait depuis la Constituante? La liberté publique s'exilait sous la main ferme du Consul; le Sénat, c'était Bonaparte, et le Sénat dominait toutes les institutions à ce point de nommer les membres des autres assemblées politiques.

Dans l'esprit des auteurs de la constitution de l'an VIII, le Tribunat devait former la partie démocratique, l'action populaire; on voulait agir par les noms et les souvenirs de la vieille Rome; le Tribunat n'était-il pas une institution du peuple de Rome réuni au Forum? Avec les mots souvent on éblouit les peuples, on garde le costume quand on tue les idées; le Tribunat ne pouvait donc être qu'une institution de démocratie; aussi se composait-il de cent membres, jeunes hommes aux têtes ardentes, comme au conseil des Cinq-Cents[1]. On le re-

---

[1] J'ai recueilli la liste des élus pour composer le Tribunat et l'on verra que bonne part était faite au parti patriote.

Adet, ex-ministre de la République aux États-Unis.

Andrieux, du conseil des Cinq-Cents.

Arnould (de la Seine), du conseil des Cinq-Cents.

Bailleul, du conseil des Cinq-Cents.

Bara (des Ardennes), du conseil des Cinq-Cents.

Baret (de la Lys), du conseil des Anciens.

Beauvais, de la commission des Cinq-Cents.

Benjamin-Constant (du Léman), homme de lettres.

Bérenger, de la commission des Cinq-Cents.

Berthélemy (de la Corrèze), du conseil des Cinq-Cents.

Bézad (de l'Oise), du conseil des Cinq-Cents.

Bitouzé-Limières, du conseil des Cinq-Cents.

Boisjolin, professeur d'histoire à l'école centrale du Panthéon.

Bose (de l'Aube), du conseil des Cinq-Cents.

Bouteville, du conseil des Anciens.

Caillemer, du conseil des Anciens.

Cambe, du conseil des Cinq-Cents.

Carret (du Rhône), du conseil des Cinq-Cents.

Chabaud-Latour (du Gard), de la commission des Cinq-Cents.

Chabot (de l'Allier) du conseil des Anciens.

Challan (de Seine-et-Oise), du conseil des Cinq-Cents.

Chassiron, de la commission des Anciens.

Chauvelin, ex-ambassadeur de la République à Londres.

Chazal, de la commission des Cinq-Cents.

Chénard, du conseil des Cinq-Cents.

Chénier, de la commission des Cinq-Cents.

nouvelait par cinquième chaque année; le Tribunat discutait les projets de loi, avec le droit d'en voter l'adoption ou le rejet, et de dénoncer au Sénat les actes inconstitutionnels; il pouvait faire entendre ses vœux sur les améliorations, réunissant ainsi la double condition de pouvoir législatif et consultatif; ne fallait-il pas laisser un souvenir populaire dans la constitution, une image de la vieille liberté? En réalité, l'action du Tribunat était restreinte et soumise; que pouvaient être des tribuns nommés par les sénateurs? n'était-ce pas une superfétation dans le rouage politique? qui ne voyait qu'on pouvait supprimer le Tribunat sans déranger l'ordre des institutions? Un simple décret du Sénat, pouvoir constituant, devait accomplir tôt ou tard l'œuvre du despotisme. Un jour viendrait où le gouvernement présenterait comme une économie, l'abolition d'un corps inutile dans la marche politique du pouvoir.

Toutefois, on avait cherché par un choix de noms propres républicains à repousser l'accusation de haine

---

Costé (de la Seine-Inférieure), du conseil des Cinq-Cents.
Courtois, du conseil des Anciens
Crassous (de l'Hérault) ex-législateur.
Curée, du conseil des Cinq-Cents.
Daunou, de la commission des Anciens.
Debry (Jean), du conseil des Cinq-Cents.
Defermon, ex-législateur, commissaire de la trésorerie nationale.—Démissionnaire et remplacé par le citoyen Lebreton, de l'Institut national.
Delpierre, le jeune, du conseil des Anciens.
Desmeuniers, ex-constituant.
Desmousseaux, administrateur des hospices civils de Paris.
Desrenaudes (de la Corrèze) homme de lettres.
Dieudonné, du conseil des Anciens.
Dubois (des Vosges), ex-législateur, commissaire de la trésorerie nationale.—Démissionnaire, et remplacé par le citoyen Alexandre, chef de division au ministère de la guerre.
Duchêne, du conseil des Cinq-Cents.
Duveyrier, ex-secrétaire général de la justice.
Eschassériaux aîné, du conseil des Cinq-Cents.
Fabre (de l'Aude), du conseil des Cinq-Cents.
Favard, du conseil des Cinq-Cents.
Gallois, membre associé de l'Institut.
Ganilh, homme de loi.
Garat-Mailla (des Basses-Pyrénées), homme de lettres.
Garry, fils aîné (de la Haute-Garonne), homme de loi.
Gaudin (Émile), de la commission des Cinq-Cents.

à la démocratie; non seulement on faisait entrer dans le Tribunat les membres du conseil des Cinq-Cents qui avaient secondé le mouvement du 18 brumaire, mais encore quelques-uns des opposants; les démocrates les plus prononcés, ceux qui s'étaient dits les amis les plus ardents de la liberté publique, prenaient place parmi les tribuns; le gouvernement se montrait large et sans rancune. Aux premiers jours il ne fallait pas effrayer; Bonaparte jetait dans l'assemblée populaire des noms démocratiques, mais avec la pensée bien arrêtée de se débarrasser au besoin du Tribunat, si son opposition devenait trop vive. On vit donc là un pêle-mêle de législateurs, de républicains, de constitutionnels, de gens de lettres et de lois, sans aucun lien commun, et marchant en avant sans aucune pensée décisive. La constitution laissait ce dernier refuge à la République directoriale, à la parole turbulente; bientôt au premier acte d'opposition on déclamerait contre le Tribunat, on pourrait

Gillet (de Seine-et-Oise), du conseil des Cinq-Cents.
Gillet-Lajacqueminière (du Loiret), du conseil des Cinq-Cents.
Ginguené, ex-ambassadeur de la République à Turin.
Girardin (Stanislas), ex-législateur.
Goupil-Préfeln fils, de la commission des Anciens.
Gourlay, de la commission des Cinq-Cents.
Grenier (du Puy-de-Dôme), du conseil des Cinq-Cents.
Guinard, du conseil des Cinq-Cents.
Guttinger, du conseil des Anciens.
Huguet (de la Seine), du conseil des Cinq-Cents.
Imbert (de La Ferté-sous-Jouarre), ex-législateur.
Isnard, ingénieur en chef des ponts-et-chaussées.
Jacquemont, chef de division au ministère de l'intérieur.

Jard-Panvilliers, du conseil des Cinq-Cents.
Jaucourt, ex-législateur.
Jubé, adjudant-général, ex-commandant de la garde du Directoire.
Labrouste, du conseil des Cinq-Cents.
Laloy, du conseil des Anciens.
Lahary, du conseil des Anciens.
Laromiguière, membre associé de l'Institut.
Laussat, de la commission des Anciens.
Lecointe-Puyraveau, du conseil des Cinq-Cents.
Legier (des Forêts), du conseil des Cinq-Cents.
Legonidec, substitut du commissaire du gouvernement, au tribunal criminel du département des Landes.
Legoupil-Duclos, du conseil des Cinq-Cents.
Lejourdan, du conseil des Anciens.
Leroy, ex-commissaire près le bureau central de Paris.

demander sa suppression ou son épuration au moins, pour le mettre mieux en rapport avec la silencieuse harmonie des autres autorités.

La troisième assemblée prenait le titre de Corps législatif ; on ne voyait pas très bien la différence qu'il y avait entre le Tribunat et cette chambre destinée à la confection de la loi ; que signifiait une double voix pour la législation, cette double tête dans un pouvoir ? à quoi servait le Tribunat, s'il y avait un Corps législatif indépendant de lui ? Ici se manifestait l'intention véritable des auteurs de la constitution de l'an VIII ; le désir de briser l'importance des assemblées législatives en les multipliant, avait entraîné l'abbé Sieyès à neutraliser un corps par un autre ; qui ne voyait le chaos, au-dessus duquel s'élevait la dictature du Consul ? On avait cherché à varier les âges et les attributions, le nombre des membres nécessaires à chaque corps ; le Sénat n'en avait que quatre-vingts au plus ; le Tribunat cent ; le Corps législatif trois cents. Au fond, tout venait à une seule idée et aboutissait à un seul résultat, la dictature ; d'après l'abbé Sieyès, l'opposition se faisait entendre au Tribunat ; le Corps législatif, au contraire, était muet,

Ludot, de la commission des Cinq-Cents.
Malès (de la Corrèze), du conseil des Cinq-Cents.
Malherbe (d'Ile-et-Vilaine), du conseil des Cinq-Cents.
Mallarmé, du conseil des Cinq-Cents.
Mathieu, de la commission des Cinq-Cents.
Miot, ex-ministre de la République à Florence, secrétaire-général de la guerre.
Mongès, administrateur des monnaies.
Mouricault (de la Seine), du conseil des Anciens.
Noël, ex-ambassadeur près la république Batave, chef de division au ministère de l'intérieur.
Parent-Réal, du conseil des Cinq-Cents.
Peinières, du conseil des Cinq-Cents.
Perrée (de la Manche), ex-législateur.
Picault (de Seine-et-Marne), du conseil des Anciens.
Portiez (de la Seine), du conseil des Cinq-Cents.
Riouffe, homme de lettres.
Roujoux, du conseil des Anciens.
Savoy-Rollin, ex avocat-général à Grenoble.
Say (J.-B.), homme de lettres.
Sedillez, de la commission des Anciens.
Thibault, de la commission des Cinq-Cents.
Thiessé, de la commission des Cinq-Cents.
Trouvé, ex-ambassadeur près la république Cisalpine.
Vesin, du conseil des Cinq-Cents.

son vote devait rester secret, et nul n'en pouvait connaître les motifs. Devant ces législatures désignées par le Sénat, il devait se jouer une parade de tribuns et de conseillers d'état discutant les projets de loi avec solennité; on jetait à tous ces fonctionnaires (car ils n'étaient que cela) des traitements annuels, afin de les faire considérer comme une charge par le peuple; les tribuns avaient 15,000 fr., la partie démocratique devait paraître coûteuse, afin qu'il fût populaire de la supprimer; les membres du Corps législatif n'avaient que 10,000 fr., et comme ils étaient trois cents, cela portait 5 millions au budget; l'on sent combien ces institutions durent paraître pesantes aux contribuables qui payaient l'impôt et c'est le but que voulait atteindre le pouvoir; on voulait dégoûter de la liberté par la dureté des charges.

A côté de ces institutions habilement organisées pour éliminer successivement toute expression démocratique, on créait un conseil d'état, la partie la plus forte, la mieux constituée, et capable, par son personnel, d'absorber les derniers débris des assemblées représentatives. L'idée d'un conseil d'État plaisait au consul Bonaparte; il y trouverait des lumières pour l'éclairer, des forces pour le soutenir, des capacités pour correspondre à la pensée générale de son gouvernement, sans qu'il se manifestât une opposition. Le conseil d'État aurait voix consultative seulement; il n'était pas en dehors du Consul, il restait sous sa main, et on pouvait le faire agir comme on l'entendait. Institution monarchique, telle que l'avait comprise Louis XIV, le conseil d'État se divisait par section à côté de chaque ministère; guerre, marine, finances, intérieur [1]; ce n'était pas

---

[1] Voici la première composition du conseil d'état.

Section de la guerre.
Le général Brune, président.

ainsi un pouvoir politique qui pût résister, mais une institution administrative; il discutait les lois sous le secret, il ne s'appuyait pas sur le peuple, mais sur le gouvernement composé d'hommes forts, pris dans toutes les notabilités; le conseil d'État devait tôt ou tard absorber les autres institutions politiques; on bavarderait au Tribunat, on y jetterait des principes vagues; le Sénat, on l'annulerait; le Corps législatif se condamnait au mutisme; au conseil d'État on travaillerait; on laissait les idéologues aux assemblées politiques, et les hommes capables à l'administration. Les conseillers d'État, comme tous les autres fonctionnaires publics, devaient être choisis sur la liste des notables, la base de toute élection, le fondement de tout le personnel administratif.

Le seul pouvoir qui s'élevait au-dessus de tous les autres était toujours celui du premier Consul; Bonaparte était aussi puissant qu'un roi, car il choisissait les membres du conseil d'État, les ministres, les ambassadeurs, les officiers de l'armée, les membres d'administration, tout ce qui enfin constituait la force du gouvernement[1]. Dans l'exercice de cette dictature, le Consul n'avait pas même besoin de consulter ses col-

---

Le général Dejean, Lacuée, Marmont, Petiet.

Section de la marine.

Le vice-amiral Ganteaume, président.
De Champagny, Fleurieu, Cafarelli-Dufalga, Rédon-Beaupréau, Lescalier.

Section de finances.

De Fermont, ex-constituant, président.
Duchâtel, Devaynes, Dufresne, Dubois (des Vosges), Jollivet, Régnier.

Section de l'intérieur.

Rœderer, président
Bénézech, Crétet, Chaptal, Regnault de Saint-Jean d'Angély, Fourcroy.

Section de la justice.

Boulay (de la Meurthe), président.
Berlier, Moreau de Saint-Mery, Emmery, Réal.

Noms des membres du conseil qui sont chargés, sous l'administration des différents ministres, des détails d'administration.

Chaptal, l'instruction publique. — Dufresne, le trésor public. — Régnier, les domaines nationaux. — Lescalier, les colonies. — Crétet, les travaux publics.

[1] Article 41 de la Constitution.

lègues, et lorsqu'il était obligé de prendre leurs avis sur les affaires générales, tous n'avaient que voix consultative, sans pouvoir en rien arrêter ses résolutions. Le gouvernement était maître de tous les règlements d'administration publique, maître de l'armée, du trésor, des relations extérieures et des traités de paix; seulement quand il s'agissait d'une déclaration de guerre à une puissance, elle était discutée comme une loi et dans un comité secret du Corps législatif; la responsabilité ne pesait que sur les ministres. L'institution consulaire dominait donc toutes les autres; le pouvoir était aussi absolu dans ses mains que sous la vieille monarchie dans les conseils royaux ; il n'y avait plus que des fonctionnaires salariés, dépendant d'une autorité supérieure. A mesure que le pouvoir du Consul grandissait, les autres institutions devaient faiblir, toutes devaient en définitive se placer sous sa main, et si le Tribunat résistait, Bonaparte saurait bien, par une élimination rapide, briser le dernier débris de la représentation nationale [1].

Au milieu de tout ce mécanisme constitutionnel habilement organisé, qu'était devenu le peuple pour lequel,

---

[1] On fit sentir bientôt au tribunat qu'il était dans une position subordonnée, et M. Rœderer publia contre cette institution une série d'articles dictés par le Consul.

« Sait-on bien ce que c'est que le Tribunat? Est-il vrai que ce soit l'*opposition organisée?* Est-il vrai qu'un tribun soit destiné à s'opposer toujours, sans raison et sans mesure, au gouvernement? à attaquer tout ce qu'il fait et tout ce qu'il propose ? à déclamer contre lui quand il approuve le plus sa conduite ? à le calomnier quand il n'a que du bien à en dire ? à l'insulter alors qu'il doit le plus de reconnaissance à son zèle ? à tout agiter, quand le gouvernement travaille à tout calmer ? à le faire croire inconstant et faible, quand il a besoin de se montrer ferme et fort? à lui déclarer la guerre quand il faut la paix ? à déraisonner quand il est sage? à l'affliger quand il jouit du bien qu'il a fait ? à s'indigner, à s'irriter, quand sa conduite a mis la joie au cœur du grand nombre, et l'espérance au cœur de tous?

« Si c'était là le métier d'un tribun, ce serait le plus vil et le plus odieux des métiers; pour moi, j'en ai pris une autre idée; je regarde le Tribunat comme une assemblée d'hommes d'état chargés de contrôler, reviser, épurer, perfectionner l'ouvrage

disait-on sans cesse, la Révolution avait été faite? Où apparaissait encore sa souveraineté proclamée et reconnue depuis dix années? Quel était l'acte, l'institution, la forme qui correspondait au mouvement démocratique de 1789? Toutes ces idées avaient disparu, on entrait dans une nouvelle combinaison, dans une ère de gouvernement qui n'avait rien de semblable au passé. L'élection qui faisait la base de toutes les constitutions antérieures, n'était plus conservée que pour les listes de notabilités, base des choix du gouvernement; les assemblées se réunissaient dans les cantons ou dans les arrondissements pour indiquer les candidats que le pouvoir devait désigner ensuite pour les fonctions publiques. Était-ce là véritablement une garantie? Que signifiait une élection tout à la fois morcelée et sans peuple? Une candidature qui s'étendait à des milliers d'individus ne laissait-elle pas en définitive toute prépondérance au gouvernement? un lien qui s'étendait à six cent mille capacités n'était pas difficile à secouer [1]. Les listes des notables offraient une telle latitude au pouvoir, qu'il pouvait toujours y trouver des hommes à lui, des fidèles, des caractères en dehors de l'opposition.

du conseil d'État, et de concourir avec lui au bonheur public.

« Un vrai conseiller d'état est un tribun placé près de l'autorité suprême; le vrai tribun est un conseiller d'état placé au milieu du peuple. Les devoirs sont les mêmes pour tous deux; et manquer à la justice, aux bienséances, au bon sens, n'est l'engagement d'aucun. »

[1] Voici l'article sur les listes de notables.

Art. 7. Les citoyens de chaque arrondissement communal désignent par leurs suffrages ceux d'entre eux qu'ils croient les plus propres à gérer les affaires publiques. Il en résulte une liste de confiance, contenant un nombre de noms égal au dixième du nombre des citoyens ayant droit de coopérer à la faire. C'est dans cette première liste communale que doivent être pris les fonctionnaires publics de l'arrondissement.

Art. 8. Les citoyens compris dans les listes communales d'un département, désignent également un dixième d'entre eux. Il en résulte une seconde liste dite *départementale*, dans laquelle doivent être pris le fonctionnaires de département.

Art. 9. Les citoyens portés dans la liste départementale, désignent pareillement un dixième d'entre eux; il en résulte une troisième liste qui comprend les citoyens de ce département, éligibles aux fonctions publiques nationales.

GARANTIES DE LA CONSTITUTION (1799-1800). 111

La constitution de l'an VIII détruisait donc l'élection par un système véritablement réactionnaire; on passait de la démocratie à la dictature; le Consulat s'absorbait dans le Consul, le sénat dans le Consulat, le Tribunat dans le Corps législatif. Il n'y avait de rationnel que le pouvoir absolu, les autres rouages étaient si compliqués, si embarrassants, qu'une main ferme devait les briser pour faire agir avec énergie la machine gouvernementale. On laissait pourtant quelques vieilles garanties de mots au peuple, quelques formules de liberté qui apparaissaient dans toutes les constitutions : l'inviolabilité des personnes, la liberté de la presse, les priviléges des citoyens, le droit sacré du foyer domestique, principes vagues et mal définis, car par une disposition exceptionnelle, placée sous le titre du Consulat, le premier Consul avait le droit de faire arrêter tout citoyen et de prendre les mesures de salut public que des graves circonstances pouvaient exiger. Cet article, dernière consécration de la dictature, mettait les libertés sous la force et à la puissance de Bonaparte; et cela devait être, toutes les autres institutions s'abaissant devant cette omnipotence, il fallait fléchir la tête sous la puissance suprême qui dominait les destinées de la Patrie [1].

En vain parlait-on encore de République, elle n'était plus qu'un souvenir: l'œuvre des commissions dans les deux Conseils détruisait jusqu'aux derniers vestiges de l'édifice démocratique; et, je le remarque encore, l'habileté de

---

[1] Un autre article suspendait même la constitution. Le gouvernement en avait le droit.
Art. 92. Dans le cas de révolte à main armée ou de troubles qui menacent la sûreté de l'État, la loi peut suspendre, dans les lieux et pour le temps qu'elle détermine, l'empire de la constitution. Cette suspension peut être provisoirement déclarée, dans les mêmes cas, par un arrêté du gouvernement, le Corps législatif étant en vacance, pourvu que le corps soit convoqué au plus court terme, par un article du même arrêté. (Cet article est la dictature.)

Bonaparte consista surtout à se placer, pour le vulgaire, en dehors de toute rédaction de l'acte constitutionnel. Ce furent des hommes tels que Chénier, Daunou, Cabanis, des républicains compromis, qui présentèrent au peuple la nouvelle constitution ; la capacité de Bonaparte, son instinct profond des masses, avait jugé tout d'abord la nécessité de populariser l'œuvre en la plaçant sous le patronage de certains hommes qui avaient paru avec quelque éclat pendant l'époque républicaine [1].

Pour arriver à son résultat de parler à l'intérêt des partis, le Consul avait deux moyens puissants : la corruption et les fonctions rétribuées ; Bonaparte aimait à donner de l'argent parce qu'il n'y a rien qui soumette et abaisse comme l'acceptation d'un salaire. Quand Sieyès lui eut livré la constitution, il sollicita pour le Consul démissionnaire une récompense nationale, et il l'accabla sous sa propre avidité en lui livrant le résidu de la caisse directoriale et le domaine de Crosne, d'un bon rapport [2]. La cupidité du vieil abbé fut satisfaite, mais il fut perdu complétement ; en se réservant, à lui Consul, les soucis et la direction du gouvernement, Bonaparte prodiguait à ces

---

[1] On ne sentait l'action révolutionnaire que par la haine contre les émigrés :

Art. 93. La nation française déclare qu'en aucun cas elle ne souffrira le retour des Français, qui, ayant abandonné leur patrie depuis le 14 juillet 1789, ne sont pas compris dans les exceptions portées aux lois rendues contre les émigrés ; elle interdit toute exception nouvelle sur ce point.

[2] Voici le texte du message par lequel les Consuls demandent le domaine de Crosne pour l'abbé Sieyès.

« Le citoyen qui, après avoir éclairé le peuple par ses écrits, et honoré la Révolution par ses vertus désintéressées, a refusé d'abord la première magistrature, et ne l'a ensuite acceptée que par le sentiment des dangers dont elle était entourée, est assurément digne d'une distinction particulière, et le refus ne lui sera pas permis lorsque les organes de la loi auront parlé.

« Les Consuls de la République vous font la proposition nécessaire et formelle de décerner au citoyen Sieyès, à titre de récompense nationale, la propriété de l'un des domaines qui sont à la disposition de l'État. »

Aussi les épigrammes ne manquaient pas contre Sieyès :

Sieyès à Bonaparte a fait présent d'un trône ;
Sous ses pompeux débris croyant l'ensevelir,
Bonaparte à Sieyès a fait présent de Crosne
 Pour le payer et l'avilir.

hommes du Directoire les dons publics, afin que le peuple pût faire contraster la rigidité de son dictateur et la corruption des prétendus amis de la liberté. Il n'y a rien que le peuple salue plus spontanément que l'incorruptibilité dans ses magistrats; cette vertu, unanimement donnée par la démocratie, fit la force de Robespierre. Ce fut ce désintéressement qui éleva si haut Bonaparte, premier Consul : incorruptible est le titre qui plaît le plus aux multitudes; comme les masses souffrent, elles n'aiment pas les pouvoirs qui se gorgent d'or.

En dehors de tous les profits mystérieux, le Consul Bonaparte n'en demeura pas moins l'habile distributeur des grâces et des positions politiques; la constitution mettait dans ses mains le choix de tous les fonctionnaires publics. Pendant les gouvernements de la Convention et du Directoire, l'élection des agents appartenait presque entièrement au peuple; le gouvernement n'avait donc que de faibles moyens d'action; il ne pouvait exercer qu'une influence détournée sur ces choix, tous en dehors de son influence directe. Rien ne donne plus de force à un gouvernement que le privilége de choisir ceux qui exécutent sa volonté et sa pensée, et surtout rien ne le sert mieux que d'avoir beaucoup à distribuer; or, par la nouvelle constitution, le premier Consul désignait tous les fonctionnaires, et il se trouvait que, d'après l'esprit de cette constitution, les corps politiques étaient réduits au titre de fonctions publiques, auxquelles un salaire était constamment attaché. Le gouvernement avait tout dans sa main.

Il résulta de cette situation que Bonaparte put offrir des places, accorder des traitements civils et militaires à tous; il fut ainsi le maître et le dominateur des consciences. La puissance d'un salaire quel qu'il soit est grande sur la foi humaine, que ne sacrifie-t-on pas à cette existence de fonctionnaire, à ce pacifique fauteuil dans le gouvernement de l'État? La constitution de l'an VIII créa la grande armée des solliciteurs; on se rua pêle-mêle aux genoux du premier Consul pour demander une place dans la grande curée des dignités: sénateurs, tribuns, législateurs, conseillers d'état, tous sollicitèrent; il y eut ainsi un abaissement infini des caractères; le peuple des salariés remplaça toutes les magistratures indépendantes et les consciences se perdirent.

Bonaparte comprit le faible des hommes, la corruption était dans l'air; on sollicita les postes lucratifs dans les finances, dans les tribunaux, dans l'administration; des existences innombrables se rattachèrent ainsi au gouvernement, on lui tendit la main pour recevoir une aumône plus ou moins brillante. De là naquit une force administrative immense, inouïe; quand tout dépendit du pouvoir, il n'y eut plus que quelques âmes d'élite, que quelques esprits mécontents qui purent songer à l'opposition; il était si facile avec une certaine capacité d'obtenir une existence commode. A certaines époques tout tend à une hiérarchie, à une organisation; chacun a besoin de s'asseoir, et si alors l'autorité tient dans ses mains des positions convenables, des situations qui puissent aller aux ambitions de familles et de coteries, il devient maître par ce seul fait de la société; les hommes, les classes, se placent sous son action [1].

Pour être juste envers le Consul Bonaparte, il faut ajouter que les choix qu'il fit alors ne témoignèrent que faiblement de ses répugnances et de ses préventions. Quand un pouvoir s'essaie à la dictature, il est habile à lui de

---

[1] Ce fut depuis décembre 1799 jusqu'en février 1800, que se fit cette grande distribution des places.

montrer que les principes de justice et d'utilité publique le dominent absolument dans l'exercice de l'autorité; il ne peut pas mal choisir et mal gouverner, car le despotisme passionné se montrerait trop tôt. Or, le Consul fut admirable sous ce point de vue; ses choix pour le Sénat, pour le Tribunat, pour le Corps législatif, restèrent parfaits; il ne se laissa dominer par aucun préjugé. Les bureaux de Luxembourg furent alors inondés de pétitions et de demandes : tel patriote incorruptible voulut une place dans les contributions, dans les finances, dans les administrations départementales sous la main du gouverment; les esprits perdirent leur énergie.

Quel immense moyen pour le pouvoir! il put rallier à lui tout le monde, il avait des corruptions à l'usage de chaque existence. Bonaparte fit ses choix avec un discernement remarquable. Les listes des notabilités, loin d'être une gêne, devinrent un véritable moyen de renseignements indispensables à tout pouvoir régulier; ces listes, sans astreindre à rien, indiquaient les notables des localités. On revenait ainsi aux idées de M. de Calonne, et les révolutionnaires brisaient les résultats de la Révolution; il est même à remarquer que l'on ne recula pas devant ce mot *notable* qui renouvelait le vieux système de la cour de Louis XVI et bouleversait toutes les idées acquises depuis 1789. C'est qu'il y avait fatigue dans les esprits, on avait essayé toutes les formes de la souveraineté populaire et l'on n'avait obtenu qu'une sorte de confusion dont on avait besoin de sortir; on courait au gouvernement des fonctionnaires; tous appelaient à grands cris la force, l'énergie des moyens, le développement de l'idée puissante et politique du Consulat. Les souvenirs d'insurrection, de démocratie, de peuple, faisaient peur aux classes bourgeoises; la dictature consulaire était un besoin, et il n'y a pas de tyrannie plus puissante que celle qui se fonde sur la nécessité. Bonaparte pouvait faire alors tout ce qu'il voulait; nul n'avait assez de crédit pour l'empêcher; il avait en main cette force que donnent le mouvement des idées et le besoin des classes paisibles. La société appelait une puissance éclairée, fermement résolue à gouverner les masses trop longtemps agitées par la Révolution.

CHAPITRE VI.

ACCEPTATION ET PROCLAMATION
DE LA CONSTITUTION DE L'AN VIII.

Forme de l'acceptation pour l'acte constitutionnel. — Les registres. — Le peuple. — L'armée. — La marine. — Compte des voix. — Opposition. — M. de Lafayette. — Les partisans de 1789. — Le salon de Mme de Staël. — Premières mesures du Consulat contre les journaux. — Les déportés. — Actes d'administration. — Dissolution des commissions provisoires. — Distribution des palais royaux entre les autorités.

Décembre 1799 — février 1800.

Les vieilles républiques recueillaient les suffrages par acclamation; le peuple se réunissait en foule au forum; là le tribun ou le consul lisait le décret du sénat, et bientôt la grande voix de la multitude se faisait entendre pour adopter ou rejeter la résolution prise. Les assemblées politiques, constituées en France depuis 1789, avaient la plupart adopté le vote par scrutin dans les municipalités et dans les assemblées primaires; chaque électeur portait son suffrage en vertu de son droit [1]; il y avait délibération première, discussion des candidats, et s'il s'agissait d'une constitution fondamentale, c'étaient les assemblées elles-mêmes qui en examinaient les bases, et en adoptaient ensuite les résolutions par le vote de la

---

[1] Constitution de 1791, de 1793 et de l'an III.

majorité; la Constituante avait largement développé ces théories.

Les auteurs de la constitution de l'an VIII ne se posaient pas dans les mêmes conditions; ils avaient proscrit le système électoral, réduit aux listes des notables et aux choix faits par le Sénat sur ces mêmes listes. La souveraineté du peuple n'apparaissait plus que comme un souvenir terrible et heureusement aboli dans l'intérêt de l'ordre; l'abbé Sieyès avait trop peur des assemblées primaires pour recourir à leurs suffrages; il fallait donc trouver un mode qui, tout en faisant de la constitution une œuvre nationale, n'entraînât pas avec lui-même, une turbulence démocratique dont on avait effroi; on ne voulait pas donner à l'opposition le moyen de se manifester publiquement; tout devait rester paisible et dans les conditions régulières du vote individuel; Bonaparte s'arrêta sur une idée simple, facile d'exécution, mais qui n'offrait en elle-même aucune garantie de contrôle. On ouvrit à chaque municipalité un registre où chacun pût aller écrire son vote pour ou contre la nouvelle constitution; et on obtenait ici plusieurs résultats : d'abord il n'y avait ni assemblées tumultueuses, ni délibération; le citoyen allait déposer silencieusement son suffrage [1], et comme le gouvernement était le seul scrutateur et le vérificateur, il pouvait augmenter le chiffre, multiplier les nombres, et présenter comme unanime ce qui était contesté.

Enfin, et ce qu'on doit remarquer surtout, c'est qu'il fallait un courage particulier pour aller déposer sous sa signature un vote négatif contre le gouver-

---

[1] Il y eut des faits incroyables, des personnes signèrent sous des noms supposés : « Il est impossible de regarder cette acceptation autrement que comme une opération dérisoire. Un membre du gouvernement a pu signer cent noms différents dans dix endroits; plusieurs sont allés apposer de faux noms sur les registres pour

nement de fait régulièrement établi. Dans le suffrage par scrutin, il n'y avait qu'un vote secret une fois donné; nul ne portait la responsabilité d'une opinion ou d'un suffrage, il n'en restait pas de traces; avec un registre on s'engageait pour toute la vie et par écrit. Le gouvernement connaîtrait vos oppositions et se vengerait impitoyablement; il ne fallait donc avoir rien à redouter, se séparer de toute espérance, comme au seuil de l'enfer du Dante, pour inscrire son nom dans le registre. Cette forme de suffrages n'avait dès lors, ni liberté, ni vérité; c'était un mensonge de souveraineté populaire, et avec des fonctionnaires dévoués on pouvait grandir le chiffre jusqu'à ce point de jeter quelques millions de plus dans le calcul des voix.

Où était le peuple dans tout cela? Comment se manifestait-il en souverain, lui qu'on avait solennellement émancipé en 1789? Il y avait des individus et point de masses, des citoyens et pas un corps de nation; ainsi rien de vrai, rien de sincère ne se manifestait depuis la révolution du 18 brumaire, qui avait brisé l'édifice républicain; en gardant les mots, on abolissait les choses; et pour dénaturer plus encore cette expression du vœu public, on fit voter l'armée, la marine, tous les corps passifs et obéissants. L'armée avait-elle un suffrage libre, spontané? Si

avoir le plaisir de les accompagner de quolibets, de calembourgs, et de couplets plaisants. Un jeune homme a écrit sur le registre ouvert dans l'église de l'Oratoire, le couplet suivant :

Lycurgue, ayant donné des lois
Aux habitants de Sparte,
S'exila de son propre choix,
Pour affermir sa charte.
Notre amour serait bien plus grand
Pour le nouveau système,

Si nos Lycurgues d'à présent
Voulaient faire de même.

« Les registres ouverts pour l'acceptation de la constitution par les anciens membres des Conseils, furent bientôt couverts de la signature de la presque totalité de ces membres, jaloux de mériter la faveur des nouveaux électeurs, et d'acquérir par leur empressement, des droits aux fonctions et aux émoluments de tribuns ou de législateurs. » (Extraits des journaux.)

elle l'avait réellement, la discipline n'aurait-elle pas été brisée? Que devenait l'obéissance des camps, avec le suffrage libre et indépendant sur le gouvernement établi? et la marine où tout est si rigoureux, où l'obéissance passive est le premier devoir, comment pouvait-elle exprimer une opinion et une volonté constitutionnelles?

Aussi il se passa des scènes d'un caractère indicible; les chefs firent des harangues militaires pour appeler l'obéissance des soldats, et leurs votes favorables à la constitution. Tout révélait l'origine prétorienne du 18 brumaire; les soldats qui avaient renversé les Conseils législatifs, juraient sur la baïonnette d'exterminer tous ceux qui tenteraient de briser la constitution écrite de la pointe du sabre de Bonaparte. Le discours du général Lefebvre surtout fut remarqué avec une grande inquiétude par les amis de la liberté expirante; il ne dissimula rien; il fit adopter la constitution comme un ordre du jour ou un acte militaire dicté dans les camps au pas de charge [1].

Le premier Consul n'avait pas besoin d'employer ces moyens violents; la France venait à lui, comme une femme aimante, en jetant tout à sa tête, la liberté, la gloire, ses malheurs et ses flétrissures! Qui ne secouait volontiers le passé d'anarchie; la société appelait de tous ses vœux un gouvernement réparateur; il y avait dès lors maladresse dans la violence ou dans la fraude. Trop montrer le despotisme est une faute

---

[1] Le général Lefebvre, qui commandait la 17ᵉ division, fit une harangue courte et énergique : « Soldats, nous sommes revenus aux beaux jours de la Révolution ; les emplois ne seront plus la proie des brigands. La constitution met fin à toutes nos divisions. Les factieux seuls peuvent la rejeter; jurons par nos baïonnettes de les exterminer. »

quand il n'y a nulle nécessité pour obtenir un résultat. Ensuite ne pouvait-on pas facilement préparer des chiffres de convention dans le calcul des suffrages ? Qui vérifierait le dépouillement des registres ? Quel était l'esprit assez désœuvré pour réunir un à un tous les cahiers des municipalités ; la police et l'administration seules avaient de tels moyens, et comme l'une et l'autre étaient sous la main du gouvernement, lui seul restait maître de dire que trois millions de suffrages avaient salué la constitution de l'an VIII, et l'avénement du premier Consul. Innocente manifestation de la souveraineté populaire, sous le privilége des bureaux de la préfecture de police, et sous la vérification des Consuls et des ministres eux-mêmes.

La constitution de l'an VIII était dans son esprit et dans ses articles un système tout opposé, tout hostile aux idées de la Révolution de 1789 ; un procès fait à l'Assemblée constituante et aux utopies de ses plus chauds partisans. Cette coterie de la Constituante existait encore, quoique un peu effacée par les événements postérieurs ; elle se composait de ceux qui avaient agité le pays sans jamais avoir pu l'organiser. M. de Lafayette, depuis son retour des prisons autrichiennes, s'était retiré à sa terre de Lagrange, manoir féodal où le gentilhomme conservait toutes les habitudes de noblesse, les tourelles, les pennons et les formes de la seigneurie, fière encore dans sa popularité bienveillante ; M. de Lafayette n'avait point marché depuis 1789 ; on trouvait le même homme avec sa ténacité de principes, et toutes les manies de sa jeunesse, n'abandonnant ni la garde nationale[1], ni les assemblées primaires, ni les principes d'une législa-

---

[1] La lettre de M. de Lafayette au Consul, est postérieure, elle se rattache au Consulat à vie.

ture façonnée dans le vieux monde sur le modèle des États-Unis ; or, la constitution de l'an VIII ne pouvait en aucune façon lui convenir, car elle était la démolition de tout son passé, de la vieille histoire d'insurrection qui datait de la prise de la Bastille.

Bonaparte n'avait aucun goût pour les hommes à idées vagues et à rêveries dangereuses ; MM. Necker et Lafayette lui paraissaient deux esprits bornés, faibles et décousus, qui avaient perdu le pouvoir, et selon le Consul, l'Assemblée constituante avait démoli une à une toutes les conditions d'une autorité régulière. Ces répugnances, Bonaparte ne les dissimulait pas ; ce fut donc à l'instigation de l'abbé Sieyès que le Consul s'ouvrit à M. de Lafayette, pour lui offrir une place dans le Sénat ; il lui avait écrit comme à un vétéran qu'il fallait absorber sous le drap mortuaire jeté sur la liberté publique par l'institution du Sénat ; M. de Lafayette refusa, ses principes et ses opinions ne lui permettaient pas de prendre place dans cette grande corporation de fonctionnaires salariés, fondée par la constitution de l'an VIII, et qui composait désormais le gouvernement : « Il devait beaucoup, disait-il, au général Bonaparte, qui l'avait délivré à Campo-Formio, mais il refusait la dignité du Sénat en témoignant son vif regret, car la liberté n'était pas assez garantie. » Plus tard on verra M. de Lafayette motiver son vote de refus au Consulat [1] à vie ; tout cela s'explique dans cet esprit qui avait si peu marché, car la constitution de l'an VIII était la démolition de toutes les vieilles idées de la Constituante, une sorte de procès fait à la Révolution parleuse et tribunitienne et aux principes de la déclaration des droits de l'homme, foulés

---

[1] On donnera plus tard sa lettre autographe sur le Consulat à vie.

aux pieds par la victoire et les actes d'un pouvoir militaire. Le règne des utopies était passé.

Le salon de madame de Staël, qui se composait des républicains modérés, fit aussi un peu d'opposition d'abord à la constitution de l'an VIII, mais bien timide, bien mitigée ; la plupart de ses membres n'avaient-ils pas fait partie des commissions préparatoires sur le projet constitutionnel ; M. Daunou ne l'avait-il pas écrit? M. de Talleyrand était maintenu au ministère des relations extérieures, et madame de Staël devait trouver en lui une garantie et un appui sous le nouveau régime. Puis, ce salon s'était engoué de l'institution du Tribunat, qui plaisait aux imaginations ardentes et historiques; on créait des tribuns, des consuls, des sénateurs, tout cela était romain! le Tribunat allait devenir comme l'opposition anglaise! Là on pourrait faire entendre les mâles accents de la liberté; la tribune était rendue ; il y avait de grandes ressources dans cette institution qui permettrait l'expression libre et spontanée de tous les sentiments publics [1]. Les choix n'étaient-ils pas satisfaisants? toute la société en masse de madame de Staël était appelée au Tribunat, jusqu'à Benjamin Constant, l'ami chéri de la maison ; il devenait tribun avec Chénier, Riouffe, et toute cette masse de jeunes hommes qui abondaient dans les réunions de républicains modérés ; et c'est en cela que Bonaparte avait été habile; que lui importait quelques noms de plus ou de moins, lorsqu'il serait résolu de supprimer l'institution tout entière. A ceux qui se plaignaient trop vivement du des-

[1] On laissa dans le premier temps, toute liberté aux patriotes. Il s'était formé sous le nom de *Portique républicain*, une société de sectateurs ardents de la liberté. Non seulement le gouvernement ne mit aucun obstacle à leurs assemblées; mais on laissa les journaux louer les harangues qu'on y prononçait, les hymnes qu'on y chantait à pleine voix comme en 1794.

potisme, madame de Staël répondait : « qu'il fallait attendre, essayer l'œuvre, et ne pas désespérer de la chose publique ; le Tribunat n'était-il pas là comme le gardien de la constitution, et un moyen puissant d'améliorer? Bonaparte n'était pas le seul et dernier mot de la France, on pourrait toujours l'absorber dans le Sénat [1]. »

Les Jacobins n'avaient pas ces ménagements ; ceux que Fouché n'avait pas apaisés en leur jetant, comme un gâteau de miel, une situation lucrative dans ses bureaux, ou une bonne position politique et administrative, attaquaient vigoureusement le système qui voilait, comme d'un crêpe funèbre, la République et la liberté, acquises par tant de sacrifices et de sang. Cette constitution était-elle autre chose qu'un despotisme audacieusement organisé par le génie du nouveau César! toutes les parties s'adaptaient les unes aux autres, de telle manière que c'en était fait du peuple. Il n'y avait plus ni souveraineté de la nation, ni élection sincère, ni sauve-garde pour la majesté démocratique. La dictature s'établissant dans toutes ses formes militaires, au profit des idées rétrogrades, on retournait à la monarchie, à ses notables, à ses corps muets, à ses conseils d'état, aux lettres de cachet et aux ministres absolus [2].

Les royalistes ardents prenaient le nouveau pouvoir comme une moquerie ; ils ne faisaient pas entendre les

---

[1] L'article 17 de la Constitution, disait : « Le premier Consul sortant de place, soit par l'expiration de ses fonctions, soit par démission, devient sénateur de plein droit et nécessairement.

« Les deux autres Consuls, durant le mois qui suit l'expiration de leurs fonctions, peuvent prendre place dans le sénat, et ne sont pas obligé d'user de ce droit.

« Ils ne l'ont point quand ils quittent leurs fonctions consulaires par démission.

[2] On parlait plus que jamais d'une conspiration tramée par les Jacobins; ils faisaient dit-on, des distributions d'armes et de cartouches. Ils avaient pris la ferme résolution de réunir une convention ; de condamner à mort Sieyès et Roger-Ducos ; de mettre Bonaparte hors la loi ; de faire guillotiner les inspecteurs des deux Conseils ; de nommer Garrau, commandant de Paris ; le général Jourdan, commandant de la moitié des faubourgs, et Santerre de l'autre moitié.

mâles accents de la liberté outragée ; pour eux ce n'était pas la question ; leurs plaisanteries se rattachaient au Corse qui s'élevait sur les débris de la monarchie de Louis XIV et de Henri IV ; ils disaient aux Français : « Vous avez renversé les princes les plus nobles, la royauté la plus grande, et pourquoi cela? avez-vous conquis cette liberté et cette égalité qui sont votre passion? Aucunement! Vous avez un protecteur, un Cromwel, rien de plus, rien de moins ! la Révolution suit toutes les phases de l'histoire d'Angleterre ; elle développe les mêmes passions, les mêmes bassesses. Nation française, réjouis-toi, car de ce jour commence la dynastie d'Ali-Bonaparte, et tu vas sentir la verge de fer ! » Ces pamphlets étaient partout répandus avec profusion ; ils bravaient la police[1] !

Au milieu de ces opinions si ardentes, le gouvernement sentait le besoin d'acquérir tout à la fois la force d'action et la popularité ; pour arriver à l'œuvre de la reconstruction sociale, il ne devait permettre aucune de ces oppositions capables de le ruiner dans

---

[1] « Et alors, dit un pamphlet royaliste, a commencé, le 25 décembre, le règne de S. M. très incroyable, Napoléone-Ali-Bonaparte, premier du nom, chef d'une nouvelle dynastie corse, et soixante-huitième roi de France, par la grâce de l'abbé Sieyès, de Lucien Bonaparte, et de M. Saladin.

« Héros du XVIIIe siècle, premier Consul de la grande nation, souverain du territoire sacré, généralissime de la race des braves, le plus grand homme que le roi de Prusse connaisse, membre de l'Institut national à la section de mécanique, l'égal de Catinat, le supérieur de Frédéric II, le pacificateur de l'Europe, le conquérant de l'Égypte, l'épouvantail de la Syrie, le grand, le doux, le libéral, et le clément ; selon Riouffe, l'Alexandre, le Scipion, le Sylla, le César, l'Auguste, le Cromwell moderne, âgé de 31 ans et quelques mois.

« Et suivant tous les honnêtes gens, misérable lieutenant de Barras, époux avili de la concubine de ce dernier, mitrailleur de Toulon, mitrailleur de Paris, massacreur d'Alexandrie, boucher du Caire, aventurier, charlatan, hypocrite, ambitieux effréné, révolutionnaire outré, traître à son armée, déserteur d'Égypte, fuyard de Syrie, bourreau de l'espèce humaine, homme sans foi et sans loi, inconséquent, perfide, extravagant, athée, chef de brigands, usurpateur, tyran, l'Attila et le Tamerlan moderne, enfin le plus odieux des hommes.
En nova progenies cœlo demittitur alto.

« Et c'était pour arriver à ce triste résultat, que la France a vu périr le meilleur de ses rois, 3,000,000 de ses enfants, 1,000,000 d'étrangers ; qu'elle a mis en fuite sa noblesse et son clergé, perdu la religion, l'honneur, la morale et toute espérance de paix !
Procul, ô procul este, profani. »

l'opinion publique, avant l'accomplissement de ses desseins; les journaux se trouvaient dans cette catégorie; car leur action était incessante et mortelle. Déjà ils attaquaient avec une logique serrée et profonde la constitution présentée au peuple; ils la dénonçaient comme un leurre; quel était cet acte? dans quel but était-il présenté aux Français? ne tuait-il pas la liberté publique? Les journaux patriotes étaient d'autant plus forts qu'ils avaient raison; la République était morte, et ils ne faisaient que découvrir une plaie; son ombre plaintive pouvait se montrer couverte de deuil sur le seuil du Tribunat.

Dans la marche des événements, la dictature ne peut pas souffrir la liberté, même quand elle reste dans les conditions du vrai et du juste; le pouvoir absolu est mort, du jour où il laisse les opinions libres; il doit frapper toute expression qui se manifeste en opposition avec ses desseins. Le ministre de la police, Fouché, se hâta de proposer au Consul une mesure de prévoyance politique relative aux journaux; le gouvernement n'établissait pas la censure, disposition trop ouvertement hostile à la liberté, il ne s'emparait pas de la propriété des journaux existants, mais il déclarait en quelques articles d'un arrêté : « qu'il n'y aurait que les journaux désignés par le gouvernement qui, désormais, pourraient paraître. » Le ministre disait par là que la direction des journaux ne pouvaient s'écarter de l'esprit du Consulat et que tous seraient sous sa main [1]. En supprimant les autres feuilles

---

[1] Arrêté des Consuls du 27 nivôse (17 janvier 1800), article 1er. « Le ministre de la police ne laissera pendant toute la durée de la guerre, imprimer, publier et distribuer que les journaux ci-après désignés : — Le Moniteur Universel; le Journal des Débats et des Décrets; le Journal de Paris; le Bien-Informé; le Publiciste; l'Ami des Lois, la Clef du Cabinet; le Citoyen Français; la Gazette de France; le Journal des hommes libres; le Journal du Soir, par les frères Chaigneau; le Journal

publiques, il jetait de la terreur dans les journaux maintenus ; qui oserait désormais attaquer le pouvoir établi lorsqu'un ordre du ministre suffisait pour supprimer un ou plusieurs journaux existants? La liberté de la presse fut, dès ce moment, dans les mains de la police; il y eut un bureau d'esprit public chargé de diriger l'opinion dans les voies indiquées par le premier Consul.

Cette opinion, au reste, était sans cesse tenue en haleine par des mesures réparatrices qui marquèrent la première époque du Consulat. Quand un pouvoir fort veut s'établir, il doit commencer par la justice et la popularité; il y a dans les réparations qu'il accorde la censure la plus aigre, la plus violente de l'ordre ancien qui avait tout compromis, tout alarmé [1] ; et c'est ce qui détermina, sans doute, le Consul Bonaparte à cet ensemble de mesures généreuses. Non seulement, il fit cesser les lois de proscription contre les prêtres, mais encore il donna toute permission d'ouvrir les églises et d'y célébrer les mystères du christianisme. Bonaparte avait au fond de l'âme un mysticisme religieux, un sentiment profond qui le poussait vers la prière et les idées de culte; le fils ardent de la Corse s'agenouilla toujours devant la croix catholique; les temps de sa jeunesse, passés au milieu des Minimes de Brienne, re-

---

des *Défenseurs de la Patrie* ; la *Décade Philosophique* ; — et les journaux s'occupant exclusivement de sciences, arts, littérature, commerce, annonces et avis. »

[1] Il fit accorder aux familles des plénipotentiaires de Rastadt une indemnité de 166,000 francs. Le Directoire avait décrété qu'il serait perçu, sur les contributions de la Romagne, une somme de 150,000 francs, en faveur de la famille Duphot. La somme avait été perçue ; mais le fisc l'avait gardée. Bonaparte répara cette mauvaise foi, et les 150,000 francs furent remis aux héritiers du général. Le Directoire avait obtenu, des Conseils, un impôt sur les voitures, pour l'entretien des routes ; l'impôt avait été levé, et nulle réparation n'avait été faite aux routes. Bonaparte donna des ordres pour leur rétablissement ; toutes les parties de l'administration, négligées ou détruites sous les mains inhabiles du Directoire, se relevaient sous celles d'un chef plein d'activité et d'intelligence.

venaient à son esprit, et il osa le principe de la liberté des cultes dans toute son extension. Les églises furent reconstituées et les autels rendus aux cérémonies, sans que les prêtres fussent astreints à des serments qui répugnaient à leurs consciences; pourvu que l'Église ne troublât pas l'ordre public, que pouvait-on exiger d'elle[1] ?

Il y eut quelques cris poussés par les théophilanthropes alors en possession de plusieurs églises de Paris, de Saint-Sulpice et de Saint-Philippe-du-Roule spécialement; mais, qu'importaient ces criailleries de quelques néophytes gémissant sur leurs corbeilles de fleurs? Le pouvoir avait pour lui l'opinion publique, l'esprit du temps le soutenait, on était avide d'émotions religieuses, les théophilanthropes tombaient dans le ridicule, on pouvait les frapper sans exciter une résistance sérieuse dans le peuple; d'ailleurs, la célébration de ces cérémonies n'était souvent qu'un prétexte pour cacher les idées du parti républicain poursuivi avec ténacité par le Consul. Lare-

---

[1] Voici au reste l'analyse de tous les actes du Consulat dans le mois de décembre.

1er décembre (10 frim.) Loi qui abroge l'article 1er de celle du 29 nivôse an VI, relative à la course maritime.

14 décembre (23 frim.) Loi qui ratifie une disposition du traité conclu entre le général en chef Bonaparte et les chevaliers de Malte.

15 décembre (24 frim.) Acte concernant l'ouverture des registres pour l'émission des votes sur la constitution.

15 décembre (24 frim.) Acte qui approuve un plan de remboursement, par voie de loterie, du prêt de 12,000,000 offert au trésor public.

16 décembre (25 frim.) Loi qui attribue aux tribunaux de police correctionnelle la connaissance de divers délits.

16 décembre (25 frim.) Loi qui annule le bail de la poste aux lettres, et ordonne qu'elle sera administrée par une régie intéressée.

16 décembre (24 frim.) Loi relative à l'organisation de l'École polytechnique.

17 décembre (26 frim.) Loi qui dispense des formalités du timbre et de l'enregistrement les actes concernant la liquidation de la dette publique.

18 décembre (27 frim.) Loi qui fixe un nouveau tarif pour la poste aux lettres.

18 décembre (27 frim.) Loi qui établit des octrois municipaux dans les communes de Courtrai, Reims, Metz, Lille, Calais, Fontenay-le-Peuple, Limoges et Épinal.

18 décembre (27 frim.) Acte concernant les militaires domiciliés dans les pays nouvellement réunis à la République.

19 décembre (28 frim.) Loi relative aux actes passés et aux jugements rendus à

veillère–Lépeaux n'était-il pas un des opposants au Consulat? Ne s'agissait-il pas ici d'une manœuvre des Jacobins, et de cette religion de la nature si souvent prêchée par les amis de Robespierre?

Ces mesures réparatrices que prit le Consul pour assurer la liberté du culte catholique, le gouvernement les résolut avec non moins de fermeté par rapport aux proscrits. Dans les premiers jours du 18 brumaire on a vu que Fouché s'était hâté de frapper le parti des Enragés, ainsi qu'il aimait à désigner les Jacobins tenaces qui ne s'arrêtaient devant rien. On dressa une liste de déportation ou de mise en surveillance en des lieux déterminés; ces hommes ainsi exilés pouvaient être dangereux dans les premiers moments d'un gouvernement nouveau; leurs noms étaient odieux à l'opinion publique; mais était-il convenable et logique qu'un gouvernement qui se disait réparateur commençât tout d'abord par proscrire sans motifs, sans jugement, des hommes tous placés dans une même catégorie? Les réclamations s'élevèrent de toutes parts, et l'on eut à examiner en conseil si la mesure serait exécutée

---

Valenciennes et dans quelques places voisines pendant l'invasion de l'ennemi.

20 décembre (29 frim.) Loi qui détermine la manière dont les copies des pièces de procédures seront délivrées aux accusés.

20 décembre (29 frim.) Acte sur les secours à accorder aux femmes des militaires et employés à l'armée d'Orient.

20 décembre (29 frim.) Acte qui suspend provisoirement l'admission des bons de réquisition en paiement des contributions directes.

20 décembre (29 frim.) Acte qui remet en vigueur le règlement du 28 juillet 1778, concernant la navigation des bâtiments neutres.

21 décembre (30 frim.) Loi relative aux ingénieurs et élèves des écoles d'application dépendant du ministère de l'intérieur, qui sont de l'âge de la réquisition ou de la conscription.

24 décembre (3 niv.) Loi sur la mise en activité de la constitution.

24 décembre (3 niv.) Loi relative aux déportés, sans jugement préalable, par des actes législatifs.

24 décembre (3 niv.) Loi qui autorise la vente de plusieurs bâtiments et établissements situés dans la commune de Paris.

25 décembre (4 niv.) Acte qui règle le mode et la nature des récompenses nationales à décerner aux militaires.

25 décembre (4 niv.) Avis du conseil d'état sur les droits politiques des

dans sa rigueur. Au moment où l'on craignait les tentatives des Jacobins, et quelques-uns de ces coups de désespoir après le 19 brumaire, une précaution de police s'expliquait; depuis, le sol s'était raffermi, on n'avait plus à craindre l'insurrection révolutionnaire. Par l'ordre du premier Consul, la déportation des Jacobins fut changée en une surveillance. Plus le gouvernement est fort, plus il doit se montrer indulgent envers ses ennemis, c'est leur jeter le mépris à la face[1]; les persécuter, c'est les grandir et les craindre. Quand l'œuvre du Consulat fut accomplie, on ouvrit largement la main pour qu'on ne pût pas dire que le nouveau système commençait par des listes fatales. Tout fut changé en une mise en surveillance, moyen inventé par Fouché; plus tard le Consul revint contre les patriotes; Bonaparte pardonnait peu; il les reprit après la machine infernale.

Les Consuls marchaient vers le bien. Déjà un premier arrêté avait fait cesser les étranges et cruelles persécutions qui pesaient sur les naufragés de Calais; le

parents d'émigrés et des ci-devant nobles.

26 décembre (5 niv.) Loi relative à la convocation et à l'ouverture des premières séances du Corps législatif et du tribunat.

26 décembre (5 niv.) Règlement pour l'organisation du conseil d'état.

26 décembre (5 niv.) Acte qui permet à divers individus condamnés à la déportation, par des actes législatifs, de rentrer sur le territoire de la République.

27 décembre (6 niv.) Acte relatif au paiement de la solde des militaires de l'armée de terre qui passeront aux colonies ou qui seront employés pour le service de la marine.

28 décembre (7 niv.) Acte relatif aux édifices destinés à l'exercice d'un culte.

28 décembre (7 niv.) Acte qui détermine la formule du serment à prêter par les fonctionnaires publics.

28 décembre (7 niv.) Acte relatif à l'exercice des cultes.

28 décembre (7 niv.) Acte contenant des mesures relatives aux départements de l'Ouest.

29 décembre (8 niv.) Acte qui rapporte ceux par lesquels des pensions de retraite ont été converties en traitement de réforme.

29 décembre (8 niv.) Acte relatif aux traitements de réforme.

[1] Le premier Consul s'attacha jusqu'à ce Bertrand Barrère, cet orateur cruellement ingénieux qui plaisantait sur les cercueils et jouait avec le fer des bourreaux; il lui confia la rédaction d'un journal et l'examen secret de tous les autres; c'était la censure dans la main d'un Jacobin.

duc de Choiseul et ses amis rendus à la liberté eurent le choix de leur résidence. Quelques jours plus tard, on rappela les émigrés politiques que les tempêtes avaient jetés loin de la France, et particulièrement les proscrits du 18 fructidor. Un grand intérêt se rattachait à ces hommes désignés comme les victimes du Directoire dans ses terreurs; leurs noms étaient respectés parce qu'ils étaient honorables; il y en avait de beaux et de nobles, des illustrations de la République comme des souvenirs de la monarchie; tous avaient été frappés simultanément. Les Consuls changèrent la déportation pour eux comme pour les Jacobins, en une mise en surveillance. Ici Bonaparte réparait les maux qu'il avait faits lui-même! Car c'était lui et Augereau qui avaient préparé le 18 fructidor; l'adresse de l'armée de Bonaparte n'était-elle pas présente à tous les esprits, et Barras, dans sa retraite de Gros-Bois, dut plus d'une fois remarquer que le Consul détruisait l'œuvre inspirée par le général de l'armée d'Italie. On agissait lentement et avec précaution; les républicains se seraient alarmés si l'on avait fait la part trop large aux déportés royalistes, accusés d'avoir traité avec les Bourbons. Ce motif se joignit peut-être à une sorte de haine militaire contre Pichegru; Bonaparte l'excepta nominativement de l'amnistie; n'avait-il pas déjà trop de compétiteurs dans l'armée?

Le système des surveillances s'étendant, la police devint de jour en jour un plus grand pouvoir dans l'État et une garantie pour le gouvernement qui put se fier à sa sollicitude. Fouché suivait tous ces hommes mis en surveillance; cette précaution de gouvernement et de sûreté eut désormais un caractère à part; la police n'eut rien de vexatoire; n'excluant pas, elle attirait au contraire vers elle, de sorte que toutes les capacités qui voulaient se rallier au Consulat trouvèrent des positions faites et des dignités en rapport avec leur mérite. Un an s'était à peine écoulé que la plupart des déportés du 18 fructidor siégeaient au conseil d'état ou obtenaient des places éminentes. Le Consul Bonaparte eut surtout ce talent remarquable de dire à tous « Venez à moi, parce que je suis fort. » Les gouvernements faibles s'aliènent tout le monde ; les pouvoirs au contraire qui ont foi en leur durée tendent la main à toutes les capacités, quel que soit le parti auquel elles appartiennent, pourvu qu'elles donnent des gages. MM. Portalis, Siméon, Carnot, Barthélemy, Quatremère de Quincy, étaient simultanément jetés hors de France par le 18 fructidor ; de tels noms ne pouvaient rester longtemps exilés ; le ministre de la police leur assignait des résidences moins pour les surveiller que pour savoir où le premier Consul pourrait les prendre au cas où il aurait besoin de leurs services, et de les rallier par de grands avantages et une position élevée.

Ainsi les carrières furent largement ouvertes ; Bonaparte voulut tout voir et tout savoir ; on put lui présenter toutes les idées, parce qu'il était capable de les comprendre toutes. Des mémoires lui étaient chaque jour envoyés ; il s'en faisait faire régulièrement l'analyse ; chaque fois qu'un point de vue, une idée le frappait, il se hâtait d'écrire à son auteur pour lui offrir une position politique ou une place administrative. Le Consul connaissait profondément l'opinion publique, il se mettait constamment en rapport avec elle ; il avait tant besoin de cet appui, car son pouvoir était nouveau, et il ne pouvait triompher des obstacles qu'en invoquant la force de tout ce qui tenait au pays par le souvenir, par le sol, par les services. Il n'y eut plus désormais d'exclusion; et c'est ainsi que les gouvernements grandissent.

Les commissions législatives des deux Conseils furent dissoutes après avoir achevé l'œuvre de la constitution de l'an VIII qu'elles s'étaient imposée; les Consuls restaient seuls pour accomplir la grande tâche du gouvernement. Cambacérès, absorbé dans l'organisation du conseil d'état, et le choix du personnel dans les fonctions judiciaires, travaillait incessamment avec le ministre Abrial et quelques hommes choisis dans les noms anciens et nouveaux de la magistrature; on poursuivait alors la vaste pensée d'un Code civil, depuis longtemps promis par les Assemblées constituantes [1]. Le système révolutionnaire voulait détruire, le Consulat s'était donné mission de restaurer; Lebrun avait pris pour travail les finances, qu'il organisait de concert avec le ministre Gaudin, afin de rétablir le crédit public, et de payer les arrérages de la dette. Sous ce rapport, le Consulat et l'Empire même restèrent en arrière; Bonaparte et la vieille école avaient des préjugés difficiles à vaincre [2]; ils ne comprirent jamais le puissant levier mis en action par Pitt; ils parlaient incessamment de la banqueroute en Angleterre, au moment même où elle empruntait à 4 1/2 p. 0/0.

Tout le faix de ce qu'on appelait le gouvernement social restait au premier Consul; lui seul concevait les grandes idées avec son génie ardent et entier; ses collègues les exécutaient avec intelligence. Dans ces premiers actes du Consulat se trouve la plus belle

---

[1] J'analyserai plus tard le Code civil en l'examinant sous le point de vue de la famille, de la propriété et de la corporation.

[2] M. Gaudin a fait un livre sur son administration des finances. Évidemment il y a là des idées de bon père de famille, mais la puissance des idées anglaises sur le crédit public ne s'y révèle pas.

époque de la vie du général Bonaparte ; il n'y a pas d'exemple d'une reconstruction aussi rapide, aussi profonde ; l'exercice de la dictature morale donnant une force immense à son pouvoir, le consolida pour longues années ; il put désormais tout faire et tout oser. Maître de la situation, ce fut lui, de sa propre volonté, qui distribua les palais que chaque pouvoir de l'État devait désormais occuper. Aux Consuls, il assigna les Tuileries, ce vieux château des rois, où avaient habité les Bourbons ; il se révélait un instinct de couronne dans cette résolution ; Bonaparte se préparait le trône où plus tard il monta le front haut, sous les lauriers de César.

Le Luxembourg fut assigné pour la résidence du Sénat, qui reçut cette propriété à titre absolu. Le Sénat, première autorité de l'État, ne devait dépendre de personne, pas même du trésor pour son traitement annuel ; il avait une dotation fixe en domaines nationaux. Le Tribunat dut siéger au Palais-Royal ; là où la liberté s'était montrée à son aurore, dans ce jardin où Camille Desmoulins avait réuni les masses, on plaçait les représentants du peuple, les hommes qui exprimeraient la partie fougueuse et démocratique de la constitution. Enfin, le Corps législatif reçut le palais Bourbon, la demeure des princes de Condé, propriété nationale et confisquée, où l'on plaça les statues de Solon, de Cicéron et d'Hortensius ; était-ce moquerie pour des hommes qui ne pouvaient parler[1] ?

Dans cette distribution des palais, il n'y avait de pensée forte et d'avenir que dans le choix des Tuileries pour le Consul ; c'est vers ce palais que se reportait in-

---

[1] Loi du 3 nivôse (24 décembre). Art. 7. «Les édifices nationaux ci-après désignés, sont affectés aux diverses autorités constituées : 1º le Palais du Luxembourg, au sénat conservateur ;—le Palais des Tuileries, aux Consuls ; — le Palais des Cinq-Cents, au Corps législatif ; — le Palais Égalité, au tribunat.

cessamment sa pensée ; il voyait s'ouvrir devant lui de grandes destinées ! Que lui importait le titre? Les noms ne font rien au pouvoir ; général, consul, empereur, quand on manie le sceptre pour écraser ses ennemis, et que l'obéissance vient à vous, qu'importe? Le titre de roi paraissait petit et usé, les idées de la couronne étaient affaiblies; mais ce que tout le monde appelait, c'était une volonté immuable et grande qui pût tirer le pays de l'anarchie et sauver la société. Bonaparte allait droit au but ; il désirait même que le peuple s'aperçût matériellement que tout le pouvoir était aux Tuileries; dans ce palais avaient régné les rois et le Comité de salut public, les deux pouvoirs véritablement absolus ; des forces militaires pouvaient s'y déployer, des canons à mitraille pouvaient plonger de toute leur portée sur les longues colonnes d'une insurrection menaçante. Au 10 août on en avait arraché Louis XVI, entouré de quelques Suisses et de ses gentilshommes, braves, mais aux cheveux blancs et à l'épée affaiblie; qui oserait y attaquer Bonaparte appuyé sur les bras de ses soldats d'Italie, et des guides qui avaient salué les Pyramides?

CHAPITRE VII.

DÉMARCHES DIPLOMATIQUES DU PREMIER CONSUL.

Nécessité de la paix. — Publication du livre de M. d'Hauterive *sur l'État de la France à la fin de l'an* VIII. — Esprit et dessein de ce livre. — Mission du général Duroc à Berlin. — Question du Hanovre et des villes anséatiques. — Démarches officielles auprès de l'Angleterre. — Leur but. — Lettre du premier Consul au roi Georges. — Note de lord Grenville en réponse. — Message au Parlement. — Explications de lord Grenville. — Les Communes. — M. Dundas. — Witbread. — Canning. Erskine. — Système de paix. — Tentative de négociation avec l'Autriche. — Paul Ier et le cabinet de Saint-Pétersbourg. — Conclave de Venise pour l'élection d'un pape. — Pie VII.

Décembre 1799 — avril 1800

Une des promesses faites par le premier Consul en prenant les rênes du pouvoir, avait été la pacification de la France et la paix avec l'Europe; il ne suffisait pas d'avoir rétabli l'ordre à l'intérieur en fondant un principe de gouvernement solide et fort; la cessation de la guerre était le premier besoin des peuples. Bonaparte à Fréjus n'avait pas été salué seulement comme le général heureux, le sauveur de la République dans les crises, mais encore comme le négociateur qui traita de puissance à puissance avec les princes d'Italie et avec l'Autriche, ensuite à Campo-Formio. Le rôle de Bonaparte eût donc été incomplet s'il n'avait pas rempli cette belle partie de sa grande tâche; il fallait négocier activement, amener un résultat, pour bien constater aux yeux de l'opinion : « que toutes les démarches avaient été faites par le premier Consul, et que, si un traité n'était pas intervenu, il fallait en accuser le caractère hostile et incorrigible des grandes puissances de l'Europe et les préjugés de leurs cabinets. »

En prenant le portefeuille des affaires étrangères, M. de Talleyrand se rendit parfaitement compte de cette situation personnelle du premier Consul; toute force morale pour son gouvernement devait résulter de ses démarches officielles pour offrir et demander la paix aux puissances armées. M. de Talleyrand concluait naturellement de là que s'il y avait refus de la part des cabinets, la position du premier Consul en serait plus belle, et qu'il pourrait ainsi s'appuyer sur l'opinion du pays, et lui demander des sacrifices dans l'intérêt d'une guerre nationale.

Pour obtenir la paix et négocier sur des bases stables, il fallait nécessairement exposer un système, et dire au monde quelles étaient les conditions auxquelles le gouvernement consulaire accepterait une pacification générale. Depuis la fondation de la République les gouvernements qui s'étaient succédés avaient fait des irruptions violentes, des conquêtes, mais aucun n'avait, dans cette marche rapide et saccadée, indiqué les limites dans lesquelles la diplomatie voulait se concentrer [1]. Tout avait été fougueux et irrégulier; on avait débordé sur l'Europe sans tenir compte d'aucun traité, on avait agi un peu d'après les habitudes de la conquête sauvage qui ne reposait sur aucun principe fixe; la force était le droit. M. de Talleyrand vit bien qu'un tel état de choses ne pouvait être une base pour une situation nouvelle, et puisque le gouvernement

---

[1] Cependant sous le Directoire les mémoires diplomatiques et les plans présentés aux derniers rois de France, avaient été publiés sous le titre de : Politique des cabinets de l'Europe pendant les règnes de Louis XV et de Louis XVI. Cet ouvrage, dirigé par le comte de Broglie, sous l'ancien régime, avait été rédigé par M. Favier. Dans les premiers temps du Directoire, il en parut une édition à laquelle M. de Ségur ajouta une préface et des notes; on y lit ce passage remarquable :

consulaire s'annonçait comme une restauration de l'ordre, il fallait de toute nécessité qu'une certaine manifestation de principes témoignât les intentions futures et le droit public du système adopté par le pouvoir de Bonaparte. Ce fut dans ce but que M. de Talleyrand indiqua à M. d'Hauterive, chef de la division politique aux affaires étrangères, le plan d'un ouvrage qui devait servir comme de manifeste à la diplomatie du Consulat dans les négociations qu'elle pouvait essayer.

M. Blanc d'Hauterive appartenait à cette école politique, aujourd'hui effacée, qui aimait à beaucoup étudier et à beaucoup lire; élevé avec les diplomates distingués du dernier siècle, MM. de Vergennes, de Choiseul, de Montmorin, Gérard de Reyneval, il s'était appliqué à suivre les progrès et les développements des principes généraux en Europe, surtout depuis le traité de Westphalie, point de départ des modernes relations[1]. M. de Talleyrand l'avait attaché à sa personne parce qu'il aimait à se servir de rédacteurs faciles, et de ces plumes exercées qui exposaient avec convenance, les idées et les projets d'un cabinet. M. d'Hauterive était pour la France ce que M. de Gentz fut à son tour pour la Prusse et l'Angleterre, avec moins de grâce peut-être, une vie plus austère et plus retirée, moins de poésie dans l'esprit, moins de faiblesse dans le cœur et plus de sérieux dans l'existence. Gentz après avoir, par ses remarquables écrits, remué toute une époque, s'éprend, mélancolique vieillard, pour une jeune et brillante fille, et

---

« Il sera facile de se convaincre qu'y compris même la Révolution en grande partie on trouve dans ces mémoires et ces conjonctures le germe de tout ce qui arrive aujourdhui; et l'on ne peut pas, sans les avoir lus, être bien au fait des intérêts et même des vues actuelles des diverses puissances de l'Europe. »

[1] M. Artaud a publié une excellente notice sur M. le comte d'Hauterive; on y retrouve le bon goût et la science élevée qui le distinguent.

s'éteint dans un pavillon embaumé de fleurs, comme le dit M. de Châteaubriand, au bruit d'une douce voix qui lui faisait oublier celle du temps [1]. M. d'Hauterive achève sa carrière sérieuse au bruit d'une révolution nouvelle, qui menace du pillage les archives qui lui sont confiées [2]. M. de Talleyrand chargea M. d'Hauterive de la rédaction officielle d'un mémoire diplomatique qui exprimerait toutes les idées et les intentions de la France, dans ses rapports extérieurs; ces théories y furent exposées avec une grande lucidité et un esprit d'affaires remarquable.

Ce mémoire portait le titre de l'*État de la France à la fin de l'an* VIII [3]; il était destiné à répondre à un livre de M. de Gentz qui grandissait considérablement l'importance et la force de l'Angleterre [4], et son commerce dans le monde. L'ouvrage de M. d'Hauterive traitait de la diplomatie antérieure à la Révolution avec une science de faits que n'avaient pas les agents médiocres du Directoire, puis il suivait les négociations qui avaient commencé après les campagnes et les victoires de la République. M. d'Hauterive voulait prouver que le Consulat n'avait pour but que de ramener, avec les formes nouvelles et rajeunies, l'Europe entière aux proportions du traité de Westphalie dans ses conditions et ses influences. Cette belle position que, selon M. d'Hauterive, la monarchie n'avait pas su conserver dans ses derniers règnes, la République consulaire était destinée à l'accomplir; n'y avait-il pas eu des bouleversements inouïs dans toutes les puissances? toutes n'avaient-elles pas considérablement grandi? la France seule ne pourrait-elle rien réserver de ses conquêtes? Ici M. d'Hau-

---

[1] Gentz finit sa vie triste et désabusée, en inspirant une tendre et première passion à mademoiselle Fanny Elssler.

[2] Paris, an VIII.

[3] M. d'Hauterive mourut dans les journées de juillet 1830.

[4] Essai sur l'administration des finances de la Grande-Bretagne, 1799.

terive passait en revue toutes les acquisitions faites par les divers cabinets. La Prusse d'abord, royauté récente, que n'avait-elle pas acquis en importance? « Au milieu du siècle dernier, disait M. d'Hauterive, un traité fondamental des droits et des devoirs de la plus grande partie des puissances continentales, assigna la place qui appartenait à chacune d'elles dans la grande échelle politique de l'Europe. Le système de conduite que chaque gouvernement devait suivre, avait été indiqué par l'éclat des discussions qui, avant la paix, avaient mis au grand jour les rivalités entre les puissances que des intérêts différents tendaient à diviser, et les motifs d'union entre celles qu'un intérêt commun excitait à se fédéraliser. Ces disparités d'intérêt furent mieux indiquées encore dans les engagements politiques qui résultèrent des stipulations de la paix.

Les traités postérieurs à celui de Westphalie altérèrent plus ou moins la force de ces engagements, mais ils se rapportèrent cependant à ses bases principales dans tout l'ensemble de leurs plus importantes dispositions. Ce traité, qu'on peut appeler élémentaire et classique, eût peut-être fondé, pour une longue suite de siècles, le droit public de l'univers, si trois événements qui datent à peu près de la même époque, n'étaient venus compliquer le système général, de combinaisons inattendues, qui, d'abord imperceptibles et lentes, attaquèrent graduellement tous les rapports consacrés ou préparés par le traité de Westphalie, et ont enfin, de nos jours, brisé avec scandale tous les liens qui unissaient ces rapports, et détruit les bases d'intérêt, de concorde et de contrepoids sur lesquelles ils étaient établis.

Ces trois événements sont : 1° la formation d'un nouvel empire au nord de l'Europe; 2° l'élévation de la

Prusse au rang des premières puissances ; 5° l'accroissement prodigieux du système colonial et maritime dans les quatre parties de l'univers. Je vais indiquer rapidement les principaux effets de l'influence et du concours de ces trois mémorables événements.

Au commencement de la guerre révolutionnaire, la situation relative de la France à l'égard de l'Europe était extrêmement simple : elle n'avait point d'amis ; toute l'Europe était armée contre elle. Mais la combinaison des rapports respectifs de tous les États qui s'étaient unis pour la détruire, était extrêmement compliquée. Cette union sans principes s'était formée sur la dissolution de tous les rapports antérieurs ; et c'était du sein d'une guerre violente, dont l'objet ne pouvait être commun à tous, que devaient sortir les règles d'un nouveau droit public, un nouvel équilibre de puissance, de nouvelles garanties enfin pour assurer et perpétuer la conciliation des droits et des intérêts généraux.

La simplicité des rapports qui alors constituaient l'état de la France, ne pouvait durer longtemps. La France devait bientôt périr ou triompher.

Dans le premier cas, elle était destinée à subir la loi d'un démembrement arbitraire, ou à plier pour jamais sous les vicissitudes d'une grande variété de dépendances, acquittant, tantôt envers un des États qui aurait contribué à l'asservir, tantôt envers l'autre, la dette onéreuse de sa servitude, tributaire de ceux qu'elle se serait vue forcée de nommer ses libérateurs, et condamnée à la guerre ou à la paix, selon que le plus puissant d'entre eux aurait trouvé plus convenable à ses intérêts de lui faire acheter chèrement un repos passager, ou de l'engager dans ses querelles.

Dans le second cas, la France rentrait d'elle-même

dans la chaîne de ses anciens rapports : mais elle y rentrait par une voie glorieuse, et avec l'obligation et les moyens d'en corriger les imperfections, de dévoiler à l'Europe l'abolition effective et consommée par la violence de toutes les règles de l'ancien droit public, et d'appeler, soit individuellement, soit collectivement, tous les gouvernements à s'entendre avec elle, pour le recréer et le fonder sur des bases plus conformes à l'état de l'Europe et aux rapports réels qui existent entre ses parties.

Faut-il un droit public à l'Europe ? Le droit public, entre des nations qui sont les unes à l'égard des autres dans des communications de voisinage ou de commerce, se compose de rapports sinon permanents, au moins parfaitement constatés. Ces rapports expriment les droits et les devoirs de chaque État ; ils assurent à tous des moyens connus et autorisés de préserver, de cultiver les éléments de leur richesse et de leur puissance ; ils ouvrent devant chacun d'eux une carrière libre au développement de leurs facultés ; ils empêchent le fort d'intimider le faible et garantissent les sages de la turbulence des insensés.

Ainsi le droit public s'étant complétement modifié, d'après M. d'Hauterive, il fallait le constituer sur de nouvelles bases, car tous les états étaient sortis de leurs limites ; s'agissait-il de l'Autriche ? Cette puissance n'avait-elle pas conquis une position meilleure, des terres plus considérables depuis un siècle ? Ses revers n'avaient-ils pas servis à son agrandissement ? La puissance de l'Autriche s'était concentrée et comparativement agrandie : elle avait acquis en Italie une étendue fertile et bien habitée de quatre cent vingt-cinq milles carrés; elle avait acquis en Dalmatie cent trente lieues de côtes, une population de quatre cent cinquante mille habitants, dont une partie hommes de mer ; des ports nombreux, des mines de fer, des bois de construction, et l'agrégation à ses États d'une nation active et belliqueuse.

Venise, cette république dont la richesse et la puissance avaient dans tous les temps fait ombrage à l'Autriche, n'existait plus; dans sa décrépitude, elle absorbait encore, avant sa chute, tout le commerce de l'Italie et du Levant, par la contiguïté de ses provinces du Nord avec l'Allemagne, par la marine dalmate, istrienne et albanaise, par les produits maritimes de la partie littorale de ses États, par la fécondité de son sol et l'industrie de ses habitants.

Tous ces avantages avaient été transmis à la maison d'Autriche, et, dans ses mains, ils devaient s'accroître par la correspondance immédiate des relations commerciales de l'Italie avec ses provinces allemandes; l'Autriche avait le commerce du Danube par la possession de sa source et des nombreuses rivières qui alimentent ce fleuve; elle avait encore le commerce du Pô par la possession de son embouchure. De ce dernier point aux rivières navigables qui se jettent dans le Danube, il n'y a qu'une mer qui était devenue autrichienne, et un passage de huit ou dix lieues. Ce rapprochement présente une ligne de communications et de transports faciles, qui part de Turin, traverse l'Italie, l'Allemagne, la Turquie et aboutit à la mer Noire; la France, par le traité de Campo-Formio, procurait ainsi à son ennemie, outre un vaste accroissement de territoire, la plus riche et la plus directe étendue de navigation fluviale qui existe dans l'univers [1].

Et la Russie, à peine connue sous Pierre Ier, quand pré-

---

[1] M. d'Hauterive ajouta encore d'autres considérations sur le traité de Campo-Formio :

« Avant que l'Autriche et la France fussent près de se rapprocher et de songer à terminer leurs différends, la France s'était agrandie au nord, au nord-est et à l'est de son territoire. Elle avait conquis la Belgique, la gauche du Rhin, la Savoie et le comté de Nice. De ces acquisitions, la France n'était comptable, dans ses négociations avec la cour de Vienne, que pour

cisément ce traité de Westphalie fut accompli ; quels n'étaient pas ses agrandissements immodérés depuis deux siècles ? A quel point de splendeur n'est-elle pas parvenue en brisant tout l'équilibre des États? L'éclat que la Russie a jeté dans le cours de ce siècle, l'immensité des innombrables provinces composant cet empire et les distances qui le mettent, pour ainsi dire, hors de la portée des États de l'Europe qui ont le plus de relations avec lui, semblent défendre de mettre en doute la sûreté, la durée de cette puissance et la solidité des éléments dont elle est formée. Il est cependant vrai que si, jusqu'à ce jour, elle n'a eu qu'à s'applaudir de l'esprit d'entreprise qui l'a fait d'abord intervenir dans les affaires politiques de l'Europe et ensuite prendre place parmi les États prépondérants, elle est loin d'être à l'abri de tout danger, soit au-dedans soit au-dehors, et de pouvoir, comme la France, se passer des secours subsidiaires que donnent les relations d'alliance, ou commander aux combinaisons qui doivent former le système des siennes. Ses voisins la craignent et ne sauraient être ses amis : aucune puissance en Europe n'a jamais bien sincèrement professé ce titre, et les alliances qu'elle a contractées ont été plutôt des transactions momentanées pour arranger des différends de concurrence que des engagements de s'unir avec durée pour défendre des intérêts communs [1].

la Belgique, le reste avait été conquis sur l'empire et sur la cour de Sardaigne.

« Peu avant les négociations, les armées françaises avaient conquis le Milanais, le Mantouan, l'État de l'Église, les provinces vénitiennes, le Tyrol, la Carinthie, etc., et se dirigeaient sur Vienne ; elles menaçaient d'envahir toutes les possessions de la maison d'Autriche.

« Dans cette masse immense de conquêtes, les unes consommées, les autres éven- tuelles et prochaines, quelle est la part que la France se réserva ? La Belgique et les îles vénitiennes. Pour la garantie de cette possession elle fit le sacrifice de toutes les autres : seulement elle stipula pour l'indépendance du Milanais, mais elle céda à l'Autriche une riche compensation pour toutes ses pertes : Venise et les provinces italiennes de cette république. »

[1] Voici ce qu'ajoute M. d'Hauterive : « La France est peut-être le seul État qui

M. d'Hauterive concluait qu'il n'y avait d'utile et de profitable pour la Russie qu'un rapprochement intime avec la France, son alliée naturelle et désintéressée.

En ce qui touche l'Angleterre, c'était la souveraineté des mers, proclamée par l'acte de navigation de Cromwell, que dénonçait le mémoire écrit sous les inspirations du Consul. Quelles immenses conquêtes cette puissance n'avait-elle pas accomplies ? L'Inde, où l'Angleterre, au xviiie siècle, avait à peine mille sujets, voyait aujourd'hui sous sa loi une population qui s'élevait à plus de 80 millions d'âmes depuis la chute de Tippoo-Saëb ? Les vaisseaux de l'Angleterre couvrent toutes les mers : elle envoie des soldats, des armes, de l'or, des agents sur les quatre parties du monde; il n'existe pas de colonie assez éloignée que ses expéditions lointaines ne menacent; il n'y a pas d'empire, quelque étranger qu'il soit aux communications européennes, qu'elle ne travaille à s'y procurer un accès et à s'y assurer des établissements exclusifs. Les pays que l'Europe connaît à peine ont reçu de l'Angleterre des noms qu'elle regarde comme des signes de possession : ceux qui ne sont encore connus de personne attendent les dénominations britanniques; et quand les Anglais étendront le domaine de la géographie nautique, ils agrandiront en même temps celui de leur domination. A l'extrémité méridionale de l'Asie, l'Angleterre avait, avant la guerre, des possessions supérieures en étendue, égales en richesses aux États les plus considérables de l'Europe : elle n'a voulu souffrir aucun concurrent qui partageât avec elle

---

n'ait aucune raison de craindre la Russie, aucun intérêt à désirer sa décadence, aucun motif de mettre obstacle aux progrès de sa prospérité. Il est vrai qu'elle voudrait que la Russie mît des bornes au développement exagéré de son influence, et ne répétât plus l'expérience qu'elle a faite de son intervention active dans une guerre qui, sous aucun point de vue, ne pouvait l'intéresser ; mais ce vœu même est tout à fait dans les véritables intérêts de la force et de la prospérité de l'empire de Russie.

les produits de la culture, de l'industrie locale et des échanges, elle n'a voulu laisser subsister aucun ennemi qui pût s'affranchir de sa dépendance. Le territoire français et hollandais a été envahi; le roi de Mysore a péri, son empire a été détruit : Portugais et les peuples de l'Inde, contenus par l'appareil de ses forces ou subordonnés à son influence, ne sont en guerre que par ses impulsions, ne sont en paix que par sa tolérance; ils cultivent, ils fabriquent, ils vendent, ils achètent pour enrichir son fisc et grossir le bénéfice de son commerce.

Résumant ensuite la véritable situation de la France sous le Consulat, M. d'Hauterive continuait à établir l'état de ses relations, et à déclarer hautement quels étaient les idées et le système du premier Consul : « La France, ajoutait-il, a posé les bases fondamentales de son système fédératif continental. Les plus prochaines, les plus importantes combinaisons de ce système sont réalisées; les autres dépendent encore des chances de la guerre et de la fortune, et de quelque chose qui est plus éventuel et plus incertain peut-être : je veux dire de la volonté des puissances belligérantes et neutres du continent. Tant que cet état d'incertitude durera, la France trouvera dans l'énergie persévéramment soutenue de son système de guerre, et dans une attention constante à resserrer et à fortifier ses rapports fédératifs maritimes, des moyens suffisants pour se mettre à l'abri de tout danger. Elle a reconquis l'alliance de la Suisse. Si elle ne peut autrement étendre les rapports de son système fédératif continental, elle emploiera le seul moyen que l'aveuglement des États qui ont délaissé son alliance et l'obstination de ceux qui s'opiniâtrent à une guerre sanglante ont laissé à sa disposition. Elle substituera aux influences fédératives les influences militaires; et si les princes méconnaissent la voix de l'intérêt qui leur recommande de s'allier à elle, elle s'alliera de fait aux pays incapables de se défendre, et se fera des auxiliaires de tous les moyens de subsistance et de défense que pourra lui fournir le territoire que leurs armées n'auront pas su préserver. »

C'était ici le droit de l'invasion proclamé contre tous les États faibles. Pour ne laisser aucun doute sur l'esprit énergique de la diplomatie du premier Consul, le mémoire de M. d'Hauterive déclarait : « qu'à l'égard des États sous l'influence de la France, on pouvait désormais trouver la mesure de leur pensée dans les traités récents avec la Hollande, l'Espagne, la Suisse et quelques États d'Italie. Ils vont servir à nous faire connaître notre situation relative à l'égard de nos alliés et de nos amis. Les traités conclus directement avec le roi de Prusse, et indirectement avec la partie septentrionale de l'empire, nous donneront la situation relative de la France à l'égard des États neutres. Les traités faits avec la maison d'Autriche et avec quelques princes du midi de l'Allemagne nous feront apercevoir dans les causes et les motifs des événements qui ont détruit ces traités, les rapports principaux de la position relative de la France à l'égard de ses ennemis. »

Cet exposé, évidemment dicté par la pensée du premier Consul, expliquait à l'Europe comment la France république marchait, par les moyens qui lui étaient propres, au système d'influence et de grandeur posé par Louis XIV. L'idée fédérative n'était que l'édition moderne des plans du cardinal de Richelieu, développés sous le règne suivant et délaissés depuis la Régence. D'après le Consul, quand toutes les puissances avaient acquis des possessions, la France seule resterait-elle en arrière? n'aurait-elle pas la prétention, le droit et la force de recourir à ce système fédératif qui lui assurât une prépondérance sur le continent pendant plus d'un siècle? Tous les États avaient acquis, la France ne serait-elle pas rangée dans une même catégorie lorsque sa Révolution lui avait imprimé une énergie si puissante? sa situation intérieure n'était-elle pas prospère? ses ressources avaient-elles diminué sous le drapeau tricolore? Victorieuse de la coalition, n'aurait-elle pas la faculté de revenir à cette utile pondération et à ce partage de l'influence fédérative, tels qu'ils existaient après la conclusion de la paix de Westphalie, quand elle exerçait son protectorat sur l'Allemagne, la Hollande, la Suisse et l'Espagne. La France sous Bonaparte avait le droit d'obtenir une situation aussi bonne que la France sous Richelieu.

M. d'Hauterive avait révélé à l'Europe le système diplomatique adopté désormais par le Consulat; répandu sur toute l'Europe, traduit en anglais et en allemand, ce mémoire fut l'objet de tous les commentaires [1], et les gouvernements qui cherchaient à s'éclairer sur l'esprit et la tendance du Consul Bonaparte, s'efforcèrent de pénétrer la pensée définitive de cette œuvre, et d'y puiser le mobile de leurs démarches. Le système fédératif européen devint comme la pensée première de la diplomatie absorbante, si largement développée sous l'Empire par Napoléon : 1° la confédération du Rhin; 2° l'invasion de l'Espagne; 3° la réunion de la Hollande; 4° le royaume d'Italie jusqu'aux rives du Cattaro.

Gentz pénétra ces desseins; chargé de répondre pour l'Angleterre au mémoire de M. d'Hauterive, il remarqua : que matériellement la France avait acquis plus de territoire et de sujets que toutes les puissances

---

[1] M. de Gentz y répondit par deux remarquables écrits : « État de l'Europe à la fin du XVIIIe siècle — et Considération sur l'origine et le caractère de la guerre actuelle contre la France, 1801.

depuis un siècle, et que l'équilibre ne serait rétabli que par les cessions matérielles qui permettraient dans leur réalité l'indépendance de la Hollande, de l'Italie et de l'Espagne. L'Angleterre posait donc, comme base première, l'affranchissement absolu des États placés autour de la France et s'agitant sous son influence absorbante.

Le premier Consul ne se borna pas à ces manifestes des affaires étrangères, et, dès les premiers jours de son avénement, j'ai dit déjà qu'il envoya son aide-de-camp chéri, Duroc, auprès du cabinet de Berlin pour lui expliquer les bases de sa politique. Duroc ne sortait point d'une famille illustre; mais, fort bien élevé, il devait sa fortune à quelques actions d'éclat et surtout à l'amitié du Consul. Duroc, officier de cavalerie à vingt ans au moment de la Révolution, émigra comme royaliste, puis il revint dans les rangs militaires de la République, et ce fut Marmont qui le désigna au général Bonaparte comme son aide-de-camp dans la campagne d'Italie. Duroc avait vingt-huit ans lors de son ambassade; ses formes étaient gracieuses et l'on savait surtout qu'il possédait la confiance et l'amitié du premier Consul. Il fut cordialement accueilli à Berlin; brillant officier on l'entoura et mille caresses lui furent prodiguées, parce qu'on espérait connaître les desseins et les volontés du nouveau gouvernement. Duroc n'était chargé officiellement d'aucune mission grave et importante; il devait annoncer l'avénement du premier Consul et dire au roi Frédéric-Guillaume: « que la France espérait, plus que jamais, l'alliance de la Prusse, essentielle pour l'équilibre européen. » A la diplomatie inquiète, observatrice de Sieyès, succédaient les démarches plus franches, plus ouvertes de Duroc, officier plein de bravoure et d'honneur, jeune homme qui devait plaire, attirer la confiance.

Le premier Consul voulait savoir à quoi s'en tenir sur les résolutions ultérieures du cabinet de Berlin dans un moment de doute et d'hésitation. La Russie pressait la Prusse pour qu'elle se prononçât, l'Angleterre promettait des subsides si elle voulait immédiatement entrer en campagne; l'Autriche victorieuse, au pied des Alpes, s'offrait également à la Prusse avec un sentiment de cordialité, pour la déterminer enfin à un mouvement militaire qui aurait mis un terme aux usurpations de la République.

Que venait donc proposer Duroc? quel avantage offrait-il pour balancer les propositions qui étaient faites au cabinet de Berlin par la Russie, l'Angleterre et l'Autriche? Le roi accueillit parfaitement le jeune général, mais on lui parla peu d'affaires; seulement j'ai dit que Duroc, par l'ordre du premier Consul, indiqua au comte de Haugwitz la possibilité d'un arrangement territorial[1], d'après lequel on céderait à la Prusse les villes anséatiques. Les termes de cette négociation ont été déjà rapportés dans ce livre; Duroc ne resta que peu de temps à Berlin, il fut immédiatement remplacé par M. de Beurnonville, ambassadeur à titre, comme le marquis de Lucchesini le fut également auprès du premier Consul[2], et ce fut alors que s'engagea sérieusement la négociation entre M. de Beurnonville et M. de Haugwitz sur la cession des villes anséatiques pour indemnité à la Prusse. Cette

---

[1] Voir tome II, chap. II. Voici comment se traitaient alors les affaires en Prusse. Les ministres, MM. de Haugwitz ou de Hardenberg, envoyaient leurs dépêches, non pas au roi directement, mais à ses deux secrétaires, M. Lombard pour le département des affaires étrangères, et M. Beyme pour celui de l'intérieur.

Ceux-ci faisaient leurs rapports au roi, et ils communiquaient aux ministres la décision de Sa Majesté, de sorte qu'ils étaient, dans le fait, les véritables ministres. Ce n'était que dans les occasions extraordinaires qu'on tenait un conseil du cabinet, et que les ministres pouvaient parler d'affaires au roi.

[2] En octobre 1800.

puissance avait l'espoir d'un débouché dans la Baltique, comme la Russie dans la mer Noire et l'Autriche dans l'Adriatique. Il est dans la nature des grands États de chercher une importance maritime et une issue à leurs produits, et l'on peut dire que la Révolution française et l'Empire ont fait, sous ce rapport, une large part à la Russie par la Finlande, et à l'Autriche par Trieste et Venise.

Toutes ces démarches n'étaient que secondaires, et ne se rattachaient qu'à une nécessité actuelle; M. de Talleyrand savait bien qu'il n'y avait réellement qu'une puissance qui fît mouvoir et agir toutes les autres comme une grande fée avec sa baguette d'or. Si la France agitait le monde par les armées et la conquête, si le Consul Bonaparte pouvait ramener la gloire sous les drapeaux, Pitt, le chef du cabinet britannique, avait dans ses mains d'autres mobiles immenses : le crédit public et les subsides : Bonaparte luttait par les armées, Pitt par le parlement. Aucun cabinet n'était à l'abri de cette action merveilleuse que le ministre anglais employait à l'égard de tous; d'où M. de Talleyrand concluait avec justesse que, tant qu'il n'y aurait pas tentative sérieuse de paix avec l'Angleterre, le continent serait incessamment troublé; pourquoi ne pas essayer une démarche officielle auprès du cabinet britannique? que risquait-on dans une tentative de cette nature? de ne pas réussir, de ne pas être écouté par le ministre anglais? mais alors on mettait les torts du côté de la Grande-Bretagne. Les rapports de M. de Talleyrand avec les membres principaux de l'opposition anglaise lui faisaient parfaitement comprendre que c'était affaiblir le ministère de Pitt que de lui jeter, au milieu de la session parlementaire, une proposition officielle de paix, de la part du premier Consul[1]. On espérait à Paris que le parti Addington voterait avec M. Fox contre le cabinet Pitt pour ouvrir des négociations avec la France, et que par ce moyen, le premier ministre pourrait être renversé et son système avec lui : quel puissant résultat !

J'ai tout lieu de croire que le premier Consul, pas plus que M. de Talleyrand, ne se méprirent sur le peu de résultat d'une tentative auprès de Pitt au moment même de toute l'exaltation de la guerre; mais leur but était de ranger l'opinion publique en France, en Angleterre, sous les bannières de Bonaparte. On exaltait son caractère pacificateur, en révélant en lui l'homme de la paix ; n'était-ce pas au nom de la victoire et de la modération qu'on l'avait salué lors de son débarquement à Fréjus, et ce but est si visible que M. de Talleyrand, qui connaissait si bien les formes diplomatiques, ne commence pas, comme il l'avait fait avec lord Malmesbury, à suivre une négociation intime et secrète; c'est officiellement et publiquement que toutes les démarches sont faites comme si on voulait appeler l'attention; ce n'est pas le ministre des relations extérieures qui écrit à lord Grenville, secrétaire

---

[1] Voici au reste toute la correspondance pour cette négociation avec l'Angleterre :

Au très honorable lord Grenville, etc., Milord,

« J'expédie par l'ordre du général Bonaparte, premier Consul de la République française, un courrier à Londres. Il est porteur d'une lettre du premier Consul de la République pour Sa Majesté le roi d'Angleterre. Je vous prie de donner les ordres nécessaires pour qu'il puisse vous la remettre sans intermédiaire. Cette démarche annonce d'elle-même l'importance de son objet.

Recevez, milord, l'assurance de ma plus haute considération.

Signé. Ch. Mau. Talleyrand.

Paris, le 5 nivôse, an VIII de la République française.

République française. — Souveraineté du peuple. — Liberté. — Égalité.

Bonaparte, premier Consul de la République, à Sa Majesté le roi de la Grande-Bretagne et d'Irlande.

Paris, le 5 nivôse, an VIII de la République.

« Appelé par le vœu de la nation française à occuper la première magistrature de la République, je crois convenable en entrant en charge d'en faire directement part à Votre Majesté.

« La guerre, qui depuis huit ans ravage les quatre parties du monde, doit-elle être éternelle? N'est-il donc aucun moyen de s'entendre ?

d'état des affaires étrangères en Angleterre ; mais Bonaparte, premier Consul, qui s'adresse directement au roi Georges III, comme de puissance à puissance. La lettre du Consul est rédigée plutôt comme un manifeste destiné à séduire l'opinion que comme une note sérieuse qui tend à ouvrir des négociations d'État à État pour arriver à une convention positive. Bonaparte parle au roi : « du besoin de la paix, des sentiments du peuple, » et, à peine élevé au pouvoir, il traite sans intermédiaire avec le souverain de la Grande-Bretagne, oubliant que, dans le système anglais, le roi ne peut agir et que tout doit se traiter de ministre à ministre. M. de Talleyrand se borne à servir de secrétaire au Consul, il adresse à lord Grenville cette sorte de manifeste en termes pompeux et grandioses; M. de Talleyrand n'est rien qu'un simple intermédiaire, l'enveloppe sous laquelle la lettre est adressée.

En réponse, lord Grenville se hâte de ramener la question aux simples termes des affaires ; n'imitant point les phrases retentissantes du premier Consul, il adresse une note sèche, détaillée, raisonnée, de ministre à ministre. Le roi ne répond pas au Consul Bonaparte, c'est lord Grenville qui s'adresse à M. de Talleyrand; tout se fait d'après les anciennes habitudes de cabinet. Dans cette

---

« Comment les deux nations les plus éclairées de l'Europe, puissantes et fortes plus que ne l'exigent leur sûreté et leur indépendance, peuvent-elles sacrifier à des idées de vaine grandeur, le bien du commerce, la prospérité intérieure, le bonheur des familles? Comment ne sentent-elles pas que la paix est le premier des besoins, comme la première des gloires.

« Ces sentiments ne peuvent pas être étrangers au cœur de Votre Majesté, qui gouverne une nation libre, et dans le seul but de la rendre heureuse.

« Votre Majesté ne verra dans cette ouverture que mon désir sincère de contribuer efficacement pour la seconde fois à la pacification générale, par une démarche prompte, toute de confiance, et dégagée de ces formes qui, nécessaires peut-être pour déguiser la dépendance des États faibles, ne décèlent dans les États forts que le désir mutuel de se tromper.

« La France, l'Angleterre, par l'abus de leurs forces, peuvent longtemps encore, pour le malheur de tous les peuples, en retarder l'épuisement ; mais j'ose le dire, le sort de toutes les nations civilisées est attaché à la fin d'une guerre qui embrase le monde entier. De Votre Majesté, etc. »

Signé. Bonaparte.

note, les griefs de l'Angleterre sont déduits avec netteté[1] : la Grande-Bretagne n'a pas commencé la guerre, elle a traité jusqu'au dernier moment; elle a accueilli toutes les démarches faites jusqu'en 1792. Lorsque la Révolution est sortie de ses limites, lorsqu'elle a débordé sur l'Europe par d'immenses envahissements, alors seulement l'Angleterre a dû se mettre en garde contre un système qui brisait l'équilibre européen; ce système d'envahissement n'ayant point changé, le cabinet ne voyait pas qu'il pût y avoir lieu aux moindres négociations. Le gouvernement français n'offrait encore aucune garantie ; le principe révolutionnaire bouillonne, et, tant que la France persistera dans sa tendance d'envahissement, le cabinet britannique ne croit pas possible d'entamer une négociation sérieuse. Le ministre ajoutait une dernière phrase, où il était question de la sécurité qu'amènerait pour l'Europe le retour de la France

---

[1] Downing-Street, 4 janvier 1800.
Monsieur,

« J'ai reçu et mis sous les yeux du roi les deux lettres que vous m'avez transmises, et Sa Majesté, ne voyant aucune raison de se départir des formes anciennement établies en Europe pour les transactions des affaires d'État à État, m'a ordonné de vous faire passer en son nom, la réponse officielle que vous trouverez ci-incluse. »

J'ai l'honneur d'être, avec une haute considération, Monsieur, votre très humble et très obéissant serviteur,

Signé. Grenville.

Au ministre des affaires étrangères, etc., à Paris.

« Le roi a donné de fréquentes preuves du désir sincère qu'il a de voir une tranquillité solide et permanente rétablie en Europe Il ne fait point aujourd'hui la guerre, il ne l'a point faite, pour une vaine et fausse gloire. Il n'a jamais eu d'autres vues que celles de maintenir contre toute agression, les droits et le bonheur de tous ses sujets.

« C'est pour le maintien de ces droits et de ce bonheur, c'est pour repousser une attaque qu'il n'a point provoquée, qu'il a pris les armes, et qu'il est encore dans la nécessité de faire la guerre, et il ne peut point espérer de faire cesser ces dangers en entrant dans le moment actuel en négociation avec ceux qu'une nouvelle révolution vient de mettre si récemment en possession du pouvoir en France ; il ne peut pas en effet résulter aucun avantage d'une semblable négociation en faveur du grand et désirable objet d'une paix générale, jusqu'à ce qu'il ne paraisse clairement que les causes qui ont enfanté la guerre, et depuis l'ont prolongée et renouvelée plus d'une fois, ont cessé d'agir.

« Le système auquel la France attribue avec raison tous ses maux actuels, est celui qui a aussi entraîné le reste de l'Europe

aux principes de l'ancienne monarchie sous la maison de Bourbon. L'Angleterre avait en vue ici de plaire à la Russie et personnellement à Paul Ier. Ce prince marchait droit alors au rétablissement de Louis XVIII, et la Grande-Bretagne donnait un gage à son système : toutefois ce cabinet n'en faisait pas une condition essentielle; c'était plutôt une vue, un vœu, qu'une clause fondamentale et préliminaire à toute convention.

Cette restriction était destinée au parlement, alors solennellement réuni; on ne pouvait soutenir, à la face des assemblées élues en vertu de la révolution de 1688, que la paix dépendait de la restauration d'une vieille monarchie. Le cabinet Pitt ne se dissimulait pas qu'une vive opposition allait l'attendre dans les communes et les lords; et ce n'était pas sans dessein que le premier Consul avait choisi cette époque des sessions où les passions parlementaires s'agitent. Quel thème violent pour l'opposi-

dans une guerre longue, destructive, et d'une nature inconnue depuis longtemps aux nations civilisées.

« C'est pour la propagation de ce système, et pour le renversement de tous les gouvernements établis, que les ressources de la France ont, d'année en année et au milieu d'une misère sans exemple, été prodiguées et épuisées. C'est à cet esprit de tout détruire indistinctement que les Pays-Bas, les Provinces-Unies, les cantons suisses (anciens amis et alliés de Sa Majesté) ont été successivement sacrifiés. L'Allemagne a été ravagée; l'Italie, quoique aujourd'hui arrachée à ceux qui l'ont envahie, est devenue le théâtre d'une anarchie et d'une rapine effrénées. Sa Majesté a été elle-même forcée de soutenir une guerre difficile et onéreuse pour l'indépendance et l'existence de ses États.

« Et ces calamités ne se sont point bornées à l'Europe. On les a portées jusque dans les parties du monde les plus reculées, et même dans des pays qui étaient si étrangers à la contestation actuelle, par leur situation et leurs intérêts, que l'existence même d'une guerre semblable était peut-être inconnue aux peuples qui se sont trouvés soudainement livrés à toutes ses horreurs.

« Tant qu'un semblable système continuera de prévaloir, et tandis que l'on pourra prodiguer pour le maintenir, le sang et les trésors d'une nation nombreuse et puissante, il est démontré par l'expérience que tout moyen de défense sera inutile, si ce n'est celui d'hostilités franches et vigoureuses. Les traités les plus solennels n'ont servi qu'à préparer les voies à de nouvelles agressions; et ce n'est qu'à une résistance ferme qu'est due maintenant la stabilité qui reste en Europe pour la propriété, pour la liberté personnelle, pour l'ordre social, et pour le libre exercice de la religion.

« En conséquence, jalouse de maintenir la

tion anglaise qu'un refus de la paix loyalement proposée au moment des grandes crises financières et militaires, quand le duc d'Yorck venait d'être rejeté dans la mer par les armées de France. Quoi! on refuserait de traiter et même d'entrer en simple négociation; Pitt avait-il donc juré la guerre éternelle? Fallait-il que l'Angleterre se sacrifiât à une idée implacable?

Cependant le ministère n'hésita point à aborder franchement la discussion parlementaire; un message du roi, formel et précis, adressé aux deux chambres, parla des négociations et de la démarche faite par le gouvernement français en termes si positifs, que la discussion était formellement provoquée. Ce message disait : « Georges roi. Les subsides accordés au commencement de la session actuelle, n'ayant été calculés que pour les besoins des premiers mois de l'année, Sa Majesté recommande maintenant à la chambre de pourvoir, ainsi qu'elle le jugera

conservation de ces objets essentiels, Sa Majesté ne peut point placer sa confiance dans un simple renouvellement de protestations générales de dispositions pacifiques. Tous ceux qui ont successivement disposé des ressources de la France, et qui les ont employées à travailler à la destruction de l'Europe, ont mis en avant à plusieurs reprises de semblables protestations, et ceux qui gouvernent aujourd'hui la France, déclarent eux-mêmes que ces hommes ont tous été également dès le principe incapables de maintenir aucunes relations d'amitié et de paix.

« Sa Majesté éprouvera la plus vive satisfaction, lorsqu'il lui paraîtra que le danger auquel ses États et ceux de ses alliés ont été si longtemps exposés, aura réellement cessé; lorsqu'elle sera suffisamment convaincue que la nécessité de la résistance n'existe plus; qu'après l'expérience de tant d'années de crimes et de malheurs, des principes plus sains auront enfin prévalu en France; et que tous les projets gigantesques d'ambition, et les plans perpétuels de destruction qui ont menacé l'existence même de la société civile, auront enfin été définitivement abandonnés. Mais la conviction d'un changement semblable, quelque conforme qu'il puisse être aux vœux de Sa Majesté, ne peut résulter que de l'expérience et de l'évidence des faits.

« Le meilleur garant, le garant le plus naturel de sa réalité et de sa permanence, serait la restauration de cette dynastie de princes qui ont maintenu pendant tant de siècles la nation française en état de prospérité au dedans, et l'ont fait respecter et considérer au dehors. Un tel événement aurait écarté, tout d'un coup, et écartera, dans tous les temps, les obstacles qui s'opposeraient à une négociation de paix. Il assurerait à la France la possession tranquille de son ancien territoire, et il donnerait à toutes les autres nations de l'Europe, tranquille et pacifiée, cette sécurité

nécessaire dans les circonstances actuelles, aux besoins ultérieurs des différentes branches du service public, et à ceux que nécessite la poursuite vigoureuse de la guerre. Sa Majesté a ordonné qu'on en remît les états aux communes. Sa Majesté a ordonné à cette occasion que l'on mît sous les yeux de la chambre des copies des communications reçues récemment de la France, et des réponses qui leur ont été faites par ordre de Sa Majesté. Sa Majesté est persuadée que ces réponses paraîtront à la chambre conformes à ce que le Roi devait, en cette circonstance, aux intérêts les plus importants de ses États. Et Sa Majesté n'ayant rien plus à cœur que de contribuer, aussitôt que la situation des affaires le permettra, au rétablissement de la tranquillité en Europe sur des bases solides et durables, et de pourvoir d'une manière efficace à la prospérité permanente de ses fidèles sujets, met une confiance entière dans l'appui de son

qu'elles sont obligées de chercher aujourd'hui par d'autres moyens.

« Mais, quelque désirable qu'un tel événement doive être à la France et au monde, ce n'est point exclusivement à ce mode que Sa Majesté borne la possibilité d'une pacification solide. Sa Majesté n'entend pas avoir le droit de prescrire aux Français quelle sera la forme de leur gouvernement, ni dans les mains de qui sera placée l'autorité nécessaire pour gouverner une grande et puissante nation.

« Sa Majesté ne s'occupe que de la sûreté de ses États, et de ceux de ses alliés et de la sûreté générale de l'Europe. Lorsqu'elle jugera que l'on peut obtenir cette sûreté de quelque manière, soit qu'elle résulte de la situation intérieure de la France (situation de laquelle sont nés tous les dangers), soit qu'elle provienne de toute autre circonstance qui pourra mener au même but, Sa Majesté saisira avec empressement l'occasion de concerter avec ses alliés les moyens d'obtenir une pacification immédiate et générale.

Malheureusement une telle sûreté n'existe point encore ; il n'existe point de preuves suffisantes des principes qui dirigeront le nouveau gouvernement, il n'existe aucune base raisonnable qui puisse faire juger de sa solidité. Dans cet état de choses, il ne peut rester à présent à Sa Majesté d'autre parti que de poursuivre, conjointement avec les autres puissances, une guerre juste et définitive, mais que sa sollicitude pour le bonheur de ses sujets ne lui permettra jamais ni de prolonger au-delà de la nécessité qui lui donna naissance, ni de terminer sur d'autres bases que celles qui pourront le mieux contribuer à assurer leur tranquillité, leur constitution et leur indépendance. »

Signé. Grenville.
Downing-Street, le 4 janvier 1800.
Au ministre des affaires étrangères, etc., à Paris.

parlement et dans le zèle et dans la persévérance de ses sujets à seconder les mesures qui pourront tendre à confirmer les avantages signalés que la cause commune a obtenus dans le cours de la dernière campagne, et mener à une heureuse fin la grande contestation dans laquelle Sa Majesté se trouve engagée. »

Ainsi le ministère Pitt ne craignait pas le grand jour du parlement; il demandait franchement la sanction des chambres sur les actes de sa politique; il provoquait lui-même ces explications. Après une lecture de la motion dans la chambre des lords, Grenville prit la parole pour justifier la conduite du cabinet britannique, et le refus formel d'écouter les négociations offertes par Bonaparte. La discussion était haute, il fallait remuer tout le passé historique : « Depuis huit années, disait le noble lord, c'est-à-dire, depuis le commencement de 1792, la France, cette amie de la paix, a été constamment en guerre. Avec qui? avec toutes les nations de l'Europe à l'exception de deux, la Suède et le Danemarck[1]. Encore peut-on dire qu'elle a commis contre ces deux puissances des actes d'hostilités, tels que les ministres des deux cours viennent de recevoir l'ordre de quitter Paris. Si la guerre n'a pas été déclarée en forme à ces deux puissances du Nord, leur commerce a éprouvé de la part des croiseurs français des insultes, des déprédations et des injustices atroces que les lois françaises ont sanctionnées; insultes et injustices d'autant plus intolérables qu'elles ont eu lieu en pleine paix et au mépris de la neutralité reconnue. Non seulement la France s'est rendue coupable de déclarations de guerre ou

---

[1] J'ai recueilli cette discussion immense et révélatrice dans les papiers du gouvernement anglais; elle fut omise ou étrangement tronquée dans les journaux français soumis alors à la police. Il s'agissait, comme dans les temps antiques, de la paix et de la guerre générales. Pitt y fut admirable dans les développements ministériels.

d'agressions iniques contre toutes les nations de l'Europe, mais encore elle a porté ses hostilités jusque en Amérique, en Asie et en Afrique; en un mot dans toutes les parties du monde. « Écoutez ! écoutez ! s'écriait-on de toutes parts !... Dites les faits ! répondirent le duc de Bedfort et lord Grey... — Que vos seigneuries examinent, continua Grenville, la conduite de la France envers les États-Unis d'Amérique, elles verront qu'elle est depuis ce temps dans une situation qui ressemble beaucoup à la guerre. N'est-ce pas dans ces faits que nous trouverons la preuve que les principes désorganisateurs de la société civilisée ont éprouvé d'étranges changements en France. Nous voyons dans tous ses actes un esprit perpétuel d'innovation, d'injustice préméditée, d'oppression combinée et de mépris pour le droit des gens et les droits des individus. On ne voit nulle part cet amour de la paix qui prend sa source dans l'amour de l'ordre, dans des habitudes douces, dans une ambition modérée, dans un orgueil national tempéré, et qui garantit avec justice la permanence de ces stipulations, par ses rapports nécessaires avec la liberté et les droits de l'Europe, et du genre humain. Il est donc faux de dire que le caractère originel de la République ait subi quelque altération. La Prusse n'a-t-elle pas vu, malgré la tendre sollicitude qu'elle a témoignée à la République pour éviter la guerre, n'a-t-elle pas vu, dis-je, les droits de la paix enfreints? Les procédés de la République envers la ville d'Hambourg, les contributions qu'elle a levées sur cette ville dont l'indépendance était garantie par la Prusse, les contributions imposées aux villes comprises dans la ligne de démarcation, et les actes des agents de la République dans les pays cédés momentanément à la France par la Prusse, ont été regardés par cette puissance comme des infractions à la neutralité et à ses traités, elle en a porté publiquement des plaintes. »

Ici lord Grenville, interpellé par l'opposition, s'écria : « Vous voulez des faits? eh bien! l'armistice conclu par l'archiduc avec le général de la République fut suivi du traité de Campo-Formio. Ce traité a-t-il été mieux observé qu'aucun de ceux signés antérieurement? Il a donné naissance à la guerre qui, pour la seconde fois, déchire le continent de l'Europe. Les républiques italiennes qui devaient espérer d'être traitées avec quelque indulgence par les républicains français, ont été outragées et renversées ensuite par les mêmes manœuvres que nous avons vues réussir contre des princes. La république de Venise fut la première contre laquelle la France tourna ses armes aussitôt après la suspension d'hostilités signée à Léoben. La république de Gênes avait également fait un traité avec les Français; elle les reçut comme amis, et afin que la dette de sa reconnaissance fût acquittée selon les principes de la nouvelle école, le gouvernement y fut révolutionné par le seul acte du vainqueur. »

Lord Grey interrompit le ministre : « Qu'importe tout cela? L'Angleterre a-t-elle été insultée? et quel grief avez-vous contre la Révolution? Pourquoi êtes-vous intervenu dans les affaires de la République française? — L'Angleterre, répliqua lord Grenville, non seulement elle n'eut jamais l'intention d'intervenir dans les affaires intérieures de la France, non seulement elle se refusa aux sollicitations des puissances en guerre, mais même elle autorisa ses ministres, dans les cours étrangères, à offrir sa médiation entre la France et elles. Il arrive, par un hasard singulier, que MM. de Talleyrand et Chauvelin l'ont reconnu eux-mêmes. En effet, le ministre actuel des affaires étrangères en France est ce même M. de

Talleyrand qui fut envoyé ici en 1792 pour négocier. A cette époque, ainsi que tout le monde le sait, Louis XVI était dans les mains de la faction jacobine, et conséquemment on doit regarder la lettre de créance de MM. de Chauvelin et de Talleyrand comme exprimant les sentiments de cette faction, et comme rédigée selon toutes les apparences par M. de Talleyrand lui-même. Or, voici le langage que l'on fait tenir au roi dans un passage de cette lettre : « Je vous remercie de ne vous être pas joint à la coalition des puissances contre la France. » Nous avons donc, en cette occasion, le témoignage de M. de Talleyrand, ministre du roi de France, à opposer au témoignage de M. de Talleyrand, ministre de la République française. Nous en trouverions encore plusieurs autres preuves au besoin, dans les dépêches de M. de Chauvelin. Voyez par là, milords, quelle confiance on doit avoir dans les assertions de gens qui se mettent ainsi en contradiction avec eux-mêmes ! »

Plusieurs pairs de l'opposition dirent alors : « Mais Bonaparte n'a rien de commun avec les révolutionnaires qui l'ont précédé au gouvernement; que lui reprochez-vous?... Ce que je lui reproche? s'écria lord Grenville. A qui sont dus la plus grande partie des actes que je vous ai exposés? A Bonaparte. Qui a fait un traité de paix avec la Sardaigne et qui l'a rompu ensuite? Bonaparte. Qui a conclu et voté un traité avec le grand-duc de Toscane? Bonaparte. Qui a fait, qui a ratifié, qui a annulé des armistices avec Modène et les autres petits États de l'Italie? Bonaparte. Qui a rançonné le grand-duc de Parme, malgré sa neutralité? Bonaparte. Si Venise a été entraînée à la guerre, qui l'y a entraînée si ce n'est Bonaparte? Qui, après avoir fait la paix avec Venise, et lui avoir donné une constitution, l'a livrée, pieds et mains liés à l'empereur? Bonaparte. Si le gouvernement de Rome a été réduit par la terreur à signer le traité de Tolentino, c'est encore par Bonaparte ; nous voyons ensuite faire renverser le gouvernement papal, par son frère et son lieutenant Berthier. Si Gênes a été réduite à la même humiliation, c'est encore aux volontés de Bonaparte qu'ont été sacrifiées les richesses et l'indépendance de cette république. Si la Suisse a été entraînée par des offres trompeuses de paix et d'alliance, à abandonner ses droits et ses libertés, c'est par Bonaparte qu'elle en a été dépouillée ; car ses projets ambitieux et perfides y ont été mis à exécution par le général Brune, le même que le premier Consul a choisi tout récemment pour commander une armée contre les royalistes de la Vendée. »

Ces grandes invectives contre Bonaparte avaient leur dessein ; elles s'adressaient surtout au parti nombreux que le premier Consul avait en Angleterre ; Grenville voulait le confondre avec les autres révolutionnaires et le rendre odieux. Le discours de Grenville, concerté avec Pitt, fit une vive sensation sur les lords ; il fut combattu avec non moins de vigueur par Grey, Holland et Bedfort. « Quoi ! s'écria Grey, comment expliquer qu'un cabinet refuse sans prétexte, sans motif, d'ouvrir une négociation avec un gouvernement qui demande lui-même à traiter? Quoi! ce que l'on fait avec une horde de sauvages vous ne voudriez pas le faire avec la France, pays civilisé? » Le noble lord fit l'éloge des premiers actes du Consul, de l'ordre et de l'unité de son pouvoir. « Était-il possible de confondre avec les amis de la désorganisation une tête si forte ! » En vain le parti wigh défendit la cause de la Révolution française, l'opposition fut impuissante à la chambre des lords ; l'aristocratie avait pris son parti; la majorité soutint : que la paix avec la République française ne serait qu'une trêve, et qu'alors mieux valait continuer implacablement les hostilités que de les abandonner un moment, pour les reprendre ensuite avec de nouveaux sacrifices de guerre. L'adresse fut votée à la presque unanimité.

Aux communes, la discussion fut plus brillante encore, et les beaux talents s'y déployèrent face à face. Que ne devait-on pas attendre de Pitt, de Dundas, de Canning, d'une part; puis d'Erskine, Fox et Whitbread, de l'autre, quand il s'agissait de remuer le monde par la paix ou par la guerre? Dundas, l'ami de Pitt, le dévoué compagnon de ses travaux, fit la motion de l'adresse sur le message royal avec une hardiesse d'approbation remarquable; il développa, avec plus de vivacité encore, les arguments de Grenville contre la négociation avec la France. Le terrain était ici plus brillant et les communes un plus vaste théâtre! « La question qui est en ce moment en discussion n'est plus une question de théorie et de spéculation, s'écria Dundas; l'expérience l'a décidée. Il s'agit de prononcer sur les principes de la Révolution française. Est-ce ou n'est-ce pas une œuvre glorieuse, ainsi que l'ont dit ses admirateurs? N'est-ce pas au contraire une épreuve qui a produit plus de maux et de crimes que n'en offre l'histoire connue du monde? D'abord j'aperçois le citoyen Bonaparte, il nous assure qu'il a des dispositions pacifiques, et puis, pour garantie de cette assertion, je ne vois qu'un certificat du citoyen Talleyrand. Ici, peut-être, trouvera-t-on que j'ai tort de parler du caractère personnel de ce Bonaparte; mais comme cet homme nous est présenté sans que nous puissions l'éviter, comme il nous dit qu'il a été reconnu par le vœu du peuple français chef de la première magistrature de France, tandis que nous savons qu'il s'en est revêtu tout seul, et comme enfin M. de Talleyrand nous y invite, il faut bien que nous examinions un peu le caractère de ce personnage, et surtout ses dispositions prétendues pacifiques. »

Dundas attaquait la question au vif, en abordant sur-le-champ le caractère de Bonaparte. « Je commence avant tout par désavouer toute intention de faire des plaisanteries sur cet homme et ses actions privées ; quoique je sois grandement autorisé à dire qu'un homme qui tantôt blasphème et renie son Dieu, et tantôt offense son voisin, n'est pas tout à fait l'homme que le vœu d'un peuple devrait appeler à la première magistrature. Mais voyons le caractère pacifique tel que l'entend le citoyen Bonaparte. La Prusse a fait la paix, la République a toutes sortes de raisons de ménager la Prusse, et cependant la Prusse est obligée d'entretenir à grands frais une armée formidable pour garder la ligne de démarcation. Si nous faisions la paix nous aurions tous les inconvénients de la guerre sous le rapport des dépenses. Il nous faudrait rester armés comme nous le sommes pour la défense de nos possessions à l'étranger et de notre tranquillité domestique, sans pouvoir entreprendre aucune opération offensive. Le résultat de cette paix serait tout à l'avantage de la France. Accéder aux ouvertures qui ont été faites, aurait été un acte précipité. Le gouvernement n'a cependant pas mis une négative absolue à ces propositions. Mais il s'en est rapporté au temps pour découvrir si la France était sincère et si elle s'arrangerait enfin de manière à ce que l'on pût traiter avec quelque sécurité. »

De longs applaudissements partirent du banc ministériel : Écoutez ! écoutez, s'écria l'opposition, quand

Whitbread prit la parole. « Eh quoi ! vous ne voulez pas traiter avec la France, et on vous le dit à la face ! c'est pourtant par cette déplorable persévérance qu'on a jeté la Révolution française dans ses excès. Savez-vous bien que sans l'intervention de l'Europe, la folie, les crimes et l'ambition des autres puissances, la Révolution française aurait eu un caractère différent? Savez-vous bien qu'il est survenu un mal plus grand que celui que l'on redoutait, l'extinction de la liberté dans presque toutes les parties de l'Europe, sous prétexte de s'opposer aux principes licencieux de la France? On se plaint que la France a méprisé tous ses traités depuis dix ans, même avec les puissances neutres; mais pouvez-vous oublier que lord Hervey et lord Hood ont fait renvoyer les ministres français de Florence? Avez-vous oublié les menaces de M. Drake à Gênes et les ordres qu'il a fait donner pour le renvoi des Français qui s'y trouvaient.

« C'est vrai ! c'est vrai ! cria-t-on des bancs wighs. Pourquoi ne pas reprendre les négociations de lord Malmesbury à Paris et à Lille; pendant le cours de la dernière négociation, il était survenu une révolution qui avait fait succéder aux Jacobins disgrâciés des hommes encore plus Jacobins, et cela avait-il causé la plus légère objection? Eh bien ! une nouvelle révolution venait de faire passer le pouvoir des mains de cinq personnes dans celles d'une seule. Cette personne avait jugé à propos de faire des ouvertures à Sa Majesté, d'une manière conforme aux droits des nations civilisées, et nullement incompatible avec le respect que se doivent entre elles les têtes couronnées.

« Têtes couronnées ! répondirent les tories; Bonaparte est donc roi ? — En disant têtes couronnées, ajouta M. Whitbread, je n'entends point diminuer par là tout ce qu'a de criminel l'usurpation de Bonaparte; mais cependant, lorsque sa puissance sera consolidée, il faudra la respecter comme un gouvernement légitime. Pourquoi s'étudier d'ailleurs à abaisser, à avilir le caractère de Bonaparte? »

M. Whitbread avait hautement défendu le principe de la Révolution française, comme toute l'école des wighs; le jeune Canning, si intimement lié au système de Pitt, répondit à M. Whitbread : « Je ne suis pas peu surpris de voir que, lorsqu'on parle de négociations entre ce pays-ci et la France, il y ait toujours des personnes qui prétendent qu'il soit hors de propos d'examiner les principes de la Révolution, et le caractère de ses agents. Quelle est la situation actuelle du peuple français vis-à-vis son nouveau gouvernement? S'il n'est pas bientôt convaincu qu'il n'a fait que changer le sceptre pour l'épée, s'il préfère les formes dures et repoussantes du despotisme militaire actuel, aux formes aimables et douces de son ancienne monarchie; s'il préfère un tyran ombrageux et jaloux, armé du pouvoir absolu, à son bonheur passé; s'il n'a marché au travers de flots de sang que pour arriver à ce qu'il déclarait haïr, le gouvernement d'un seul, alors je serai disposé à croire qu'il acquiesce à la tyrannie du nouvel usurpateur qui, semblable au spectre, porte sur sa tête quelque chose qui ressemble à une couronne. »

Canning faisait ici allusion à la tête couronnée dont venait de parler M. Whitbread; il était d'ailleurs dans ses habitudes classiques, de remuer les images comme dans les thèses d'Université. Continuant ainsi l'examen de l'état de la France, Canning disait : « Si, bien loin d'accorder cette asquiescement à leur gouvernement, les Français viennent à l'examiner de sang-froid, lorsqu'ils auront laissé se calmer les premiers transports de la joie qu'ils ont éprouvée d'être débarrassés de plus grands brigands, et s'ils s'aperçoivent qu'ils n'ont pas même une monarchie, mais une usurpation détestable qui n'a ni limites, ni stabilité, ni ligitimité, n'est-il pas vraisemblable pour tout homme qui pense, qu'ils s'arracheront enfin un jour à ce système horrible, oppressif, destructeur, qui les menace des plus grands malheurs? La première idée qui se présente naturellement à l'aspect de la dernière révolution qui a élevé Bonaparte, c'est la tendance que la France a vers le gouvernement monarchique. Il y a, sans doute, je le sais, beaucoup d'opinions différentes sur la manière de réaliser cette tendance, mais cela ne fait rien à l'idée première qui résulte du grand changement qui vient d'avoir lieu, et il a été de notre devoir de l'énoncer. Nous devons quelque chose à la situation du malheureux peuple français, j'en conviens; mais nous nous devons tout à nous-mêmes; et certes, en agissant pour nous, nous n'agissons pas moins pour la sécurité et le bonheur des Français. Mais en leur tendant la main pour parvenir à ce but commun, nous devons agir avec discrétion. S'ils doivent être engloutis par la tempête qui les agite, nous ne devons pas pour cela périr à cause d'eux. »

Ainsi parla M. Canning; son intention évidemment était de prouver : qu'il n'y avait ni intérêt ni nécessité dans un traité avec la France effervescente et toujours en révolution, et ce fut alors qu'Erskine dut prendre la parole, comme la plus savante voix de l'opposition. « Vous voulez, dit Erskine, repousser l'ouverture faite par le gouvernement français; la question dont il s'agit est de savoir si la réponse qui a été conseillée à Sa Majesté, est sage. Le très honorable secrétaire d'état (M. Dundas) a déclaré que le gouvernement actuel de

France, au bout de huit ans de guerre, ne diffère en rien de ceux qui l'ont précédé, et que la Révolution française continue d'agir ainsi qu'elle l'a fait depuis le commencement, d'après un système destructeur de tous les rapports politiques, du bonheur social, de l'ordre et de la tranquillité générale. Je ne veux point justifier la Révolution française, personne n'a plus en horreur les excès auxquels elle a donné lieu; mais je ne peux m'empêcher de rappeler à la chambre les sentiments exprimés par l'un des hommes les plus éloquents de notre siècle (M. Burcke) au sujet de la guerre d'Amérique. « Ne faisons pas attention, dit-il, au caractère ni aux principes du gouvernement américain, mais, au nom de Dieu, voyons ce que nous pouvons faire avec lui. » On n'a pas adopté, malheureusement pour l'humanité, un semblable sentiment par rapport à la France; au contraire, toutes nos dispositions de paix ont porté un caractère de soupçon et de défiance. Plusieurs des crimes et des ravages de la Révolution française doivent leur existence au principe qui dirige notre gouvernement relativement à la paix. Écoutez! écoutez! ce cri se fit encore entendre sur les bancs opposés. »

Alors M. Erskine développa ce dilemme : « Ou le gouvernement de Bonaparte périra, ou il se consolidera; s'il périt, ce ne peut-être que de deux manières, soit par le rétablissement de la famille des Bourbons, soit par une nouvelle révolution. Je regarde le premier cas comme impossible; quant au second, il ne nous fait pas faire un seul pas vers la conclusion de la paix. La réponse faite par le cabinet Pitt a donc été téméraire, et l'on aurait pu agir avec plus de sagesse, lorsque les dernières ouvertures ont été faites aux ministres; ils auraient pu se contenter de répliquer : « Vous nous proposez la paix, mais nous ne pouvons consentir à une cessation d'hostilités; nous ne pouvons abandonner nos alliés. » N'y avait-il donc pas de meilleur moyen de répondre aux ouvertures que de dire aux Français : « Nous avons besoin de l'expérience, et du témoignage des faits? » la France ne pourrait-elle pas nous dire à son tour : « Vous avez reconnu de la stabilité en 1795 à un gouvernement qui n'était établi que depuis un mois, et cependant vous ne voulez pas aujourd'hui lui en reconnaître autant. Ou vous aviez tort alors, ou vous avez tort aujourd'hui. Je suppose que les Chouans soient aujourd'hui soumis et pacifiés, et que toutes les classes de Français soient fermement unies pour seconder les projets du gouvernement, combien notre situation alors ne deviendra-t-elle pas humiliante? Nous serons obligés de demander cette paix, avec la tristesse sur la figure, après avoir négligé une occasion favorable de la faire à des termes avantageux. Je regarderais comme une absurdité de prétendre que Bonaparte n'ait pas agi en ceci pour son intérêt particulier; mais quelles que pussent être ses vues personnelles, nous ne devons considérer que notre intérêt, sans nous occuper de lui. »

L'opposition arrivait ensuite au point qu'il lui était le plus avantageux de traiter : la partie de la note relative au rétablissement des Bourbons. « Or, disait M. Erskine, si le gouvernement actuel périt par une révolution qui remette la maison de Bourbon sur le trône, alors nous nous trouverons obligés de lui rendre tout ce qui appartenait aux Bourbons lorsqu'ils possédaient encore la couronne. Il faudra qu'il en soit fait autant en France; or, je le demande, cela est-il praticable? est-il un seul homme, ayant une propriété d'un acre de terre, qui se voyant obligé de s'en dépouiller pour l'ancien propriétaire, ne s'oppose de tous ses efforts à une semblable révolution. C'est de la permanence d'un gouvernement que dépendent le maintien de l'ordre et la sûreté des propriétés. Ce principe s'applique particulièrement à notre gouvernement; si on le violait, que deviendraient nos trois pour cent? Il viendrait des anges pour agir contre un pareil principe que je m'y opposerais; et cependant il semble que c'est un point arrêté de placer sur le trône un prince de la maison de Bourbon, malgré le vœu d'un peuple entier! Si j'étais à la place de Bonaparte, assis sur le trône de France, combien je rirais de ces petites fusées qui me seraient adressées du banc de la trésorerie, puisqu'elles me fourniraient tant de matériaux avec lesquels je pourrais, dans un bon manifeste, allumer les ressentiments et l'indignation du peuple français, et l'exciter à un redoublement de vigueur pour la continuation des hostilités! Supposons le contraire de ce qui est arrivé aux ministres; supposons que ce soient eux qui aient écrit au gouvernement français, et que celui-ci ait fait la réponse que les ministres ont fait à Bonaparte, quel aurait été mon devoir? J'aurais ouvert ma bourse, et j'aurais fait de bon cœur tous les sacrifices que le gouvernement aurait exigé. Les ministres de Sa Majesté ont, dans leurs réponses, fourni à Bonaparte et à ses représentants, des matériaux qui ne serviront qu'à consolider son pouvoir. Comme ils ont mis imprudemment en avant les prétentions de la maison de Bourbon, il ne manquera pas de profiter de cette occasion d'exaspérer le peuple, en lui présentant les dangers auxquels ces prétentions l'exposeraient. Cette réponse ne me paraît, sous tous les points de vue, que du plus grand danger pour les intérêts de ce pays-ci. Je ne propose point d'amendement, je ne peux pas aussi bien dire ce qu'il faudrait faire, que je puis dire qu'il ne fallait pas faire ce que l'on a fait. » Ainsi parla Erskine avec un sens très élevé et une logique puissante; il fut dans ce débat le plus remarquable orateur de l'opposition.

Quand la chambre des Communes, vivement émue par Erskine, suspendait sa séance, Pitt crut nécessaire de faire entendre sa grande parole. La nuit était très avancée; le parlement à peine éclairé de quelques bougies qui jetaient ici-là une faible clarté; les bancs étaient compactes; on voyait les têtes blanches ou chauves, ressortir dans cette attentive assemblée, qui discutait la paix ou la guerre du monde. Tout offrait un aspect dramatique et, dans un silence solennel, Pitt prononça un de ces magnifiques discours qui retentissent dans la postérité parce qu'ils ne sont pas seulement de l'éloquence, mais une prévision historique des destinées d'un pays. Pitt fut admirable dans son tableau des rapports de l'Angleterre avec la Révolution française et dans l'appréciation morale des événements; sa parole conserva la plus haute portée, sans fastes, sans images, avec l'accent profond d'une puissante vérité. « Voyons, dit Pitt, il s'agit de connaître bien précisément quel est le caractère de la Révolution française. Je regarde cette Révolution comme l'épreuve la plus sévère que la main de la Providence ait jamais fait subir jusqu'à présent aux nations de la terre; mais je ne puis m'empêcher de penser, avec satisfaction, que ce pays-ci, même pendant une semblable épreuve, à non seulement été exempt des calamités qui ont inondé presque toutes les autres parties de l'Europe, mais encore qu'il semble avoir été réservé pour être le refuge et l'asile de ceux qui ont fui la persécution; pour être la digue qui devait s'opposer à ses progrès, et peut-être, en dernier lieu, l'instrument qui doit délivrer le monde des crimes et des malheurs qui l'ont accompagnée. »

La voix de Pitt prit ici un caractère plus grave, en abordant les propositions faites par le premier Consul : « Bonaparte a jugé à propos de ressusciter et de représenter en détail les principaux arguments employés, depuis sept ans, par tous les orateurs et tous les écrivains de l'opposition, dans ce pays-ci ; qu'importe! la seule question dont il s'agit aujourd'hui directement, et qu'il faut décider ce soir même, c'est de savoir si, dans les circonstances présentes, il y a, en entrant en négociations avec la France, une apparence de sécurité assez fondée pour nous engager à négocier. On nous dit : Vous avez traité avec la République! La chambre ne peut pas avoir oublié la révolution du 4 septembre, qui occasionna le renvoi de lord Malmesbury de Lille : comment cette révolution fut-elle amenée? Elle le fut principalement par la promesse que fit Bonaparte (au nom de son armée) de soutenir fortement le Directoire dans des mesures qui ne tendaient à rien moins qu'à violer tout ce que les auteurs de la constitution de 1795, ou ses adhérents, pouvaient regarder comme fondamental, et à établir un système de despotisme qui ne le cédait qu'à celui qu'il vient de réaliser dans sa personne. Très peu de jours avant cet événement, au milieu de la désolation et du ravage de l'Italie, il avait reçu du Directoire le présent sacré de nouveaux drapeaux. Il les remit à son armée en lui faisant l'exhortation suivante : « Jurons, mes camarades, par les mânes des patriotes qui ont péri à nos côtés, haine éternelle aux ennemis de la constitution de l'an III. »

Pitt concluait de là qu'il n'y avait aucune sécurité à traiter avec un homme qui renversait les gouvernements et les constitutions sans tenir compte de la parole humaine : « Quant à savoir, continuait Pitt, jusqu'à quel point le rétablissement de la monarchie française est désirable, si on peut y parvenir, je ne croirai pas nécessaire de m'étendre beaucoup. Peut-on supposer qu'il soit indifférent et pour nous et pour le monde, que le trône de France soit occupé par un prince de la maison de Bourbon, ou par l'homme dont j'ai essayé de développer la conduite et les principes? N'est-ce rien, sous le point de vue de l'exemple et de l'influence, que la fortune de ce dernier aventurier dans la loterie des révolutions paraisse devoir être permanente? Dans l'état d'épuisement et d'appauvrissement de la France, il semble pour un temps impossible qu'aucun autre système que celui du vol et des confiscations, aucun autre moyen que des cruautés continuelles que l'on ne pourra exercer qu'avec les instruments de la Révolution, puissent arracher à ses habitants ruinés, plus que ce qu'il faudra pour défrayer les dépenses annuelles de son gouvernement, en temps de paix. Supposez, alors, l'héritier de la maison de Bourbon remis sur le trône, il aura assez d'occupation à tâcher, s'il est possible, de guérir les blessures et de réparer graduellement les pertes causées par dix ans de convulsions civiles, de ranimer le commerce expirant, de rallumer l'industrie, de rappeler les capitaux et de faire revivre les manufactures du pays. Dans cette situation, il s'écoulera probablement un intervalle considérable avant que ce monarque, quelles que soient ses vues, puisse posséder un pouvoir qui le rende formidable à l'Europe; tandis que si le système de la Révolution continue, le cas est tout différent. Il est vrai, aussi, que les ressorts gigantesques et surnaturels qui ont soutenu cette Révolution, sont tellement détériorés, que l'influence de ses principes et la terreur de ses armes sont si affaiblies, et ses moyens d'action tellement resserrés et circonscrits, nous pouvons concevoir de justes espérances; les restes et les débris de ce système ne peuvent plus opposer une résistance longue et efficace à la force réunie de l'Europe, faisant une guerre vigoureuse. »

Ces paroles, destinées à caresser les pensées chevaleresques de Paul Ier, étaient admirables de prophéties; combien Pitt voyait avec justesse les conséquences d'une restauration et les difficultés du règne de Louis XVIII ! Écoutez ! écoutez ! tel fut le cri du parlement; et alors Pitt continua : « Si vous supposez la confédération de l'Europe dissoute avant le temps, nos armées licenciées, nos flottes en désarmement dans nos ports, nos efforts ralentis et nos moyens de précaution et de défense abandonnés; croyez-vous que le pouvoir révolutionnaire, recevant ainsi du repos et le temps de respirer pour se remettre des maux sous lesquels il est maintenant affaissé, et possédant encore les moyens de rassembler subitement par violence, ce qu'il reste de forces physiques à la France, et de les mettre en action sous la direction du despotisme militaire; croyez-vous, dis-je, que ce pouvoir révolutionnaire, dont la terreur commence aujourd'hui à s'évanouir, ne redeviendra pas formidable pour l'Europe ? Pouvons-nous oublier que, pendant les dix années que ce pouvoir a subsisté, il a causé plus de maux aux nations environnantes, et a produit plus d'actes d'agression, de cruauté, de perfidie et d'ambition démesurée, qu'il n'est possible d'en découvrir dans l'histoire de France pendant l'espace des siècles qui se sont écoulés depuis l'établissement de la monarchie, y compris même toutes les guerres qui, pendant ce long intervalle, ont été faites par les souverains, dont les projets d'agrandissement et le mépris pour les traités, fournissent un sujet éternel de reproches contre l'ancien gouvernement de France ? Et si nous croyons l'un, et si nous n'oublions pas l'autre, pouvons-nous hésiter à penser que nous n'ayons pas une meilleure perspective de paix durable, une plus grande sécurité pour l'indépendance et la sûreté de l'Europe par le rétablissement du gouvernement légitime, que par la continuation du pouvoir révolutionnaire dans les mains de Bonaparte. »

L'histoire de l'Empire et de la Restauration était ainsi prophétisée à vol d'aigle par Pitt ; il comparait toute la puissance d'une dictature dans les mains de Bonaparte, à toute la faiblesse du pouvoir sous le sceptre de Louis XVIII. Pitt se résumait en demandant le vote de l'adresse immédiatement ; car le ministre était habitué à ces grands succès. Ce discours fit un effet profond et enleva le vote des communes; le ministère Pitt sortit triomphant de la lutte; l'adresse fut votée pour la continuation de la guerre à une majorité de deux cent une voix, et le cabinet prit ainsi une nouvelle force morale devant la nation; tel était habituellement le résultat de ces belles séances parlementaires. Cette force, le cabinet en avait besoin alors, car le premier Consul faisait vivement attaquer l'Angleterre dans ses journaux, et Barrère reprenait la plume contre *la perfide Albion*. On avait pour but de soulever l'opinion contre Pitt et de pousser le peuple anglais à demander la paix, contre le sentiment même de son cabinet.

A cet effet, M. de Talleyrand donna la publicité encore à une seconde réponse adressée à lord Grenville [1]. Cette note se ressentait de l'influence du pre-

---

[1] Les négociations continuaient avec froideur entre lord Grenville et M. de Talleyrand.

Lettre du ministre des relations extérieures au lord Grenville.

Paris, 24 nivôse an VIII (14 janvier 1800.)
« Milord,
« Je me suis empressé de mettre sous les yeux du premier Consul de la République française la note officielle, en date du 14 nivôse, que vous m'avez transmise ; et je me trouve chargé de vous faire passer aujourd'hui la réponse pareillement officielle que vous trouverez ci-jointe.»

Recevez, milord, l'assurance de ma haute considération.
Signé. C. M. Talleyrand.

mier Consul, justement blessé de ce que le roi d'Angleterre n'avait pas daigné lui répondre; lord Grenville lui-même ne l'avait désigné que sous le titre de chef du gouvernement français, sans reconnaître autrement son pouvoir. Le premier Consul rappelait surtout dans une phrase finale que la dynastie de 1688 ne devait pas être très susceptible en matière de légitimité, et qu'elle aussi devait son pouvoir à une révolution. Ce fut alors un thème obligé pour les journaux français que les commentaires sur les notes de l'Angleterre et sur l'usurpation de la maison de Hanovre.

Ce n'était pas avancer la question de la paix, que de récriminer les uns contre les autres; mais le Consul, irrité de cette impassibilité britannique, atteignait son but; il faisait de l'opposition au système Pitt; il affaiblissait son adversaire en faisant répéter sans cesse, par la presse : « que la France voulait la paix, et que la persistance fatale de Pitt seule l'empêchait d'arriver aux fins d'un traité politique. » Bonaparte conquérait l'opinion publique en France, par ces manifestations pacifiques à l'égard d'un ennemi implacable qui allait, la bourse à la main, offrir ses subsides à l'Europe, contre la grande nation.

Au ministre des affaires étrangères à Londres.

« La note officielle en date du 14 nivôse an VIII, adressée par le ministre de S. M. Britannique, ayant été mise sous les yeux du premier Consul de la République française, il a remarqué avec surprise qu'elle reposait sur une opinion qui n'est point exacte relativement à l'origine et aux conséquences de la guerre actuelle. Bien loin que ce soit la France qui l'ait provoquée, on se rappelle que dès le principe de sa Révolution elle avait solennellement proclamé son amour pour la paix, son éloignement pour les conquêtes, son respect pour l'indépendance de tous les gouvernements; et il n'est pas douteux qu'occupée alors et sans partage de ses affaires intérieures, elle eût évité de prendre part à celles de l'Europe, et fût demeurée fidèle à ses déclarations.

« Mais par une disposition opposée, aussitôt que la Révolution française eut éclaté, l'Europe presque entière se ligua pour la détruire. L'agression fut réelle longtemps avant d'être publique; on excita les résistances intérieures, on accueillit les opposants, on appuya leurs déclamations extravagantes, on outragea la nation française dans la personne de ses agents; et l'Angleterre donna particulièrement cet exemple par le renvoi du ministre accrédité près d'elle; enfin, la France fut attaquée de fait

Une seconde note en réponse, émanée de lord Grenville, ramena la question encore sur le terrain des affaires. Le ministre s'abstenait de répondre à toute récrimination; il revenait surtout sur le paragraphe relatif à la maison de Bourbon, et, l'expliquant avec plus de netteté, il cherchait à faire entendre : qu'il ne s'agissait pas d'une condition proposée, mais d'un conseil donné à la France pour arriver à un résultat plus facile dans les négociations diplomatiques. C'était à l'opposition du parlement que cette explication s'adressait.

Si le but de la paix échouait à l'égard de l'Angleterre, une semblable disgrâce attendait toutes les démarches faites auprès de l'Autriche et de la Russie. M. de Talleyrand écrivait pour la seconde fois au baron de Thugut, pour lui annoncer l'avénement du Consul, et l'inviter à ouvrir un congrès dans l'intérêt d'une paix générale. M. de Thugut répondit en termes vagues,

dans son indépendance, dans son honneur et dans sa sûreté, longtemps avant que la guerre fût déclarée.

« Ainsi, c'est aux projets d'asservissement et de démembrement qui ont été préparés contre elle, et dont l'exécution a été plusieurs fois tentée et poursuivie, que la France est en droit d'imputer les maux qu'elle a soufferts et ceux qui ont affligé l'Europe; de tels projets, depuis longtemps sans exemple, à l'égard d'une aussi puissante nation, ne pouvaient manquer d'amener les plus fatales conséquences.

« Assaillie de toutes parts, la République a dû porter partout les efforts de la défensive, et ce n'est que pour le maintien de sa propre indépendance qu'elle a fait usage des moyens qui étaient dans sa puissance et dans le courage de ses citoyens. Tant qu'elle a vu que ses ennemis s'obstinaient à méconnaître ses droits, elle n'a compté que sur l'énergie de sa résistance; mais aussitôt qu'ils ont dû renoncer à l'espoir de l'envahir, elle a cherché des moyens de rapprochement, elle a manifesté des intentions de paix; et si elles n'ont point toujours été efficaces, si, au milieu des crises intérieures que la Révolution et la guerre ont successivement amenées, les précédents dépositaires de l'autorité exécutive en France n'ont pas toujours montré autant de modération que la nation elle-même a déployé de courage, il faut en accuser surtout l'acharnement avec lequel les ressources de l'Angleterre ont été prodiguées pour consommer la ruine de la France.

« Mais, si les vœux de S. M. Britannique, comme elle en donne l'assurance, d'accord avec ceux de la République française, sont pour le rétablissement de la paix, pourquoi, au lieu d'essayer l'apologie de la guerre, ne pas mettre son soin à la terminer; et quel obstacle peut empêcher un rapprochement dont l'utilité est commune et sentie? surtout, quand le premier Consul de la République française a personnellement

et, tout en faisant l'éloge personnel du premier Consul, il exposa : que les affaires étaient trop avancées, et la campagne trop près d'une invasion en France, pour que l'on pût conclure une trêve. La pacification ne pouvait être proposée sur les bases de Campo-Formio, lorsque l'Autriche était prête d'accomplir l'œuvre d'une politique de conservation et de recouvrement, par rapport au Milanais, à la Lombardie et aux frontières de la Suisse italienne et germanique? En ce moment d'ailleurs l'Autriche avait des pensées d'ambition remarquable; elle visait à des conquêtes effectives dans les légations romaines et dans le Piémont; elle n'était même pas très décidée à la restauration des Carignan, se réservant de faire du Piémont un objet d'échange et de compensation avec la France!

Tout avait été inutile aussi vis à vis le cabinet de Saint-Pétersbourg de la part du premier Consul. On n'avait donné tant de preuves de son empressement à mettre un terme aux calamités de la guerre et de sa disposition à maintenir l'observation rigide des traités conclus.

« Le premier Consul de la République française ne pouvait pas douter que S. M. Britannique ne reconnût le droit des nations à choisir la forme de leur gouvernement, puisque c'est de l'exercice de ce droit qu'elle tient sa couronne ; mais il n'a pu comprendre comment, à côté de ce principe fondamental et sur lequel repose l'existence des sociétés politiques, le ministre de Sa Majesté a pu placer des insinuations par lesquelles il tend à s'immiscer aux affaires intérieures de la République, et qui ne sont pas moins injurieuses pour la nation française et pour son gouvernement, que ne le seraient pour l'Angleterre et pour Sa Majesté, une sorte de provocation vers le régime républicain, dont l'Angleterre adopta les formes au milieu du siècle dernier; ou une exhortation à rappeler au trône cette famille que la naissance y avait placée, et qu'une révolution en a fait descendre.

« Si, à des époques peu éloignées, et quand le système constitutif de la République ne présentait ni la force ni la solidité qu'il renferme aujourd'hui, S. M. Britannique a cru provoquer elle-même un rapprochement et des conférences de paix, comment ne se serait-elle pas empressée de renouer des négociations auxquelles l'état présent et réciproque des affaires promet une marche prompte? De toutes parts, la voix des peuples et de l'humanité implore la fin d'une guerre marquée déjà par de si grands désastres, et dont la prolongation menace l'Europe d'un ébranlement universel et de maux sans remède ; c'est donc pour arrêter le cours de ces calamités, ou afin que leurs terribles conséquences ne soient reprochées qu'à ceux qui les auraient provoquées, que le premier Consul de la République française propose de mettre sur-

là d'autres aboutissants que la Prusse, et quelques agents secrets. La Russie n'avait aucun rapport avec la France ; l'empereur Paul avait trop de prévention contre la Révolution française, pour qu'il pût ainsi s'éprendre tout d'un coup du premier Consul. Il lui fallait bien des griefs contre l'Europe, pour se rapprocher noblement de Bonaparte. Paul Ier, alors absorbé plus que jamais dans la pensée de reconstruire l'ordre de la noblesse en Europe, était saisi comme d'une passion chevaleresque, et la coalition était pour lui son tournoi et sa lice de batailles. La grande-maîtrise de l'ordre de Malte flattait au dernier point l'orgueil de l'empereur; toute la diplomatie caressait ce faible du czar ; l'Angleterre, si positive dans ses négociations, ne dédaignait pas de flatter les deux pensées de Paul Ier : la restauration des couronnes et de la noblesse, et ces dispositions d'esprit si favorables aux royautés n'étaient pas suscepti-

le-champ un terme aux hostilités, en convenant d'une suspension d'armes, et en nommant immédiatement de part et d'autre des plénipotentiaires qui se rendraient à Dunkerque, ou dans toute autre ville non moins avantageusement située pour la rapidité des communications respectives, et qui travailleraient sans aucun retard au rétablissement de la paix et de la bonne amitié entre la République française et l'Angleterre.

« Le premier Consul offre à cet égard de donner les passse-ports qui seraient nécessaires. »

Signé. C. M. Talleyrand.

Note de lord Grenville au ministre des affaires étrangères à Paris.

« La note officielle transmise par le ministre des affaires étrangères en France, et revue par le soussigné, le 18 du courant, a été mise sous les yeux du roi.

« Sa Majesté ne peut s'empêcher de témoigner le chagrin avec lequel elle observe, dans cette note, que les agressions non provoquées de la France, seules causes de la guerre, y sont systématiquement défendues par ceux qui gouvernent maintenant ce pays, sous les mêmes prétextes que ceux dont on se servit originairement pour essayer de les déguiser. Sa Majesté ne s'occupera point de réfuter des allégations condamnées aujourd'hui universellement, et qui, relativement à la conduite de Sa Majesté, non seulement sont dénuées de tout fondement en elles-mêmes, mais encore sont contredites par la nature et le fait réel des transactions sur lesquelles elles portent, ainsi que par le témoignage exprès que le gouvernement français en rendit lui-même dans le temps.

« Quant à l'objet de la note, Sa Majesté ne peut que s'en référer à la réponse qu'elle a déjà donnée.

« Elle a expliqué, sans réserve, les obstacles qu'elle a jugés être de nature à ne laisser dans le moment actuel aucun espoir

bles d'entraîner le czar dans des sentiments favorables à la République française.

Il fallait donc des victoires à Bonaparte pour qu'on saluât son élévation; il avait besoin de faire proclamer sa souveraineté par ses légions victorieuses; la coalition n'était point dissoute : elle espérait des succès éclatants. Masséna n'était-il pas acculé dans l'état de Gênes? L'Europe dédaignait les avances que le premier Consul pouvait lui faire; l'Angleterre s'enveloppait dans l'orgueil de ses gloires navales, la Prusse restait dans sa neutralité; l'Autriche continuait la guerre, et la Russie, mécontente de l'Autriche, ne l'abandonnait point encore à ses destinées. Le général Bonaparte n'était donc pas assez fort pour se poser immédiatement en pacificateur; on voulait lui faire acheter ce titre par de nouvelles gloires.

Chose admirable! au milieu de ce grand conflit, quand tout courait aux armes, un congrès pacifique se réunissait à Venise, alors sous le pouvoir de l'empereur. Il ne

d'avantage à ouvrir des négociations. Tous les motifs de traiter sur lesquels on appuie avec confiance dans la note officielle française; les dispositions personnelles que l'on assure exister pour conclure la paix et observer rigidement les traités à l'avenir; le pouvoir d'assurer l'effet de ces dispositions, en supposant qu'elles existent; et la solidité du système qui vient d'être établi, après une suite de révolutions qui se sont succédées si rapidement; toutes ces choses sont autant de points qui ne peuvent être prouvés, ainsi que Sa Majesté l'a déjà exprimé, que par le résultat de l'expérience et l'évidence des faits.

« Sa Majesté, avec la sincérité et la franchise qu'exigeait sa sollicitude pour le rétablissement de la paix, a indiqué à la France les moyens les plus sûrs et les plus prompts d'arriver à un but aussi heureux. Mais elle a déclaré avec la même sincérité, et en termes également clairs, qu'elle n'entend

point prescrire, à une nation étrangère, la forme de son gouvernement; qu'elle n'a en vue que la sûreté de ses États et celle de l'Europe, et que, toutes les fois qu'elle jugera que cet objet essentiel sera suffisamment assuré, de quelque manière que ce soit, elle s'empressera de concerter avec ses alliés les moyens d'ouvrir immédiatement une négociation commune, pour le rétablissement de la tranquillité générale.

« Sa Majesté s'en tient fermement à ces déclarations, et ce n'est que d'après les bases qui y sont exposées, que sa sollicitude pour la sûreté de ses sujets lui permettra de se départir du système de défense vigoureuse, auquel, par la faveur de la Providence, ses États doivent la jouissance sûre du bonheur et des avantages qu'ils possèdent maintenant. »

Downing-Street, le 20 janvier 1800.
Signé, Grenville.

s'agissait pas de conquérir le monde ou de détruire des empires; les cardinaux réunis en conclave, devaient élire un pape et désigner un pauvre vieillard pour la chaire de saint Pierre. Quand les républicains prirent Rome, et réduisirent le pape Pie VI à une dure captivité, ils croyaient avoir tué la papauté et brisé la tiare; mais le privilége des institutions morales, c'est de survivre à toutes les disgrâces. Les trônes se heurtent et se brisent, le pouvoir religieux reste debout; et le pape Pie VI mort, l'Église, sous l'autorité de l'Espagne et de l'Autriche, se réunit pour élire un nouveau pontife, l'empereur voulait acquérir un certain ascendant sur le pape; il en avait besoin pour ses desseins sur l'Italie. Par le pape, il exerçait son influence religieuse, et il pouvait se faire céder quelques-unes des légations utiles pour appuyer le système militaire de l'Autriche en Lombardie. Tous les princes écrivirent à ce conclave de Venise, selon l'ancienne forme, comme si la papauté n'était pas en exil; et Louis XVIII lui-même, de sa retraite de Mittau, adressa la lettre officielle aux cardinaux conclavistes[1]. Un

[1] Lettre de Sa Majesté Louis XVIII, au sacré collège assemblé à Venise, pour l'élection d'un pape.

« Louis, par la grâce de Dieu, roi de France et de Navarre, à nos très chers et très amés cousins, les cardinaux, évêques, prêtres et diacres de la sainte Église romaine, salut. Très chers et très amés cousins, nous avions déjà appris et déploré la mort funeste de Pie VI, quand nous reçûmes votre lettre de Venise, du 8 octobre dernier. Personne n'a pris plus de part que nous aux mauvais traitements qu'a soufferts ce vénérable pontife; mais nous avons éprouvé quelque consolation, en apprenant par des voies sûres que nos peuples se sont intéressés à son sort, de la manière la plus touchante, qu'ils se sont présentés en foule sur son passage; qu'ils lui ont demandé sa bénédiction, qu'ils l'ont toujours accompagné avec un respect religieux, qu'ils se sont enfin efforcés de le consoler, et en quelque sorte de le délivrer de sa captivité, et de la cruauté de ses oppresseurs en lui rendant des hommages qui formaient le contraste le plus frappant et le plus sensible, avec les traitements injustes exercés contre sa personne sacrée.

« Une telle conduite de la part de nos sujets est pour nous une preuve nouvelle que tant de délits commis dans notre royaume, ne sont point l'ouvrage de nos peuples, mais celui d'un très petit nombre de coupables. Elle est encore une preuve que la

roi frappé par le malheur, écrivait aux cardinaux exilés de Rome. Dans la marche des temps, les grandes infortunes se touchent, et la religion de la royauté abaissée, fraternisait avec la religion de la papauté en servitude.

Le conclave élut le cardinal Chiaramonte sous le nom de Pie VII. Dans le mouvement des esprits qui les portaient aux choses neuves et fortes, les cardinaux, avec un instinct admirable, choisirent l'ancien évêque d'Imola, qui avait montré le plus de tolérance, le plus de propension pour les idées républicaines, celui qui s'était écrié : « Soyez bons chrétiens et vous serez bons démocrates ». [1] La religion n'a pas de système politique; elle ne s'adapte pas à telle forme de gouvernement plutôt qu'à telle autre; comme le christianisme n'est pas périssable, il ne se marie avec rien de fragile. Et c'est ce qui explique cette angélique conduite du pape Pie VII, passant à travers la persécution, sans insulter jamais aucun des pouvoirs de la terre !

Providence divine a conservé dans le cœur des Français, du respect et de l'amour pour leur religion, malgré les efforts qu'a faits l'impiété pour effacer ces nobles sentiments; cette faveur de la Providence est pour nous et pour nos peuples un gage de retour prochain de son ancienne protection. Elle dirigera, n'en doutez point, vos vœux et vos suffrages, lorsque vous donnerez un chef à l'Église, et nous devons nous attendre au meilleur choix de la part d'une assemblée, dont les membres sont aussi distingués par leur piété, leurs lumières et leur doctrine.

« Dans cette ferme confiance, nous reconnaissons solennellement le pontife qui sera choisi par vous; et, *lorsque celui par qui règnent les rois* nous aura rétabli sur le trône de nos ancêtres, nous ferons respecter son autorité légitime dans toute l'étendue de notre royaume, et nous justifierons notre titre de *roi très chrétien et de fils aîné de l'Église.* Sur ce, nos très chers et très amés cousins, nous prions avec confiance le Dieu puissant et bon, qu'il daigne répandre sur vous l'abondance de ses grâces. »

Donné au château de Mittau, sous notre propre seing et le sceau ordinaire de nos armes, le 24 novembre de l'an de grâce 1799, et de *notre règne* le cinquième.

Votre affectionné cousin, Louis;

Et plus bas, le comte de Saint-Priest.

[1] Pie VII, évêque d'Imola, avait hautement manifesté l'esprit essentiellement démocratique des chrétiens :

« ..... Oui, mes très chers frères, soyez bons chrétiens, et vous serez d'excellents démocrates.... (Siate buoni cristiani e sarehe ottimi democratici.....) Les vertus morales rendent bons démocrates..... Les premiers chrétiens étaient animés de l'esprit de démocratie... » (Homélie du 25 décembre 1797.)

CHAPITRE VIII.

ORGANISATION ADMINISTRATIVE ET JUDICIAIRE

DU GOUVERNEMENT DES CONSULS.

Organisation départementale. — Les préfets. — Les sous-préfets.— Les conseils-généraux. — Les conseils d'arrondissement.— Jurisprudence administrative.—Les conseils de préfecture.—Le conseil d'état. — Les mairies. — Conseils municipaux. — Organisation judiciaire.— Les justices de paix. — Tribunaux de première instance. — Cours d'appel.— Cour de cassation. — Conflit administratif. — Inviolabilité des fonctionnaires. — Résultat de la nouvelle organisation des départements. — Finances. — Nouvel ordre dans les fonctionnaires. — Les cautionnements.

Décembre 1799 — Avril 1800.

La pensée de l'Assemblée constituante avait été de placer partout, pour les fonctions publiques, l'élection populaire, base et principe de la souveraineté; l'unité administrative fut complétement exilée. Après la division arbitraire par départements qui brisait les habitudes et les nationalités des provinces, la Constituante avait formé des corps administratifs élus par les assemblées primaires [1]; il était résulté de là une grande anarchie parmi les fonctionnaires des localités; les corps administratifs, au lieu d'obéir à l'autorité supérieure, délibéraient sur les ordres qu'ils recevaient des ministres. Dans l'ordre de

---

[1] Constitution de 1791.

choses fondé par la Constituante, le pouvoir central n'avait aucun moyen d'action; il arrivait souvent qu'une ordonnance du roi, un arrêté ministériel ou tout autre acte d'autorité supérieure, restait sans exécution par suite de la négligence ou du mauvais vouloir des administrations locales; et ce fut là une des puissantes causes de l'anarchie politique qui dévora la société de 1789 à 1792. Ce qui constitue la force d'un gouvernement, c'est l'obéissance de toutes les volontés, principe que comprirent si bien le Comité de salut public et Bonaparte.

Pour réparer ce vice d'organisation, la constitution de l'an III substitua des corps moins nombreux dans chaque département et dans chaque district, avec des commissaires chargés de l'exécution des lois; mais ces directoires étaient formés par l'élection, et en cela ils étaient faibles; ils élevaient des conflits incessants. Le Consulat alla plus fermement à un but de centralisation; Bonaparte s'était fait rendre compte par le Consul Lebrun de l'ancienne organisation des intendances; de quels éléments se composaient-elles? quel était le pouvoir des intendants et des subdélégués? et une fois qu'il eut embrassé de sa vaste intelligence le système antérieur à la Révolution, il comprit tout ce que l'unité de pouvoir avait d'avantage sur la théorie de l'Assemblée constituante, et bientôt un travail sérieux, fait sous les yeux de Cambacérès et Treilhard, prépara les bases de l'administration politique dans un système de plus parfaite combinaison [1].

L'organisation départementale reposait sur des principes lumineux et sur une division parfaite de tout ce qui regardait l'administration publique. La gestion sociale

[1] Loi du 28 pluviôse, an VIII.

d'un grand pays se compose : 1° de l'administration proprement dite ; 2° de la délibération pour le vote et la répartition de l'impôt ; 3° enfin du contentieux administratif, qui est, en quelque sorte, la procédure et la justice dans les attributions du gouvernement. Ces trois ordres d'idées exigeaient des spécialités différentes dans les autorités établies ; l'action ne pouvait pas être confiée à une assemblée sans amener la confusion et l'anarchie ; la délibération ne pouvait être donnée à un fonctionnaire unique sans créer le despotisme, et le contentieux n'appartenait ni aux tribunaux, parce qu'ils embarrasseraient le système administratif, ni à l'administration à proprement parler, parce qu'elle ne pouvait se juger elle-même [1].

La loi du 28 pluviose fit la part à toutes ces nécessités ; l'action administrative fut confiée à un préfet révocable à volonté, dépendant immédiatement du ministre, l'homme tout entier du gouvernement, espèce de proconsul dans l'ordre civil. Tout ce que la Constituante avait accordé de pouvoir aux assemblées départementales, fut confié au préfet ; il ne devait compte de ses

---

[1] La loi du 28 pluviôse fut discutée dans une des premières séances du conseil d'état, voici le résumé de ses dispositions principales :

Article 3. Le préfet sera chargé seul de l'administration.

Article 4. Le conseil de préfecture prononcera :

Sur les demandes de particuliers, tendantes à obtenir la décharge ou la réduction de leur cote de contributions directes ;

Sur les difficultés qui pourraient s'élever entre les entrepreneurs des travaux publics et l'administration, concernant le sens ou l'exécution des clauses de leurs marchés ;

Sur les réclamations des particuliers qui se plaindront des torts et dommages procédant du fait personnel des entrepreneurs, et non du fait de l'administration ;

Sur les demandes et contestations concernant les indemnités dues aux particuliers, à raison des terrains pris ou fouillés pour la confection des chemins, canaux et autres ouvrages publics ;

Sur les difficultés qui pourront s'élever en matière de grande voirie ;

Sur les demandes qui seront présentées par les communautés des villes, bourgs ou villages, pour être autorisées à plaider ;

Enfin, sur le contentieux des domaines nationaux.

Article 5. Lorsque le préfet assistera au conseil de préfecture, il présidera ; en cas de partage, il aura voix prépondérante.

actions qu'au ministre ; il tirait de là une force gouvernementale que n'avaient jamais eue les assemblées de département. Dans cette hiérarchie se plaçait également le sous-préfet, fonctionnaire de second ordre, dépendant du préfet lui-même, comme celui-ci dépendait du ministre. Tout cela se rattachait à la même hiérarchie.

Dans ce système, comme on le voit, l'administration, pour ce qu'elle avait d'agissant, se plaçait dans l'unité du préfet. Mais la délibération et la répartition de l'impôt, à qui seraient-elles confiées? On créa des conseils généraux dans chaque département, et des conseils spéciaux dans chaque arrondissement; ils devaient remplacer les anciennes assemblées provinciales. Ces conseils n'avaient aucune autorité pour l'action administrative, et les préfets à leur tour n'intervenaient que fort indirectement dans les conseils généraux pris parmi les contribuables. Enfin, pour décider les cas du contentieux administratif, on établissait des conseils de préfecture, sorte de tribunal mixte qui tenait tout à la fois des fonctions judiciaires et des fonctions administratives; ce contentieux venait par appel au conseil d'état, tribunal supérieur pour l'administration publique.

Ces combinaisons étaient fortes et remarquable-

Article 6. Le conseil général de département s'assemblera chaque année : l'époque de sa réunion sera déterminée par le gouvernement; la durée de sa session ne pourra excéder 15 jours.

Il nommera un de ses membres pour président, un autre pour secrétaire.

Il fera la répartition des contributions directes entre les arrondissements communaux du département ;

Il statuera sur les demandes en réduction faites par les conseils d'arrondissement, les villes, les bourgs et villages.

Il déterminera, dans les limites fixées par la loi, le nombre des centimes additionnels dont l'imposition sera demandée pour les dépenses de département.

Il entendra le compte annuel que le préfet rendra de l'emploi des centimes additionnels qui auront été destinés à ces dépenses.

Il exprimera son opinion sur l'état et les besoins du département, et l'adressera au ministre de l'intérieur.

Article 7. Un secrétaire général de préfecture aura la garde des papiers et signera les expéditions.

ment ingénieuses; elles supposaient une appréciation élevée des attributions et des devoirs du gouvernement. Toutefois, en examinant cet ensemble dans toutes ses formes, on devait parfaitement reconnaître qu'en définitive c'était la même autorité qui agissait, seulement avec des costumes divers : ainsi le gouvernement nommait les membres du conseil de préfecture, comme il nommait aussi les préfets et les conseils généraux; de sorte que c'était toujours le pouvoir lui-même qui intervenait par les divers organes de son choix; ce qui produisait l'ensemble administratif de la dictature. Depuis le 18 brumaire, au lieu de ce chaos, de cette confusion, qui se manifestait partout sous le Directoire, il se forma une forte organisation des départements, un système dans le sens le plus large et le plus absolu du mot : le gouvernement agit par les préfets avec activité et intelligence; il fut le maître de toute l'administration départementale, de tous les fonctionnaires à sa nomination. Le préfet fut l'image du pouvoir, il n'eut pas d'autre mission que d'exécuter ses ordres.

Aussi mit-on un grand soin à les bien choisir, et ce fut une arme puissante dans les mains du premier Consul; il ne distingua pas les partis, les opinions, dans ses choix; il prit les capacités et les hommes d'énergie [1];

---

[1] J'ai retrouvé la première liste des préfets dans l'ordre de leur nomination et de leur acceptation; elle est dans les cartons du ministère de l'intérieur.

Loire (Montbrison), Imbert (de l'Isère), ex-législateur. — Var (Brignolles), Fauchet, ex-ministre plénipotentiaire à Philadelphie. — Cantal (Aurillac), Riou, ex-législateur, auteur de la loi contre les neutres. — Eure-et-Loir (Chartres), Delâtre (de Seine-et-Oise). — Dyle (Bruxelles), Doul- cet de Pontécoulant, ancien officier aux gardes du roi, ex-législateur.—Léman (Genève), d'Eymar, ex-constituant. — Charente (Angoulême), Delêtre, commissaire central de la Seine-Inférieure. — Aisne (Laon), Dauchy, ex-constituant. — Escaut (Gand), Faypoult, ancien ministre des finances.—Indre (Châteauroux), Dalphonse, ex-législateur. — Doubs (Besançon), Barrès, président d'un tribunal. — Eure (Evreux), Bernard Lasne, administrateur.—

les préfectures furent surtout remplies par des conventionnels, derniers débris des Jacobins ralliés ; parce que, comme le disait le Consul dans un jeu de mots : « C'étaient des hommes de révolution et de résolution. » Tout ce qui avait une capacité forte ou élevée fut envoyé dans les départements ; il en résulta une clientelle pour les Consuls ; on les sollicita pour obtenir des préfectures, places assez importantes pour être offertes à des intelligences d'un ordre pratique, et quand il s'agissait de capacités secondaires, on avait les sous-préfectures où l'on pouvait jeter des noms plus obscurs. Ce fut donc encore une hiérarchie de fonctionnaires que le pouvoir pouvait se rattacher, et un moyen d'action sur les partis. Le Consul en usa largement au profit de son autorité souveraine.

Les conseils généraux de département donnèrent lieu à un autre travail ; comme aucun traitement n'était attaché à ces places, et que les propriétaires devaient être naturellement appelés à répartir les impôts, les choix du pouvoir portèrent surtout pour ces conseils sur des hommes d'ordre et de conservation, débris du vieux régime. Bonaparte se réservait un moyen d'influencer

---

Vendée (Fontenay), Lefaucheux. — Yonne (Auxerre), Rougier Labergerie, ex-législateur. — Aube (Troyes), (Brulé des Deux-Nèthes,) ex-législateur. — Lot (Cahors), Bailly. — Lot-et-Garonne (Agen), Pieyre fils, de (Nîmes), ex-président de l'administration centrale du Gard, ex-législateur, frère de Pieyre, auteur de l'*École des Pères*. — Marne (Châlons), Bourgeois-Jessaint, ex-administrateur. — Hérault (Montpellier), Nogaret (de l'Aveyron), ex-législateur. — Isère (Grenoble), Ricard, ex-constituant. — Saône-et-Loire (Mâcon), Buffault, ex-administrateur. — Seine-Inférieure (Rouen), Beugnot, ex-législateur. — Deux-Sèvres (Niort), Dupin, ex-commissaire central de la Seine. — Haute-Loire (Puy), Lamotte, ex-législateur. — Cher (Bourges), Legendre, administrateur de l'Indre. — Sambre-et-Meuse (Namur), Pérez (de la Haute-Garonne). — Tarn (Castres), Lamarque, ex-législateur. — Vosges (Épinal), Desgouttes, commissaire de Genève à Paris. — Oise (Beauvais), Cambry, ex-administrateur de la Seine. — Pyrénées-Orientales (Perpignan), Charvet (de Nancy). — Manche (Saint-Lô), Magnitot, commissaire de la marine. — Montblanc (Chambéry), Sausay, administrateur de Paris. — Landes (Mont-de-Marsan), Méchin, commissaire à Malte. — Nord (Douai), Jou-

les royalistes, et de rattacher à lui une portion de l'ancienne aristocratie qui possédait encore la terre; ces grands propriétaires ne prendraient pas, sans doute, des fonctions salariées, mais pourraient-ils refuser une place dans le conseil-général de leur département? Quelle que fût l'opinion, on devait accepter un service utile, et peu à peu celui qui recevrait une place dans le conseil général, serait attiré vers le nouvel ordre de choses. Ce conseil d'ailleurs, exprimant les vœux, faisant connaître les opinions du département, ressemblait, sous ce point de vue, aux anciennes assemblées d'état, dont le souvenir vivait encore dans plus d'une localité. Enfin, les conseils de préfecture seraient composés de plus petites capacités, d'existences plus obscures, de ces hommes de parti qui échangent volontiers le tribunitiat de province contre la première offre que leur fait le pouvoir, d'une position commode et paisible.

L'administration ainsi organisée dans une vigoureuse hiérarchie, la loi établit également les principes du conseil communal; on changea peu les démarcations établies par l'Assemblée constituante, mais dans ce qui touche aux choix et aux fonctions, l'idée électorale fut

bert, ex-constituant. — Drôme (Valence), Collin, administrateur des douanes. — Jura (Lons-le-Saulnier), le général Poncet. — Aveyron (Rodez), Sainthorent, ex-législateur. — Bouches-du-Rhône (Aix), Charles Lacroix, ex-ministre des relations extérieures. — Charente-Inférieure (Saintes), François (de Nantes), ex-législateur. — Côte-d'Or (Dijon), Guiraudet, ex-secrétaire général des relations extérieures. — Creuse (Guéret), Musset, ex-conventionnel. — Gard (Nîmes), Dubois, chef de division de l'intérieur. — Haute-Garonne (Toulouse), Richard (de la Sarthe), ex-conventionnel. — Golo (Bastia), Piétri, ex-administrateur. — Jemmapes (Mons), Garnier, commissaire central de la Seine. — Loir-et-Cher (Blois), Beytz, ex-législateur. — Loire-Inférieure (Nantes), Letourneur (de la Manche), ex-Directeur. — Loiret (Orléans), Maret, commissaire central de la Côte-d'Or. — Liamone (Ajaccio), Galleazini, ex-commissaire central. — Mayenne (Laval), Harmand, ex-constituant. — Meurthe (Nancy), Marquis, ex-constituant. — Meuse (Bar-sur-Ornain), Saulnier, commissaire central de la Meurthe. — Moselle (Metz), Colchen, ex-commissaire des relations extérieures. — Nièvre (Nevers), Sabathier, administrateur de Paris. — Ourthe (Liége), Desmousseaux, tribun.

écartée comme dans l'ordre administratif; le maire, tel que l'avait conçu la Constituante, était l'élu du peuple, désigné par l'assemblée primaire, dans les mêmes formes que les membres de la commune, et les municipaux, comme le disait l'expression du temps; l'élection ne dépendait que faiblement du pouvoir supérieur, et sa responsabilité sur ce point était complétement illusoire. Les auteurs de la loi du 28 pluviose an VIII, se placèrent dans un autre ordre d'idées; d'après eux, le maire ayant un pouvoir d'action tout à fait administratif, ne dut pas être désigné par l'assemblée communale, mais le préfet ou le sous-préfet, selon l'importance, devait le nommer directement; il ne fut plus le délégué des masses, mais l'homme du pouvoir. Seulement, à côté de lui, on plaça, par le même motif qu'on avait organisé un conseil-général dans chaque département, un conseil de la commune qui prit le titre de municipal; il n'agissait jamais administrativement; défense lui était faite de s'immiscer en aucune façon dans la partie active de l'administration publique, le conseil municipal n'était qu'une corporation qui veillait aux intérêts spéciaux de la commune, à son

— Basses-Pyrénées (Pau), Guinebaud, ex-constituant. — Rhône (Lyon), Verninac, ex-ambassadeur. — Seine (Paris), Frochot, législateur. — Seine-et-Oise (Versailles), Germain-Garnier, ex-administrateur. — Somme (Amiens), Quinette, ex-ministre de l'intérieur. — Vaucluse (Avignon), Pelet (de la Lozère), ex-conventionnel. — Vienne (Poitiers), Cochon, ex-ministre de la police. — Haute-Vienne (Limoges), Pougeard-Dulimbert, ex-constituant. — Maine-et-Loire (Angers), Montaut-Désilles, ex-législateur. — Dordogne, Rivet, commissaire central de la Corrèze. — Corrèze (Tulle), Vernée, commissaire central de la Dordogne. — Hautes-Alpes (Gap), Bonnaire (du Cher), ex-législateur. — Ain, Fabry. — Allier, Lussac. — Ardèche, Caffarelli. — Ardennes, Frank. — Arriège, Brun. — Finistère, Bouy. — Maine, Siméon, ex-législateur (a refusé depuis). — Mayenne, Armand, ex-constituant. — Seine-et-Marne, Alexandre La Rochefoucauld. — Meuse-Inférieure, Château-Giron — Deux-Nèthes, Derbouville. Ille-et-Vilaine, Lévêque (de Nantes). — Indre-et-Loire, Graham. — Haute-Garonne, Richard, ex-conventionnel. — Gironde, Thibaudeau, ex-législateur. — Bas-Rhin, L'Homond, ex-consul à Smyrne. — Haut-Rhin, Armand (de la Meuse), ex-conventionnel. — Pas-de-Calais, Maissemy. — Hautes-Pyrénées, Ramon, ex-législateur.

budget; le maire seul dépendait du préfet; pour faire disparaître plus que jamais l'œuvre de l'Assemblée constituante, les conseillers municipaux durent être choisis par le pouvoir.

Ainsi l'unité gagnait sa cause contre la pluralité; l'obéissance passive contre la délibération; il se forma dès ce moment une jurisprudence administrative, avec une série de décrets et d'arrêtés qui fixèrent les attributions de chaque corps agissant dans les hiérarchies gouvernementales; les arrêtés des conseils municipaux vinrent en appel aux conseils de préfecture, et en cassation devant le conseil d'état par une triple juridiction. Dans l'action du gouvernement, le maire était subordonné au sous-préfet, celui-ci au préfet, le préfet au ministre, et par un seul coup de télégraphe tout ce mécanisme administratif était mis en jeu. Enfin, les conseils de département et d'arrondissement avaient la répartition de l'impôt, et faisaient entendre les doléances et l'expression des besoins de chaque localité. Tel était le vaste système administratif que le Consulat opposait aux vagues théories de la Constituante; système tout positif, pouvant servir la pensée d'organisation sociale; préfectures, mairies, police, tout était si parfaitement combiné, que le gouvernement trouvait partout obéissance; il n'avait qu'à vouloir [1].

---

[1] On trouve aussi dans les cartons de l'intérieur le choix des premiers maires de Paris et des adjoints.

1er arrondissement. — Huguet de Montaran, maire; Cardier fils; Rendu, ancien notaire; adjoints.

2e arrondissement. — Brière-Mondetour, maire; Rouen; ancien notaire, Picard, ex-législateur; adjoints.

3e arrondissement. — Delessert, banquier, maire; Véron, président de l'administration municipale; Dujardin, homme de loi; adjoints.

4e arrondissement. — Bevière, notaire, ex-constituant, maire; Lelong, marchand de draps, rue Honoré; Le Rasle, idem; adjoints.

5e arrondissement. — Lafresnaie, ancien notaire, maire; Mauvage, marchand éventailliste, rue Denis; Worms, banquier, rue de Bondy; adjoints.

6e arrondissement. — Bricogne, ex-offi-

Les tribunaux recevaient également une sanction gouvernementale; ce n'était plus le peuple qui élisait ses magistrats, comme dans les premiers jours de l'époque de 1789; il était sorti tant d'incapacités de ces élections! Les tribunaux mobiles incessamment renouvelés, n'inspiraient aucun respect; des juges qui disparaissaient tous les cinq ans, rentraient essentiellement dans l'ordre des jurés; ils n'avaient pas cette instruction indispensable pour le jugement des grandes causes; que résultait-il de là? c'est que pour les affaires d'État, le gouvernement était obligé de créer des juridictions extraordinaires qui frappaient rudement les conspirateurs; d'où l'établissement des tribunaux révolutionnaires et les commissions militaires si multipliées sous le Directoire; le pouvoir pour se sauver avait besoin de s'affranchir des règles habituelles de la loi; l'exception était plus fréquente que le principe.

L'organisation des tribunaux par le Consulat fut encore un retour vers la force de l'autorité; on maintint d'abord la juridiction paternelle des juges de paix, mais en restreignant de beaucoup les attributions de cette magistrature; on ne voulut pas confier à un seul homme le jugement des contestations trop graves; on substitua au principe

---

cier municipal, maire; Goulet, architecte, rue Quincampoix; Reinard père, rue Martin; adjoints.

7ᵉ arrondissement. — Dupont, banquier, maire; Arnaud, notaire; Guyot, rue du Mouton; adjoints.

8ᵉ arrondissement. — Fieffé, notaire, maire; Cousin, brasseur; Besnard, fabricant de papiers peints; adjoints.

9ᵉ arrondissement. — D'Ormesson, rue Antoine, maire; Philipon, ex-juge de paix, rue de Jouy; Perou, ancien notaire, parvis Notre-Dame; adjoints.

10ᵉ arrondissement. — Béthunne-Charost, maire; Vignon, président du tribunal de commerce; Bonnet, négociant, rue des Pères, nº 1216; adjoints.

11ᵉ arrondissement. — Boulard, notaire, maire; Lemoine, orfèvre, ex-constituant; Doloré, homme de loi, rue de Tournon; adjoints.

12ᵉ arrondissement. — Gorneau, maire; Salleron, tanneur, rue de l'Oursine; Marlin, fabricant de couvertures, rue Victor; adjoints.

de l'élection populaire, la maxime : « que toutes les sources de la justice venant du pouvoir, il lui appartenait essentiellement d'en choisir les organes. » Enfin, il fut établi que les juges seraient nommés par le premier Consul, dans toute la hiérarchie des tribunaux.

La juridiction fut régulièrement fixée; le premier degré fut confié au juge de paix; chaque arrondissement obtint un tribunal de première instance, composé d'une ou plusieurs sections, en rapport avec le nombre des habitants. Au-dessus des tribunaux de première instance, était une cour d'appel, juridiction supérieure qui prononçait sur les grandes contestations; on groupa plusieurs départements pour composer une cour d'appel. Si Bonaparte avait respecté la circonscription départementale pour l'administration, c'est qu'il voulait multiplier les fonctionnaires, afin d'avoir un plus grand nombre de bras dans l'exécution gouvernementale; mais pour les circonscriptions judiciaires, comme pour les divisions militaires dans le territoire, il adopta des fractions plus considérables; il en revint presque à l'idée des anciennes provinces et des gouvernements [1].

Enfin, au-dessus des cours d'appel, composées d'un nombre de magistrats en rapport avec les populations, les lois consulaires consacrèrent la Cour de cassation, institution de l'Assemblée constituante [2]. Mais ici, comme pour les magistrats d'un ordre secondaire, Bonaparte se réserva toute influence; les conseillers, après une indi-

---

[1] 18 mars (27 ventôse). Loi sur l'organisation des tribunaux.
Art. 47. Le tribunal d'appel établi à Paris, sera composé de trente-trois juges, parmi lesquels le premier Consul choisira, tous les trois ans, un président et deux vice-présidents, qui seront toujours rééligibles : la première nomination n'en sera faite que pour un an.

[2] Art. 88. — Le tribunal de cassation siégera à Paris, dans le local déterminé par le gouvernement. — Il sera composé de quarante-huit juges (Loi du 18 mars).

cation du Sénat, furent nommés par le Consul ; toute la justice dut être ainsi confiée à sa puissance souveraine, comme l'administration et les municipalités. Une seule garantie fut donnée ; le magistrat reçut une institution qui ne lui permettait pas d'être destitué par la volonté capricieuse d'un ministre. On voulut maintenir une sorte d'indépendance ; il fallait restaurer la dignité de la magistrature, jusqu'alors trop livrée aux partis.

Au milieu de ce système si favorable au pouvoir, que devenait le jury ? Disparaissait-il dans ce naufrage de la liberté ? On n'osa pas le briser ; on maintint même la pensée anglaise, le double jury d'accusation et de jugement ; l'ordre des assises fut régularisé de manière à ce que le verdict fût indépendant. Il y eut toutefois des dispositions habilement combinées pour faire intervenir l'action administrative dans le choix des jurés ; ce fut ainsi une institution tout à la fois sous une apparence libérale et sous la main des préfets. L'administration gardait un large pouvoir dans la confection des listes [1].

Les tribunaux et l'administration pouvaient se trouver en face. En plus d'une circonstance leurs intérêts étaient hostiles ; qu'arriverait-il en ce cas de conflit ? qui déciderait entre le préfet et la cour de justice ? Le pouvoir n'hésita pas ; les lois consulaires, par méfiance des magistrats et pour tout ramener au gouvernement, déclarèrent qu'en tous les cas le préfet pourrait élever un conflit qui, de plein droit, saisirait le conseil d'état de la discussion entre le tribunal et l'administration ; or, qu'était le conseil d'état ? une réunion de fonctionnaires publics désignés par le Consul lui-même. Sans doute quelques garanties étaient données ; les conseillers d'état étaient

---

[1] 27 mars (6 germinal). Loi relative au mode de nomination des jurés.

des hommes d'intelligence et de mérite, mais en résumé c'était le pouvoir qui prononçait sur les discussions intervenues entre les tribunaux et les agents administratifs.

Une autre disposition non moins protectrice de la force et de l'énergie gouvernementales, fut alors établie; on déclara qu'aucun fonctionnaire public ne pouvait être traduit devant les tribunaux pour les actes de sa gestion, qu'après qu'on aurait obtenu l'autorisation du conseil d'état[1]; l'inviolabilité des agents revêtus de la confiance du pouvoir, était proclamée; nul ne pouvait les traduire, même pour des cas justes, devant les tribunaux; si l'autorisation du conseil d'état était donnée, le gouvernement se séparait des fonctionnaires et les livrait à la partie intéressée; si le conseil d'état la refusait, c'est qu'il approuvait les fonctionnaires. Cette disposition fut une bien grande garantie pour assurer l'énergie des agents de l'autorité; ceux-ci ne devaient s'arrêter devant rien; quand ils recevaient un ordre supérieur, ils l'exécutaient, quelles que pussent être les plaintes soulevées. Sous la Constituante, l'anarchie était partout, les fonctionnaires étaient saisis corps à corps, ils étaient violents ou insubordonnés. Désormais le gouvernement prit tous les siens sous sa protection; il n'abandonna plus aucun agent à ces plaintes individuelles qui leur ôtaient toute force morale. Quand un citoyen eut à faire entendre des griefs contre l'autorité, il dut s'adresser aux supérieurs et non au public; après tant de désordre et d'anarchie, il fallait donner aux fonctionnaires le sentiment de leur force; il fallait montrer que le gouvernement avait sa grande unité, et qu'il

---

[1] Constitution de l'an VIII.

ne formait qu'un ensemble sous une volonté puissante.

Une vaste organisation résulta de cette loi du 28 pluviôse an VIII, et de ce règlement judiciaire, qui plaça les tribunaux dans une hiérarchie si parfaite. Une disposition plus avancée encore, montra le retour vers les idées sociales : ce fut le rétablissement des charges, tentative vers les corporations qui rappelaient les traditions monarchiques ; on créa des charges d'avoués et d'huissiers, comme commencement du système qui tendait à incorporer les professions, pour garantir leur responsabilité. L'Assemblée constituante, dans ses idées aventureuses, avait proclamé la liberté des professions et l'abolition des charges ; il en était résulté un pêle-mêle, une confusion qui menaçait la sécurité publique ; sous le titre de *défenseurs officieux*, toute personne sans études, sans travail, pouvait se présenter devant les tribunaux ; comme il n'y avait pas d'esprit de corps, il n'y avait pas non plus cette responsabilité morale qui résulte de la surveillance. Le Consulat osa vigoureusement bouleverser ces utopies ; il vit que la société ne pouvait exister sans corporations ; il n'osa point affronter complétement les déclamations de la vieille école des encyclopédistes sur la liberté absolue [1]. Il ne fit qu'un premier pas, mais il était immense ; il disait assez

---

[1] Les premiers cautionnements n'étaient pas très élevés ; voici par exemple ceux à fournir par les notaires. Ils sont fixés, savoir : — 1° pour ceux habitant dans les chefs-lieux de département : dans les villes de cinq mille âmes et au-dessous, 1,000 fr. ; dans celles de cinq mille à dix mille âmes, 1,200 fr ; dans celles de dix mille à vingt-cinq mille âmes, 1,500 fr. ; dans celles de cinquante mille à cent mille, 3,000 fr. ; dans celles de cent mille âmes et au-dessus, 4,000 fr. ; dans la ville de Paris, 6,000 fr. — 2° pour les notaires habitant dans les chefs-lieux d'arrondissement communaux : dans les villes de cinq mille âmes et au-dessous, 600 fr. ; dans celles de cinq mille à dix mille âmes, 800 fr. ; dans celles de dix mille à vingt-cinq mille âmes, 1,000 fr. ; dans celles de vingt-cinq mille à cinquante mille âmes, 1,500 fr. ; dans celles de cinquante mille à cent mille âmes, 2,000 fr. ; dans celles de cent mille âmes et au-dessus, 3,000 fr. — 3° pour les notaires habitant dans les autres villes, ou dans les

qu'en matière de gouvernement on cesserait d'avoir ce respect superstitieux pour les théories des rêveurs qui avaient bouleversé les habitudes et les garanties publiques. Cette idée de charges et de corporations germa puissamment ; elle donna lieu à la mesure des cautionnements pour certaines fonctions publiques, idée qui devint tout à la fois un moyen de finance et une immense garantie pour les transactions individuelles [1]. Charges, cautionnements, corporations, telles furent les trois idées qui semblent dominer le gouvernement consulaire dans l'organisation administrative de la société.

Une troisième branche de gouvernement, les finances, fut également l'objet d'une organisation à part; ce service public passa de l'arbitraire appauvri à un système régulier parfaitement combiné. Comme il y avait un préfet par département, il y eut également un receveur-général chargé de toutes les recettes, et dans chaque arrondissement se trouvait aussi un receveur particulier des finances qui versait les revenus à mesure de leur recouvrement dans la caisse centrale. Toute la comptabilité fut soumise aux règles simples du commerce ; un grand livre en parties doubles fut ouvert à toutes les opérations du trésor, de manière qu'on pût savoir au jour le jour quelles étaient les ressources pour l'exercice courant. Les recettes générales furent également

---

campagnes, bourgs et villages : de cinq mille âmes et au-dessous, 400 fr.; de cinq mille à dix mille âmes, 600 fr.; de dix mille à vingt-cinq mille âmes, 800 fr. ; de vingt-cinq mille âmes et au-dessus, 1,200 fr. (Loi du 26 février 1800).

[1] On fut très sévère pour le cautionnement :

Art. 3. Les cautionnements seront versés au trésor public; le paiement en sera fait, un quart en numéraire, dans le mois à compter de la publication de la présente, et le surplus, en trois obligations d'égales portions, payables de trois mois en trois mois.

Art. 4. Les fonds provenant des cautionnements sont mis à la disposition du gouvernement pour être employés aux dépenses de l'an VIII.

ment un moyen de banque pour le gouvernement ; on choisit presque toujours des hommes de fortune et de situation sociale qui pussent mettre leur crédit à la disposition de l'État. Comme les recettes étaient calculées d'avance, chaque receveur-général devint le prêteur de l'État par les avances qu'il put lui faire et les billets qu'il souscrivit. A leur tour, les receveurs d'arrondissement, les agents subalternes du trésor, souscrivirent des traites à l'ordre des receveurs-généraux ; ce qui établit un service public de banque, dont le trésor disposa largement ¹, vaste rouage financier soumis à un contrôle, à une vérification incessante, par la création d'un système d'inspecteurs et de contrôleurs qui ne permettait plus les dilapidations des fonctionnaires.

Tout devint fortement centralisé sous le Consulat ; la constitution de l'an VIII, admirable comme dictature politique, s'appuya sur les lois organiques et l'administration des tribunaux. Ces actes furent la réalisation de puissantes idées de gouvernement ; l'édifice fut complet ; rien ne se plaça en dehors de l'action consulaire ; tout dépendit du pouvoir et marcha sous une commune influence ; et, ce qu'il y a de merveilleux, on proclama partout le principe de la souveraineté des masses tandis qu'on mettait le peuple absolument en dehors ; c'est qu'en effet il y a plus du peuple qu'on ne croit dans le despotisme ! Les empereurs de Rome, Auguste, Tibère, ne se proclamèrent les maîtres absolus du sénat

---

Art. 8. Tout citoyen qui n'aura pas satisfait, dans le délai fixé, au paiement de son cautionnement, ne pourra continuer l'exercice de ses fonctions, sous peine de destitution, s'il est employé des régies et administrations, et, quant aux notaires, d'une amende égale à la moitié de la somme fixée pour le cautionnement, et, en cas de récidive, d'une amende égale au montant du cautionnement (Loi du 26 février 1800).

¹ M. Gaudin a publié, sous la Restauration, l'exposé détaillé de toute son administration de finances pendant le Consulat. Je l'ai employé dans ce travail.

et de la ville éternelle que parce qu'ils se disaient les héritiers de la démocratie et des assemblées du Forum ; ils avaient succédé au peuple et par conséquent à sa toute-puissance. Ainsi disait César au sénat ; ainsi disait Bonaparte aux assemblées politiques. L'organisation administrative du Consulat a fait longtemps la force de la société ; elle partait d'une idée entièrement opposée à celle qu'avait proclamée l'Assemblée constituante ; l'une produisit le désordre, l'autre l'ordre trop absolu et trop obéissant : dans la loi de pluviôse an VIII, tout fut sacrifié à l'unité ; dans la Constituante, tout avait été donné aux masses.

Il se formait donc une réaction immense contre les idées de 1789 ; la monarchie, dans ses jours les plus absolus, n'eut rien de comparable à cette hiérarchie de fonctionnaires saisissant la société par toutes ses faces, la gouvernant en dehors de toute expression libre et populaire : on ne trouvait plus de priviléges ou de franchises ; nulle résistance, aucun corps qui pût présenter un obstacle à l'action incessante de l'administration publique ; avec une dépêche télégraphique on put mettre toute l'action administrative en mouvement ; avec un ordre on put remuer tous les fonctionnaires.

Cette force vint non seulement du caractère si énergiquement trempé du premier Consul, mais encore de la fusion de deux écoles qui dominèrent sous le Consulat ; la première fut composée de Jacobins réunis à Bonaparte par des positions politiques ou d'autres liens de gouvernement ; or, les Jacobins étaient passés maîtres dans tout ce qui tenait à la force d'action politique ; quand donc ils se rattachèrent au Consulat, ils le firent en lui apportant leur despotisme démocratique. La seconde école était composée des monarchistes qui avaient souvenir des formes et des conditions du vieux régime. Il résulta donc de cette fusion des deux écoles, la dictature administrative la plus complète, l'édifice le plus remarquablement uni, qui rattacha au pouvoir la France agitée par la Révolution, comme l'on voit ces barques vivement secouées qu'une chaine de fer lie fortement à la puissante tour du rivage!

CHAPITRE IX.

BONAPARTE AUX TUILERIES.

Départ du Luxembourg. — Cortége du Consulat. — Distribution des appartements aux Tuileries. — Pensées du Consul dans le palais des rois. — Sa famille. — Sa mère. — Joseph. — Lucien. — Les sœurs du Consul. — Madame Bonaparte. — Les aides-de-camp. — Réceptions. — Causeries. — Les femmes. — Costumes. — Étiquette. — Les revues aux Tuileries.

Février et avril 1800.

Un arrêté des Consuls fixait pour siége du gouvernement les Tuileries. La pensée de Bonaparte allait haut et droit à ses desseins; comme il rêvait un grand pouvoir, il ne craignait pas de jeter les yeux sur le vieux château des rois de France. Depuis longtemps le Consul faisait travailler aux appartements des Tuileries; les ameublements usés étaient restaurés; des tentures aux dessins brillants, des bronzes, des dorures selon le goût des artistes italiens et les souvenirs d'Égypte, étaient placés dans ces vastes pièces qui servaient autrefois de salle aux gardes et de vestibules aux royaux appartements [1]. Bonaparte visitait souvent les travaux qu'on faisait pour lui, effaçant les traces du gouvernement révolutionnaire dont la Convention avait laissé l'empreinte profonde jusque dans les

---

[1] Bonaparte, avant de s'installer aux Tuileries, allait voir si tout ce qu'il avait ordonné était exécuté. Voyant la grande quantité de bonnets rouges que l'on avait peints sur les murs, il dit à M. Lecomte, alors architecte des Tuileries : « Faites-moi disparaître tout cela; je ne veux pas de pareilles saloperies. »

(Témoignage contemporain.)

galeries de Diane si précieusement ornées par les Médicis, et le pavillon Marsan aux lambris dorés. Lorsque la constitution fut promulguée, le Consul n'hésita pas un moment à prendre possession du palais qu'il rêvait dans les joies de son orgueil; il voulut même donner à cette installation des autorités constituées, un caractère grave et solennel : un cortége nombreux dut précéder la marche des Consuls aux Tuileries [1]; des fanfares de musique militaire, le beau corps des guides caracolant, la garde des Consuls en magnifique uniforme, la voiture consulaire à six chevaux blancs, souvenir du traité de Campo-Formio, quelques rares voitures encore; puis des fiacres dont on avait caché les numéros afin de donner plus de pompe au cortége; et ce fut pourtant avec cet appareil que Bonaparte entra, pour la première fois, dans le palais des Tuileries.

Les acclamations furent grandes sur son passage; l'o-

[1] Bonaparte partit à une heure précise du Luxembourg. On avait réuni 3,000 hommes d'élite, parmi lesquels on remarquait surtout le superbe régiment des guides. Tous marchaient dans le plus grand ordre ayant leur musique en tête. Les généraux et leur état-major étaient à cheval, les ministres dans leurs voitures, à peu près les seules un peu remarquables qu'il y eût alors à Paris; car on avait été obligé, pour transporter le conseil d'état en corps, d'avoir recours à des fiacres, dont on avait seulement eu soin de recouvrir le numéro avec du papier de la même couleur que le fond de la caisse. La voiture seule du Consul était attelée de six chevaux blancs; Bonaparte portait ce jour-là le sabre magnifique que l'empereur François lui avait donné, après le traité de Campo-Formio. Le premier Consul, ayant à sa gauche Cambacérès, et M. Lebrun étant sur le devant de la voiture, traversa ainsi une partie de Paris, en suivant la rue de Thionville et le quai Voltaire jusqu'au pont Royal. Partout sa présence fit éclater des cris de joie. Depuis le guichet du Carrousel jusqu'à la porte des Tuileries, la garde des Consuls formait la haie. Deux corps de garde avaient été construits, l'un à droite, l'autre à gauche de la grille du milieu; on lisait sur celui de droite : *Le 10 août 1792.—La royauté en France est abolie, elle ne se relèvera jamais !* Les troupes s'étaient rangées en bataille dans la cour; aussitôt que la voiture des Consuls se fut arrêtée, Bonaparte en descendit rapidement et monta à cheval, passa les troupes en revue pendant que les deux autres Consuls étaient montés dans les appartements, où les attendaient le conseil d'état et les ministres Un grand nombre des dames portant le costume grec avec élégance, occupaient, avec madame Bonaparte, les fenêtres du troisième Consul, au pavillon de Flore. De toutes parts il y eut un

pinion publique était pour le Consul, parce qu'il ramenait les formes monarchiques; autant il est difficile de violenter l'esprit d'un pays et de faire remonter les opinions au point où elles ne voulent pas aller, autant il est aisé de la conduire et de la dominer quand on marche avec elle; or, tout en France était constitué pour l'unité de pouvoir, et voilà ce qui aidait si puissamment le gouvernement de Bonaparte.

Cependant, arrivé aux Tuileries, le Consul vit bien avec sa sagacité habituelle que les opinions pourraient se blesser de ces pompes de rois ou de ces ostentations magnifiques qu'on avait déployées; il fallait quelques actes républicains pour en détourner l'effet. La mort de Washington retentissait au sein du nouveau monde et la nouvelle en était arrivée à Paris. Le Consul, pour rendre hommage aux vertus patriotiques du fondateur de la liberté américaine, ordonna un deuil général dans l'armée; il cessa seulement le jour de son installation aux

enthousiasme impossible à décrire ; on avait loué très cher des croisées sur la place du Carrousel, et on entendait crier comme d'une seule voix : *Vive le premier Consul!* Le premier Consul prolongea assez longtemps la revue, passa dans tous les rangs, adressa des paroles flatteuses aux chefs des corps; ensuite il vint se placer auprès de la porte des Tuileries, ayant Murat à sa droite, Lannes à sa gauche, et derrière lui un nombreux état-major de jeunes guerriers brunis par le soleil d'Égypte et d'Italie, et qui tous avaient pris part à plus de combats qu'ils ne comptaient d'années. Quand il vit passer devant lui les drapeaux de la quatre-vingt-seizième, de la quarante-troisième et de la trentième demi-brigade, comme ces drapeaux ne présentaient plus qu'un bâton surmonté de quelques lambeaux criblés de balles et noircis par la poudre, il ôta son chapeau, et s'inclina en signe de respect. Les troupes ayant achevé de défiler devant lui, le premier Consul monta d'un pied hardi l'escalier des Tuileries. Arrivé dans la salle, il reçut diverses présentations; Cambacérès et Lebrun ressemblèrent plutôt à deux témoins qu'à deux collègues. Le ministre de l'intérieur présenta les membres des autorités administratives de Paris; le ministre de la guerre, l'état-major de la dix-septième division militaire; le ministre de la marine, plusieurs officiers de cette arme, et l'état-major de la garde des Consuls fut présenté par Murat. La revue et les présentations furent suivies de grands dîners. Le premier Consul reçut à sa table les deux autres Consuls, les ministres et les présidents des grands corps de l'État. Murat traita les chefs de l'armée; et le conseil d'état tout entier, remonté dans ses fiacres à numéros couverts, alla s'asseoir à la table de Lucien. » (Récit d'un témoin oculaire.)

Tuileries; les tambours devaient être couverts d'un crêpe, les étendards voilés, les fanfares ne devaient plus se faire entendre, et des sons lugubres devaient remplacer les marches joyeuses de la victoire. Le Consul avait encore ici ses desseins; Washington était mort simple citoyen, sans presque aucune fortune, dans une terre modeste, en dehors de tout projet ambitieux; en célébrant cette fête funèbre en l'honneur d'un tel homme, le Consul semblait dire qu'il n'allait s'installer aux Tuileries que pour glorifier la première fonction de l'État; le jour où le pays lui ôterait sa confiance, Bonaparte, comme Washington, se retirerait modestement du tourbillon des affaires; et si l'un avait choisi sa terre de Virginie, l'autre n'aurait-il pas la Malmaison [1] ?

Le Consul occupa dès son arrivée les appartements de Louis XVI, sans hésitation et sans crainte; il parlait de Washington, et marchait droit à la couronne; profondément dissimulé, il ne laissait apercevoir son projet que goutte à goutte, tant il craignait de heurter le parti républicain qui le surveillait attentif; en politique il ne faut pas envahir tout d'un coup : marcher lentement c'est l'habileté. A son arrivée aux Tuileries, Bonaparte y passa la revue avec ces soins minutieux et cette sollicitude qui lui gagnait le cœur de l'armée; simple, modeste en son costume, il se montra sur le cheval de bataille qu'il avait ramené d'Égypte. Le soir, que de ré-

---

[1] Voici l'ordre du jour qui fut fait pour la troupe :

« Washington est mort. Ce grand homme s'est battu contre la tyrannie, il a consolidé la liberté de sa patrie. Sa mémoire sera toujours chère aux Français, comme à tous les hommes libres des deux mondes, et spécialement aux soldats français, qui, comme lui et les soldats américains, se battent pour la liberté et l'égalité. En conséquence, le premier Consul ordonne que, pendant huit jours, des crêpes noirs seront suspendus à tous les drapeaux et guidons de la République. » (Ordre du jour adressé à la garde des Consuls et à l'armée.)

flexions ne durent pas naître dans son esprit; il était dans le palais des rois! il n'y avait pas cinq années encore qu'il végétait pauvre officier en retraite dans les rues de Paris, cherchant un état et une destinée; aujourd'hui il était Consul, et, comme César, il pouvait tout dans cette France qui se donnait à lui; la patrie semblait déposer en ses mains la toute-puissance. Dans cet appartement où il reposait sa tête, sur cet oreiller où Louis XVI avait dormi avant d'aller au Temple, puis à l'échafaud, lui Consul, se trouvait jeté par ce jeu terrible des révolutions, qui aurait pu naguère aussi proscrire le général Bonaparte au conseil des Cinq-Cents, et le mettre hors la loi; maintenant le Rubicon était passé, la fortune prononçait sur ses destinées. Le sommeil dut être troublé par plus d'une image; mais la crainte ne laisse pas d'empreinte sur les caractères de bronze; c'est le souffle sur la lame d'acier [1].

Qui devait être plus frappé encore de cette situation nouvelle? C'était la famille du premier Consul; par combien de secousses n'était-elle pas passée? combien de transes n'avait-elle pas subies? et avec cela quel admirable concours, quelle douce harmonie n'avait point présidé aux rapports du foyer; Bonaparte devait beaucoup à tous les siens; il avait trouvé dans Joseph et

---

[1] Le palais des Tuileries est occupé ainsi qu'il suit : « Le premier Consul habite toute la partie comprise entre le pavillon de Flore et celui de l'Unité. Les appartements du rez-de-chaussée, du côté du jardin, sont destinés à madame Bonaparte, et ceux du côté du Carrousel aux bureaux. Cambacérès occupera la partie où était la Convention, et en attendant que les réparations convenables soient terminées, il est à l'hôtel d'Elbeuf. Lebrun jouit de tout le pavillon de Flore. Le conseil d'état siège provisoirement dans une partie de la grande galerie, ci-devant les Archives, à côté de l'appartement de Bonaparte. On lui prépare une salle dans celle que la Convention consacrait aux conférences. Quant au pavillon du centre, anciennement la salle du Concert spirituel, il est redevenu ce qu'il était en 1792, c'est-à-dire, la salle des gardes. » (Récit d'un témoin oculaire.)

dans Lucien plus que des frères; pendant sa campagne d'Égypte ils ne s'occupaient que de lui, toute leur sollicitude se rattachait à la destinée du général qui faisait leur orgueil et leur force; mère, frères et sœurs s'étaient dévoués comme dans la famille corse où tout se partage en haine et en amour; aussi les frères et les sœurs de Napoléon avaient conçu une sorte de jalousie contre madame de Beauharnais, la femme de Bonaparte, Eugène son fils et Hortense sa jeune sœur. Indépendamment d'une répugnance née de la position, les Bonaparte ne pardonnaient point à Joséphine ses légèretés qui compromettaient l'honneur de leur frère, le patrimoine commun : comment une femme était-elle assez vulgaire pour oublier, par un sensualisme nonchalant et créole, le héros d'Italie et d'Égypte; cet éloignement des Bonaparte pour la famille des Beauharnais, ne fut pas une des causes les moins graves des ennuis de Napoléon [1].

L'aîné des frères Bonaparte, Joseph, homme de sens, avec un cœur franc et droit, n'était point un esprit supérieur; rien ne portait en lui l'empreinte qui marquait d'un laurier impérissable le front de son puîné. Joseph, le conseil de la famille, et qui avait fermé les yeux à son père Charles Bonaparte, exerçait cette sorte de droit d'aînesse que la loi romaine a légué à toute la législation méridionale; admirable protection de la famille, car lorsque le père meurt, l'aîné le remplace avec son autorité, et sa protection attentive et souveraine sur le foyer domestique! C'est ce droit qu'avait exercé Joseph; plus d'une fois Napoléon lui avait écrit pour calmer les grands soucis de sa vie; c'était son ami domestique dans les

---

[1] Les mémoires contemporains en parlent sans cesse.

plaintes qu'il lui avait confiées sur Joséphine [1]. Le caractère si doux de Joseph, sa modestie ingénue, lui permettaient une résistance qui ne blessait en rien son frère, et lui inspirait confiance. Plus tard Joseph fut nommé au conseil d'État pour donner à ce corps un gage d'égalité et d'estime [2].

Lucien, comme on l'a vu, avait rendu un immense service à son frère; il l'avait sauvé au 18 brumaire, et le ministère de l'intérieur lui fut confié pour plus d'un motif; Lucien avait une intelligence bien plus large, bien plus hardie que Joseph, il n'avait rien de timide ni de soumis; le sang de Napoléon était dans ses veines. Comme il avait rendu de grands services, il parlait à son frère avec netteté et franchise; expression des opinions patriotiques, Lucien disait ce que voulaient les Républicains, et souvent avec une parole hautaine, inflexible; or, le Consul aimait les caractères à ménagements, il avait antipathie pour toute résistance, il brisait les esprits qui avaient tendance à le dominer. Puis, ce fut un des vices de cœur de Napoléon, il frappait tous ceux qui avaient trop contribué à sa fortune; leur présence l'importunait, leur souvenir lui faisait mal; lui si grand ne voulait jamais avoir touché la terre, il semblait parti d'une région supérieure où nul mortel n'avait pu atteindre, on pouvait l'avoir suivi, mais nul ne l'avait poussé. Déjà des querelles assez vives s'engageaient entre le Consul et le ministre de l'intérieur, et on parlait de Lucien comme d'un exilé que Napoléon voulait rejeter loin de la patrie par une riche ambassade en Espagne [3].

---

[1] Voir sa correspondance d'Égypte.
[2] Sa nomination est de brumaire an VIII.
[3] Cette ambassade lui fut confiée dans le printemps de 1800.

Louis et Jérôme, bien jeunes encore, étaient destinés comme dans les familles de gentilshommes, l'un aux armées, l'autre à la marine; le Consul voulait tout embrasser par sa race, et donner des chefs à tous les services : le conseil d'état à Joseph, le ministère à Lucien, l'armée à Louis, les flottes à Jérôme. Ce vaste plan était au-dessus de la portée de tous les Bonaparte; l'intelligence supérieure, Napoléon, fut obligé de traîner après lui tous les siens, et alors même qu'il les faisait rois, il imprimait plus de faiblesse à son gouvernement. La tête tournait à tous ceux qu'il plaçait si haut.

La veuve de Carlo Bonaparte, cette digne mère qui avait pris soin de toute sa famille, franchit avec une sorte d'effroi le seuil des Tuileries pour saluer son fils, premier magistrat de la République; femme prévoyante et d'une raison droite et ferme, elle ne partageait pas les illusions que les jeunes membres de sa famille pouvaient se faire en voyant la fortune prodigieuse de Napoléon; elle tremblait pour ce qui était placé si haut; dans ses rêves de malheur, dans sa superstition de mère, elle semblait voir tous ses enfants montés sur des échasses, exécutant devant elle, comme une danse fantastique qu'un premier coup de fortune pouvait faire évanouir; et ce que l'on traitait comme une vision, devint pourtant une réalité fatale.

Les belles-filles de madame Bonaparte ne prétendaient pas encore à des partis souverains; Marianna qui avait pris alors le nom plus poétique d'Élisa, avait épousé M. Bacciochi, ancien officier au régiment Royal-Corse; élevée à l'école royale de Saint-Cyr, Élisa possédait d'excellentes manières, de l'esprit et une éducation avancée; à l'époque où le mariage fut contracté, M. Bacciochi était un bon parti pour Élisa, car sa famille était de

noblesse, et Bonaparte approuva le mariage de sa sœur[1]
Pauline, aux traits si magnifiques, à la physionomie romaine, comme on la voit sur les marbres de Canova, était promise au général Leclerc, l'un des compagnons d'armes de Napoléon. Il restait une dernière sœur, cette jeune fille, si aimante et si douce pour sa mère à Marseille ; alors de grands hommages l'entouraient ! Bonaparte, Consul, pouvait prétendre à tout ; il avait songé une fois à donner Carletta à Moreau, afin d'unir, par des liens de famille, son compétiteur au Consulat ; Moreau, froid et glacial, ne put plaire à la jeune fille ; elle préféra Murat, au panache flottant, chef des guides de la garde consulaire, un des généraux les plus dévoués à Bonaparte, dans la journée du 18 brumaire. N'était-ce pas Murat qui avait ordonné aux grenadiers de marcher au pas de charge contre le conseil des Cinq-Cents dispersés ? La sœur du Consul fut la récompense de ce service ; Napoléon d'ailleurs donnait une fois encore un gage à l'armée, en élevant jusqu'à sa race un brillant officier sorti de la foule[2].

Ainsi était la famille du Consul, mais à côté d'elle et peu en harmonie avec les frères et sœurs de Napoléon, on voyait Joséphine, madame Bonaparte, avec ses deux enfants dont j'ai parlé, Eugène et Hortense, qui l'entouraient de leurs soins et de leur amour. Le Consul était homme de ménage, il avait de petites idées à côté de grandes conceptions ; il se renfermait trop dans ce caquetage domestique, qui faisait descendre ses investigations jusqu'aux plus puériles vulgarités. On a beaucoup parlé de Joséphine,

---

[1] Le mariage d'Élisa avec M. Bacciochi fut célébré à Marseille, le 1er mai 1797.
[2] Le mariage de Murat et de Caroline, fut célébré encore au Luxembourg. Bonaparte lui donna 30,000 francs de dot, et un collier de diamants, appartenant à Joséphine, pour cadeau de noces ; plus tard, la dot fut grandie de la couronne des Bourbons de Naples. Ainsi marchaient alors les fortunes !

de ses bontés, de sa grâce parfaite, et de tout ce qu'elle fit pour la fortune de Napoléon. Je n'aime point ce caractère de femme sensuel et nonchalant, cette bonté qui se laisse aller à tout et pour tout; un homme, à la taille de Napoléon, méritait un amour hautain et exclusif; placé dans un sanctuaire, et fier de sa destinée, ce sentiment exalté ne devait jamais descendre jusqu'à des caprices de femme.

Le caractère de Joséphine se ressent de sa vie primitive et des étranges facilités du salon de Barras; sa bonté tenait précisément à cet abandon de femme, qui a toujours tout pardonné, parce que ses faiblesses avaient laissé à son cœur une empreinte molle et fade. Joséphine ne comprit jamais un moment Napoléon, elle l'eût préféré en brillant kolbach, avec des papillottes pendantes et en bel uniforme de guide. Ce caractère sévère et antique, ce front haut et découvert, ces rares cheveux que la pensée avait laissés sur le crâne dépouillé, comme les branches brisées par l'ouragan, ne plaisaient pas à cette femme qui vivait mollement aux Tuileries comme dans son habitation de la Martinique, alors qu'elle passait sa douce existence au milieu des fleurs suaves et des colibris des grandes savanes. Eugène, son fils, suivait la carrière du vicomte de Beauharnais; il avait hérité de son épée et la maniait avec gloire dans les guides du premier Consul; et quant à Hortense, encore au pensionnat, elle recevait de madame Campan cette éducation moitié grecque, moitié française, qui faisait de si étranges femmes.

Pouvait-il en être autrement au milieu d'une cour toute militaire, composée de jeunes et brillants officiers; Napoléon avait entouré sa personne d'un état-major de jeunes hommes; le premier Consul, à trente-un ans lui-même ne pouvait pas prendre pour ses aides-de-camp des généraux vieillis déjà, et ceux-ci d'ailleurs n'auraient pas souffert l'obligation de servir sa personne en dehors de l'armée. De là il était résulté que le Consul n'avait pris autour de lui que des aides-de-camp dévoués et prêts à se faire tuer pour leur général; ils se distinguaient par leurs manières, par leurs brillants uniformes, par leur tenue presque chevaleresque. C'étaient les courtisans du Consul, les hommes de sa confiance, ceux à qui il donnait les missions les plus délicates; d'une éducation plus soignée, d'une forme plus aimable, leurs succès étaient grands parmi les femmes; on citait leurs bonnes fortunes comme celles des gentilshommes sous le vieux régime. Les caractères changent peu dans la marche des temps; ce qui se produit à toutes les époques est le résultat de l'esprit français; les noms se modifient seulement, et sous le Consulat on appela aides-de-camp les imitateurs de ces valeureux gentilshommes qui, sous Louis XIV, tout garnis de rubans, portaient les fascines de siége en chantant, comme s'ils allaient à une fête.

Les principaux aides-de-camp étaient Junot, soldat courageux, esprit sans grande portée, qu'une voix amie et tendre n'a pu transmettre à la postérité dans le cadre brillant de l'école impériale; c'était un ami du Consul, un de ces officiers qui ne vivaient que pour leur général. Marmont, aide-de-camp de Bonaparte, était bien plus remarquable que Junot; esprit sérieux, mélancolique, il semblait porter déjà sur son front cette destinée qui le proscrivait partout, et qui le rendit victime de si étranges fatalités; Marmont était un des officiers les plus braves et les plus distingués de l'armée. Les autres aides-de-camp de Bonaparte étaient Duroc, dont j'ai eu occasion de parler déjà; Lemarrois, digne officier sur un champ de bataille. On remarquera que le Consul avait surtout choisi des hommes d'éducation et de manières pour les élever au titre d'aides-de-camp; il se séparait autant qu'il le pouvait des formes républicaines, de ces grossièretés d'officiers que la Révolution avait introduites sous la tente. Napoléon se souvenait de l'ancienne armée des gentilshommes, quand il servait lui-même à Brienne ou dans le régiment Lafère artillerie; il croyait qu'on pouvait être brave dans la mêlée avec cette gracieuseté, cette élégance de manières qui constituaient l'officier français; ses aides-de-camp étaient des généraux modèles, pour la tenue et la recherche.

Il fallait bien ramener tout à des formes choisies, puisque le Consul ouvrait ses salons [1], et voulait enfin recevoir la bonne compagnie. Sous le Directoire il n'y avait pas précisément de réceptions dans le sens de la vieille société française; Barras avait chez lui du monde, et il donnait parfaitement à dîner; les vins étaient bons, les femmes jolies, les hommes spirituels; mais cela ne constituait pas un salon; il n'y avait rien de cette politesse affectueuse, de cette causerie qui garde son rang, de cette tenue facile et convenable qui caractérisait les grandes manières. Barras avait des dîners fins, des parties de plaisir; c'était de la régence, et le Consul voulait du Louis XIV; il ordonna donc à Joséphine d'ouvrir son salon [2], chose difficile; car, pour ouvrir un salon, il faut des gens qui le composent, et c'était là précisément ce qui manquait un peu à la Révolution.

---

[1] Le titre de *Madame* fut généralement rendu aux femmes, chez le premier Consul et dans les billets d'invitation qu'il leur faisait adresser.

[2] Madame Bonaparte occupait toute la partie du rez-de-chaussée, qui, depuis, fut également son séjour comme impératrice, et plus tard celui de Marie-Louise. A côté de son cabinet de toilette, était le petit appartement de mademoiselle de Beauharnais, composé de sa chambre à coucher et d'un cabinet de travail, tout au plus assez grand

Les salons du Consul offraient surtout la présence un peu tumultueuse des officiers qui l'avaient suivi à l'armée, la plupart jeunes encore, magnifiques sur un champ de bataille, à la face des canons, mais peu habitués à ces formes convenables et galantes qui seules doivent se montrer sous les lustres ; il y régnait un ton décidé, soldatesque, et la présence si grave du premier Consul n'arrêtait pas toujours ces propos des camps, si déplacés parmi les femmes et sous l'abri du toit domestique. Les fonctionnaires abondaient aussi dans les salons; hommes sérieux, distingués par l'esprit et par la science, mais la plu part peu habitués au monde.

Toutefois, lorsque la conversation s'engageait entre le premier Consul et quelques-uns de ces hommes supérieurs, une illumination soudaine paraissait tout à coup dans cette atmosphère d'intelligences et de capacités ; quand Bonaparte prenait Monge, Berthollet, Cabanis, Volney, Chaptal, dans une causerie d'intimité, rien n'était beau comme ces éclairs de génie qui sillonnaient ces fronts larges et blanchis; tantôt il promenait son imagination rêveuse sur les systèmes religieux ; il aimait à s'y arrêter, il se complaisait à suivre la marche des croyances primitives ; son cœur était plein de mysticisme ; son âme de Corse s'échauffait à l'aspect de la plus petite cérémonie

---

pour faire supporter l'odeur de la peinture à l'huile, lorsque ce même hiver, elle voulut faire le portrait de son frère. Les appartements de madame Bonaparte étaient meublés avec goût, mais sans aucun luxe ; le grand salon de réception était tendu en quinze-seize jaune. Les meubles meublants étaient en gourgouran, les franges étaient en soie, et les bois en acajou. Il n'y avait d'or nulle part ; les autres pièces n'avaient pas plus de richesses dans leur décoration; tout était frais et élégant. Au reste, les appartements de madame Bonaparte n'étaient destinés que pour les réunions particulières, et les visites qu'elle recevait le matin ; les grandes réceptions avaient lieu en haut. Il n'y avait encore ni chambellan, ni préfet du palais ; un conseiller d'état, ancien ministre de l'intérieur, M. de Benezech, était chargé de l'administration intérieure du palais (Récit d'un témoin oculaire.)

catholique; le son de la cloche qui tintait au loin, la vue des riches ornements du clergé, le chant des psaumes et des prières, tout produisait en lui une impression indicible; quand il amenait Cabanis, Volney, sur leur système philosophique, il leur exprimait ses émotions en style pompeux et oriental; aux yeux de ces matérialistes, il montrait les étoiles en s'écriant : « Qui a fait cela ? » Tout était suspendu dans les salons des Tuileries quand ces grandes conversations commençaient, et le premier Consul s'y montrait supérieur aux hommes mêmes qui passaient pour les causeurs les plus spirituels ou les plus sérieux [1].

Les femmes qui fréquentaient les Tuileries se ressentaient des temps qu'on venait de traverser; si Bonaparte excluait du palais les amies trop affichées du Directoire, les anciennes confidentes de Joséphine, il ne pouvait pas frapper du même interdit, les compagnes de ses frères d'armes, de ces généraux qui avaient combattu à ses côtés dans les grands jours de la Révolution française. La plupart de ces généraux s'étaient mariés en des temps glorieux pour eux, mais où les choix ne se faisaient pas

---

[1] Le Corps diplomatique fut reçu dans le salon des ministres :

« Le 2 ventôse eut lieu la première présentation du Corps diplomatique. Le conseiller d'état Benezech, chargé de l'administration intérieure du palais, introduisit les ministres étrangers dans le cabinet des Consuls où étaient les ministres, les conseillers d'état, le secrétaire et le secrétaire général des Consuls. Le ministre de l'intérieur les reçut à l'entrée du cabinet. Le ministre des relations extérieures les présenta au premier Consul. Le Corps diplomatique se composait des ambassadeurs d'Espagne et de Rome, des ministres de Prusse, de Danemarck, de Suède, de Bade et de Hesse-Cassel, des ambassadeurs des républiques Cisalpine, Batave, Helvétique et Ligurienne.

Voici ce qu'un agent disait sur la réception du Corps diplomatique.

« Le premier Consul, établi aux Tuileries et environné d'un faste imposant, reçoit enfin le 21 février, à la manière des souverains, les ambassadeurs des puissances amies, et renvoie à ses ministres les lettres de créance, présentées à lui seul par le marquis de Musquitz, le baron de Sandoz-Rollin, le prince Justiniani, envoyés de Madrid, de Berlin et de Rome, ainsi que par les agents diplomatiques ou commerciaux des autres puissances. »

avec une entière distinction; beaucoup de ces femmes étaient mal apprises; elles auraient beaucoup mieux tenu une tente qu'un salon, et, parmi celles même qui étaient le mieux élevées, il se glissait un esprit de liberté, un ensemble de propos qui se ressentaient de la vie militaire. Quelques exceptions pourtant se faisaient remarquer; Bonaparte avait marié plusieurs de ses aides-de-camp à des filles de nom et de naissance, et dans les salons des Tuileries on distinguait quelques-unes de ces têtes blondes et roses, dont parle un peu trop souvent une de ces femmes de distinction, jeune alors elle-même, qui aime tant à dire les brillantes impressions d'une vie qui s'est douloureusement effacée [1].

On relevait tout cela par le costume, par des toilettes brillantes et trop riches peut-être pour le bon goût. Le premier Consul avait prescrit des costumes à toutes les fonctions; les sénateurs portaient des habits de velours brochés d'or; les tribuns les portaient en argent; les conseillers d'état avaient le frac de velours bleu clair, tandis que les Consuls portaient un costume de fantaisie ou l'uniforme écarlate à palmes rayonnantes d'or [1]. Les femmes avaient une toilette riche et un peu chargée; on voyait briller sur leurs têtes, dans leurs cheveux ou à leurs

---

[1] Madame d'Abrantès. — Bonaparte épura la société de Joséphine; une de ses anciennes amies, n'ayant point été prévenue de cette résolution, se présenta comme à l'ordinaire et la porte lui fut fermée. Voici de quelle manière la galanterie française rendit compte de cette aventure, en la publiant sous le nom d'anecdote romaine :

« La belle Sempronia, épouse de l'un des lieutenants que le grand César laissa en Égypte pour recueillir le fruit de ses victoires, voulut se présenter devant le vainqueur du Nil. L'aimable Sempronia possédait mille grâces, mille aimables qualités. Avec tant de ressources pour plaire, comment être fidèle à un époux absent depuis dix-huit mois? Des preuves irrécusables attestaient la faiblesse de Sempronia. Elle crut pouvoir néanmoins, en cet état, paraître devant l'ami de son époux. Non-seulement, César ne voulut point consentir à la voir, mais il ordonna à son épouse de lui fermer la porte. On sait que ce grand homme avait pour principe que la femme de César ne devait pas même être soupçonnée. »

ceintures, les diamants et les perles enlevés à plus d'une madone d'Italie et de Portugal; ici c'était la verte émeraude de la Cisalpine; là les pierres scintillantes de la république Ligurienne. La troupe des glorieux conquérants avait rapporté ainsi de chacune de ses campagnes, quelques trophées pour orner ce qu'ils avaient de plus cher au monde, la femme de leur amour.

Mais tous ces hommes si déplacés dans un salon, ces officiers dont la parole saccadée ressemblait à des éperons dans des dentelles, étaient magnifiques dans les revues, quand la trompette sonnait, et s'il fallait monter à cheval. Alors vous voyiez la cour des Tuileries s'emplir d'une foule enthousiaste; le premier Consul était à cheval; son corps amaigri portait un habit qui dessinait sa taille; penché sur son cheval, l'œil méditatif, il suivait la belle revue qui se déployait devant lui [2]. A ses côtés était le groupe de jeunes aides-de-camp où l'on distinguait Junot, dans son brillant costume de hussard, Murat tout empanaché, Beyssière à la figure si grave, Duroc élégant comme un gentilhomme; Marmont toujours triste comme s'il portait sa destinée dans ses traits; puis devant le Consul, les escadrons de ses guides qui caracolaient par pelotons; à leur tête était leur jeune capitaine de dix-huit ans, Eugène Beauharnais; une glorieuse poussière les couvre; ils sont précédés des gre-

---

[1] L'ordre des réceptions fut ainsi réglé. Les 2 et 17 de chaque mois, les ambassadeurs; les 2 de chaque décade, les sénateurs et les généraux; le 4, les députés au Corps législatif; le 6, le tribunal de cassation. Tous les quintidi, à midi, grande parade.

Une coutume instituée par le premier Consul, était celle d'un dîner de deux cents personnes, tous les dix jours. Ces dîners avaient lieu dans la galerie de Diane. Les invités étaient de toutes les classes, de tous les rangs. Le corps diplomatique était de ces réunions.

[2] Le beau tableau d'Isabey est ce qui reproduit le mieux cette revue. Le premier Consul avait près de lui à ces parades l'aide-de-camp de service, le ministre de la guerre, le général commandant la première division, et le commandant de Paris, puis le

nadiers de la garde des Consuls, et de quelques-unes de ces demi-brigades aux drapeaux criblés de balles, devant lesquels s'inclinait le Consul, rendant au courage un hommage mérité.

On voyait bien que le champ de bataille était le salon de cette génération glorieuse. Là les officiers sont à l'aise; populations nomades, ils ont besoin de caresser leurs chevaux et de caracoler dans la campagne; la poussière leur plaît; s'ils restent quelque temps sur des moelleux tapis, c'est afin de repartir plus impatients pour la conquête lointaine; ils baisent les pieds de leurs femmes, de leurs amantes, pour courtiser ensuite la grande passion de leur cœur : la guerre. On s'explique très bien alors cette espèce de ton militaire que cette génération des combats conserve auprès des femmes; Bonaparte en est le type; il ne voit jamais en elle le vêtement léger, le sentiment délicat, la destinée intime; pour lui la femme n'est que la cause d'un grand résultat, le principe de la population, et voilà pourquoi le Consul procède toujours par cette question : « Combien avez-vous d'enfants? » paroles fatalement significatives, si elles n'ont pas un sens de deuil dans la bouche d'un conquérant. A l'aspect des grandes batailles, plus d'une mère devait se demander ce que signifiait ces questions dures et mathématiques? Hélas! Bonaparte fouillait le sein maternel pour n'y voir que des conscrits. La condition des hommes qui s'élèvent au-dessus de l'humanité est souvent d'en oublier la douce voix, et quand le pied ne touche pas

---

commissaire ordonnateur, les commissaires des guerres attachés à la ville de Paris, enfin toutes les personnes auxquelles un ordre devait être immédiatement transmis, dans le cas où, dans le cours de son inspection, le premier Consul trouverait quelque chose à changer ou bien une amélioration à commander.

la terre, ou se sépare des faiblesses de l'âme. On prend tout comme une portion de la matière, comme des moyens pour arriver à l'inflexible résultat jeté devant soi par la destinée.

CHAPITRE X.

SITUATION MILITAIRE DE LA FRANCE ET DE L'EUROPE.

Les Russes. — Les Autrichiens. — Le Rhin. — Les Alpes. — L'archiduc Charles. — Mélas. — Kray. — L'armée de Condé. — Plan de campagne des Anglais et des Autrichiens. — Organisation consulaire de l'armée. — Choix des généraux en chef. — Moreau. — Masséna. — Brune. — Jourdan. — Bernadotte. — Institution militaire des armes d'honneur. — Idée de l'armée de réserve. — Berthier. — Général en chef. — Caractère de l'armée de réserve. — Nouvelles de l'armée d'Égypte. — Kléber. — Les Français sous Vaubois à Malte.

Janvier et avril 1800.

La bataille de Zurich, livrée sur une si vaste échelle, avait eu pour résultat de rejeter les Russes hors de ligne; la coalition ne pouvait que faiblement compter sur leur concours. Ces formidables grenadiers à l'aspect si inculte, alors en complète retraite, ne soutenaient plus la campagne des Autrichiens aux Alpes et au Rhin. Suwarow avait quitté les camps et portait ses dépits auprès de son souverain, Paul Ier. Il avait raconté la trahison de ces Allemands, la tête toujours pleine de bière et de vin capiteux; la haine du vieux Slave s'était librement exhalée contre la nation germanique; Suwarow avait fait voir au czar tout ce qu'il y avait de lâche dans cet abandon de la cause commune; indigné contre le cabinet de Vienne. Suwarow devinait ses projets ambitieux[1]; quoi! l'Autriche ne voulait pas rendre au pape les trois légations de Bologne, Ferrare et Ravenne; elle prétendait garder la ville d'Ancône, sous le prétexte que ces pays, cédés à la république Cisalpine, avaient cessé d'appartenir au souverain pontife. De plus, l'Autriche exigeait la remise dans ses mains d'Alexandrie et de Tortone, sous prétexte que la maison de Carignan les avait anciennement conquises sur le Milanais[2], et que ce n'était qu'un retour à la maison d'Autriche. Ces projets d'ambition séparaient de plus en plus la cour russe des intérêts allemands. Korsakow seul était resté à la tête des débris de l'armée de Paul Ier, naguère si formidable quand elle se présentait pour la première fois en Italie avec ses joies de conquête, expression d'une civilisation sauvage. Korsakow n'agissait plus de concert avec les Autrichiens, il attendait les ordres précis de son souverain pour prendre un parti; il se mettait en dehors de toute atteinte des Français.

Les Autrichiens seuls restaient donc en ligne, leur

---

[1] Aussi cherche-t-on à Vienne, à abaisser Suwarow.

« Suwarow est vraiment indéfinissable; mélange perpétuel de raison et de folie, on croit le saisir, il échappe et vous rejette par un trait aussi bizarre qu'inattendu, à mille lieues de toute utile investigation. Ce qu'on peut cependant conclure de ses propos sans suite, c'est qu'il faut remettre toutes choses sur le pied où elles étaient avant la Révolution française, renverser toutes les nouvelles républiques, rétablir les princes dépossédés, réfréner partout les idées révolutionnaires, punir tous les instigateurs de troubles, ne se permettre ni ne souffrir aucune usurpation, faire cesser le système des convenances, et y substituer une politique franche, généreuse, désintéressée. On l'écoute, on l'applaudit même, l'empereur, de très bonne foi; son ministère, parce qu'il a besoin de lui. Mais au fonds tout cela ne paraît ici que la parodie d'un vieux roman chevaleresque du moyen âge, un écart d'imagination, des paroles vaines et qui demeureront sans effet. » (Dépêche de Saint-Pétersbourg, octobre 1799.)

[2] Le comte Panin fait secrètement insinuer au comte Louis de Cobentzl, que les choses pourraient s'arranger s'il voulait déclarer, au nom de son souverain, que les trois légations de Bologne, Ferrare et Ravenne, ainsi que la ville d'Ancône, seraient rendues au pape, et le Piémont au roi de Sardaigne. A cette insinuation, qui eut lieu avant qu'on fût instruit de la capitulation d'Alexandrie, le ministre autrichien répondit : « Je n'ai aucun pouvoir pour donner, ni verbalement ni par écrit, une telle déclaration. Comment pourrait-

armée se composait de soldats d'élite qui avaient fait de longues campagnes sur les Alpes et le Rhin ; ces beaux régiments de grenadiers hongrois, les carabiniers du Tyrol, la grosse cavalerie si bien montée, une artillerie formidable, des trains militaires de toute espèce, composaient les ressources de l'archiduc Charles lorsqu'il se trouvait à la tête de l'armée autrichienne. Cette armée entraînait à sa suite des corps nombreux de Bavarois, des contingents wurtembergeois, unis à l'Autriche par suite d'une alliance de subsides conclue avec l'Angleterre. L'archiduc Charles repoussait toute idée de paix ; il avait formellement demandé l'entrée en campagne ; il avait écrit au corps germanique pour l'inviter à tenir ses contingents tout prêts, afin de se poser immédiatement en ligne ; l'archiduc s'exprimait très fortement sur cette nécessité parce qu'il craignait qu'on ne prît pour un premier pas vers la paix, l'avénement d'un nouvel ordre de choses en France [1].

Le théâtre de la guerre était porté en Italie, sur les Alpes, et en Allemagne, sur le Rhin ; la neutralité de la Suisse n'était respectée ni par la France, ni par l'Autriche ; ses montagnes devenaient un champ de bataille qui s'étendait au nord depuis les glaciers aux neiges éternelles jusqu'à la Forêt-Noire, et au midi jusqu'à Gênes par les Apennins. Les Alpes et le Rhin, ces deux magnificences

on exiger la remise des trois légations annexées par le traité de Tolentino à la république Cisalpine, que nous avons conquises ? C'est un juste dédommagement des frais de la guerre. Je ne doute pas que ma cour rende le Piémont au roi de Sardaigne, mais Alexandrie et Tortone, ayant été détachées du Milanais par les armes, doivent, par la même voie, rentrer sous la domination autrichienne. » (Dépêche de Vienne, novembre 1799.)

[1] Texte de la lettre adressée par S. A. R. l'archiduc Charles aux cercles antérieurs de l'empire.

Donaueschingen, le 4 décembre 1799.

« C'est par le sentiment de la plus urgente nécessité, que je me crois obligé de vous parler sur un objet et sur des dispositions dont il pourrait résulter un grand désavantage pour la cause commune de l'empire germanique. Je vois avec regret que sur les événements nouvellement arrivés en France, par lesquels le pouvoir suprême est passé dans d'autres mains, on fonde presque par

de la création, ces gigantesques œuvres servaient de limites aux armées belligérantes, et malheureusement en Italie, après des efforts inouïs, les troupes de Suchet, de Masséna et de Soult, avaient été obligées de s'acculer jusqu'aux pieds des petites Alpes sur la Corniche; la désolation et le pillage suivaient ces glorieux débris qui ravagèrent toutes les côtes de Gênes si magnifiques sous les orangers.

L'armée autrichienne avait eu longtemps pour chef l'archiduc Charles; le conseil aulique, en traçant le plan de la campagne, empêcha le jeune archiduc de développer la supériorité de ses talents; aussi, gêné dans ses mouvements, prétextant une maladie, demanda-t-il sa retraite momentanée. Ce fut un malheur pour la campagne autrichienne, et le commandement de l'armée allemande du Rhin fut alors confié à un militaire du premier mérite, le général Kray, qui servait dans les campagnes précédentes. Kray avait assisté à toutes les batailles des bords du Rhin et du Tyrol; possédant la confiance du soldat, il était de plus un gage donné à la confédération allemande. En Italie, ce fut encore M. de Mélas, vieillard aux cheveux blancs, comme les rois d'Homère, qui dut suivre les opérations. M. de Mélas ne manquait ni d'instruction ni de capacité; vieux

---

tout l'espérance déjà si souvent trompée d'une pacification prochaine, et que dans cette supposition prématurée, on croit même pouvoir différer la mise en activité du contingent et l'accomplissement de ces autres obligations constitutionnelles. Un cœur allemand, patriotique, et un esprit éclairé par tant de tristes expériences, ne peut absolument pas commettre une pareille imprudence. Cela nous priverait du seul moyen de conclure une paix prompte, à des conditions convenables et justes, et qui puisse être solide et durable. On ne doit absolument pas oublier la règle, qu'il faut se préparer vigoureusement à la guerre, quand on veut avoir la paix; et nous aurons cette dernière beaucoup plus tôt, et plus avantageuse, quand l'ennemi verra que nous sommes en état de continuer la guerre, dans le cas où il voudrait persister dans son ton impérieux, et prescrire encore une fois une paix qui entraînerait la honte et l'asservissement. »

Charles.

tacticien de la guerre de Sept ans, il avait commandé les Autrichiens sur la Sambre et il fut employé à l'armée d'Italie dès 1796. M. de Mélas s'était éminemment distingué aux batailles de Cassano et de la Trébia [1], où il avait battu Championnet avec une certaine hardiesse de mouvements; Mélas n'était point un officier vulgaire; seulement il n'avait pas la promptitude et l'activité qui distinguaient les généraux français. Lorsque l'âge glace les veines, qui peut manier l'épée? Comment Mélas, à soixante-seize ans, pouvait-il lutter contre cette génération de jeunes officiers sous un Consul de trente ans?

D'après les états officiels des archives de Vienne, l'armée de Kray contenait 107,000 hommes de braves troupes; presque toutes formées des régiments d'élite hongrois, tyroliens, bavarois, résignés comme les Allemands à marcher au feu sous les officiers qui tous n'avaient pas la même instruction et la même intelligence. Ces deux armées d'Italie et d'Allemagne offraient plus de 30,000 hommes de cavalerie en masse; elles s'appuyaient en Allemagne sur l'esprit public des populations, et en Italie sur le sentiment religieux et catholique qui n'était point favorable aux Français tout empreints de la philosophie du xviiie siècle. Si les cœurs de quelques nobles et de quelques marchands ou avocats avaient salué les Français, le tocsin des églises les poursuivait avec le peuple des campagnes. L'insurrection était partout contre le drapeau tricolore.

Le corps de l'armée de Condé servait dans les rangs des Autrichiens; il avait cessé d'être au service et à la solde de la Russie; l'Angleterre, qui employait tous les

---

[1] M. de Mélas était déjà général-major en 1793 et 1794, puis bientôt lieutenant feld-maréchal, il commanda sur la Sambre et dans le pays de Trèves, en 1795, sur le Rhin, et, en 1796, à l'armée d'Italie, dont il eut le commandement en chef.

auxiliaires, s'était engagée à fournir des subsides pour le corps de 10,000 hommes, qui servait sous le drapeau des Condés [1], comme elle avait également levé à ses frais une légion allemande; son but était facile à saisir. Par ces armées prises à sa solde, l'Angleterre exerçait une grande influence sur le centre de l'Allemagne et de la France; au cas d'une restauration, elle obtenait une puissante autorité morale sur le continent. L'armée de Condé se composait à peine de mille gentilshommes, et s'était recrutée particulièrement en Allemagne et en Suisse des hommes forts et propres à la guerre.

D'après le plan concerté entre l'Angleterre et l'Autriche, l'attaque vigoureuse devait venir de l'Italie. Au midi on devait s'emparer de Gênes, marcher sur Nice par la Corniche, sous le feu d'une flotte anglaise. Le Var une fois franchi, on pénétrait dans la Provence où des compagnies royalistes étaient prêtes à seconder une grande insurrection; un second corps d'armée appellerait les Sardes et les Piémontais sous les drapeaux de la royauté; puis Mélas traverserait les Alpes pour manœuvrer dans le Dauphiné. L'Angleterre s'était engagée à débarquer des armes dans la Vendée et le Morbihan; une insurrection éclaterait simultanément à Toulouse, à Caen, à Nantes, et dans le sein de la Bretagne et de la Normandie [2].

---

[1] Le prince de Condé annonça lui-même ce changement par un ordre du jour.

[2] En ce même temps Dumouriez proposait un autre plan au czar; il lui offrait de laisser agir les Autrichiens seuls en Italie et en Souabe, en y consacrant toutes leurs forces, tandis que 50,000 Russes se porteraient sur Mayence, et que 12,000 autres, joints aux 12,000 déjà sous les ordres du comte de Vioménil, et à 18,000 Danois soldés par l'Angleterre, chose secrètement convenue d'avance, débarqueraient en Normandie sur les points qu'il indiquerait, et que cette masse de 42,000 hommes effectifs marcheraient rapidement sur Paris, pour y proclamer le roi. Il ne demandait à rien commander personnellement, mais à tout diriger dans une province qu'il connaissait parfaitement, qu'il avait militairement explorée, et sur la défense de laquelle il avait fourni jadis des mémoires au gouvernement français.

Dans ce plan d'opérations, l'armée du Rhin ne jouait qu'un rôle secondaire, elle devait observer l'expédition française confiée à Moreau, pour qu'elle ne se portât pas au midi, où les Anglo-Autrichiens devaient agir avec plus d'énergie. Dans le Piémont, le corps de Condé devait arborer le drapeau blanc, et cela explique la persistance de M. de Mélas à s'emparer de Gênes, le point central de toutes les opérations, et alors protégé par Masséna.

Un officier supérieur de l'armée autrichienne donne les plus grands détails sur les opérations militaires; l'armée du général Mélas se composait de 117,000 hommes; sur ce nombre 60,000 avaient été destinés à chasser l'armée de Masséna de la rivière de Gênes, où elle occupait un espace de quarante-cinq milles sur la corniche, depuis Albenga jusqu'à Gênes, indépendamment des positions dans la montagne qui couvraient tous les points qu'elle occupait sur la côte. Le nombre de troupes composant l'armée française en Italie, n'était pas alors bien connu à Vienne. La droite était commandée par le général Miollis; le centre par le lieutenant-général Soult, et la gauche par le général Suchet. Le général Oudinot était chef de l'état-major. Or, le général Mélas ayant résolu de faire une attaque générale sur toute cette ligne, le général Ott, qui remplaçait M. de Klénau dans le commandement de la rivière du Levant, à l'est de Gênes, s'avança vers cette ville avec sa division renforcée des insurgents de Fontana-Buona, commandés par le général génois Oseretto. Il eut des succès le 6, et s'avança jusqu'à Guarto, à une lieue de Gênes. Le général Hohenzollern partit de Novi pour faire une fausse attaque sur la Bochetta, et distraire ainsi l'attention du général Masséna, tandis que le véritable objet de l'attaque était de couper la ligne de l'armée française à Savonne. C'est à cette attaque que présidait le général Mélas en personne. Trois divisions partirent d'Acqui à cet effet, se dirigeant sur Cairo et Sasello ; Castello di la Bona fut attaqué par le général Palffy, et Montenotte par le comte François de Saint-Julien. Ces deux positions furent enlevées à la baïonnette ; le régiment impérial de Newski s'y distingua d'une manière particulière. Le général Elsnitz qui devait attaquer Vado le 7, trouva ce poste évacué par l'ennemi qui s'était retiré à Finale. Dans le même temps une autre division de troupes impériales descendait la vallée du Tanaro pour se porter sur Albenga, et harasser la gauche de l'armée française dans sa retraite. Les Anglais devaient à la même époque commencer le bombardement de Gênes. Peu de manœuvres militaires, continue le bulletin du général Mélas, ont obtenu plus d'éloges jusqu'ici pour la conception du plan. Masséna a fait des efforts extraordinaires pour se tirer de la situation périlleuse où il se trouve, n'ayant plus de retraite ni par mer ni par terre, et se trouvant avec 15 à 20,000 hommes seulement, sans vivres, entouré en tête et en queue d'ennemis et d'insurgents, au point que treize jours après le commencement des hostilités, il n'avait point encore pu donner directement de ses nouvelles à Bonaparte. Par ce déploiement de forces, M. de Mélas espérait arriver sur le Var.

Le plan des Autrichiens était parfaitement connu du premier Consul ; il résolut donc une campagne militaire assez grande pour sauver le territoire et illustrer les premiers mois de son gouvernement. Le 18 brumaire était le triomphe du parti soldat, des hommes de guerre sur les avocats et les tribuns ; d'où la nécessité pour le Consul de préparer une guerre tellement éclatante, un succès si décisif, que de tels événements servissent à consolider l'honneur et la supériorité de l'armée française; il avait renversé les Conseils, créé sa dictature; le dictateur devait vaincre, c'était pour lui une obligation impérative, un devoir de situation.

Ici Bonaparte se montra d'une habileté peu commune dans le choix de tous les généraux chargés de la noble mission de délivrer la patrie. On se rappelle qu'au moment du Consulat des ambitions ardentes s'étaient manifestées parmi les chefs qui commandaient les armées. Tous n'avaient pas également salué le pouvoir de Bonaparte; Bernadotte, Augereau, Jourdan, Moreau, n'avaient pas les opinions, les sentiments et les espérances du Consul; sa destinée soulevait des jalousies; Bonaparte oublia, au moins officiellement, les oppositions qu'il avait rencontrées dans ses compagnons d'armes. Comme la France était en péril, il choisit ceux qui pouvaient le mieux la défendre, les capacités les plus incontestées; il avait déjà désigné Bernadotte pour présider le conseil d'état, section de la guerre, sorte d'hommage rendu à son administration antérieure; le Consul lui confia ensuite le commandement de l'armée d'Angleterre, qui devait agir sur les côtes dans la crainte d'un débarquement. Bonaparte était alors trop faible, trop incertain dans son pouvoir, pour oser ces sortes de persécutions qui auraient manifesté trop ouvertement les souvenirs du 18 brumaire; il pouvait les garder au cœur, mais le temps n'était pas encore venu de laisser parler haut les haines et les ressentiments.

Quant à Moreau, il lui confia, comme à la plus forte capacité militaire, le commandement de l'armée principale qui devait opérer sur le Rhin, avec ce noble cortége de généraux instruits, l'élite de l'armée : Dessolles,

Gouvion-Saint-Cyr, Lecourbe, Sainte-Suzanne, Lahorie; Moreau fut placé à la tête des belles légions qui déjà plusieurs fois avaient vu le Rhin et le Danube. Le plus savant état-major se montrait à l'armée du Rhin; l'histoire n'a jamais présenté peut-être le spectacle d'une telle réunion de capacités militaires; cet état-major n'avait rien de commun avec celui de l'armée d'Italie; ce n'étaient pas seulement des généraux sabreurs qui ne savaient que la vie des camps; quelque chose de plus élevé brillait là sous les tentes; ces généraux avaient plus que la science de la guerre. Aussi ce fut un grand honneur d'avoir servi à l'armée d'Allemagne sous Moreau, et Bonaparte en fut plus tard jaloux; il ne lui pardonna jamais cette gloire.

Le Consul confiait à Brune la répression des troubles de l'Ouest, qui prenaient un caractère alarmant; Augereau recevait le commandement en chef de l'armée de Hollande, appelée à seconder Moreau dans ses opérations en Allemagne; Augereau devait obéir au commandant en chef de l'armée du Rhin, car Bonaparte ne lui eût jamais confié la direction supérieure d'une campagne; il ne lui croyait pas assez de capacité. Pour Augereau le Consul se montrait généreux en oubliant son opposition secrète au 18 brumaire [1]. Enfin, on laissait à Masséna, aux généraux Suchet et Soult, la défense des Alpes méridionales. Bonaparte se proposait d'aller prendre bientôt en personne le commandement d'une armée

---

[1] Voici la lettre de Bonaparte à Augereau. « Je vous ai nommé, citoyen général, au poste important de commandant en chef de l'armée de Batavie. Montrez que vous êtes au-dessus de toutes les misérables divisions de tribune. La gloire de la République est le fruit du sang de mes camarades. Nous n'appartenons à aucune *coterie* qu'à celle de la nation entière.

« Si les circonstances m'obligent à faire la guerre par moi-même, comptez que je ne vous laisserai pas en Hollande, et que je n'oublierai jamais la belle journée de Castiglione. » Bonaparte.

de réserve, qui soutiendrait les soldats d'Italie dans une marche en avant jusque vers le Milanais. Comme la constitution ne permettait pas au premier Consul de prendre officiellement en chef la direction de l'armée, Bonaparte l'avait confiée au général Berthier, celui que l'on désignait le plus spécialement pour le dépositaire intime de ses volontés militaires[1].

Tous les actes du premier Consul eurent pour pensée une réorganisation forte de la réserve dont le siége était à Dijon; il se hâta de compléter ce que Bernadotte avait préparé comme ministre de la guerre pour le recrutement des armées. La conscription, ce grand levier des camps, fut étendue et rigoureusement appliquée; 50,000 conscrits durent rejoindre sur-le-champ leurs corps respectifs à Dijon, et ils s'exercèrent en marchant, méthode suivie plus tard comme moyen de hâter l'instruction du soldat. Quand on demandait tant de sacrifices, ne donnerait-on rien à l'armée? Et comme pour grandir l'esprit militaire et lui imprimer une forte énergie, Bonaparte institua des récompenses spéciales, des sabres, des fusils, des baguettes et des trompettes d'honneur, pour être distribués aux officiers et aux soldats comme un signe éclatant des actions glorieuses; elles rendraient publique la vie du soldat[2], elles le décoreraient aux yeux de ses amis, de sa famille et de la grande nation. Ces armes d'honneur furent

---

[1] Voici la lettre écrite à Berthier.
Paris, 2 avril 1800.
« Les talents militaires dont vous avez donné tant de preuves, citoyen général, et la confiance du gouvernement vous appellent au commandement d'une armée. Vous avez, pendant l'hiver, réorganisé le ministère de la guerre, vous avez pourvu, autant que les circonstances l'ont permis, au besoin de nos armées, Il vous reste à conduire, pendant le printemps et l'été, nos soldats à la victoire, moyen efficace d'arriver à la paix et de consolider la République. »
Bonaparte.

[2] Un arrêté du 5 nivôse (26 décembre), statuant sur le mode des récompenses à accorder aux guerriers qui auront rendu des services éclatants à la République, en

distribuées avec un tact parfait; le premier Consul fit écrire à tous les militaires qui recevaient cette récompense, et il ne dédaigna pas de correspondre avec le simple grenadier, qui lui écrivait comme les vieux prétoriens adressaient la parole aux empereurs dans les fêtes militaires [1].

En donnant plus de nerf et d'énergie à cet ensemble de mesures, le Consul désigna Carnot pour le ministère de la guerre, en remplacement de Berthier, quoiqu'il connût bien profondément ses antipathies pour tout gouvernement monarchique. Carnot avait un esprit remarquable d'administration; on avait souvenir de ses services au temps du Comité de salut public, et d'ailleurs il était tellement haineux contre l'ancien Directoire, qu'il ne pouvait prêter la main à un complot contre le Consul; Carnot le grand organisateur était compromis, et il devait dès lors, sans arrière-pensée, seconder tous les ressorts de l'administration publique, et imprimer à la guerre une nouvelle impulsion. Tel était le prestige qu'exerçait le gouvernement consulaire, qu'il y eut un véritable enthousiasme dans la jeune génération

---

vertu de l'article 84 de la Constitution, ordonne qu'il sera donné pour une action d'éclat :

Aux grenadiers et soldats, des fusils d'honneur, garnis en argent.

Aux tambours, des baguettes d'honneur, garnies en argent.

Aux cavaliers, des mousquetons ou carabines, garnis en argent.

Aux trompettes, des trompettes d'honneur, garnies en argent.

Aux canonniers pointeurs les plus adroits, des grenades d'or, et de plus une haute paie d'un sou, ou 5 centimes par jour.

Et pour les actions de valeur extraordinaire, un sabre d'honneur avec une double paie. Il n'y aura pas plus de deux cents de ces sabres pour toutes les armées.

[1] Voici la lettre adressée par le Consul au sergent Aune, et signée de sa main :

« J'ai reçu votre lettre, *mon brave camarade*; vous n'avez pas besoin de me parler de vos actions, vous êtes le plus brave grenadier de l'armée, depuis la mort du brave Benezete. Vous avez eu un de ces cent sabres que j'ai distribués à l'armée. Tous les soldats étaient d'accord que c'était vous qui le méritiez davantage.

« Je désire beaucoup vous revoir. Le ministre de la guerre vous envoie l'ordre de venir à Paris. » Bonaparte.

pour se faire inscrire dans les bataillons de départ; la conscription ne fournit pas seulement 30,000 hommes décrétés par les Consuls; à Paris on vit des jeunes gens au ton le plus exquis, des gentilshommes même, s'enrôler dans les guides pour suivre l'armée de réserve dans les escadrons d'élite. Ce n'était plus déjà ces uniformes sévères de la vieille armée républicaine, ces habits bleus usés par vingt batailles; les troupes d'élite parurent brillantes dans les revues, avec ce riche costume qui excitait l'émulation de tout ce qui avait du cœur; on courait à l'armée par vanité; on croyait faire une promenade militaire à Dijon, pour revenir ensuite cueillir les récompenses des nobles dames dans les carrousels. Le Consul passait incessamment des revues, et comme dans l'ancienne chevalerie on s'engageait par orgueil d'amour; on était fou de la gloire; aussi vit-on prendre l'uniforme à des jeunes gens de naissance : MM. de Ségur, de Beaufremont, de Noailles; nobles gentilshommes, ils servirent à côté du fils du marquis de Beauharnais, de si bonne naissance lui-même. Ainsi chaque jour disparaissaient les vieux souvenirs de la République.

Quelle ne devait pas être la puissance de l'uniforme sur les Français? les gardes du Consul furent comme les compagnies privilégiées qui entouraient l'ancienne royauté; un noyau de la garde consulaire se composait de vieux soldats; mais les régiments de nouvelle formation étaient plus brillants de courage qu'ils n'étaient patients de privation et de discipline. Le temps pressait; on les faisait exercer nuit et jour au manége pour qu'ils pussent manœuvrer au moment des batailles; le Consul présidait lui-même à ces travaux; son plan était de réunir une armée de 30 à 40,000 hommes, successivement recrutés dans sa route par de vieux régiments échelonnés, afin de soutenir l'inexpérience de tous ces conscrits. Il voulait employer leur valeur, mais il ne comptait que sur les patientes et glorieuses demi-brigades.

Le premier Consul avait choisi Dijon pour le quartier-général de l'armée de réserve, parce que de là il pouvait faire face à toutes les nécessités de la campagne, se porter également en Suisse, sur le Bas-Rhin, en Italie, en raison des points qui seraient les plus vulnérables dans l'attaque que se proposaient les Autrichiens. Cette armée de réserve ne pouvait en aucune manière être comparée à l'armée du Rhin, savante et manœuvrière, sous des généraux de premier ordre; elle ne pouvait pas davantage soutenir le parallèle avec les vieux soldats d'Italie sous Masséna, Suchet et Soult; elle était plus brillante sans doute, ses uniformes n'avaient point noirci sous la poudre, les cravates de ses étendards voltigeaient brodées, au vent, mais au jour des batailles à quoi serviraient ces glorioles? Comment manœuvrerait cette cavalerie à la face des Hongrois et des Bavarois montés sur de forts chevaux, et tenant de leurs mains les pesantes épées, comme les vieux chevaliers des bords du Rhin et de la Souabe[1]?

Bonaparte avait compté sur l'enthousiasme des jeunes hommes; il ne manqua pas dans la campagne qu'on

---

[1] Bonaparte ne cessait d'annoncer son prochain départ pour l'Italie. Il maintenait des rapports avec ses soldats.

Paris, le 4 nivôse, an VIII.
Bonaparte, premier Consul de la République, à l'armée d'Italie.

« Soldats! les circonstances qui me retiennent à la tête du gouvernement m'empêchent de me trouver au milieu de vous.

« Vos besoins sont grands : toutes les mesures sont prises pour y pourvoir.

« Les premières qualités du soldat sont la constance et la discipline, la valeur n'est que la seconde.

« Soldats! plusieurs corps ont quitté leurs positions; ils ont été sourds à la voix de leurs officiers. La 17e légère est de ce nombre.

« Sont-ils donc tous morts les braves de Rivoli, de Castiglione, de Neumark? ils eussent péri plutôt que de quitter leurs drapeaux, et ils eussent ramené leurs

allait entreprendre au-delà des Alpes. Mais au milieu de ces légions qui s'avançaient vers l'Italie, vous cherchiez en vain les braves demi-brigades qui avaient fait les premières campagnes à Lodi, à Arcole, à Rivoli ; celles-là étaient demeurées en Égypte après que leur général eut quitté les rives du Nil.

Depuis le départ de Bonaparte, l'armée d'Égypte était restée confiée à Kléber, le chef qui si souvent avait fait une opposition vive aux plans superbes de la campagne. Les réconciliations entre des hommes de force égale ne finissent rien ; une injure laisse au fond du cœur une plaie profonde, car le dard du scorpion a déposé son venin. Lorsque Kléber reçut la dépêche secrète qui annonçait le départ pour l'Europe du général Bonaparte, et ses instructions pour l'avenir, il jeta des plaintes amères contre l'administration de Bonaparte ; dans quel état misérable ne laissait-il pas l'armée d'Égypte? Quelle que fût l'exagération de ces plaintes, il n'en était pas moins vrai que la résistance devenait difficile à une colonie si loin de France, attaquée tout à la fois par les flottes anglaises, par une armée de terre sous des officiers remarquables et soutenue encore par une expédition partie de l'Inde et par les Turcs du grand-visir.

Bonaparte, qui connaissait la situation réelle de l'armée, avait autorisé le général Kléber à signer une capitu-

---

jeunes camarades à l'honneur et au devoir.

« Soldats ! vos distributions ne vous sont pas régulièrement faites, dites-vous ? Qu'eussiez-vous fait, si, comme les 4e et 22e légères, les 18e et 32e de ligne, vous vous fussiez trouvés au milieu du désert, sans pain, ni eau, mangeant du cheval et des mulets ? « La victoire nous donnera du pain, » disaient-ils ! et vous, vous quittez vos drapeaux !

« Soldats d'Italie! un nouveau général vous commande, il fut toujours à l'avant-garde dans les plus beaux jours de notre gloire. Entourez-le de votre confiance; il ramènera la victoire dans vos rangs.

« Je me ferai rendre un compte journalier de la conduite de tous les corps, et spécialement de la 17e légère et de la 63e de ligne ; elles se ressouviendront de la confiance que j'avais en elles ! »

Bonaparte.

lation pour l'abandon de l'Égypte, en lui recommandant surtout de ne l'évacuer qu'en la restituant à la Porte ottomane[1], sans que l'Angleterre pût en prendre jamais possession; pensée de prévoyance pour le cas d'un traité général avec la Grande-Bretagne. La lettre de Bonaparte, interceptée par les escadres anglaises, fut publiée, ainsi que toutes les pièces de la correspondance de Kléber, et l'on vit les plaintes aigres que le successeur de Bonaparte portait au Directoire contre le général en chef. On pouvait supposer une animosité, un désir de vengeance longtemps refoulé au cœur; mais il y avait des faits si palpables, des accusations si précises, qu'il fut heureux pour Bonaparte que cette accusation n'arrivât qu'après le 18 brumaire; la popularité de Bonaparte en aurait éprouvé un rude échec, et les exagérations sur ses vic-

---

[1] Voici l'extrait de la lettre du général Bonaparte:

« Vous trouverez ci-joint, citoyen général, un ordre pour prendre le commandement en chef de l'armée. La crainte que la flotte anglaise reparaisse d'un moment à l'autre me fait précipiter mon voyage de deux ou trois jours.

« Je mène avec moi les généraux Berthier, Lannes, Murat, Andréossy et Marmont, les citoyens Monge et Berthollet.

« Vous trouverez ci-joint, les papiers anglais et de Francfort, jusqu'au 10 juin. Vouz y verrez que nous avons perdu l'Italie, que Mantoue, Turin et Tortone sont bloqués. J'ai lieu d'espérer que la première de ces places tiendra jusqu'à la fin de novembre; j'ai l'espérance, si la fortune me sourit, d'arriver en Europe avant le commencement d'octobre.

« Vous trouverez ci-joint un chiffre pour correspondre avec le gouvernement, et un autre chiffre pour correspondre avec moi.

« Je vous prie de faire partir dans le courant d'octobre, Gimot, ainsi que les effets que j'ai laissés au Caire, et mes domestiques. Cependant, je ne trouverai pas mauvais que vous engagiez à votre service ceux qui vous conviendraient.

« L'intention du gouvernement est que le général Desaix parte pour l'Europe dans le courant de novembre, à moins d'événement majeur.

« Les membres de la commission des arts passeront en France par un parlementaire que vous demanderez à cet effet, conformément au cartel d'échange, dans le courant de novembre, immédiatement après qu'ils auront achevé leur mission. Ils sont dans ce moment-ci occupés à ce qui leur reste à faire, à visiter la Haute-Égypte. Cependant ceux que vous jugeriez pouvoir vous être utiles, vous les mettrez en réquisition sans difficulté.

« Si la Porte répondait aux ouvertures de paix que je lui ai faites, avant que vous n'eussiez reçu de mes nouvelles de France, vous devez déclarer que vous avez tous les pouvoirs que j'avais; entamez la négociation, persistez toujours dans l'assertion que j'ai avancée, que l'intention de la France n'a jamais été d'enlever l'Égypte

toires d'Égypte fussent tombées anéanties devant le récit de Kléber[1].

Tant il y a que la situation de l'armée d'Égypte devenait de plus en plus difficile; Kléber réunit le conseil des officiers, et, après avoir examiné attentivement les ressources de l'armée, il décida qu'une capitulation serait proposée au grand-visir pour l'évacuation de l'Égypte. Dans cette hypothèse, Kléber voyait l'importance de ramener encore en Europe 10,000 vétérans qui pourraient servir l'armée de réserve contre la coalition menaçante. D'ailleurs, le soldat inquiet avait pris dégoût de ce climat, de ce sol; on voyait ici des légions de pauvres aveugles que la fraîcheur des nuits avait frappés; là des pestiférés ou des malades sous les feux de ce soleil ardent qui brûle; on avait besoin de revoir la patrie, et depuis le départ de Bonaparte, on souhaitait d'imiter son exemple, sorte de désertion dénoncée par le général en chef Kléber; la terre d'Égypte était comme un fer brûlant sous les pieds de

à la Porte. Demandez que la Porte sorte de la coalition, et nous accorde le commerce de la mer Noire, qu'elle mette en liberté les Français prisonniers, et enfin, six mois de suspension d'hostilités; afin que pendant ce temps-là, l'échange des ratifications puisse avoir lieu. »

[1] Voici quelques fragments de cette lettre dont l'authenticité est aujourd'hui incontestable.

Kléber, général en chef, au Directoire exécutif.

« Le général en chef Bonaparte est parti pour France le 6 fructidor, au matin, sans en avoir prévenu personne. Il m'avait donné rendez-vous à Rosette le 7. Je n'y ai trouvé que ses dépêches. Dans l'incertitude si le général a eu le bonheur de passer, je crois devoir vous envoyer copie, et de la lettre par laquelle il me donne le commandement de l'armée, et de celle qu'il adressa au grand-visir à Constantinople, quoiqu'il sût parfaitement que ce pacha était déjà arrivé à Damas.

« Mon premier soin a été de prendre une connaissance exacte de la situation actuelle de l'armée.

« Vous savez, citoyens Directeurs, et vous êtes à même de vous faire représenter l'état de sa force, lors de son arrivée en Égypte. Elle est réduite de moitié, et nous occupons tous les points capitaux du triangle des Cataractes à El-Arych, d'El-Arych à Alexandrie, et d'Alexandrie aux Cataractes. Cependant il ne s'agit plus aujourd'hui comme autrefois de lutter contre quelques hordes de Mameluks découragés; mais de combattre et de résister aux efforts réunis de trois grandes puissances : la Porte, les Anglais et les Russes.

« Le dénuement d'armes, de poudre de guerre, de fer coulé et de plomb, présente

ces vieux soldats; ils n'y tenaient plus. Kléber se détermina, d'après l'autorisation de Bonaparte, à suivre des négociations avec le visir, et sous sa tente fut signée la convention d'El-Arych[1] pour évacuer l'Égypte. Cette capitulation portait pour gage d'honneur et de loyauté la signature de Desaix; favorable à l'armée, elle rendait disponible les demi-brigades d'Égypte, qui pouvaient ainsi débarquer sur les côtes de France et d'Italie, ou servir aux besoins d'une campagne à l'intérieur.

Mais les Turcs n'étaient point maîtres de la mer; la flotte anglaise tenait la Méditerranée; il fallait qu'elle donnât passage aux soldats, pauvres croisés du XVIIIe siècle, qui s'en revenaient dans leur patrie comme les compagnons de saint Louis au XIIIe; la convention, soumise à la sanction de l'amiral commandant les forces britanniques, fut approuvée. Mais le ministère anglais, ne voulant pas ratifier la condition souscrite par le visir, refusa toute adhésion à un traité qu'il considérait comme

un tableau tout aussi alarmant que la grande et subite diminution d'hommes dont je viens de parler. Les essais de fonderie faits n'ont point réussi ; la manufacture de poudre établie à Ilhoda n'a pas encore donné, et ne donnera probablement pas le résultat qu'on se flattait d'en obtenir : enfin, la réparation des armes à feu est lente ; et il faudrait pour activer tous ces établissements, des moyens et des fonds que nous n'avons pas.

« Les troupes sont nues, et cette absence de vêtement est d'autant plus fâcheuse, qu'il est reconnu que dans ce pays elle est une des causes les plus actives des dyssenteries et des ophthalmies qui sont les maladies constamment régnantes ; la première surtout agit cette année puissamment sur des corps affaiblis et épuisés par les fatigues. Les officiers de santé remarquent, et le rapportent constamment, que, quoique l'armée soit si considérablement diminuée, il y a cette année un nombre beaucoup plus grand de malades, qu'il n'y en avait l'année dernière à la même époque.

« Le général Bonaparte, avant son départ, avait à la vérité donné les ordres pour habiller l'armée en drap ; mais pour cet objet, comme pour beaucoup d'autres, il s'en est tenu là ; et la pénurie des finances, qui est un nouvel obstacle à combattre, l'eût mis dans la nécessité, sans doute, d'ajourner l'exécution de cet utile projet. »

[1] Le traité d'El-Arych est du 24 janvier. L'Égypte sera évacuée. Les troupes turques rentreront dans les places de Salarieh, Catreh, Belbeis, Damiette. L'armée retournera dans les ports de France, tant sur ses bâtiments que sur ceux qu'il sera nécessaire que la Porte leur fournisse. Il y aura un armistice de trois mois en Égypte.

onéreux et irréfléchi. L'Angleterre, au moment où elle formait une coalition contre la France, ne voulait pas rendre disponible un corps d'armée aussi brave, une masse de vétérans qui n'abandonneraient les Pyramides que pour se montrer au cœur de la France ; l'Angleterre n'avait-elle pas aussi des projets sur l'Égypte ? ses armées parties de l'Inde allaient toucher le Delta ; intéressée dans cette campagne, elle faisait marcher même les Cipaïes du Bengale et de l'Indoustan ; elle voulait donc conserver une position militaire en Égypte, et le ministère anglais refusa par ce motif de ratifier la capitulation signée entre le visir et Desaix, laquelle nuisait à tous ses plans d'avenir sur le Nil, Malte et le continent [1].

Kléber fut condamné à de nouveaux prodiges ; l'armée française, obligée de se défendre, recourut à son grand moyen, la victoire. Au moment où les jeunes hommes s'organisaient pleins d'enthousiasme pour former l'armée de réserve, à Dijon, on apprit la bataille d'Héliopolis, action fabuleuse, bien autrement décisive que le combat d'Aboukir ; on y vit se déployer, sous les teintes jaunes du soleil d'Égypte, les drapeaux des régiments de France ; et les dragons, blonds enfants de la Lorraine ou de l'Alsace, chargèrent les Albanais aux larges tromblons, les Osmanlis au vaste turban et les noirs esclaves de la Nubie.

L'Égypte était pour la France, comme pour l'Angleterre, un point important à surveiller ; car, dans un traité définitif, ce pays devait servir d'indemnité pour une transaction de paix ; motif qui explique la persis-

---

[1] « Le commandant en chef de la station anglaise dans la Méditerranée a reçu des ordres qui s'opposent à l'exécution immédiate du traité d'El-Arych, et j'ai jugé nécessaire de vous faire part sans délai de cette difficulté, afin que vous n'agissiez point dans l'ignorance de son existence. » (Lettre de Sidney Smith au général Kléber.)

tance qu'apporta le ministère anglais à ne point ratifier la capitulation. M. Pitt voulait que l'armée de Kléber se rendît, armes et bagages, parce que l'Angleterre, maîtresse de l'Égypte, pourrait ensuite faire de ce pays un objet d'échange et de négociation, ou même le garder comme un passage pour la mer Rouge et la possession de l'Inde. L'Égypte, dans les prévisions de l'Angleterre, devait un jour servir de route au commerce de ses magnifiques villes du Gange.

Les ordres étaient précis, et la marine anglaise dut également presser Malte, alors sous le gouvernement du général Vaubois, autre station que la Grande-Bretagne se réservait dans la Méditerranée ; l'île antique des chevaliers de Saint-Jean, comme la terre d'Égypte, avait été conquise dans l'expédition de Bonaparte, et le cabinet britannique semblait s'être donné la mission militaire de ne plus laisser trace de cette expédition. Ses flottes pressaient donc Malte, qui souffrait déjà des horreurs de la famine ; le général Vaubois avait déclaré qu'il ne voulait pas se rendre, et l'on dévorait dans l'île, le cuir des attelages militaires, et les chevaux morts dans les combats [1]. Cette situation ne pouvait durer; les nobles forfanteries de gloire sont bonnes pour illustrer le drapeau, mais quand une île est entourée d'une grande escadre, qui pourrait l'empêcher de subir sa loi, lorsqu'il n'y a plus de secours à espérer ? Il n'y a pas à résister, il faut se rendre, et la tactique militaire devine le jour d'une capitulation. L'Angleterre considérait donc comme deux faits accomplis la prise de Malte et l'évacuation de l'Égypte ; cela lui donnait une certaine assurance dans les négociations entamées auprès du premier Consul.

[1] Dépêche du général Vaubois interceptée par les Anglais.

SITUATION MILITAIRE (1800).

En résumant la situation militaire au commencement de la campagne, Moreau commandait la grande armée qui passait le Rhin pour manœuvrer en Bavière et en Autriche; Masséna, Suchet et Soult s'opposaient en vain à Mélas qui les acculait sur le Var; Augereau avec l'armée de Hollande appuyait le mouvement sur le Bas-Rhin; Bernadotte défendait les côtes, Brune marchait à l'intérieur, et le Consul se disposait lui-même à prendre le commandement de l'armée de réserve de Dijon, composée de troupes plus brillantes qu'exercées. A Dijon on voyait un faible noyau de demi-brigades aux habits usés, aux drapeaux percés de balles; les troupes de conscrits formaient la majorité; de brillants jeunes hommes avaient pris du service auprès du premier Consul, et désiraient marcher sous ses ordres. L'armée de réserve était la moins exercée de tous les corps qui se déployaient sur les frontières, et cela explique comment la bataille de Marengo fut toute la journée perdue, jusqu'à l'arrivée des soldats de Desaix, et de la grosse cavalerie du général Kellerman, qui chargèrent, comme on chargeait au temps de l'armée de Sambre-et-Meuse, aux batailles de Rivoli et des Pyramides!

CHAPITRE XI.

SITUATION DES PARTIS APRÈS LA CONSTITUTION
DE L'AN VIII.

Les Jacobins. — Leur division. — Fraction qui se rallie. — Fraction qui conspire. — Leurs plaintes contre le gouvernement du Consul. — Les royalistes. — Leur organisation en France. — Normandie. — Poitou. — Bretagne. — Anjou. — Vendée. — Languedoc et Guyenne. — Brune et l'armée d'intérieur. — L'abbé Bernier et la pacification. — Lettres de Louis XVIII au premier Consul. — Agences royalistes. — Madame de Guiche à Paris. — Lettre de Bonaparte. — Georges Cadoudal aux Tuileries. — Rigueurs et exécutions contre les royalistes. — Mort du comte de Frotté. — Vengeance jurée par les Chouans.

Janvier et avril 1800.

La tendance contre-révolutionnaire du Consulat devait vivement inquiéter les Jacobins dévoués aux idées démocratiques ; qui ne voyait la marche rapide de Bonaparte vers la monarchie ? Pouvait-on en douter encore lorsque le système électoral était entièrement brisé ? Il n'y avait plus ni assemblées primaires, ni municipalités, ni jurys patriotes. La République n'existait plus que de nom depuis la constitution de l'an VIII, vaine formule entièrement délaissée à l'arbitraire de l'administration publique, sous la dure main des proconsuls et des préfets ; les lois municipales, la division des départements, tout révélait la volonté inflexible du premier Consul, invariablement décidé à marcher dans les voies du pouvoir absolu, en secouant les idées de la Révolution.

LES JACOBINS (1800). 241

A partir du 18 brumaire, les Jacobins se divisèrent en deux fractions : la première s'associa avec une sorte de dévouement au pouvoir du premier Consul; elle lui prêta son énergie et sa capacité; en échange, celui-ci lui distribua les fonctions publiques au conseil d'état, dans les préfectures, aux armées, partout enfin où ils pouvaient aider le gouvernement[1]. Bonaparte savait toute l'énergie du parti jacobin, la puissance de ses moyens; il était sûr de ces hommes quand il s'agirait de donner l'impulsion à sa volonté et de faire marcher fortement le pouvoir. Le souvenir du Comité de salut public était présent à la pensée de ces nouveaux fonctionnaires, ils le voyaient s'incarner dans la puissance militaire du Consul; un gouvernement fort était de l'essence des conventionnels : levées de conscrits et d'impôts, répression des troubles, emploi de la force militaire, activité et capacité, on trouverait tout cela parmi les fonctionnaires jacobins.

Une seconde fraction du parti révolutionnaire restait en dehors du mouvement bonapartiste; celle-ci était moins importante et se composait d'intelligences subordonnées, incorrigibles et souvent tarées dans l'opinion. Le Consul s'était montré fort large, au reste, dans ces catégories, et tous ceux qui avaient voulu se rallier en trouvaient le moyen; au conseil d'état, dans les préfectures, à la police, il y avait majorité des conventionnels, et M. Barrère de Vieuzac avait aussi sa position. Ceux qui restaient en dehors étaient un peu les prolétaires du parti; pleins d'audace, décidés à tout pour arriver à l'insurrection même, s'il le fallait, ils avaient des ramifications avec le faubourg Saint-Antoine; le vieux Santerre n'avait

[1] J'ai compté vingt-huit préfets tous Jacobins lors de la formation.

T. II.

point perdu l'espoir de sortir de ses ateliers pour remonter sur son cheval de brasserie comme l'Artevelle des Gantois. Ces hommes auraient tout osé pour arriver au renversement de la puissance qui s'élevait sur les débris de la République.

Fouché surveillait attentivement ceux qu'il appelait les enragés; il les accueillait bien, causait avec eux du ton de cette ancienne camaraderie, avec ce tutoiement familier des jours du Comité de salut public; il leur disait de se calmer parce que *cet homme-là* (c'est ainsi qu'il appelait le premier Consul) était au fond patriote, et qu'il voulait conserver la République comme eux tous. Quand il les voyait trop déterminés à des coups de tête, il les laissait aller, sauf ensuite à les traduire devant des commissions militaires, quand il avait besoin de donner des gages à Bonaparte. Ces enragés s'agitaient continuellement; comme il arrive toujours dans des gouvernements nouveaux, il y avait des esprits ardents qui rêvaient les moyens de se débarrasser violemment du système qui protégeait la société. Il fallait entendre dans les conciliabules ces vieux et énergiques débris des clubs; ils ne se contentaient pas de pousser des gémissements sur la République qui croulait, mais ils s'organisaient encore pour exécuter mille complots contre la personne du premier Consul. Ils rêvaient le poignard pour le frapper au cœur, des fusils à vent pour l'atteindre dans les parcs de la Malmaison et de Saint-Cloud, des machines terribles pour l'immoler au milieu d'une grande destruction [1].

Bonaparte n'ignorait pas à quelles gens il avait affaire; il avait peur des Jacobins; cette répugnance, ce sentiment d'effroi, il le manifeste partout, dans ses conversations

---

[1] Les cartons de la police contiennent encore sur tous ces complots une foule de dénonciations.

privées comme au conseil d'état ; il tremble devant
ce bonnet rouge qu'il avait hélas! porté lui-même au
temps de son admiration pour Robespierre le jeune.
Quand un complot éclate, son instinct le porte à dénoncer les Jacobins ; il exhale sa colère contre eux, il
les accuse de tout ; il ne peut parler d'eux sans exprimer
une sorte de rage convulsive, ils sont ses ennemis
acharnés. C'est une guerre à mort où l'on manie le
poignard d'un côté et l'échafaud de l'autre.

Les royalistes avaient également étudié l'esprit de la
constitution de l'an VIII, ils n'étaient point assez amis
des institutions républicaines pour en regretter la perte;
à tout prendre même ils auraient préféré, au désordre
et au décousu des époques directoriales, une constitution régulière, une administration forte se rappro-
chant de l'ancienne monarchie. Mais ce pouvoir dans
les mains du Consul, cette dictature souveraine, ils ne
l'admettaient point comme un principe légitime; pour
eux Bonaparte n'était qu'un usurpateur, occupant le
trône des princes de la maison de Bourbon; ils ne
lui auraient pardonné que s'il avait travaillé pour le
principe politique, objet de leur culte; les royalistes attaquaient la constitution par la moquerie; ils n'avaient
pas abdiqué leur esprit léger et futile; ils n'oubliaient
pas les pointes, les sarcasmes, et ils croyaient renverser
l'autorité par quelques jeux de mots. S'imagine-t-on par
exemple, qu'un écrivain royaliste ait mis la constitution
de l'an VIII en vers [1], comme un autre avait fait un

---

[1] Voici un échantillon de cette composition si utile à la cause :

Art. II de la constitution.

Un étranger facilement
Peut être citoyen de France :

Mais un Français subitement,
De ses droits perdrait la puissance,
S'il prenait ces distinctions
Que d'un roi la faveur accorde ;
Tout homme acceptant des cordons,
Doit mériter au moins la corde.

poëme latin sur les crimes révolutionnaires, à l'imitation de Virgile, et ils pensaient, par ce moyen, acquérir la puissance, et briser le sceptre ou l'épée du Consul.

Tel fut toujours l'esprit de la société royaliste, elle aime les armes enfantines, elle prend l'ombre pour le corps. Il n'y avait pas encore à Paris un faubourg Saint-Germain; la noblesse était dispersée, mais ses derniers débris conservaient encore ce caractère et ce type de légèreté inhérents à la vieille aristocratie. A peine sorti des cachots on jouait aux marquis, aux belles formes, aux belles manières; les persécutions cessaient depuis deux jours, et déjà les royalistes de bonne compagnie parlaient de la cocarde blanche, du drapeau de Louis XVIII, sous le connétable Bonaparte, appelé à jouer le rôle de Monck, illusion qui dura longtemps. On répandait partout les livres royalistes; on saisissait les moindres circonstances, et le spirituel pamphlet qui fut publié [1], sur *les adieux à Bonaparte*, n'avait pas encore désabusé les royalistes assez simples pour croire que le Consul travaillait pour d'autres que pour lui-même.

Ces illusions que caressait un parti n'étaient pas la véritable force des royalistes; quelques mots plus ou moins caustiques, venaient expirer aux pieds du pouvoir. Ce qu'il y avait de bien autrement dangereux pour le gouvernement, c'était l'organisation militaire du parti bourbonnien dans les provinces, au moment surtout d'une grande coalition contre la République. Cette organisation n'était pas sans importance, parce qu'elle enlaçait presque un bon tiers du territoire : La Haute et la Basse-Normandie étaient remplies de gentilshommes décidés à prendre les armes sur une longue étendue

---

[1] Les adieux à Bonaparte furent publiés en 1800 par M. Michaud.

de côtes où les Anglais pouvaient débarquer des armes et des munitions ; la Normandie se liait à la Bretagne, terre isolée du reste de la France, coupée par des chemins creux, des roches druidiques ; sa population parlait une langue inconnue et mystérieuse, et ce terrain était admirablement choisi pour la guerre civile.

La Bretagne avait produit la chouannerie ; sur ce sol vivait une population têtue qui conservait les habitudes des ancêtres ; à leur abri s'organisaient les compagnies de paroisses, sous des chefs supérieurs qui, à l'imitation de Georges Cadoudal, n'hésitaient jamais à saisir les armes quand le moment était venu. Parcouriez-vous la Basse-Normandie, vous voyiez toute levée la bannière du comte de Frotté [1] ; il avait reçu les lettres de commandement de la main de Louis XVIII. Dans le Maine, c'était le comte de Bourmont, d'une vieille et noble race, capable de tenir tête aux demi-brigades qu'on pouvait envoyer contre ce pays de dévouement. L'Anjou et une portion de la Bretagne jusqu'au Morbihan, obéissaient à MM. de Scépeaux, d'Andigné, de Châtillon et de Turpin : Turpin, poétique souvenir de l'archevêque chroniqueur.

Descendiez-vous à la Basse-Bretagne ? là c'était le paysan

---

[1] Le comte Louis de Frotté, né en 1766, gentilhomme de Normandie, servait avant la Révolution dans un régiment d'infanterie. Il prit d'abord le parti de l'émigration, mais son caractère impétueux, son ardeur pour la célébrité, ne s'accommodèrent pas longtemps de l'état de langueur où les alliés retenaient cette armée. Il passa en Angleterre, sollicita et obtint des pouvoirs pour faire insurger la Normandie. Il y parvint à travers mille périls, forma d'abord un noyau de 300 hommes, se battit partout avec une rare intrépidité, ne désespéra jamais de rien, et, par son inaltérable constance, se vit en quelque temps à la tête d'un corps de 5000 hommes. Seul de tous les chefs vendéens, il avait jusqu'alors fermé l'oreille à toute proposition de paix. Longtemps il put, par son activité, sa résolution et les ressources d'un esprit fécond et entreprenant, nourrir la guerre en Normandie ; enfin, accablé par le nombre, forcé de céder à la mauvaise fortune, il repassa en Angleterre, fit toutes ses dispositions pour reparaître quand il serait temps, et accourut en 1799, lorsque la loi sur les otages força ses compatriotes à reprendre les armes. Je dirai la catastrophe qui termina sa vie.

Georges Cadoudal[1], général divisionnaire, qui montrait avec orgueil la croix de Saint-Louis sur sa poitrine; puis M. de Sol commandait à ses côtés, Lemercier était son lieutenant; dirai-je l'histoire de MM. d'Autichamp, de Suzannet, de Sapineau, tous chefs de noblesse, prêts à tirer loyalement l'épée pour la défense de leurs doctrines. Ceux-ci organisaient l'armée de Poitou.

La Vendée devait se joindre à cette insurrection des provinces, quoique plus faiblement. S'il y avait des rivalités de provinces, il en résultait néanmoins un ensemble d'opérations qui enveloppaient Paris, comme d'un cercle de nobles et de paysans insurgés. La Vendée n'était plus en première ligne dans cette guerre; son temps était fini; le théâtre avait changé, le foyer de l'insurrection était surtout le Morbihan, cette côte qui avoisine l'Angleterre; la force auxiliaire devait venir de la Grande-Bretagne; elle débarquait des munitions et des armes; l'argent ne manquait pas. Des distributions furent faites si loin, que dans la Guyenne même on leva des troupes pour favoriser un soulèvement royaliste; toutes ces provinces étaient peuplées de châteaux, on voyait encore les ponts-levis, les tourelles, les hommes d'armes et tout ce qui constituait la force et la poésie du moyen âge, avec ses légendes, ses féeries et ses chroniques. La vieille France se levait contre la République victorieuse[2].

L'insurrection royaliste trouvait donc partout des éléments de succès; à l'époque de la coalition de 1799, il y avait eu de grandes chances pour le triomphe des partisans de la

---

[1] Georges Cadoudal naquit en 1769 dans le Morbihan, de cultivateurs aisés qui lui firent donner une bonne éducation. Ce fut au collège de Vannes qu'il fit ses études. Il fut incorporé au moment où la Vendée releva le drapeau blanc, en qualité de volontaire, dans le corps du général Stofflet; depuis son histoire est bien connue.

[2] C'est pour la réprimer que Bonaparte publia plus tard sa proclamation aux insurgés.

maison de Bourbon ; la marche rapide de Suwarow par l'Italie, la reconnaissance de Louis XVIII par le czar Paul Ier, le débarquement projeté de l'armée de Condé dans le Midi, pouvaient activer une restauration de la royale famille, tandis que le Directoire expirant n'osait prendre aucune résolution forte et décisive. Les plans des insurgés étaient vastes. Supposez la levée en masse des gentilshommes et des paysans, depuis la Normandie, le Morbihan jusqu'à la Guyenne, le Languedoc, la Provence, sous des chefs vigoureux comme Georges, et dévoués comme M. de Frotté : que devenait la République, envahie par la coalition ? C'est ce qui expliquait la marche si rapide de Suwarow et de M. de Mélas vers la ligne du Var [1].

L'Angleterre s'associait franchement à l'œuvre des restaurations européennes ; tout partait du cabinet de Saint-James et les chefs agissaient par son impulsion ; comme à toutes les époques exaltées, on se réunissait plus par les opinions que par les liens de patrie. Henri IV avait marché avec les Anglais d'Élisabeth, les huguenots avec les Alle-

---

[1] Bonaparte Consul comprit ce danger : il adressa immédiatement une proclamation aux Vendéens :

« Habitants des départements de l'Ouest.

« Une guerre impie menace d'embraser une seconde fois les départements de l'Ouest. Le devoir des premiers magistrats de la République est d'en arrêter les progrès et de l'éteindre dans son foyer ; mais ils ne veulent déployer la force qu'après avoir épuisé les voies de la persuasion et de la justice.

« Les artisans de ces troubles sont des partisans insensés de deux hommes qui n'ont su honorer leur rang par des vertus, ni leur malheur par des exploits ; méprisés de l'étranger, dont ils ont armé la haine, sans avoir pu lui inspirer d'intérêt.

« Ce sont encore des traîtres vendus à l'Anglais, et instruments de ses fureurs, ou des brigands qui ne cherchent dans les discordes civiles que l'aliment et l'impunité de leurs forfaits.

« A de tels hommes le gouvernement ne doit ni ménagement, ni déclaration de ses principes.

« Mais il est des citoyens chers à la patrie, qui ont été séduits par leurs artifices : c'est à ces citoyens que sont dues les lumières et la vérité.

« Des lois injustes ont été promulguées et exécutées ; des actes arbitraires ont alarmé la sécurité des citoyens, et la liberté des consciences ; partout des inscriptions hasardées sur des listes d'émigrés ont frappé des citoyens qui n'avaient jamais abandonné ni leur patrie, ni même leurs foyers ; enfin, de grands principes d'ordre social ont été violés.

« C'est pour réparer ces injustices et ces

mands, comme les ligueurs avec les Espagnols, alliances qui s'expliquent par les passions des époques agitées. Les royalistes songeaient à restaurer le trône de Louis XVIII comme Henri IV avait conquis le sien à l'époque de la Ligue; mais, pour cela, il fallait de l'unité et de l'énergie. Or, Louis XVIII n'avait pas les mêmes plans que M. le comte d'Artois, ses moyens d'action n'étaient pas les mêmes, et nul n'ignorait que l'ambition de M. le comte d'Artois était de gouverner les royalistes en dehors de toute la puissance de son aîné. Le roi était prudent, sage, conciliateur; le comte d'Artois chevaleresque, hardi, mais sans courage d'épée et d'exécution.

Dès que Bonaparte eut saisi les rênes du Consulat, il dut porter une main vigoureuse sur cette plaie profonde de la guerre civile; tout était connu à Paris, et l'on savait les ramifications puissantes qu'avait l'insurrection de Bretagne, de Normandie et du Morbihan. Un des premiers actes du Consul fut, je le répète, de publier une sage et ferme proclamation adressée aux habitants de l'Ouest, pour les inviter à déposer les armes en échange de la pacification qu'on leur offrait; liberté de culte et

erreurs, qu'un gouvernement fondé sur les bases sacrées de la liberté, de l'égalité, du système représentatif, a été proclamé et reconnu par la nation. La volonté constante, comme l'intérêt et la gloire des premiers magistrats qu'elle s'est donnés, sera de fermer toutes les plaies de la France; et déjà cette volonté est garantie par tous les actes qui sont émanés d'eux.

« Ainsi, la loi désastreuse de l'emprunt forcé, la loi plus désastreuse des otages, ont été révoquées; des individus déportés sans jugement préalable, sont rendus à leur patrie et à leurs familles. Chaque jour est, et sera marqué par des actes de justice et le conseil d'état travaille sans relâche à préparer la réformation des mauvaises lois, et une combinaison plus heureuse des contributions publiques.

« Les Consuls déclarent encore que la liberté des cultes est garantie par la constitution; qu'aucun magistrat ne peut y porter atteinte, qu'aucun homme ne peut dire à un autre homme : Tu exerceras un tel culte; tu ne l'exerceras qu'un tel jour.

« La loi du 11 prairial, an III, qui laisse aux citoyens l'usage des édifices destinés au culte religieux, sera exécutée.

« Tous les départements doivent être également soumis à l'empire des lois générales; mais les premiers magistrats accorderont toujours, et des soins et un intérêt

de conscience, amnistie et oubli de tout le passé, garantie pour les personnes et les propriétés : voilà ce qu'offraient les Consuls aux habitants de l'Ouest par une sorte de transaction. En même temps, ils déclaraient qu'une répression immédiate suivrait le refus d'une pacification volontaire ; on secouait la robe pour annoncer la paix ou la guerre.

Décidé à obtenir un résultat, Bonaparte prit deux moyens de répression : l'armée et la police ; la force et la corruption ; il confia à Brune la mission délicate de pacifier la guerre civile, et de lutter corps à corps avec l'insurrection ; Brune conduisait 55,000 hommes de bonnes troupes tirées des dépôts, et de plus on mit en réquisition la garde nationale de quelques départements de l'intérieur, et les patriotes dévoués aux propriétés nationales ; des régiments de cavalerie, sortes de corps francs sous des colonels choisis, devaient battre le pays, comme les cavaliers de Claverhouse au milieu des clans d'Écosse, ou les dragons de Louis XIV dans les Cévennes. Les instructions du général Brune étaient fort généreuses ; il ne devait user de la force qu'à la dernière

---

plus marqué à l'agriculture, aux fabriques et au commerce, dans ceux qui ont éprouvé de plus grandes calamités.

« Le gouvernement pardonnera ; il fera grâce au repentir, l'indulgence sera entière et absolue ; mais il frappera quiconque après cette déclaration, oserait résister encore à la souveraineté générale.

« Français, habitants des départements de l'Ouest, ralliez-vous autour d'une constitution qui donne aux magistrats qu'elle a créés, la force comme le devoir de protéger les citoyens, qui les garantit également, et de l'instabilité et de l'intempérance des lois.

« Que ceux qui veulent le bonheur de la France se séparent des hommes qui persisteraient à vouloir les égarer pour les livrer au fer de la tyrannie ou à la domination de l'étranger.

« Que les bons habitants des campagnes rentrent dans leurs foyers, et reprennent leurs utiles travaux ; qu'ils se défendent des insinuations de ceux qui voudraient les ramener à la servitude féodale.

« Si malgré toutes les mesures que vient de prendre le gouvernement, il était encore des hommes qui osassent provoquer la guerre civile, il ne resterait aux premiers magistrats qu'un devoir triste, mais né-

extrémité, et accueillir les propositions qui lui seraient faites, même avec des conditions onéreuses pour le gouvernement. On devait tout apaiser sans effusion de sang; Bonaparte voulait tourner les armées dans un mouvement contre l'étranger, et il fallait, avant tout, calmer l'intérieur.

Les moyens les plus efficaces, alors employés, le furent par la police et la corruption, armes favorites de Fouché durant son ministère. Au milieu de cette organisation tumultueuse de la guerre civile, comme dans toutes les expéditions de gentilshommes, il existait des jalousies, des rivalités d'un canton à un autre; on ne s'entendait pas sur les mouvements parmi des chefs incessamment en querelle sur les préséances et les priviléges; qui céderait le pas? qui aurait le commandement? Ces disputes puériles favorisaient les progrès de l'armée républicaine, et la police de Fouché fut habile à profiter de ces divisions :

cessaire à remplir, celui de les subjuguer par la force.

« Mais non : tous ne connaîtront plus qu'un sentiment, l'amour de la patrie. Les ministres d'un Dieu de paix seront les premiers moteurs de la réconciliation et de la concorde. Qu'ils parlent aux cœurs le langage qu'ils apprirent à l'école de leur maître; qu'ils aillent dans ces temples qui se rouvrent pour eux, offrir, avec leurs concitoyens, le sacrifice qui expiera les crimes de la guerre et le sang qu'elle a fait verser. »

Le premier Consul.

Bonaparte.

Les Chouans publièrent une réponse à cette proclamation :

« Une guerre *impie*, dites-vous, menace d'embraser une seconde fois nos tristes et malheureux départements. Mais par qui a-t-elle été allumée? Est-ce par nous, qui, constamment attachés à la religion que nous ont transmise nos pères, au gouvernement que nous avons trouvé établi, n'avons pris les armes que pour la défense de l'un et de l'autre; ou par vous, qui, rénégats de cette sainte et divine religion, n'avez rien épargné pour l'anéantir; qui, traîtres aux lois de votre patrie, en avez détruit l'antique et glorieux édifice?

« Serons-nous donc des *impies*, nous qui respectons les temples, honorons ses ministres, adressons chaque jour au ciel, ou de ferventes prières pour obtenir sa protection, ou des actes de reconnaissance pour le remercier de ses bienfaits? Êtes-vous des hommes pieux, vous qui avez porté dans le lieu saint l'abomination de la désolation, qui avez placé sur les autels du Dieu vivant d'infâmes prostituées? Vous, surtout, qui vous êtes vanté d'avoir renversé de son trône le chef de l'Église, exterminé cet ordre célèbre institué pour la défense de la croix? vous qui n'avez pas rougi de placer sur votre front le turban de Mahomet?

elle se servit surtout du curé Bernier, caractère audacieux et actif qui s'était mêlé à toutes les guerres de la Vendée avec un zèle que plusieurs disent suspect. Fouché avait spécialement l'instinct du clergé, il en savait toute la puissance sur les imaginations de la Vendée; et puis, en mettant les passions politiques de côté, Bernier rendait service à l'Église et à son pays, en faisant cesser la guerre civile : que pouvait demander un prêtre, si ce n'est qu'on relevât les autels?

Les négociations de Fouché avec l'abbé Bernier eurent pour résultat de diviser plus encore les chefs de la Vendée; le général Brune marcha vers le Morbihan[1]; et, avec un remarquable esprit de modération, il servit les intentions du premier Consul, en n'employant la force des armes qu'aux cas de nécessité impérative. Des conventions partielles furent signées, les chefs de la chouannerie firent successivement leur soumission, et l'on vit arriver bientôt à Paris, en vertu de saufs-conduits, ces hommes de courage et de puissante énergie, ces nobles qui avaient servi la cause royale de leurs épées. Bonaparte, qui avait du goût pour les fiers caractères, reçut la plupart de ces chefs, car il avait conçu la noble pensée d'employer leur dévouement à son service; il en avait moins peur que des Jacobins, et, ce qu'il faut louer

« L'humanité sera consolée, dites-vous ; mais l'avez-vous consolée quand, le fer et la flamme à la main, vos impitoyables soldats ont tout égorgé, hommes, femmes, enfants, vieillards ; quand ils ont incendié les villages, dévasté les campagnes, fusillé les prisonniers de guerre, et tiré sur les cultivateurs comme sur des bêtes fauves.» (Réponse des chefs vendéens à une lettre de Bonaparte.)

[1] Le général Brune avait sous ses ordres : les généraux Hédouville, Gardanne, d'Houdetot, Lamorilière et Travot.

Bonaparte voulut aussi parler aux soldats de l'armée de l'Ouest.

« Soldats, le gouvernement a pris des mesures pour éclairer les habitants égarés des départements de l'Ouest ; avant de prononcer, il les a entendus. Il a fait droit à leurs griefs, parce qu'ils étaient raisonnables. La masse des bons habitants a posé les armes. Il ne reste plus que des brigands, des émigrés, des stipendiés de l'Angleterre.

« Des Français stipendiés de l'Angleterre!!! Ce ne peut être que des hommes sans aveu,

dans ce haut caractère, c'est la puissance qu'il employa pour rapprocher de lui les cœurs les plus hostiles, les existences les plus antipathiques; il voulut, sous son épée si forte, faire serrer les mains à des adversaires acharnés.

Au cœur de l'hiver, dans une matinée de nivôse, on vit entrer aux Tuileries un homme d'une taille moyenne, fort de membres, l'air décidé, mis avec une simplicité extrême; il était mandé par le premier Consul; il fut immédiatement introduit dans le cabinet où étaient quelques aides-de-camp et M. de Bourrienne; cet homme se nomma bientôt du nom de Georges Cadoudal. Le premier Consul ordonna qu'on les laissât seuls; avec tout l'art et le prestige qu'il savait employer, il s'efforça de convaincre le général Georges de la nécessité de se rallier au Consulat; il lui offrait son grade dans l'armée, celui de général de division; Bonaparte ne dissimula pas que c'était aux instances de Brune qu'il avait cédé, en l'appelant auprès de lui; Brune lui avait signalé la bravoure et les talents militaires du général Georges. Cadoudal répondit avec une grande simplicité au Consul : « Que toutes démarches étaient inutiles; qu'il avait des engagements d'honneur et de fidélité, et qu'un homme de cœur devait les tenir. » On entendait de temps à autre

sans cœur et sans honneur. Marchez contre eux : vous ne serez pas appelés à déployer une grande valeur.

« L'armée est composée de plus de 60,000 braves. Que j'apprenne bientôt que les chefs des rebelles ont vécu ! Que les généraux donnent l'exemple de l'activité ! La gloire ne s'acquiert que par les fatigues ; et si l'on pouvait l'acquérir en tenant son quartier-général dans les grandes villes ou en restant dans de bonnes casernes, qui n'en aurait pas ?

« Soldats, quel que soit le rang que vous occupiez dans l'armée, la reconnaissance de la nation vous attend. Pour en être dignes, il faut braver l'intempérie des saisons, les glaces, les neiges, le froid excessif des nuits, surprendre vos ennemis à la pointe du jour, et exterminer ces misérables, le déshonneur du nom français.

« Faites une campagne courte et bonne? Soyez inexorables pour les brigands ; mais observez une discipline sévère. »

Bonaparte.

le premier Consul prononcer cette seule phrase d'un ton un peu élevé : « Je crois que vous voyez mal les choses. » Georges, à son tour, cherchait à entraîner Bonaparte dans les voies d'une restauration, et le Consul répondit que la transaction était impossible après les grands changements survenus en France : « Vous voyez mal la chose », répétait-il avec chaleur [1].

Au reste, tout se passa fort loyalement, le sauf-conduit fut respecté ; il n'y eut pas le moindre propos dur échangé entre Georges et Bonaparte ; quand l'aide-de-camp manifesta une crainte pour la vie du premier Consul, alors tout entière dans les mains de Georges, Bonaparte se contenta de lui dire : « Fi donc, monsieur, vous n'y pensez pas ! » et Georges le Breton, fin et têtu, ne voulut se fier à la parole du premier Consul que jusqu'au soir seulement, il craignait la réflexion de la nuit et partit en toute hâte. Quand on avait un ennemi aussi dangereux dans la main, la capture était bonne à faire pour la police.

---

[1] Ce fut l'aide-de-camp de service qui introduisit Georges dans le grand salon donnant sur le jardin, il le laissa seul avec le premier Consul, mais en revenant dans le cabinet où j'étais, il ne ferma aucune des deux portes de la chambre à coucher de parade qui séparait le cabinet du salon. Nous vîmes le premier Consul et Georges se promener de la fenêtre au fond du salon, revenir, retourner ; cela dura fort longtemps. La conversation paraissait très animée, et nous entendîmes beaucoup de choses, mais sans suite. Il y avait quelquefois beaucoup d'humeur dans les gestes et dans les paroles. L'entrevue n'aboutit à rien ; le premier Consul s'apercevant que Georges avait quelque crainte pour sa sûreté, le rassura de la manière la plus noble : « Vous voyez mal les choses, lui dit-il, et vous avez tort de ne vouloir entendre à aucun arrangement ; mais si vous persistez à vouloir retourner dans votre pays, vous irez aussi librement que vous êtes venu à Paris. » Rentré dans son cabinet, le général Bonaparte dit à l'aide-de-camp : « Dites-moi donc, pourquoi avez-vous laissé les portes ouvertes, et êtes-vous resté auprès de Bourienne ? — Il répondit : « Si vous aviez fermé la porte, je l'aurais ouverte. Je vous aurais laissé seul avec un homme comme cela, n'est-ce pas ? Il n'y a pas de risque. — Fi donc ! monsieur, vous n'y pensez pas. » Quand nous fûmes seuls, le premier Consul me parut satisfait de ce dévouement, mais très peiné du refus de Georges. « Il ne voit pas bien l'état des choses, me dit-il ; mais l'exagération de ses principes prend sa source dans de nobles sentiments qui doivent lui donner beaucoup d'influence parmi les siens. Il en faudra cependant bien finir. » (Récit d'un témoin oculaire.)

L'esprit d'ordre, l'administration salutaire du premier Consul, les mesures favorables aux émigrés [1], avaient fait croire que Bonaparte songerait à une restauration. Le bruit s'en était répandu au loin, l'agence royaliste de Paris, composée de MM. Hyde de Neuville, Royer-Collard, en avaient averti Louis XVIII ; on sait quel était le faible de ce prince si facilement entraîné dans des correspondances avec tous les pouvoirs se succédant en France ; il avait signé des lettres-patentes pour le comte de Barras, pourquoi n'écrirait-il pas à M. de Bonaparte, l'ancien élève de Brienne, officier au régiment la Fère artillerie? Il s'y détermina sans hésiter parce qu'il savait que son frère le comte d'Artois allait commencer quelque démarche auprès du premier Consul.

La lettre de Louis XVIII, comme toutes celles qu'il écrivait, était pleine de convenance et de coquetterie. Les flatteries étaient délicates pour le premier Consul ; il lui demandait le trône, mais en lui laissant entrevoir, pour ainsi dire, la mission d'en être le plus ferme, le premier soutien ; l'épée de connétable était offerte à Bonaparte ; il lui disait : « Je ne puis rien faire sans vous, je me garde de vous confondre avec les révolutionnaires ; pourquoi ne pas rendre cette couronne à ceux dont les ancêtres ont gouverné la France ? Vous avez relevé le pouvoir abattu ; vous avez fait de la monarchie, il faut maintenant rappeler le monarque [2], digne couronnement de l'œuvre. »

---

[1] Cent trente émigrés ont obtenu leur radiation définitive, le 6 de juin. On remarque dans ce nombre : madame la princesse de Guémené ; M. de Lusignan, ancien colonel du régiment de Flandres, et membre de l'Assemblée constituante ; M. de Cadignan, ancien aide-de-camp de M. de Lafayette ; M. le chevalier de Boufflers, ci-devant membre de l'Académie française ; Marsan, ex-législateur, condamné à la déportation ; M Dufresne de Saint-Léon, ancien liquidateur-général ; M. La Borde de Méréville, ex-constituant ; le journaliste Esménard, auteur d'un poëme sur la navigation ; M. de Pansemont, curé de Saint-Sulpice, etc., etc. (Note de l'agence secrète.)

[2] La première lettre de Louis XVIII était ainsi conçue : « Quelle que soit leur conduite, des hommes tels que vous, monsieur, n'inspirent jamais d'inquiétude Vous avez accepté une place éminente, et je vous en sais gré. Mieux que personne,

LOUIS XVIII ET BONAPARTE (1800).

Cette lettre fut remise au Consul Lebrun, qui passait pour fort dévoué au parti royaliste, et le Consul la transmit à son collègue; Bonaparte la lut; il en fut vivement frappé, et délibéra plusieurs jours s'il devait y répondre : c'était grave, en effet, et il s'agissait de l'avenir de la France et de lui-même. Que de pensées ne durent pas rouler dans son esprit! il avait vu la vieille monarchie, sa famille lui devait tout; n'était-il pas élève de Brienne? sa sœur Élisa, jeune fille, avait été nourrie à Saint-Cyr. Le rang de connétable était beau; un vieux trône le protégerait; plus de guerre; plus de ce jeu fatal où l'on jetait sa vie dans les complots! Avec plus de réflexions, Bonaparte vit bien que ce rôle était pris : Monck l'avait joué, et Pichegru s'y était étrangement compromis? L'armée était républicaine, les royalistes impopulaires; nul ne pouvait répondre de l'avenir d'une restauration; Bonaparte se refusa à toute ouverture : il fit plusieurs brouillons de lettres[1], il en fut mécontent, et arrêta un rédaction insignifiante et peu polie; il offrit cependant de prendre in-

vous savez ce qu'il faut de force et de puissance pour faire le bonheur d'une grande nation. Sauvez la France de ses propres fureurs, vous aurez rempli le premier vœu de mon cœur ; rendez-lui son roi et les générations futures béniront votre mémoire. Vous serez toujours trop nécessaire à l'État, pour que je puisse assez acquitter par des places importantes la dette de mon aïeul et la mienne. »   Louis.

[1] Voici le premier brouillon de la réponse de Bonaparte à Louis XVIII.

« J'ai reçu, Monsieur, votre lettre. Je vous remercie des choses honnêtes que vous m'y dites.

« Vous ne devez pas souhaiter votre retour en France, il vous faudrait marcher sur cent mille cadavres.

« Sacrifiez votre intérêt au repos et au bonheur de la France. L'histoire vous en tiendra compte.

« Je ne suis pas insensible aux malheurs de votre famille. J'apprendrai avec plaisir, et contribuerai volontiers à assurer la tranquillité de votre retraite. »   Bonaparte.

Quelque temps après, Bonaparte écrivit une nouvelle lettre entièrement semblable à celle qu'on vient de lire, quant aux trois premiers paragraphes : il changea encore le dernier et mit : « Je ne suis point insensible aux malheurs de votre famille, et j'apprendrai avec plaisir que vous êtes environné de tout ce qui peut contribuer à la tranquillité de votre retraite. » Par ces expressions, il ne s'engageait plus à rien, même en paroles. Il n'était plus question de contribuer lui-même à la douceur de la retraite.

térêt aux malheurs de la famille de Louis XVIII; il lui souhaitait une meilleure destinée; mais quant à la couronne de France, le roi ne pourrait jamais l'obtenir qu'en passant sur des cadavres. Bonaparte ne désignait Louis XVIII que sous le titre d'altesse royale, c'était le blesser profondément. Le roi se résigna comme il s'était soumis à la destinée, et ne perdit pas l'espoir d'une négociation; il parla encore à l'ambition et à la gloire du Consul dans une nouvelle lettre plus brillante que la première[1]; Bonaparte ne fit aucune réponse, il s'était déjà trop engagé; il craignait de donner suite au bruit qui circulait déjà parmi les Jacobins de la volonté d'une restauration bourbonienne.

En même temps, Monsieur, comte d'Artois, envoyait un messager plus gracieux à Paris. On parlait à Londres des salons de madame Bonaparte; la veuve du marquis de Beauharnais, si bien née, réunissait là quelques dames de bonne noblesse, ses anciennes amies, et comme le ton était alors de faire du royalisme, on y parlait de la restauration, et du grand rôle que pourrait jouer Bonaparte. Joséphine, trop nonchalante pour avoir une opinion, se laissait doucement aller à ces impressions par esprit de bonne compagnie. Comme toutes les dames titrées étaient Bourboniennes, elle, dame titrée aussi, suivait un peu cette impulsion; le faubourg Saint-Germain l'accablait

---

[1] Voici la nouvelle lettre de Louis XVIII.

« Depuis longtemps, général, vous devez savoir que mon estime vous est acquise. Si vous doutiez que je fusse susceptible de reconnaissance, marquez votre place, fixez le sort de vos amis. Quant à mes principes, je suis Français.

« Clément par caractère, je le serai encore par raison.

« Non, le vainqueur de Lodi, de Castiglione, d'Arcole, le conquérant de l'Égypte et de l'Italie, ne peut pas préférer à la gloire une vaine célébrité. Cependant vous perdez un temps précieux. Nous pouvons assurer la gloire de la France. Je dis *nous*, parce que j'ai besoin de Bonaparte pour cela, et qu'il ne le pourrait sans moi.

« Général, l'Europe vous observe, la gloire vous attend, et je suis impatient de rendre la paix à mon peuple. » *Signé*. Louis.

d'adulations[1], et ce fut aussi dans ces circonstances que madame de Guiche vint à Paris, chargée d'offrir à Bonaparte de la part de Monsieur, comte d'Artois, les pleins-pouvoirs pour administrer le royaume comme connétable ; on lui donnait Chambord en toute propriété, avec un parc de vingt-cinq canons, comme souvenir de ses triomphes, et deux millions de rente ; le drapeau de la monarchie aurait été déposé en ses mains, comme dans celles de son plus ferme soutien.

Madame de Guiche, jeune femme enthousiaste, tourna toutes les têtes des salons de Paris ; elle réussit même parfaitement parmi les intimes de Joséphine ; une femme d'un ton si parfait, avec ce vernis brillant de l'ancienne cour, plaisait alors, comme contraste avec les mœurs révolutionnaires. Madame de Guiche fut partout accueillie, fêtée, si bien que le parti révolutionnaire en conçut des craintes sérieuses, et Fouché vint fermement dire au premier Consul : « qu'il fallait faire cesser ce caquetage de femmes, parce que les patriotes commençaient à s'indigner, et qu'il savait mieux que personne qu'avec eux il ne fallait pas jouer à la restauration. » Le jour même, madame de Guiche reçut l'ordre formel de quitter Paris ; Fouché la vit le matin de son départ ; tout en respectant son malheur, et en flattant sa coquetterie, avec esprit, le ministre déclara qu'il était informé de tout et que ses amis eussent bien à prendre garde, parce que cela pouvait devenir plus sérieux que quelques propos de boudoirs et de salons, et qu'on n'hésiterait devant rien.

Ce fut pour donner des gages au parti révolutionnaire,

---

[1] MM. D'Autichamp, de Châtillon, Georges, de Bourmont, Bernier, s'étant rendus à Paris, le premier Consul les accueillit avec une distinction particulière, et s'empressa de les admettre à sa table. M. le M. D'Autichamp aimait à le rappeler sous la restauration.

que le premier Consul redoubla de rigueur dans tout ce qui touchait à la répression de la guerre civile; il ne pouvait plus rien pardonner. M. de Frotté avait capitulé [1], il était compris dans les termes de la pacification; on prit pour prétexte une correspondance secrète de laquelle il résultait que M. de Frotté n'avait licencié les Chouans que comme un provisoire, et pour les retrouver plus tard dans des temps [2] plus favorables à la guerre civile. Sur ces simples documents, le général Chamberlac le fit traduire, par ordre des Consuls, devant une commission militaire, et on le fusilla dans les vingt-quatre heures. Le comte de Toustaint, encore enfant, subit la même peine à Paris; Toustaint, à seize ans, commandait un détachement de la division de M. de Bourmont, il était venu à Paris pour y embrasser son père, alors détenu au Temple. On l'accusa de ne s'être rendu dans la capitale que pour y acheter de la poudre et des munitions de

---

[1] Lettre au ministre de la guerre.
Du quartier-général de Vannes, le 25 pluviôse.

« Le général en chef Brune informe le ministre de la guerre, que les clauses de la pacification pour les départements des Côtes-du-Nord, du Morbihan et du Finistère, ont été définitivement arrêtées hier. Les bandes de Chouans se dissoudront immédiatement, et il a exigé que les armes, canons et munitions, fussent rendus sans restriction. Le désarmement s'effectue, et un grand nombre de fusils ont été rendus. »

Le secrétaire-général de la guerre,
Vignolle.

[2] Voici la lettre dont le comte Frotté fut accusé, et qui amena sa condamnation.

Mercredi, 12, à cinq heures.

« Je n'ai point encore de nouvelles d'Angers; j'attends toutes les minutes Saint-Florent; je ne vois que trop que j'ai prédit juste. Nos perfides et insolents ennemis nous traiteront peut-être plus durement que les autres, parce que nous sommes venus les derniers. N'importe, il faut bien souscrire à tout, mais jamais au désarmement; du moins, ce ne sera jamais par mon ordre. Pour tâcher de prévenir ce malheur, en cas qu'on l'exige, faites provisoirement prendre les fusils de toutes les recrues et autres soldats peu sûrs, et mettez-les en magasin.

« Faites-en dire autant à Lebrun de ma part; notre situation est bien critique; mais il faut espérer qu'elle ne durera pas. Notre tour viendra. O mon cher d'Hugon, que j'ai de chagrin! Jamais mon cœur n'éprouva plus d'amertume. Que ne puis-je réunir sur ma tête toute la haine de nos ennemis! Je prendrai du moins sur moi le plus que je pourrai. Par Dieu, engagez tous nos camarades à patienter; je conçois qu'ils sont inquiets, mais moi suis-je plus tranquille? »

L. de Frotté.
(Lettre trouvée sur le jeune d'Hugon.)

EXÉCUTION DE MM. DE FROTTÉ ET DE TOUSTAINT (1800). 259

guerre. Une commission militaire, assemblée à la hâte, le condamna à la mort. Son défenseur ne fut prévenu de son jugement que quelques heures auparavant. Au moment où Toustaint traversait la place Louis XV pour se rendre au lieu de son supplice, la famille Bonaparte sortait d'un bal donné par le ministre de l'intérieur, frère du premier Consul. Le peuple ne put voir sans être ému le douloureux appareil de la mort. Son mécontentement éclata en murmures publics. Le jeune Toustaint, vêtu de l'uniforme blanc, avec la croix de Saint-Louis sur la poitrine, la poudre sur de beaux cheveux blonds et flottants, mourut avec un courage héroïque et commanda lui-même le feu. Quelques moments auparavant il avait écrit à son défenseur une lettre que l'on rechercha comme un monument de courage et de résignation. On y remarquait même une certaine teinte de gaieté qui annonçait la sérénité de son âme. Toustaint et Frotté moururent fièrement, sans demander grâce, comme de dignes Chouans; gages sanglants donnés par le Consul au parti patriote; c'était lui dire assez qu'il n'y avait plus de transactions possibles avec les Bourbons, et que tout ce qu'on avait dit sur ses rapports avec Louis XVIII était faux ou de simples suppositions. Dès lors, il fut évident que Bonaparte ne voulait pas restaurer le trône.

L'exécution du marquis de Frotté eut un résultat auquel ne s'attendait pas le Consul; ce fut l'implacable vengeance des Chouans : un de leurs chefs, frappé au mépris de la capitulation, tombait noblement par les ordres de celui qui prenait un titre usurpé[1];

---

[1] Voici la lettre du général Lefebvre pour annoncer les arrestations des Chouans.
Au quartier général de Paris, le 28 pluviôse an VIII.

Citoyen Consul,
« Je vous annonce, avec une vive satisfaction, qu'il résulte des rapports que me transmet à l'instant le général Chamber

alors tous les moyens furent bons aux Chouans pour arriver à la vengeance ; il y eut une sorte de pacte infernal pour détruire Bonaparte. Ces hommes agrestes, qui vivaient dans les sables du Morbihan, jurèrent de se délivrer du premier Consul ; qu'importaient les moyens ? Bonaparte n'avait suivi aucune forme pour faire fusiller Frotté ; eh bien ! l'on viendrait sur la place publique pour attaquer de vive force la voiture du premier Consul : on voulait sa vie, parce qu'il avait eu celle du comte de Frotté, le chef qui les conduisait à la guerre ; mort pour mort, dent pour dent, terrible loi du talion dans les jours de guerre civile. Au cœur du Breton la vengeance est têtue, et l'on verra les Chouans mêlés à la machine infernale ; ces hommes-là jouaient ouvertement leurs têtes ; à ces tristes temps de troubles publics, la moralité des actions disparaît ; il ne reste plus que des passions vivaces : la haine, la vengeance ou le dévouement.

lac, qu'il est enfin parvenu à se rendre maître des chefs des rebelles, au nombre de sept : Pierre-Marie-Louis de Frotté, soi-disant maréchal des camps et armées, et chevalier de l'ordre royal, commandant en chef pour le roi de Mittau. Le nommé de Caumarque, soi-disant commandant une légion. Le nommé d'Hugon, soi-disant chef de légion, commandant d'un arrondissement. Le nommé de Verdun, soi-disant chef de légion, adjoint au chef de l'état-major. Le nommé Casimieux, aide-de-camp de Frotté. Pascal Séguiral, aide-major. Saint-Florent, aide-major. J'ai l'honneur de vous envoyer des papiers, des cachets et des poignards dont ils ont été trouvés saisis.

« Les sept chefs de ces rebelles ont été conduits, sous forte escorte, à Verneuil ; j'ai convoqué sur-le-champ une commission militaire, pour, d'après la loi, procéder à leur jugement dans les vingt-quatre heures. Il est prouvé, citoyen Consul, que ces misérables étaient les principaux moteurs des troubles civils dans les quatorzième et quinzième divisions militaires. Les paysans et le peuple de ces divisions sont dans la joie d'être délivrés de ces brigands dont la capture consolide leur tranquillité. »

Salut et respect. Lefebvre.

CHAPITRE XII.

PRÉPARATIFS DE LA CAMPAGNE D'ITALIE

SOUS LE PREMIER CONSUL.

Nécessité d'un coup d'éclat militaire. — Situation de l'armée d'Italie. — Carnot et Bonaparte. — Première idée de passage à travers le mont Saint-Bernard. — Situation de l'armée de réserve à Dijon. — Départ du premier Consul. — Précautions de police. — Ses craintes. — Départ pour la Suisse. — Séjour de Bonaparte à Genève et à Lausanne. — Rapport de Marescot. — L'avant-garde sous Lannes passe le mont Saint-Bernard. — Bonaparte reste à Lausanne. — Combat d'Aoste et de Chatillon sous Berthier. — Bonaparte ne passe le Saint-Bernard que le 20, quatre jours après l'armée — Bulletin de l'armée de Moreau. — Sa lettre à Bonaparte. — Marche de Moncey à travers le Saint-Gothard.

Avril et Mai 1800.

L'agitation des partis, la vivacité des opinions, imposaient au gouvernement consulaire et à Bonaparte spécialement quelques-unes de ces actions brillantes, seules capables de captiver, par leur éclat, l'admiration publique. Le peuple le veut ainsi; il faut à un gouvernement nouveau de grandes choses pour que la confiance vienne à lui; il doit montrer aux imaginations un horizon de merveilles. Bonaparte savait qu'il fallait justifier sa position si élevée; ses ennemis ne lui laissaient pas de repos. Quoi! il tenait le pouvoir absolu pour s'absorber aux Tuileries dans des actes de simple administration? Ne serait-il ni plus ni moins que ce grand électeur de Sieyès au château royal des Tuileries, conception dont il s'était tant moqué? Il est vrai que la constitution imposait au premier Consul, l'obligation de ne prendre aucun commandement militaire tant que durerait sa magistrature; mais Bonaparte avait trop l'instinct de sa destinée pour ne pas reconnaître qu'il n'était rien sans la force et l'éclat des batailles; ôtez-lui les victoires, que restait-il à son nom? Il avait essayé la paix sans obtenir de résultat; la guerre était son élément, il n'était bien qu'à la tête d'une armée; vouloir faire du premier Consul un magistrat civil était une folle idée; Bonaparte devait exalter l'opinion par des bulletins de campagne, et le jour où il n'aurait plus ainsi dominé le peuple, son pouvoir était compromis.

L'armée d'Italie appelait un chef suprême qui pût diriger ses opérations, et lui donner l'ensemble dont elle manquait; nul ne doutait de la capacité des généraux Masséna, Soult et Suchet; mais séparés les uns des autres, ils avaient des forces inférieures à l'armée autrichienne, alors secondée par une flotte anglaise qui parcourait les côtes de l'Italie. L'esprit d'insubordination s'était glissé parmi les soldats; les malheurs de la guerre ne fortifient pas la discipline! les nouvelles qui arrivaient du pied des Alpes maritimes, n'étaient point favorables; Masséna était déjà bloqué dans Gênes [1]; quel-

---

[1] Masséna était déjà fort pressé dans Gênes; voici ce que lui écrivait le général Mélas pour amener sa capitulation.

« Général, la fortune n'a point couronné votre valeur, qui seule vous rend digne de mon estime et de celle de l'univers entier. Avec un petit nombre d'hommes, vous deviez succomber sous mes efforts, et vous y succombez avec honneur. Mais je crois qu'il est temps d'écouter la voix de l'humanité. Le général Suchet a encore été battu hier à Saint-Giacomo, et il ne vous reste aucun espoir de pouvoir lutter plus longtemps contre mes forces; tout le sang que votre bravoure fera répandre, retombera sur vous; vous ferez le malheur d'un peuple qui a déjà trop souffert. La ville, qui tient toujours, est exposée à de plus grands maux encore; elle est menacée du pillage et de toutes les horreurs de la guerre,

ques avantages partiels avaient été obtenus, mais les masses autrichiennes acculaient l'armée sur le Var. Les cités de la Provence étaient déjà en alarme.

Le premier Consul n'avait pas cessé un moment de suivre les opérations militaires de l'armée d'Italie; il reconnaissait l'insuffisance des forces de ses trois lieutenants pour lutter avec leurs demi-brigades réduites, contre les invasions menaçantes des Autrichiens et des Anglais. Carnot, récemment élevé au ministère de la guerre, travailla constamment avec Bonaparte; ce fut avec lui qu'il examina profondément les divers plans de la campagne qui allait s'ouvrir; spectacle curieux de voir la tête militaire du Comité de salut public concerter ses plans avec le Consul et le futur Empereur! On n'était point en peine de l'armée du Rhin; celle-là marcherait à sa destinée sous Moreau; elle pouvait lutter à force égale avec les troupes du général Kray; nulle armée n'avait un personnel plus fort et mieux composé. Si l'on portait secours à l'armée du Var, on n'obtiendrait aucun résultat éclatant; ce seraient là des faits d'armes partiels, des coups de petites armées, qui ne jetteraient pas assez de lustre sur le général en chef, et ne décideraient pas une campagne; puisqu'on avait une armée de ré-

---

si les paysans y entrent la rage au cœur, sans aucune capitulation préalable. Je ne puis répondre entièrement de mes troupes victorieuses. Écoutez la voix de l'humanité, et sacrifiez la gloire de vous défendre jusqu'à la dernière goutte de sang, à la véritable gloire et à l'admiration que personne ne peut vous ôter. Je vous offre la plus honorable capitulation que mérite un militaire de votre caractère, pour vous témoigner l'estime et la plus parfaite considération, avec laquelle je suis, etc. »

Signé. Mélas.

Voici la réponse du général Masséna.

Le général en chef Masséna au général en chef Mélas.

Du quartier-général de Gênes, 1er floréal.

« Monsieur le général, j'ai reçu la lettre que vous m'avez fait l'honneur de m'écrire, par laquelle vous m'offrez une capitulation honorable. Je ne suis pas encore dans ce cas, Monsieur le général. Il me reste assez de troupes pour vous prouver que je puis me défendre, quand même le général Suchet serait battu, ce que j'ai bien de la peine à croire. »

Signé. Masséna.

serve à Dijon, il fallait en user plus largement, prendre le centre de la ligne, se jeter entre l'armée du Rhin et celle des Alpes maritimes, tomber à l'improviste dans le Milanais, et par ce moyen produire un grand étonnement au milieu de l'armée ennemie; présenter bataille, enfin, sur un point où personne ne l'attendait, courir sur le flanc et les derrières de l'armée du général Mélas.

C'est dans ces délibérations attentives avec Carnot, que le premier Consul conçut l'idée grandiose du passage du mont Saint-Bernard. Cette pensée lui plaisait; antique comme l'époque des Gaulois et d'Annibal, elle entrait dans ses études ardentes, et une campagne alpienne, sur une vaste ligne, caressait son imagination; passer avec ses compagnons d'Égypte les glaciers des Alpes, quitter les sables brûlants des pyramides pour visiter les pics de neige élancés jusqu'aux cieux : ces grandes choses-là convenaient aux rêveries historiques de Bonaparte. Mais il y avait loin de ce projet à l'impossible; le mont Saint-Bernard était un chemin tracé avec des stations pour les pèlerinages, et un hospice commode sur le sommet; s'il n'y avait pas une route de poste, on y trouvait au moins des sentiers pour les petites voitures et les mulets; le mont Saint-Bernard avait vu déjà des armées de pèlerins à une époque sauvage encore; les guerres des Alpes s'accomplirent dans tous les temps, et sous Louis XIII et Louis XIV plus d'un régiment de France avait élevé son artillerie sur les rochers à pic, dans les campagnes [1] contre le Piémont et les invasions du Milanais. En gravissant le mont Saint-Bernard on avait surtout l'avantage que les postes de la montagne n'étaient pas gardés jusque sur le revers du côté de l'Italie.

[1] Voir mon travail sur Richelieu, Mazarin et la Fronde.

Bonaparte suivit vivement l'idée d'un passage à travers les monts, car les antiques souvenirs lui revinrent brûler le cerveau. Annibal, César, se présentaient à lui, et ces grands noms agitaient toujours son âme ardente. Il arrêta, avec sa supériorité ordinaire, un plan de campagne qui porterait son armée dans les plaines fertiles du Milanais. Il allait donc manœuvrer dans cette pensée ; mais quelle était cette armée réunie à Dijon, et dont il allait prendre le commandement ? Était-elle capable de grandes choses et de sérieuses fatigues ?

Depuis le mois d'avril, Berthier était parti pour la Bourgogne, afin de rendre compte au premier Consul de la véritable situation [1] de l'armée ; il la trouva faiblement organisée, très resserrée dans ses cadres, plus faible encore dans son personnel militaire ; on comptait à peine 22,000 hommes avec une bonne moitié de conscrits peu exercés, une mauvaise artillerie et presque pas de cavalerie. Dans une de ses dépêches secrètes, Berthier ne dissimulait pas au Consul qu'il était fort périlleux d'entreprendre quelque chose de grand avec des moyens si petits, et qu'il y aurait danger à s'exposer dans le Milanais. Sur cette dépêche, le ministre Carnot fit réunir à marches forcées tous les dépôts, toutes les vieilles troupes disponibles ; la garde consulaire et les guides durent

---

[1] « Je n'ai, écrivait Berthier à Bonaparte, que 22,000 hommes d'infanterie disponibles, 6,000 sont en marche, 3,000 me sont annoncés ; la légion italique de 4,000 est sans armes et sans habits.

« Observez que, dans le nombre dont je viens de parler, il y a un quart de conscrits, dont la désertion est journalière ; je ne puis donc passer les Alpes qu'avec 25,000 hommes, non compris la cavalerie et l'artillerie ; ajoutez 3,000 du général Thureau, et vous trouverez au plus 30,000 hommes. Je ne compte pas les bataillons de l'armée d'Orient, destinés à garder la Suisse.

« Je vous fais connaître ma véritable position, non pour me plaindre, mais pour vous mettre à même de faire vos dispositions. Je marcherai avec ce que j'aurai, sans compter le nombre des ennemis, les troupes ont de l'ardeur ; nous vaincrons les difficultés ; nous en aurons beaucoup, et par conséquent plus de gloire. »

joindre sur-le-champ l'armée de réserve à Dijon, et bientôt le bruit courut à Paris que le premier Consul en personne allait prendre le commandement en chef de la réserve pour se porter immédiatement en Italie, résolution capable d'exciter toute confiance parmi les soldats ; ce nom de Bonaparte était si grand dans l'armée ! Cependant le Consul se hâta d'expliquer son départ ; il fit démentir d'abord la nouvelle qu'il allait prendre un commandement d'armée, car c'était manquer à la constitution ; ensuite il fallait persuader à ses ennemis qu'il ne s'éloignerait pas pour longtemps du siége du gouvernement ; il savait l'état des esprits, l'agitation violente qui régnait partout ; les républicains n'attendaient que son départ. Qu'arriverait-il pendant son absence ? Pouvait-il compter sur ceux qu'il laissait à la tête des affaires ? N'y avait-il pas parmi eux ses ennemis les plus acharnés ? Que ferait-on après qu'il aurait atteint Dijon ? A qui le gouvernement serait-il confié pendant qu'il parcourrait les Alpes italiques ?

Telle était la position du premier Consul, qu'il ne pouvait rester à Paris sans se déconsidérer en se parant d'une épée inutile ; et s'il partait, au contraire, il livrait son gouvernement aux intrigues des Jacobins et des Royalistes. Bonaparte n'hésita point, car l'armée était son élément. Dans une réunion du conseil d'état, le Consul annonça qu'il quittait Paris. Le 5 mai, en présence des deux autres Consuls, des ministres, il prit la parole et s'adressant à Lucien : « Préparez pour demain une circulaire aux préfets ; vous, Fouché, vous la ferez publier dans les journaux ; dites que je suis parti pour Dijon, où je vais inspecter l'armée de réserve ; vous pouvez ajouter que j'irai peut-être jusqu'à Genève, mais assurez positivement que je ne serai pas absent plus de quinze jours; vous, Cambacérès, vous présiderez demain le conseil d'état; en mon absence, vous êtes le chef du gouvernement; parlez dans le même sens au conseil; dites que mon absence sera de courte durée, sans rien spécifier. Témoignez au conseil d'état toute ma satisfaction; il a déjà rendu de grands services, je suis content qu'il continue. Ah! j'oubliais... vous annoncerez en même temps que j'ai nommé Joseph conseiller d'état..... S'il se passait quelque chose, je reviendrais comme la foudre! Je vous recommande à tous les grands intérêts de la France j'espère que bientôt on parlera de moi à Vienne et à Londres[1]. »

Comme le Consul voulait rassurer les opinions sur l'état des opérations militaires; il fit publier des nouvelles sur les armées avant son départ, afin de bien constater l'état des corps qui allaient entrer en campagne; il dicta, avec sa rapidité ordinaire, un premier bulletin ainsi conçu : « Un corps de 4,000 hommes, composé de la 3ᵉ demi-brigade, du 19ᵉ de dragons, du 3ᵉ de cavalerie, est parti ce matin de Paris pour Dijon. Le général Berthier, commandant en chef l'armée de réserve, a eu à Bâle une conférence avec le général en chef Moreau. Dans cette décade, les opérations militaires doivent recommencer sur le Rhin. Le général Berthier est arrivé à Dijon, où il a trouvé l'armée de réserve dans le meilleur état. Il instruit le gouvernement qu'un détachement ennemi de 800 hommes s'était emparé du Mont-Cénis. Le général Thureau est parti de Briançon; il s'est porté sur Exiles, de là sur Suze, et se trouvant par là sur les derrières du détachement que l'ennemi avait poussé sur le Mont-Cénis, il l'a obligé non seulement à rétrograder plus rapidement qu'il ne s'était avancé, mais

---

[1] Récit d'un témoin oculaire.

a encore fait prisonnier plus de la moitié de ce détachement. Le général en chef Masséna, spécialement autorisé par le gouvernement, a concentré toutes ses forces dans la rivière de Gênes; la cent-quatrième demi-brigade, qui était dans la septième division, s'est rendue à Gênes. Le système de guerre qu'a adopté le gouvernement est de tenir toutes les troupes en masse sur quelques points favorables à la fois à l'offensive et à la défensive. » On retrouve déjà la pensée du Consul dans ces premiers détails; son plan de campagne se résume dans le passage général à travers les Alpes; pour lui, il abordait franchement le mont Saint-Bernard; Moncey traversait le Saint-Gothard, tandis que Suchet, prenant l'offensive sur le Var, traversait les Petites-Alpes pour se joindre au centre et à l'aile droite de l'armée.

La police eut soin de répandre à Paris que le Consul ne partait pas pour un long temps; Bonaparte annonçait qu'il allait seulement inspecter les troupes à Dijon et en Suisse, voir par lui-même si tous les services étaient remplis, faire enfin l'office de chef suprême du gouvernement, saluant une armée jeune et dévouée; Berthier conservait son titre de général en chef. Le lendemain Bonaparte était sur la route de Dijon[1], et se lançant avec cette rapidité qui caractérisait toute sa vie militaire, en vingt heures il faisait le trajet de quatre-vingts lieues. Il passa toutes ses troupes en revue au milieu de

---

[1] « Le premier Consul s'est enfin résolu à quitter Paris; le 6 de ce mois, dans la nuit, il s'est mis en route pour Dijon, accompagné de Pétiet et de Fermont, conseillers d'état, et de Bourrienne, son secrétaire. Il n'a mis que vingt heures à faire le trajet de Paris à Dijon. Il a été reçu dans cette ville au bruit du canon. Les curieux y étaient accourus de trente lieues à la ronde pour voir la nouveauté de ce spectacle. Le 8, au soir, le Consul est parti pour Genève, où l'on avait préparé la maison de M. Saussure pour le recevoir. Le 13, il était à Lausanne, chez son ami le banquier Haller. Il y a passé en revue l'avant-garde de l'armée qu'il a envoyée en Italie par le Saint-Bernard;

l'enthousiasme, et avec son instinct plein de sagacité, il reconnut le côté faible de cette levée en masse de conscrits incapables de tenir en rase campagne; il y avait chez eux un enthousiasme indicible pour le premier Consul, un désir de voir l'Italie, une furie française que rien ne pouvait comprimer; mais que deviendrait tout cela en plaine devant les vieilles troupes du général Mélas soutenues de cette cavalerie autrichienne, si supérieures aux régiments de recrue? Le Consul s'aperçut parfaitement qu'il devait marcher en toute hâte, exciter les émotions glorieuses d'une jeunesse ardente par des actions gigantesques, et cette conviction le confirma dans l'idée qu'il devait conduire les jeunes soldats, pleins de générosité et de fougue, à travers les Alpes et offrir à leur imagination, l'aspect d'une entreprise merveilleuse. Une guerre de montagnes convient d'ailleurs à des troupes ardentes, mais sans expérience et mal organisées; telle était l'armée de réserve.

Bonaparte resta quelques jours à Dijon, tandis que l'armée prenait la route de Suisse; il séjourna quarante-huit heures à Genève pour inspecter tout ce que l'artillerie et le génie avaient conçu pour la guerre des montagnes; 1° les traîneaux des pièces d'artillerie; 2° les équipages de mulets à bâts; 3° les affûts et les trains mécaniques qui pouvaient se démonter à volonté. Tous ces ingénieux moyens de transport furent dus aux

cette avant-garde est commandée par le général Lannes. 17,000 hommes sont partis pour la même destination, et ont passé les 6, 7 et 8 par Vevey. Le lac de Genève était couvert de barques chargées de biscuit, de provisions et de munitions pour cette armée. Ces munitions doivent être chargées sur des mulets, à Villeneuve, pour traverser les montagnes. Les généraux de cette armée se sont vantés qu'ils seraient à Milan avant deux décades, c'est-à-dire, à la fin de mai. Si cette diversion s'effectue avant que Masséna se soit rendu, elle pourra changer toute la face des affaires; et la campagne si habilement et si heureusement commencée, peut avoir une issue désastreuse. » (Extrait d'un journal anglais.)

généraux Marmont et Marescot, à qui le premier Consul avait confié l'artillerie de la campagne. Après cette inspection, Bonaparte vint établir son quartier-général à Lausanne, centre parfaitement choisi, tandis que l'armée de réserve opérait son mouvement sur Villeneuve par les routes d'Italie à travers le Valais. Le beau lac du Léman, aux eaux si bleues, était couvert de barques flottantes qui portaient les bagages et les vivres à tous ces nobles enfants de la France, au pied des gigantesques glaciers.

L'armée de réserve se composait de plusieurs corps, chacun sous des généraux jeunes et dévoués. Le premier corps, qui prenait le nom d'avant-garde, était dirigé par Lannes, le compagnon de Bonaparte dans l'armée d'Italie; il avait demandé à marcher en avant; chacun savait ce qu'était Lannes dans un jour de bataille, gai au milieu de la mitraille, franchissant les obstacles en brisant l'ennemi avec une impétuosité sans pareille. Lannes devait se porter sur Villeneuve à l'extrémité du lac, afin d'attendre les ordres du premier Consul. Berthier commandait le centre en sa qualité de général en chef que Bonaparte ne pouvait prendre [1]; mais nul n'ignorait que le premier Consul commandait en personne et que Berthier n'était que chef d'état-major. L'armée se déployait par Lausanne, Vevey, Chinon, et au pied de ces beaux coteaux de vignes qui se mirent dans le lac. L'artillerie, le point important, était dirigée par Marmont, et le génie par Marescot; le génie devait jouer un si grand rôle au pied des Alpes, pour traverser ces immenses rochers dont la cime touche les nuages! On allait bientôt voir les glaciers, nid d'aigle, asile du chamois qui bondit de pic en pic.

---

[1] Cependant Berthier adressa ses rapports directement au premier Consul.

Quand on parcourt cette longue chaîne qui s'étend depuis les Alpes allemandes jusqu'en Italie, on peut voir que plusieurs passages ont été pratiqués par la nature ou par les hommes pour communiquer avec l'Italie. A gauche, le Simplon qui vient mourir au pied du lac de Côme, au milieu d'une nature de glaces, et de ces cascades qui se précipitent sur ces mers immobiles depuis la création, puis des rochers gigantesques qui s'amoncellent les uns sur les autres, comme si, à des époques inconnues, des géants les avaient remués. A l'autre extrémité des Alpes, du côté du Piémont, est le Mont-Cénis, la plus ancienne des routes tracées, celle que suivaient les pèlerins dans les chroniques. Au centre est le mont Saint-Bernard, aux pics majestueux, route plus facile pour se rendre directement dans la vallée d'Aoste, et de là courir sur le Milanais. Sur ce mont Saint-Bernard était l'hospice fondé pour les pauvres voyageurs égarés; gîte offert par de saints religieux à quiconque traversait la montagne. Le catholicisme ne regarde ni le drapeau, ni les sentiments, ni les opinions; on souffrait, on avait des besoins, et cela suffisait pour que les religieux vinssent au secours des hommes engagés dans ces glaces éternelles. Le mont Saint-Bernard était, avant la construction de la grande route du Simplon, le passage le plus connu, le plus praticable; la vallée d'Aoste en faisait un point facile à traverser; on ne comptait que sept heures pour s'élever au sommet et trois heures pour le descendre [1].

Sans doute, pour des hommes habitués aux routes plates et monotones de la Champagne et du Parisis, ou

---

[1] J'ai visité le mont Saint-Bernard, je l'ai traversé à plusieurs reprises; il existe encore deux religieux qui ont souvenir du passage des Français, et qui n'en font pas un récit trop effrayant; le soldat avait plus de gaieté que de fatigue.

aux côtes et aux petites montuosités de la Bourgogne, les routes du mont Saint-Bernard devaient être effrayantes : quelle nature diverse! Mais quand on a un peu pratiqué la vie des montagnes, on ne trouve rien de très extraordinaire, rien de fantastique dans ce passage à dos de mulet, si ce n'est pour l'artillerie, dans une route qu'un peu de précaution rend parfaitement sûre. Le mont Saint-Bernard a des glaciers, des précipices comme toutes les Alpes, mais il n'y a rien là qui puisse empêcher une armée pleine d'ardeur et de dévouement de s'élancer avec ordre et de traverser son sommet, surtout lorsque nulle troupe n'en disputait le passage.

Bonaparte, on l'a dit, établit son quartier-général à Lausanne; il envoya le général Marescot explorer la montagne; et un rapport fort bien fait, adressé au premier Consul, annonce positivement que le mont Saint-Bernard est praticable, et qu'avec certaines précautions il sera facile de le franchir[1]. D'après les ordres du général en chef, des vivres furent envoyés aux religieux pour être distribués comme rafraîchissements à l'armée quand elle serait parvenue au sommet; il fut promis une gratification de 5 francs pour tous les soldats qui aideraient à passer les canons ou s'adjoindraient aux ouvriers du train d'artillerie; et ce fut avec toute la gaieté française que les soldats de la division Lannes abordèrent franchement le premier rocher du mont Saint-Bernard[2].

Il est bon de constater, et ceci pour ramener la vérité

---

[1] Le 10 mai, Bonaparte était à Lausanne, écoutant le rapport du général Marescot, qui venait d'achever ses reconnaissances. Ce général avait lui-même escaladé les sommités du Saint-Bernard, jusqu'à l'hospice tenu par les religieux. Bonaparte l'entendit sans lui faire la moindre objection, et lui dit ensuite : « Peut-on passer? — Oui, général. —Eh bien! partons, » ajouta-t-il (Récit d'un témoin oculaire).

[2] Cette gratification fut refusée par les demi-brigades. Les lettres existent encore :
« J. Lepreux, chef de la quatre-vingt-seizième demi-brigade d'infanterie de ligne,

historique, que la division Lannes la première qui commença le mouvement, partit le 15 mai, et que le 16 elle l'avait accompli sur le revers de la montagne. Le 16, la division Berthier était également arrivée à l'hospice Saint-Bernard; or, le premier Consul ne quitta Lausanne que le 19; de manière que toute cette légende qu'on a faite du passage du mont Saint-Bernard le Consul à la tête de ses troupes, est complétement inexacte; l'imagination enthousiaste de David a pu placer Bonaparte à cheval, enveloppé d'un manteau antique, comme la statue de César au milieu de ses légions, mais la vérité est que lorsque Bonaparte franchit le sommet de la montagne, l'armée l'avait passé depuis trois jours; il ne restait plus qu'une arrière-garde [1].

Au reste, le premier Consul, en ne marchant pas en première ligne, remplissait le rôle plus élevé de général en chef; depuis quand la tête puissante qui dirige une armée doit-elle s'exposer comme un simple grenadier? Le devoir de Bonaparte était de rester sur le derrière, pour voir se déployer toutes les lignes de bataille, toutes les divisions de la réserve en marche; et c'est ce

au premier Consul de la République française. — Saint-Vincent, le 22 mai, an VIII de la République française.

Général Consul,

« La quatre-vingt-seizième demi-brigade d'infanterie de ligne, glorieuse d'avoir, conjointement avec les autres corps de sa division, contribué au transport de son artillerie, refuse l'indemnité accordée à cet effet par le général en chef de l'armée. Officiers, soldats, aucun d'eux ne voudrait diminuer l'étonnant de l'opération qu'ils ont entreprise, qu'ils ont consommée, en en recevant le prix. Agréez, général Consul, cette somme que vous nous destinez. »

[1] Les rapports militaires sont adressés à Bonaparte alors à Lausanne, par Berthier; je les donne textuellement; ils continuèrent pendant tout le passage des Alpes.

Le général en chef de l'armée de réserve, au premier Consul. — Au quartier-général de Chivasso, le 8 prairial (28 mai).

« L'armée de réserve n'est entrée que depuis quelques jours en campagne, et déjà elle s'est signalée par des traits de courage et de dévouement que l'histoire s'empressera de recueillir.

« Arrivée au pied du Saint-Bernard, le premier obstacle à franchir, c'est de faire passer l'artillerie. La perspective d'un chemin de plusieurs lieues de long sur dix-huit pouces de large, pratiqué sur des rochers à pic, des montagnes de neige qui menacent de se précipiter sur leurs têtes; ces

qu'il fit à Lausanne. De son quartier-général, il avait des nouvelles de tous les points sur le passage des Alpes ; il pouvait suivre Suchet opérant sur le Var, Masséna renfermé dans Gênes, Moncey qui traversait le Saint-Gothard; Lausanne était son poste, tandis que les jeunes soldats sous Lannes franchissaient les rochers escarpés. Quand tout le mouvement fut accompli, Bonaparte longea le lac jusqu'à Villeneuve, puis, prenant la route de Saint-Pierre dans la montagne, il arriva le 20 au soir au couvent du Saint-Bernard ; la grosse cloche sonnait à son arrivée, et Bonaparte paraissait plongé dans une mélancolie rêveuse ; il visita toutes les cellules avec le respect le plus profond; Consul, il se rappelait sans doute qu'enfant il avait eu les religieux Minimes pour précepteurs; il parcourut le réfectoire, la bibliothèque ; les traditions du couvent disent qu'il ouvrit les commentaires de César et les guerres d'Annibal ; magnifique spectacle sur le haut des Alpes, que de voir le général qui saluait naguère les Pyramides, rechercher la trace des conquérants qui avaient foulé ces neiges avant lui!

abîmes où le moindre faux pas peut les engloutir, rien ne peut effrayer les soldats. Dans ce conflit d'ardeur et de dévouement, divers détachements de la division Loison, les dix-neuvième et vingt-quatrième légères, les quatrième et quatre-vingt-seizième de ligne, se sont particulièrement distinguées. Après des fatigues qu'il est impossible de dépeindre, après des efforts inouïs de constance, les pièces arrivent enfin au-delà du Saint-Bernard. Là on veut donner aux soldats la gratification promise ; ils la refusent.

« Dès le 16 mai, l'avant-garde, qui la veille avait franchi les montagnes, marche à l'ennemi, elle le rencontre au pont d'Aoste, l'attaque et le chasse de la position avantageuse qu'il occupe. L'officier supérieur commandant la ville d'Aoste, est blessé mortellement dans cette affaire.

Affaire de Châtillon, le 18 mai.

« Le 18, l'avant-garde continue son mouvement pour aller s'emparer des hauteurs de Châtillon, qu'un bataillon de Banâtes défendait avec quatre pièces d'artillerie. Tandis que plusieurs de nos colonnes tournent les hauteurs, la colonne du centre les attaque de front : l'ennemi est mis en déroute et poursuivi par 100 hommes du douzième de hussards qui prennent les pièces de canon et font 300 prisonniers.

« Le même jour, l'avant-garde arrive à une demi-lieue du château de Bard. L'ennemi occupait les hauteurs qui dominent le village ; une colonne le tourne en gravissant des rochers à pic, et le force de se renfermer dans ses murs. J'ordonne qu'on s'empare de la ville ; les sapeurs et les grenadiers baissent le pont-levis, enfoncent les portes, et la ville est prise. Trois com-

L'armée traversait la montagne avec un indicible dévouement; l'imagination du soldat s'exagérait les périls et les fatigues. Cependant les récits ne nous paraissent pas reproduire des faits étranges, ni des merveilles; quand on a pratiqué un peu la vie des glaciers, qu'est-ce que les fatigues d'une telle expédition dans les belles journées du mois de mai; elles devaient être peu de chose pour les vieilles demi-brigades, habituées aux privations et aux prodiges. Il n'y eut d'étonnement que pour les jeunes soldats, pour les conscrits qui venaient de Dijon ou des revues du Carrousel. L'un d'eux écrit du bivouac d'Étroubles: « Nous avons enfin gravi le mont Saint-Bernard; nous l'avons descendu jusqu'ici, et nous voici dans le Piémont; notre demi-brigade partit hier à une heure du matin du bivouac de Saint-Pierre pour franchir cette fameuse montagne où l'on ne peut passer qu'un homme de file, à cause des rochers et de la grande quantité de neige. Ce mont Saint-Bernard est d'une élévation incroya-

pagnies de grenadiers s'y logent, le château est bloqué à portée de la mousqueterie.

« Le 24 mai, j'ordonne au général Loison de cerner le château de plus près, de briser toutes les barrières, pour faciliter le passage de notre artillerie : les grenadiers de la vingt-huitième s'y portent avec une rare intrépidité.

« Le chef de brigade Dufour, officier d'une grande bravoure, s'avance, veut baisser le pont-levis et est blessé.

« L'ennemi avait regardé comme une barrière insurmontable, le château de Bard, construit pour fermer l'entrée du Piémont à l'endroit même où les deux montagnes, qui forment la vallée d'Aoste, se rapprochent au point de ne laisser entre elles qu'un espace de vingt-cinq toises; 1,500 hommes, commandés pour aller pratiquer un chemin sur la montagne d'Albard, y travaillent avec activité. Là où la pente eût été trop rapide, des escaliers sont construits;

là où le sentier devenu plus étroit encore, se terminait à droite ou à gauche par un précipice, des murs sont élevés pour garantir de la chute; là où les rochers étaient séparés par des excavations profondes, des ponts ont été jetés pour les réunir, et sur une montagne regardée depuis des siècles comme inaccessible à l'infanterie, la cavalerie française a effectué son passage.

« Un effort plus extraordinaire encore a étonné l'ennemi; tandis qu'on travaillait sans relâche au chemin d'Albard, des soldats portent sur leur dos deux pièces de quatre à travers le col de la Coul, et après avoir gravi avec elles des rochers affreux pendant trente heures, ils parviennent enfin à les établir en batterie sur les hauteurs qui dominent le château.

« Nous étions maîtres de la ville de Bard; mais le chemin situé au-dessous du fort était exposé à un feu continuel de mousqueterie et d'artillerie, qui interceptait

ble; soixante à quatre-vingts pieds de neige couvrent la route dans certains endroits; d'énormes chutes d'eau passent sous cette neige glacée depuis des siècles; on craint de s'y engloutir à chaque pas; heureusement pour moi j'étais d'avant-garde avec les trois compagnies de carabiniers que je commandais, et nous sommes arrivés au sommet à neuf heures du matin. Bonaparte avait donné des ordres pour qu'il se trouvât au couvent (seule maison que l'on rencontre dans l'espace de six lieues) du vin pour rafraîchir les troupes, et chaque soldat eut une demi-bouteille. Quoique enveloppé dans mon manteau, j'étais gelé et je grelottais comme un homme attaqué de la fièvre. Je partis à onze heures, et je fis en moins de trois heures les cinq lieues qu'il y a depuis le haut de la montagne jusqu'ici. Je parcourus la première lieue en moins d'un quart d'heure. Je descendis par le

toute espèce de communication. L'avant-garde était déjà à la vue de l'ennemi; elle avait besoin de canons; les délais qu'eût entraînés leur passage sur la montagne d'Albard présentaient de graves inconvénients; des braves sont aussitôt commandés pour traîner de nuit les pièces d'artillerie à travers la ville, sous le feu du château. Cet ordre a été exécuté avec enthousiasme.

« Tant de dévouement a été couronné de succès. Toutes les pièces ont passé successivement; et malgré la grêle de balles que l'ennemi faisait pleuvoir, nous n'avons eu que peu de blessés.

« Le général Marmont, commandant l'artillerie, était partout; son zèle n'a pas peu contribué au succès de cette opération aussi importante que difficile.

Prise d'Yvrée, 23 mai.

« Le général Lannes avait reçu l'ordre de se porter avec l'avant-garde à Saint-Martin, et de là sur Yvrée. L'ennemi occupait cette dernière ville en force. Nos troupes l'entourent et s'élancent dans la ville; les en-

droits accessibles sont escaladés; l'ennemi abandonne la ville et la citadelle. Nous avons fait 500 prisonniers et pris 15 pièces d'artillerie.

« Le général Watrin, commandant une division de l'avant-garde, et l'adjudant-général Hullin, ont donné dans cette occasion des preuves de talent et de courage. Le général Muller s'est aussi distingué. Nous n'avons eu à regretter que vingt hommes tués ou blessés. Le citoyen Ferrat, chef de bataillon de la vingt-deuxième demi-brigade, est du côté des morts.

« L'avant-garde, soutenue par la division du général Boudet, prend position au-delà d'Yvrée. L'ennemi, rassuré par des renforts qui lui étaient arrivés de Turin et de diverses parties du Piémont, venait de s'arrêter dans sa retraite, et avait pris position sur les hauteurs de Romano, derrière la Chiusella, dont il gardait le passage avec 5,000 hommes d'infanterie, 4,000 hommes de cavalerie et plusieurs pièces de canon. »

côté le plus escarpé qui tombe sur un petit lac dont on m'a assuré que la glace avait plus de vingt-cinq pieds d'épaisseur, en me laissant glisser du haut en bas sur la neige; alors tous les soldats qui me suivaient, n'osant point rester comme moi sur leurs pieds, se mirent sur le dos, et glissèrent ainsi jusqu'en bas; nous sortions de l'hiver, car jamais je n'ai éprouvé de température aussi froide. La neige et la grêle tombaient de quart d'heure en quart d'heure comme au mois de décembre; une demi-heure après, étant descendus infiniment plus bas, la neige nous quitta et nous crûmes être au printemps; l'air était plus doux; nous revîmes de l'herbe et quelques fleurs ornaient le gazon; une demi-heure après, et toujours en descendant très rapidement, la chaleur devint étouffante et nous nous trouvâmes en plein été; de sorte qu'en moins d'une heure, nous traversâmes les trois saisons, l'hiver,

Combat de la Chiusella, 25 mai.

« Le général Lannes, auquel j'avais donné l'ordre de chasser l'ennemi de la position de Romano, arrive bientôt sur les bords de la Chiusella, en suivant la route de Turin.

« La sixième légère commence l'attaque sur trois points, le centre s'élance au pas de charge sur le pont, deux bataillons se jettent dans la rivière au milieu d'une grêle de balles et de mitraille. L'ennemi ne peut résister à tant d'ardeur et d'impétuosité ; déjà sa première ligne d'infanterie est mise dans une déroute complète; sa seconde ligne, formée des régiments de Kinsky et de Banâtes, veut charger la sixième légère, qu'elle parvient à arrêter un moment ; mais la vingt-deuxième de bataille, formée en colonne serrée par le général Goncy, se précipite sur l'ennemi, le culbute, et le force à chercher son salut dans la fuite; il est vigoureusement poursuivi par la sixième légère, la vingt-deuxième de bataille, le douzième régiment de hussards et le vingt-et-unième de chasseurs. La ligne de cavalerie ennemie, composée de 4,000 hommes, attaque à son tour ; les quarantième et vingt-deuxième demi-brigades soutiennent la charge avec fermeté, les baïonnettes en avant ; jamais infanterie ne montra plus de sang-froid et de courage ; trois charges successives sont repoussées. Le général Palfy, commandant l'armée ennemie, est tué, avec six autres officiers autrichiens.

« L'ennemi a perdu plus de 500 hommes et 300 chevaux. Le régiment de Latour a été presque entièrement détruit. Nous avons fait 60 prisonniers, nous avons eu 200 hommes blessés et 30 tués. On compte parmi les premiers, le citoyen Larret, chef de bataillon de la sixième légère, et le citoyen Dumont, chef de bataillon de la vingt-deuxième de ligne.

« Tandis que l'avant-garde, commandée par le général Lannes, s'avançait sur le Pô et Chivasso, la division aux ordres du général Turreau, attaquait l'ennemi à Suze. Il attaque le 2 le poste des Gravières, dont les hauteurs étaient hérissées de canons et garnies de retranchements ; l'adjudant-gé-

le printemps et l'été; alors, pour compléter l'année, mon domestique, que j'avais envoyé à la découverte, trouva d'excellent vin dans une ferme à un quart de lieue du bivouac, et je jouis de l'automne le plus doux comme sous la pampre de Bourgogne. Avant de franchir ce mont Saint-Bernard, on avait proposé à nos soldats 2,600 livres, s'ils voulaient y monter deux pièces de canon de huit et une de quatre avec six caissons de munitions. La proposition fut acceptée; ces pièces et caissons furent démontés : les uns emportaient les roues, les autres les trains, les carabiniers portaient les caissons ou traînaient les canons sur un morceau d'arbre creusé, et le tout est arrivé ici en même temps que nous, sans qu'il y ait eu un morceau d'égaré. Une pièce de huit s'était enfoncée dans les neiges; à force de bras et de cordes on l'en a tirée. En ce moment (où l'on vient de nous prévenir qu'on pouvait aller recevoir

néral Liébaut, commandant l'avant-garde, marche avec 800 hommes de la vingt-huitième légère et 150 de la quinzième, pour attaquer de vive force tous les ouvrages. Le général Turreau appuie cette attaque avec trois compagnies de carabiniers, quatre de grenadiers, un obusier et une pièce de huit; le combat est opiniâtre, la victoire longtemps incertaine.

« Il ne reste plus au général Turreau que la vingt-sixième demi-brigade; elle reçoit l'ordre d'attaquer l'ennemi, ainsi que 100 sapeurs qui arrivaient au moment même de l'action. »

Prise de Suze et de la Brunette, 21 mai.

« Un bataillon de la vingt-sixième parvient à tourner le fort Saint-François; il y monte ensuite, s'établit sur le plateau, et force l'ennemi à évacuer le village des Gravières. Bientôt les troupes s'élancent de tous côtés au pas de charge; toutes les positions sont forcées, et la Brunette capitule à dix heures du soir. Nous avons fait dans ce combat plus de 1,500 prisonniers, tué ou blessé plus de 300 hommes, pris 800 fusils et beaucoup de munitions de guerre et de bouche.

« Après cette victoire, le général Turreau s'est porté en avant de Suze.

« J'ai ordonné à la légion italique de se diriger sur Gressonet et Riva. Elle descend la Sesia, et y suit les mouvements de l'armée.

« De son côté, le général Murat entre le 27 mai dans Verceil de vive force. Le deuxième et le quinzième régiments de chasseurs, soutenus de trois compagnies de la division Monnier, ont culbuté sur la Sesia 1,000 hommes de la cavalerie ennemie, dont 60 ont été pris avec leurs chevaux.

« L'aide-de-camp Beaumont a eu son cheval tué dans cette affaire. L'ennemi a brûlé son pont sur la Sesia. Le général Murat en fait faire un autre. L'avant-garde est en avant de Chivasso. »

Signé, Alex. Berthier.

les 2,600 livres au parc d'artillerie où nous avions remis nos pièces, et où, déjà montées, elles sont prêtes à marcher), les carabiniers et chasseurs ne veulent point recevoir cette gratification, et ont chargé le commandant de faire part au premier Consul, que ce n'est point l'intérêt qui les a guidés, mais bien l'honneur et la prospérité de l'armée [1]. »

Ce récit, évidemment dicté par l'étonnement d'une imagination enthousiaste, ne présente aujourd'hui aucune circonstance, aucun accident qui puisse effrayer les hommes habitués à traverser les Alpes; l'armée avait vu les glaciers, la neige vieille d'un siècle! on avait éprouvé un changement de température, le passage rapide de l'hiver au printemps! mais c'est ce qu'avaient éprouvé Dugommier dans les Pyrénées, et Masséna dans les Alpes allemandes; ce qu'éprouve encore tout voyageur qui visite les glaciers. Ce qu'on doit dignement saluer dans cette expédition, ce fut le courage de ces jeunes hommes, qui partout attaquèrent les postes autrichiens avec une intrépidité digne des temps antiques. A peine le Saint-Bernard est-il passé que les demi-brigades, pleines d'ardeur, se précipitent sur le pont d'Aoste; la division Loison obtient cette première et noble gloire; elle a traversé, après les plus intrépides efforts, la montagne; elle se repose à peine quelques minutes, la vallée d'Aoste, silencieuse et comme en dehors de la civilisation, est à notre drapeau. La division fait au pas de course six lieues encore et la voilà à Châtillon s'emparant des hauteurs; le douzième régiment de hussards monte de front sur le sommet; le château de Bard est entouré; des pièces d'artillerie s'élèvent par enchantement sur des rochers ou sur des pics. Le général Loison, dans l'impuissance de s'emparer du château de

---

[1] Extrait d'une lettre d'un officier.

Bard, se résout à passer, de nuit, les pièces d'artillerie sous le feu du château; c'est Marmont qui préside à toutes ces opérations de l'artillerie; les pièces sont placées sur des traîneaux avec de la paille et du foin, afin qu'aucun bruit ne se fasse entendre.

Le premier Consul n'a point quitté la montagne encore, toutes ces opérations se font en dehors de lui, sous les ordres de Lannes et de Berthier; Bonaparte ne traverse le Saint-Bernard que du 20 au 24; il arrive devant Yvrée au moment où le général Lannes s'en empare, le 25 mai. Ici s'engage la première affaire sérieuse; deux divisions tout entières ont donné; le passage était défendu par 5,000 hommes d'infanterie et 4,000 de cavalerie. A Yvrée la route se partage, sur quel point dirigera-t-on cette armée si bouillante d'ardeur? A droite est Turin, à gauche est Milan, la grande capitale de la Lombardie; Lannes prend la route du Piémont avec l'avant-garde, s'avançant sur le Pô du côté de Suze, s'empare de ce point élancé et de la Brunette; Murat entre de vive force dans Verceil, tandis que le corps de l'armée de réserve se développe sur la grande route de Milan, et que les avant-postes s'approchent de Novarre; à Verceil le premier Consul établit son quartier-général. Il se pose à cheval tout à la fois sur deux capitales, Turin à sa droite et Milan en face de lui [1].

---

[1] Lannes, après avoir passé le Saint-Bernard, harangua vivement ses soldats :

Le général Lannes, commandant l'avant-garde. — Au quartier général d'Yvrée, le 24 mai.

Soldats,

« Vous combattez pour la liberté et pour la gloire ; l'armée qui vous a placés à son avant-garde a les yeux sur vous.

« Des guerriers français fourniraient-ils à un peuple ami des raisons légitimes de les accuser ? Aurions-nous associé à nos travaux des hommes qui redoutent plus les privations que la honte ?

« Soldats, nous marchons pour cueillir de nouveaux lauriers. Je renverrai sur les derrières de l'armée le camarade indigne qui se souillera d'une atteinte aux propriétés.

« Il expira dans l'inutilité et le mépris, le crime d'avoir compromis le nom français, qui fut confié si grand à notre courage. »

Lannes.

L'ARMÉE DU RHIN (AVRIL ET MAI 1800).

Ainsi le plan d'opérations se développait avec un succès qui couronnait l'audace ; Bonaparte envoyait sans cesse des bulletins à Paris pour signaler ses marches et ses fatigues militaires ; louant la persévérance et la puissance de l'armée, il annonçait de grands coups lorsque la seconde division de réserve passerait le Simplon jusqu'à Domo-Dossola, tandis que le corps détaché de l'armée du Rhin, sous Moncey, traverserait le mont Saint-Gothard, pour se joindre à l'armée principale dans les plaines de Lombardie. L'intrépide Moncey, à la tête de 25,000 hommes, marchait rapidement à travers les précipices du Saint-Gothard pour joindre Bonaparte, en exécutant sur ce point les ordres de Moreau, dont les opérations en Allemagne obtenaient de beaux succès.

Cette armée du Rhin, en effet si magnifiquement composée, s'était déployée pleine d'ardeur dans la Souabe, pays de vieux châteaux, de noires forêts et des villes du moyen âge, pour marcher ensuite sur le Wurtemberg et la Bavière. Partout la victoire l'accompagnait ; déjà les colonnes quittaient le Rhin pour courir au Danube, le général Saint-Cyr avait remporté

Bulletin de l'armée de réserve. — Verceil, le 30 mai.

« L'avant-garde est restée toute la journée du 29 à Chivasso. L'ennemi, informé que nous avions ramassé des bateaux sur le Pô, a pensé que nous voulions le passer à Chivasso, pour nous porter à Asti et intercepter le corps de troupes qui revient de Nice.

« Il a fait filer de Turin toute l'infanterie qu'il avait de disponible, sur la rive droite du Pô, vis-à-vis de Chivasso.

« Pendant ce temps, le général Murat achevait son pont sur la Sésia, passait cette rivière, se portait à Novarre, et prenait position le long de la rive droite du Tésin.

« Le premier Consul est arrivé ce matin à Verceil. Il serait difficile de peindre la joie des Italiens de se voir délivrés du bâton autrichien.

« Toutes les divisions de l'armée sont en grande marche, et passeront demain la Sesia.

« Le général Lannes a passé cette nuit la Dorea-Baltea, et se porte, par Crescentino et Trino, sur Verceil.

« Les Autrichiens avaient célébré avec pompe, dans toutes les villes d'Italie, la prise de Nice. Ils ne s'attendaient pas qu'elle leur serait si funeste. La consternation parmi eux est à son comble.

« Les habitants de Milan entendaient au-

le premier avantage décisif sur les Autrichiens [1]; Moreau avait livré deux batailles, longtemps disputées, car l'armée autrichienne était composée de soldats d'élite, et, je le répète, le général Kray développait une science militaire remarquable. Depuis trente-quatre jours l'armée de Moreau n'avait pas séjourné dans une seule ville, les fatigues étaient si grandes que le général avait à peine le temps d'écrire au premier Consul. Une seule dépêche reste encore de lui dans laquelle il résume rapidement les opérations de la campagne; la lettre de Moreau est froide, laconique, on voit qu'il écrit à son égal, à celui peut-être qu'il considère déjà comme son rival politique[2]. Le général en chef manœuvre devant Ulm, il est maître du cours du Danube, et cette vaillante armée s'avance sur Vienne à marches forcées de l'aveu même des Autrichiens : « L'aile gauche, commandée par Sainte-Suzanne, était placée entre Ulm et Biberach, son quartier-général à Burgrieden; le centre, aux ordres de Saint-Cyr, sur la rive droite de l'Iller, entre Illerdissen et Taunhausen, quartier-général à Weissenhorn; l'aile droite, à la tête de laquelle est Lecourbe, sur les deux rives de la Mindel

jourd'hui le canon des avant-postes. On assure que le quartier-général de Mélas est encore aujourd'hui à Turin. »

[1] Le premier Consul délivrait déjà des brevets, comme l'eût fait Louis XIV.

Bonaparte, premier Consul de la République, au général de division Saint-Cyr.

Paris, le 4 nivôse an VIII.

« Le ministre de la guerre m'a rendu compte, citoyen général, de la victoire que vous avez remportée sur l'aile gauche de l'armée autrichienne.

« Recevez comme témoignage de ma satisfaction un beau sabre que vous porterez les jours de combat.

« Faites connaître aux soldats qui sont sous vos ordres que je suis content d'eux, et que j'espère l'être davantage encore.

« Le ministre de la guerre vous expédie le brevet de premier lieutenant de l'armée.

« Comptez sur mon amitié. »

Signé. Bonaparte.

[2] Le général Moreau au premier Consul, au quartier-général de Closterwald, le 16 floréal an VIII.

« Citoyen Consul,

« Le chef de l'état-major rendra compte au ministre de la guerre des différentes marches, combats et batailles de l'armée du Rhin, depuis son entrée en campagne. Je ne puis trop me louer de la bravoure des généraux et des troupes. Les batailles d'Engen et de Macskirch, livrées les 13 et 15 de ce mois, nous donnent environ 10,000 prisonniers. Rien n'égale l'acharne-

jusqu'à la Wertach, quartier-général à Mindelheim; Moreau à la tête du corps de réserve, son quartier-général à Babenhausen. Depuis quelques jours des détachements autrichiens se montrent à Stockach, Willingen, et même à Biberach. Ils empêchent les communications de Moreau avec la France par l'Alsace et une partie de la Suisse. Ces communications ne peuvent avoir lieu que par le lac de Constance, sur lequel les Français ont une flotille de vingt-cinq bâtiments, dont quinze ont appartenu aux Autrichiens. Lecourbe a fait un contour qui a porté son quartier-général à Weissenhorn; ce mouvement paraît avoir pour but de séparer entièrement le général Kray du prince Reuss [1]. »

C'est dans cette position que l'armée du Rhin avait néanmoins détaché un corps d'armée tout entier sous Moncey, vieilles troupes destinées à soutenir les conscrits du premier Consul. La marche de Moncey fut savante et largement dessinée; parti de Stockach, il longea le lac de Constance, salua Zurich, Saint-Gall; dans la belle route d'Appenzell aux montagnes, il traversa les défilés du Saint-Gothard avec une hardiesse aussi persévérante que le passage du Saint-Bernard par l'armée de réserve. Cette marche ne fit point autant de bruit que celle de Bonaparte, parce que le premier Consul éclipsait tout; sa popularité était si grande que l'on ne s'occupait que de lui; on ne parlait

ment et la ténacité des deux armées. Des obstacles de marche ont empêché tout le corps du général Saint-Cyr de donner dans les deux actions. La seule brigade du général Roussel a combattu quatre fois sur les hauteurs d'Engen.

« Nous n'avons fait aucun séjour depuis notre départ de France, et nous sommes à notre quinzième jour de marche.

« Cette rapidité, la fatigue qu'elle entraîne et des combats continuels mettront du retard dans les détails. Ils seront transmis le plus promptement possible. Il est essentiel que la République connaisse les traits de courage qui immortalisent à jamais le soldat français. Notre récompense sera la reconnaisssance de nos concitoyens et l'approbation du gouvernement. »

Salut et respect. *Signé*. Moreau.

[1] Bulletin autrichien.

que de ses opérations militaires. Que pouvaient être les généraux à côté d'une telle renommée ? Tout ce que faisait Bonaparte semblait absorber ses émules et ses rivaux. Certes, la campagne de Moreau était belle en Allemagne ; il avait livré plus de combats, manœuvré avec autant d'habileté que le premier Consul, et cependant c'était toujours de Bonaparte dont on parlait ; à peine publiait-on de temps à autre un bulletin sur Moreau, tandis qu'il n'était pas une contre-marche du premier Consul qui ne retentît comme une action d'éclat. Ainsi le veut quelquefois la destinée ; elle prend un homme, l'élève haut par tous les moyens et aux dépens de toute autre renommée, jusqu'à ce qu'arrivent les temps de décadence et de ruine. Alors la Providence fait payer bien cher les prospérités quelle a jetées à pleine main.

CHAPITRE XIII.

LES FRANÇAIS DANS LE MILANAIS.

BATAILLES DE MONTÉBELLO ET DE MARENGO.

Situation de l'armée autrichienne. — Conjectures de M. de Mélas. — Dépêche d'un agent anglais sur la position militaire de Bonaparte. — Marche en avant à travers les Alpes. — Moncey sur le Saint-Gothard. — Suchet au Var. — Masséna à Gênes. — Bonaparte dans le Milanais. — Marche de l'armée. — Bataille de Montébello. — Centralisation des forces. — Préparatifs de Marengo. — Mauvaise position de Bonaparte. — Faible composition de son armée. — Fautes. — Première partie de la journée. — Défaite de l'armée française. — Mort de Desaix. — Charge de Kellermann. — Victoire de Marengo. — Armistice et convention militaire.

Mai et Juin 1800.

Le plan de campagne de M. de Mélas se développait avec une certaine précision au midi des Alpes; les Autrichiens s'avançaient jusqu'au Var; Gênes, la ville aux palais de marbre, vivement assiégée par l'ennemi, n'offrait plus sous Masséna qu'une armée de malades, et tout à fait décimée; le peuple murmurait hautement contre cette résistance héroïque mais barbare, à travers le sang et la famine. Les renforts venaient sans cesse grandir le noyau de l'armée autrichienne; M. de Mélas comptait en Italie 120,000 hommes, d'après l'état officiel de la chancellerie autrichienne. Cette marche en avant sur le Var, que l'on regarda depuis comme une faute, se liait à un plan d'opérations fort remarquable et très logiquement tracé. L'armée autrichienne avait des intelligences avec les royalistes de la Provence, elle était ravitaillée par l'escadre anglaise débarquant des armes et des munitions sur les côtes le long de la Corniche ; M. de Mélas pouvait employer un corps de 10,000 Russes à la solde de la Grande-Bretagne; l'amiral Keith mettait à la disposition de l'armée autrichienne une immense artillerie. Si Gênes tombait au pouvoir de l'armée autrichienne, elle avait un point d'appui pour se développer dans la Provence; le général Suchet avait évacué Nice, le préfet du Var, M. Fauchet [1], à Brignolles, avait fait un appel à tous les patriotes pour voler aux frontières; mais le Midi n'était pas pour la République ; le drapeau blanc pouvait s'y lever, comme en 1794, pour le triomphe d'une restauration.

L'apparition de Bonaparte au pied du mont Saint-Bernard et dans le Milanais changeait tout le plan de campagne de M. de Mélas; des espions, accourus du Saint-Gothard, annonçaient que ce vaste glacier venait d'être traversé par trois divisions aux ordres du général Moncey, après une marche aussi rapide et aussi merveilleuse que celle de Bonaparte ; il arrivait donc que par ce mouvement à travers les Alpes, à la manière des Gaulois et d'Annibal, les positions de M. de Mélas se trouvaient compromises; Suchet pouvait prendre l'offensive, tandis que Bonaparte, réuni à Moncey, marcherait sur le Milanais et couperait ainsi toute retraite aux Autrichiens. La faute de M. de Mélas avait été surtout de ne pas croire à la formation de l'armée de réserve à Dijon : les agents autrichiens s'en moquaient, ils diminuaient le nombre et les cadres ; les dépêches évaluent à peine l'armée de réserve

[1] M Fauchet, dévoué au système républicain, fit une proclamation fort énergique, mars 1800.

à 25,000 hommes; or, qui aurait pu croire à ce mouvement rapide à travers les neiges et les glaciers avec une si faible armée?

L'arrivée de Bonaparte sur la frontière du Piémont et du Milanais donna lieu à toutes les conjectures. Qu'allait-il faire à cheval sur ces deux routes? Sur quelle capitale allait-il se porter? Cet esprit aventureux déroutait tous ces vieux tacticiens; les calculs vulgaires il ne fallait point les suivre; car Bonaparte les détruisait sur-le-champ par ces grands coups de tactique qui remuaient les armées comme un bataillon. On voit dès lors l'inquiétude percer dans toutes les dépêches qu'envoient les agents secrets à leur gouvernement; un officier de l'amiral Keith exprime même de grandes craintes sur les résultats des positions militaires de Bonaparte par rapport aux Autrichiens? Que va-t-il faire? Ira-t-il à Milan ou à Gênes? « Nous ne croyons pas que l'histoire des guerres de la France et de l'Empire ait jamais présenté une complication semblable à celle des positions dans lesquelles les armées impériales et françaises se trouvaient à la fin du mois de mai. Si M. Kray et M. de Mélas n'ont pas pu pénétrer le plan que Bonaparte exécute à présent, ils ne sont point à blâmer, car les spéculateurs de cabinet, tranquillement assis au milieu de leurs cartes topographiques, ne le comprennent pas davantage même en ce moment. M. de Mélas se croyait à l'abri de toute invasion du côté septentrional de l'Italie, à la faveur de cette longue et haute muraille de rocs et de glaces que la nature y a élevée. Il ne soupçonnait pas que ces mêmes hommes qui venaient de combattre dans les sables brûlants de la Lybie et dans les déserts de l'Arabie, que Berthier, Marmont, Murat, Lannes, Duroc et Bonaparte lui-même seraient venus se faire *ramasser* sur la neige des montagnes du Valais, et lui auraient lancé à l'improviste, au travers des précipices, une armée de 40,000 *tranche-montagnes*, un parc d'artillerie, de la cavalerie, des hôpitaux, et tout ce qui suivait l'armée d'un premier Consul. Les paysans de la Savoie croyaient Bonaparte au fond de la mer Rouge, lorsqu'il était au pied du Mont-Blanc. M. le général Kray, trompé par de faux rapports et par les probabilités, trompait innocemment à son tour M. de Mélas sur la force des troupes qui descendaient dans le val d'Aoste, et cette erreur a fait le commencement des succès de Bonaparte. »

L'agent qui s'émerveille ainsi, trace la situation de l'armée qui s'avance avec une rapidité prodigieuse jusqu'aux portes de Milan. « Yvrée, Bard, Novarre et Verceil sont tombés en son pouvoir, presque sans opposition, car on ne peut pas donner le nom de combats ni de victoires aux avantages qu'elle a remportés sur les petits corps rencontrés sur les bords de la Chiusella, de la Sesia et du Tésin. Le nombre total des hommes qu'elle a tués ou faits prisonniers aux Autrichiens, n'est, selon Berthier, que 1,870 prisonniers et 900 tués, non compris la perte qu'ils ont essuyée à la prise de la Brunette; on peut raisonnablement croire que ce nombre est fort exagéré; les avantages réels ne sont donc que dans la marche de l'armée en avant. Quel peut être le plan futur du premier Consul par cette diversion et surtout par cette marche? On s'évertue en vain à le chercher, et pourtant on ne peut douter qu'il n'en ait un, et un plan conçu de longue main, puissamment combiné, auquel sa gloire et son existence tiennent, et au succès duquel il sacrifiera toute la France, s'il en a besoin : *Toto certabit corpore regni*. On a cru un moment qu'il voulait se porter sur Turin et Asti, pour tenter de faire lever le blocus de Gênes, et donner la main à Masséna. Le mouvement devant Chivasso de son avant-garde, commandée par Lannes, a fait croire également qu'il voulait passer le Pô. Ce mouvement n'a servi qu'à protéger la marche de son armée qui filait pendant ce temps sur le Milanais, et à empêcher M. de Mélas de l'inquiéter. M. de Mélas, arrivé en poste de Nice à Turin, n'avait point assez de forces disponibles pour s'opposer sur-le-champ à aucun des mouvements de Bonaparte. Mais depuis le 25 mai il a dû réunir près de lui et former, soit des troupes qu'il avait emmenées de Nice, soit du corps de M. de Saint-Julien, qui a fait capituler Savone, soit des forces laissées devant Gênes, une armée assez considérable pour harasser, quand il le voudra, les derrières de l'armée de réserve, et intercepter toutes ses communications. La position, à cet effet, est excellente entre Turin et Alexandrie. »

Un bulletin secret de lord Keith adressé à sa cour, apprécie ensuite avec sagacité le danger de M. de Mélas : « On craint, dit l'amiral, qu'il ne soit à son tour inquiété sur ses derrières et son flanc droit, d'un côté, par l'armée de Masséna, d'un autre, par celle de Suchet, qui s'avance de la frontière de Provence, et enfin par le corps du général Thureau qui vient de pénétrer jusqu'à Suze. On répond à cela, 1° que Suchet, écrasé par la bataille du 8 mai, n'a plus qu'un squelette d'armée sur le Var; qu'il est sans provisions pour marcher en avant; qu'il aurait à reprendre toutes les positions qui lui ont été prises; qu'il ne pourrait s'avancer que par le col de Tende et Coni, ou par la Corniche et Savone, et qu'il serait arrêté partout; 2° que Masséna, épuisé par les batailles qu'il a soutenues, les pertes qu'il a faites dans ses sorties, et les maladies, ne peut avoir qu'une force de 10 à 12,000 hommes, obligé d'en laisser au moins 6 pour la garde de Gênes;

qu'il n'aurait point assez de vivres pour se porter plus loin ; et qu'avant de pouvoir joindre Bonaparte, il serait écrasé par les garnisons d'Alexandrie et de Tortone, réunies aux troupes qu'on aurait laissées pour observer ses mouvements. »

Résumant la position générale de la campagne, l'amiral anglais ajoute : « Tout bien considéré, M. de Mélas n'a point à craindre en ce moment, d'être inquiété dans sa marche contre Bonaparte; mais s'il a voulu l'attaquer, il n'a pas un moment à perdre ; car dans un mois, la seconde armée de réserve, qui s'assemble à Dijon, aux ordres du général Brune, pourrait le placer dans une situation très critique. Bonaparte en se portant rapidement sur Milan, a sans doute eu pour objets principaux de s'y procurer les munitions qui lui manquent, de s'y réunir à l'armée de 20 à 25,000 hommes qui passe par le Saint-Gothard, aux ordres du général Moncey. Il se sera même porté peut-être au-devant d'elle, afin de prévenir toute opposition de la part du corps du général Vuckassovich qui gardait ce débouché. Sa jonction supposée faite vers le 5 juin avec le corps du général Moncey, que fera-t-il avec les 60 ou 70,000 mille hommes qu'il commande alors ? Ira-t-il à Gênes? Ira-t-il attaquer la ligne étroite du Mincio, flanquée par Peschiera et Mantoue? A-t-il en vue de se porter une seconde fois dans la Styrie, par le Tyrol, d'y joindre Moreau et de signer un nouveau traité à Léoben? Ce plan est gigantesque. Si Bonaparte après avoir fait sa jonction avec Moncey, se reporte en arrière pour livrer bataille à M. de Mélas, alors le corps du Tyrol qu'on a fait marcher, le corps du prince de Condé, ceux des généraux Dadidovich et Vuckassovich, la garnison de Mantoue, celle de Peschiera, de Castiglione et de Venise même, peuvent mettre l'armée française entre deux feux. La seule communication du premier Consul avec la France et l'armée de Moreau, ne pourrait avoir lieu que par le Saint-Gothard; cette communication est bien précaire. La campagne de 1796 et 1797 fut méthodique; Bonaparte ne marcha en avant qu'après avoir fait tomber toutes les places fortes; aujourd'hui, toutes ces places sont dans les mains de son ennemi, et l'armée autrichienne est dans des circonstances bien différentes de celles où étaient alors les armées de Beaulieu et de Wurmser. Il faut que le premier Consul ait mis une grande confiance dans sa fortune, pour agir offensivement avec tant de désavantages [1]. »

Inquiet de la marche de Bonaparte, M. de Mélas détacha de son armée principale, un corps de 50,000 hommes pour faire face à la division Lannes qui semblait se diriger plus particulièrement vers le midi et tenter sa jonction avec le général Suchet; bientôt la reddition de Gênes vint appuyer le système de défense des Autrichiens. Un plan d'opérations qui avait pour point d'appui Gênes, Alexandrie et Coni était formidable; l'armée impériale pouvait manœuvrer à l'aise, et se porter alternativement sur toutes les directions. La position de l'armée française au contraire, hardie et victorieuse, n'était appuyée sur aucune des grandes bases qui peuvent assurer une retraite ou réparer un échec; elle n'avait pas de places fortes; derrière elle étaient les Alpes où la retraite devenait impossible [2]; les Autrichiens tenant

---

[1] Dépêche de l'amiral anglais, juin 1800.
[2] Cependant on s'était emparé du fort de Bard.

Bard, le 2 juin.

« La division du général Chabran attaqua, le 1er au matin, le fort de Bard; à neuf heures du soir, le fort fut à nous avec 400 prisonniers et dix-huit bouches à feu. »

Signé. Fr. Teste.
Chef de bataillon, aide-de-camp du général Chabran.

les débouchés des Alpes maritimes et Gênes, supposez une bataille perdue, comment Bonaparte aurait-il opéré pour regagner ses renforts et s'appuyer sur la frontière sans place de guerre pour protéger un mouvement rétrograde?

D'après les ordres du premier Consul, tous les corps se concentrèrent par des marches forcées, vers le point central de Milan; Moncey avec ses 25,000 hommes de vieilles troupes arrivé à Bellinzona non loin du lac Majeur [1], put prêter sa gauche au corps d'armée qui avait passé le Simplon sous le général Thureau; ses avant-postes campèrent à Arona. Murat s'avançait aussi vers Buffalora à dix lieues de Milan, tandis que Bonaparte restait à Verceil et que par une marche en avant, très dessinée, Lannes longeait le Pô pour se diriger vers Pavie. Suchet, renforcé par les divisions Saint-Hilaire, reprenant Nice, cherchait à opérer sa jonction par Turin avec le général Lannes. Tous ces corps d'armée réunis pouvaient développer près de 100,000 hommes, et dès lors on se trouvait en mesure de prendre l'offensive contre les Autrichins.

La prise de Gênes rendait disponibles toutes les troupes

---

[1] Voici une des dépêches du général Mélas au conseil aulique.
(Traduite de l'Allemand.)
Le général Mélas à M. le comte de Tigé, général de cavalerie, propriétaire d'un régiment de dragons, et vice-président au suprême conseil aulique de Vienne.
Monsieur le comte,
« Le général en chef Masséna a quitté Gênes dans la nuit du 4 au 5, et a fait voile pour les côtes ennemies sur une frégate anglaise. La première colonne de la garnison ennemie est sortie ce matin; les troupes stationnées auprès de la ville en ont pris possession, ainsi que des forts, et les Anglais sont entrés dans le port.

« L'ennemi a attaqué, hier au soir, la division de M. le général feld-maréchal lieutenant Kaim du côté d'Arigliano. Il avait repoussé les troupes sous les ordres du général Lamarseille, en s'emparant des hauteurs du col de Thion et du village de Saint-Ambroise. Il a été repoussé avec une perte considérable, et nous a laissé 11 officiers et 257 soldats.

« Sur l'Orco, tout est toujours tranquille, et l'ennemi n'a pas pénétré plus en avant du côté du col de Tende. Nos avant-postes sont de l'autre côté de Limen.

« M. le général feld-maréchal lieutenant Elsnitz, d'après son rapport du 3, de Dolce-

du général Mélas; le lieutenant baron d'Ott, détaché du blocus, se dirigeait vers Alexandrie, tandis que M. de Mélas en personne se tenait à Turin pour observer tous les événements. C'était sur le général Ott que devaient d'abord porter les coups; car celui-ci, appuyé sur Alexandrie, pouvait livrer bataille, en déployant vivement ses colonnes à la Bochetta : elles se composaient de 50 bataillons de grenadiers hongrois et croates, troupes magnifiques qui devaient manœuvrer sous le canon d'Alexandrie, protégés au besoin par tous les corps réunis de l'armée autrichienne. Le général en chef des troupes impériales, si étonné d'abord du mouvement de la réserve par le Saint-Bernard, commençait à pénétrer le plan tout entier de Bonaparte; on ne pouvait plus se faire illusion, il ne s'agissait pas seulement d'un faible corps de réserve dont on se moquait à plaisir; 90,000 Français se trouvaient en masse par la plus hardie des manœuvres, dans les riches plaines de la Lombardie.

Quand la jonction des colonnes du Consul se fut accomplie autour du lac Majeur, les opérations prirent un caractère d'audace plus impétueux encore; Murat n'hésita pas à marcher sur Milan, la magnifique ville,

Aqua, opère sa retraite par Orméa, où il espère arriver le 6.

« M. le feld-maréchal Vuckassovich était le 3 à Lodi, et espérait, si l'ennemi ne se présentait pas trop en force, se soutenir encore quelque temps sur l'Adda. Ce général n'a pu sauver la flottille du lac Majeur. Cependant, il espère que le capitaine Mohr mettra tous ses soins à sauver celle du lac de Côme.

« D'après son rapport, je devrais croire que les projets de l'ennemi sont encore douteux. Cependant, s'il se dirigeait sur lui, il se retirera sur Mantoue, en observant Pizzighitone, pendant que je rassemblerai toutes mes forces disponibles, et j'espère bientôt porter le coup décisif.

« M. le général Skal continue à observer le Pô, et je suis un peu plus tranquille sur la sûreté de ce fleuve, ainsi que de l'approvisionnement bientôt terminé des places fortes en objets d'artillerie.

«Je suis avec une considération sans bornes, de votre excellence, le très obéissant serviteur, »

Mélas, général de cavalerie.
Turin, le 5 juin 1800.

siége de la république Cisalpine. Aucune résistance ne fut opposée; les habitants reçurent les Français sans enthousiasme; quelques patriotes vinrent au devant d'eux, et comme Bonaparte savait qu'il fallait frapper l'imagination des peuples d'Italie par l'aspect des cérémonies religieuses, comme il voulait repousser les accusations d'impiété, pour mettre le clergé avec lui, il ordonna de son autorité souveraine, qu'un *te Deum* serait chanté dans cette cathédrale ambroisienne, toute de marbre, splendide témoignage de la marche de l'art en Italie[1]. On reconstitua pour la forme la république, on proclama de nouveau l'indépendance du Milanais, avec ces institutions fragiles qu'à chaque campagne heureuse l'Autriche renversait. En même temps le général Lannes s'emparait à Pavie d'une grande partie des magasins du général Mélas; Lannes, sorte de chevalier du moyen âge, s'en allait en avant, toujours à l'aventure, pour chercher des périls et des conquêtes.

Cependant le mouvement du général Ott se déployait avec une certaine régularité; il avait quitté Gênes par la route d'Alexandrie; de là, se portant à droite, le général Ott se dirigea vers Tortone et Voghera : trois jours de marches forcées lui avaient suffi pour s'appuyer sur le

---

[1] On publia le bulletin suivant pour réveiller l'esprit public.

Milan, 3 juin.

« Le général Murat est entré le 2 à Milan; il a sur-le-champ fait cerner la citadelle : trois heures après le premier Consul et tout l'état-major ont fait leur entrée dans la ville, au milieu d'un peuple animé du plus grand enthousiasme. Les horreurs qui ont été commises par les agents de l'empereur à Milan sont sans exemple ; on n'a épargné ni le sexe, ni l'âge, ni les talents. Le célèbre mathématicien Fontana gémissait sous le poids des chaînes. Son seul crime était d'avoir occupé une place dans la République.

Milan, le 6 juin.

Soldats,

« Un de nos départements était au pouvoir de l'ennemi; la consternation était dans tout le midi de la France.

« La plus grande partie du territoire du peuple Ligurien, le plus fidèle ami de la République, était envahi.

« La république Cisalpine, anéantie dès la campagne passée, était devenue le jouet du grotesque régime féodal.

« Soldats ! vous marchez... et le terri-

BATAILLE DE MONTÉBELLO (9 JUIN 1800).

Pô, où le général fut joint par une dizaine de bataillons autrichiens destinés à protéger sa marche. Ce fut sur la hauteur en avant de Casteggio, à une lieue de Montébello, que les Autrichiens prirent position devant le corps de bataille de Lannes, plus considérable mais composé de jeunes troupes. Ici s'engagea la première affaire sérieuse depuis l'apparition des Français dans le Milanais; elle fut opiniâtre mais décisive. Lannes avait avec lui le général Victor, et les honneurs de la journée restèrent à ces deux compagnons d'armes. Il y eut de belles charges; les généraux furent obligés de se montrer comme de simples soldats pour donner l'exemple à ces bataillons de conscrits qui secondaient les vieilles demi-brigades; on fit des prodiges de valeur, les troupes s'illustrèrent, et le résultat fut un succès glorieux pour le général Lannes. Cette rencontre meurtrière, qui prit le nom de bataille de Montébello [1], obligea le général Mélas à évacuer sur-le-champ Turin pour concentrer ses forces vers Alexandrie. Dans cette position il était difficile d'éviter une affaire générale; les Français étaient maîtres de la plupart des routes, ils occupaient Lodi, Bergame; le Pô était pour ainsi dire à eux; toute retraite paraissait impossible à l'armée autrichienne si elle ne hasardait une bataille, et de part et d'autre on y était résolu.

toire est délivré par vous. La joie et l'espérance succèdent dans notre patrie à la consternation et à la crainte.

« Vous rendrez la liberté et l'indépendance au peuple de Gênes. Il sera pour toujours délivré de ses éternels ennemis.

« Vous êtes dans la capitale de la Cisalpine !

« Le premier acte de la campagne est terminé.

« Des millions d'hommes, vous l'entendez tous les jours, vous adressent des actes de reconnaissance!

« Mais aura-t-on donc impunément violé le territoire français; laisserez-vous retourner dans ses foyers l'armée qui a porté l'alarme dans vos familles ? Vous courez aux armes! Eh bien, marchez à sa rencontre, opposez-vous à sa retraite, arrachez-lui les lauriers dont elle s'est parée; et apprenez au monde que la malédiction est sur les insensés qui osent insulter le territoire du grand peuple.

« Le résultat de tous nos efforts sera, gloire sans nuage, et paix solide.»

Le premier Consul,
Bonaparte.

[1] Voici la dépêche adressée par Berthier

Il y avait des chances pour le général Mélas; la composition de l'armée de Bonaparte n'était pas bonne; le corps de Moncey, composé de vieux soldats, était trop éloigné d'Alexandrie pour donner dans une bataille; Desaix, à peine arrivé d'Égypte, n'était encore qu'à Tortone avec une division qui devait se présenter sur le champ de bataille, mais tardivement. En dehors de ces demi-brigades, la plupart des troupes étaient sans expérience des manœuvres d'une bataille régulière; M. de Mélas pouvait attaquer avantageusement, car Bonaparte avait trop éparpillé ses lignes. Le feld-maréchal venait d'être joint par les généraux Elsnitz et Bellegarde, il disposait de grandes forces; il devait donc livrer bataille? pouvait-il s'en dispenser, d'ailleurs? quelle route lui était ouverte? M. de Mélas pouvait, ou se porter sur Gênes et de là, pénétrer dans la Toscane, ou passer le Pô et le Tésin pour gagner Mantoue, ou se faire jour par la rive droite du Pô, en combattant l'armée française, ou, enfin, se renfermer dans Gênes : tout cela était dangereux en face d'un ennemi audacieux.

L'ordre de marche de l'armée française fut tracé par le premier Consul. Les divisions Chabran et Lapoype

---

aux Consuls, sur la bataille de Montébello. Il y est à peine question de Lannes.

Berthier, général en chef de l'armée, au premier Consul.

Au quartier-général à Broni, le 9 juin.

« J'ai l'honneur de vous rendre compte qu'ayant appris que le général Ott était parti de Gênes avec 30 bataillons, et qu'il était arrivé hier à Voghera, j'ai ordonné au général Lannes de quitter la position de Broni pour attaquer l'ennemi au point où il le rencontrerait, et au général Victor de le soutenir avec son corps.

« Le général Watrin a rencontré les premiers postes ennemis à San-Diletto; les forces principales de l'ennemi occupaient Casteggio et les hauteurs qui étaient à la droite, ayant beaucoup d'artillerie en position; il présentait une force d'environ 15,000 hommes. La vingt-huitième demi-brigade, la sixième, la vingt-deuxième et la quarantième, après avoir enlevé l'avant-garde ennemie, attaquent la ligne de front en cherchant à tourner sa droite. L'ennemi s'est opiniâtré à tenir ses positions. Jamais on n'a fait un feu plus vif. Les corps se sont réciproquement chargés à plusieurs reprises. Un bataillon de la quarantième qui s'abandonna à un mouvement rétrograde, donna

gardèrent le Pô; le détachement laissé à Yvrée observa l'Orco, le corps du général Moncey occupa Plaisance et fut chargé de garder la Sésia et l'Oglio depuis le confluent de cette rivière jusqu'au Pô, en poussant des reconnaissances sur Peschiera et Mantoue; en même temps la légion italique occupa Brescia : le reste de l'armée, Bonaparte à la tête, marcha sur l'ennemi [1]. L'action devenait inévitable; le 14 juin, à la pointe du jour, le Consul se dirigea sur Tortone et Castel-Nuovo; le corps du général Victor, hardi compagnon de Lannes, à l'avant-garde, passait la Scrivia, à Dora, et s'emparait de Castel-Nuovo; le corps aux ordres du général Desaix prit position à Ponte-Corone. Ces dispositions préparaient une marche en avant sur San-Juliano, tandis que M. de Mélas se concentrait à Marengo.

L'ennemi se montra dès le soleil levant. Aussitôt la charge sonne et la division Gardanne, soutenue de la vingt-quatrième légère, beau régiment de la vieille armée, court au pas redoublé sur l'arrière-garde autrichienne; celle-ci refuse le combat, afin de choisir son champ de bataille. M. de Mélas masquait son mouvement pour détourner l'attention de Bonaparte et lui faire disperser sa ligne. Tout faisait présumer que M. de

---

quelque avantage à l'ennemi; alors le général Victor fit avancer la division Chamberlhac. La vingt-quatrième attaqua la gauche de l'ennemi qu'elle culbuta, et décida la victoire. Le village de Casteggio a été pris et repris plusieurs fois, ainsi que plusieurs positions. Le brave douzième régiment de hussards, qui luttait seul contre la cavalerie ennemie, a fait des prodiges. L'ennemi a été poursuivi jusqu'auprès de Voghera.

« Le résultat de cette journée nous donne 6,000 prisonniers et cinq pièces de canon avec leurs caissons. L'ennemi a eu plus de 3,000 tués ou blessés; nous en avons eu environ 200, parmi lesquels se trouvent le chef de la vingt-deuxième demi-brigade légère, et mon aide-de-camp Laborde, blessé légèrement à la tête.

« Je vous ferai connaître les noms des braves qui se sont particulièrement distingués. Tous les corps méritent des éloges. »

Alex. Berthier.

[1] Le récit de la bataille de Marengo a été défiguré par *le Moniteur*; Bonaparte n'a pas rendu justice au général Kellermann, il a tout absorbé. J'ai comparé les versions autrichienne et française.

Mélas n'attaquerait pas, et qu'il avait le projet soit de passer le Pô et le Tésin, soit de se porter sur Gênes et Bobbio. Le Consul Bonaparte y fut trompé; il prit des mesures pour opposer aux Autrichiens des forces sur la route d'Alexandrie à Gênes et sur la rive gauche du Pô; M. de Mélas pouvait tenter ce passage à Casal. Une division du corps aux ordres du général Desaix se porte sur Rivalta en tournant Tortone. Des ponts-volants sont établis à la hauteur de Castel-Nuovo, pour passer rapidement le Pô, et par un mouvement de flanc, se réunir aux divisions d'observation sur la rive gauche de ce fleuve.

Tandis que ce mouvement s'exécute, à sept heures du matin, la division Gardanne qui formait l'avant-garde, est furieusement attaquée et surprise par les Autrichiens. Le développement de tant de forces fait alors connaître leurs projets; une magnifique cavalerie impériale se déploie sous soixante pièces de bataille. Les troupes aux ordres du général Victor sont aussitôt rangées sous le feu de l'ennemi; une partie forme le centre qui occupe le village de Marengo, l'autre compose l'aile gauche qui s'étend jusqu'à la Bormida; le corps du général Lannes est à l'aile droite. L'armée, rangée sur deux lignes, avait ses ailes soutenues d'un gros corps de cavalerie.

Là fut le commencement d'une belle bataille; les Autrichiens se déploient successivement et débouchent par trois colonnes. Celle de droite marche sur Figorolo en remontant la Bormida; celle du centre sur Marengo par la grande route; enfin, celle de gauche sur Castel-Ceriolo. Le général Victor annonce à Berthier qu'il est attaqué par toutes les forces ennemies; surpris au milieu de ses manœuvres, le Consul fait aussitôt avertir la réserve de cavalerie et le corps du général Desaix. La confusion est grande, car les divisions sont dispersées sur un terrain de plus de quatre lieues. Bonaparte se porte rapidement au champ de bataille, il trouve en y arrivant l'action engagée sur tous les points. On se battait de part et d'autre avec un égal acharnement. Le général Gardanne soutenait depuis deux heures l'attaque de la droite et du centre de l'ennemi sans perdre un pouce de terrain, malgré l'infériorité de son artillerie. La brigade aux ordres du général Kellermann, composée des 2e et 20e régiments de cavalerie et du 8e de dragons, appuyait la gauche du général Victor. La 44e et la 101e de ligne soutenaient leur vieille réputation.

Le feu devient plus vif, plus rapproché; les Autrichiens montrent une grande tenacité. Le général Gardanne, obligé de quitter sa position d'avant-garde, se retire par échelons et choisit une position oblique. La droite est au village de Marengo, la gauche sur les rives de la Bormida. Dans cette nouvelle situation, il prend en flanc la colonne hongroise qui marche sur Marengo, et dirige sur elle une fusillade très vive. Les rangs de cette colonne sont éclaircis, elle hésite un instant; déjà plusieurs parties commencent à plier, mais elle reçoit de nouveaux renforts et continue sa marche. Le général Victor défend le village de Marengo. Mais l'armée, surprise dans un mouvement de manœuvre, est compromise sur tous les points.

Jamais pêle-mêle semblable; quelques bataillons, composés de recrues, tiennent à peine leurs rangs; on rencontre des fuyards dans toutes les directions, et ici commence le beau rôle du général Kellermann avec ses vieux régiments de cavalerie. Le général soutient vigoureusement la gauche; le 8e de dragons charge et culbute une colonne de cavalerie ennemie; chargé à son tour par les cuirassiers allemands, les 2e et 20e de cavalerie le soutiennent et font plus de 100 prisonniers. La gauche de l'ennemi s'avance vers Castel-Ceriolo; son centre, recevant toujours de nouveaux renforts, parvient à s'emparer du village de Marengo où il fait prisonniers 2 bataillons. Les tirailleurs abandonnent en désordre le champ de bataille, et la cavalerie autrichienne les sabre avec impétuosité. Le brave Lannes commande la ligne découverte dans la plaine; il résiste à l'artillerie et soutient la charge de la cavalerie; mais il ne peut pousser l'ennemi sans se trouver débordé par la gauche. Il envoie la 40ᵉ demi-brigade et la 22ᵉ renforcer la division Chamberlac qui perdait du terrain. L'ennemi, souvent repoussé au centre, revient toujours à la charge, et finit par déborder le village de Marengo. Alors Victor, après des prodiges, ordonne un mouvement rétrograde sur la réserve. La bataille semble perdue, le désordre est dans les rangs, des cris de terreur se font entendre!

Le général Lannes, le preux, le digne soldat, se voit attaqué par des forces infiniment supérieures : deux lignes d'infanterie l'enveloppent d'un cercle de feu; l'artillerie tonne sur la division Watrin et la vingt-huitième inébranlables. Sur le point d'être tournées par un corps considérable, elles sont soutenues par la brigade de dragons aux ordres du général Champeaux. Le feu des Autrichiens est terrible; les grenadiers hongrois s'avancent sous leur drapeau brodé par l'impératrice. Le premier Consul, instruit que la réserve du général Desaix n'était pas encore sur le champ de bataille, se porte lui-même vers la division Lannes pour ralentir son mouvement de retraite. Mais les ordres qu'il donne sont à peine exécutés; Bonaparte assiste avec quelque agitation, à cette retraite qui s'opère en échiquier devant l'ennemi; il commande différents mouvements à la soixante-douzième demi-brigade; les jeunes soldats seuls abandonnent le champ de bataille; les vieilles troupes se forment avec ordre. La retraite s'opère bientôt, sous le feu de 80 pièces d'artillerie qui arrêtent la marche des bataillons autrichiens, et vomissent dans les rangs une grêle de boulets et d'obus. Nobles enfants de France, rien ne peut ébranler leurs bataillons! ils se serrent et manœuvrent avec le même ordre et le même sang-froid que s'ils eussent été à la parade. Le rang qui vient d'être éclairci se trouve aussitôt rempli par d'autres braves. Jamais on ne vit un mouvement plus régulier ni plus imposant.

A ce moment, M. de Mélas se croyait sûr de la victoire : une cavalerie nombreuse, soutenue de plusieurs escadrons d'artillerie légère, débordaient la droite et menaçaient de tourner l'armée française. Les grenadiers de la garde des Consuls marchent pour appuyer la droite; ils s'avancent et soutiennent trois charges successives, tandis qu'on aperçoit les vieux drapeaux de la division Monnier qui fait partie de la réserve. Berthier dirige deux demi-brigades sur le village de Castel-Ceriolo avec ordre de charger les bataillons qui soutiennent la cavalerie. Le corps traverse la plaine et s'empare de Castel-Ceriolo en repoussant une charge de cavalerie hongroise. Mais le centre et la gauche de l'armée continuaient les mouvements rétrogrades. La retraite est complète; qui peut l'arrêter? Berthier est obligé d'évacuer le village; il le fait avec un admirable sang-froid, entouré de la cavalerie autrichienne qu'il tient en échec. L'armée arrive enfin à la plaine de San-Juliano, où la réserve, aux ordres du général Desaix, était formée sur deux lignes, flanquées à droite de douze pièces d'artillerie, commandées par le général Marmont, et soutenues à gauche par deux divisions de cavalerie.

Il était quatre heures après midi, dans ces belles journées d'été sous le soleil de l'Italie; la réserve put voir la retraite de ses plus jeunes camarades en face du feu des Autrichiens. Mais cette réserve se composait de vieilles troupes; quand la charge sonna, les drapeaux s'agitèrent, percés de balles, sur ces fronts brunis par dix campagnes. Le général Desaix, à la tête de la brave 9e légère, s'élance avec impétuosité au milieu des ennemis et les charge à la baïonnette. Le reste de la division Boudet suit ce mouvement sur la droite; toute l'armée sur deux lignes s'avance au pas de charge et reprend son ardeur. Si le Consul avait fait une faute de stratégie en dispersant trop son armée, M. de Mélas en fait une plus grande encore en déployant trop ses ailes. Quand il voit s'avancer les belles troupes de la réserve en colonnes serrées, se déroulant comme un serpent de feu, M. de Mélas étonné met son artillerie en retraite; son infanterie commence à plier.

Au premier son du pas de charge, quand la victoire nous revenait, le général Desaix reçut une balle mortelle; il tomba sans proférer une parole; tous les discours qu'on lui prêta sont controuvés; ils furent préparés pour entraîner l'enthousiasme aux pieds du Consul. Desaix fut frappé au dos, blessure extraordinaire pour un homme si brave et si impétueux. C'est qu'il se retournait l'épée à la main devant la face de sa troupe pour exciter la marche en avant. Les colonnes se précipitent avec fureur sur la première ligne de l'infanterie autrichienne qui résiste après s'être repliée sur la seconde ligne; toutes les deux s'ébranlent à la fois pour faire une charge à la baïonnette. Les demi-brigades sont arrêtées un moment; et ici commence la belle charge du général Kellermann; le sol s'ébranle sous les pieds des vigoureux cavaliers qui culbutent les Autri-

BATAILLE DE MARENGO (14 JUIN 1800).

chiens et leur font 6,000 prisonniers, parmi lesquels le général Zach, chef de l'état-major de l'armée, le général Saint-Julien, et presque tous les officiers qui entouraient le général Mélas.

Rien n'était décidé; les Autrichiens avaient une troisième ligne d'infanterie soutenue du reste de l'artillerie et de toute la cavalerie. Le général Lannes avec la division Watrin, les grenadiers à pied de la garde des Consuls et la division Boudet marchent contre cette réserve; l'artillerie que commande le général Marmont foudroie le centre. La cavalerie aux ordres de Murat, si magnifique déjà dans les batailles, les grenadiers à cheval commandés par le chef de brigade Beissyères, chargent à leur tour la cavalerie autrichienne, l'obligent à se replier avec précipitation, la mettent en déroute, et le cri de victoire se fait entendre!

Ainsi finit la bataille de Marengo, si vivement disputée, à ce point que jusqu'à cinq heures du soir le succès fut aux Autrichiens; Bonaparte avait fait la faute de trop séparer ses divisions; M. de Mélas commit à son tour l'erreur plus grave d'étendre trop sa ligne; mais de quelque manière qu'on envisageât les résultats de la journée, ils n'étaient pas tellement décisifs que l'armée autrichienne pût subir de dures conditions; les pertes étaient à peu près égales; on s'était tué beaucoup de monde, on avait fait des prisonniers. Les Allemands avaient dignement combattu; mais un des grands talents de Bonaparte, son art dans la guerre, fut toujours d'exploiter le moindre succès pour en obtenir des résultats considérables. Non seulement il savait gagner la victoire, mais encore il se servait d'un art magique pour étonner ses ennemis, leur exagérer leur mauvaise position, afin de les réduire à capituler.

M. de Mélas avait plusieurs moyens de retraite, spécialement sur Mantoue où il pouvait s'assurer une bonne position. Je ne sais quel vertige avait saisi le vieux général, mais l'effroi fut dans son cœur; l'énergie n'est jamais qu'une surexcitation passagère dans la vie des vieillards; elle est semblable à la vigueur qui leur fait saisir l'épée, pour la laisser tomber, comme le vieux père du Cid, au premier choc d'une main jeune et prompte. Le Consul employa M. de Saint-Julien, prisonnier à la suite de la bataille de Marengo, pour négocier une transaction avec l'armée autrichienne; il exagéra la mauvaise position du général Mélas; il lui démontra qu'entouré de toutes parts, la retraite était difficile; où irait-il? Ne connaissait-il pas la fortune de Bonaparte? Subirait-il le sort de M. de Wurmser?

Ensuite on proposa des conditions qui se liaient à une pensée secrète que je dois révéler. L'Autriche, en se jetant dans le Piémont, voulait s'emparer d'Alexandrie et de Tortone, détachées, à ce qu'elle disait, de l'ancien Milanais; elle prétendait ne pas les restituer au roi de Piémont au cas où sa restauration aurait lieu. Quand le premier Consul entra en Italie, on fit courir le bruit qu'il se proposait de rendre à la maison des Carignans ses États en renversant la république Cisalpine, constitution sans vie et sans puissance d'opinion; or, après la bataille de Marengo, le premier Consul insinua que les villes fortifiées dont il demandait la cession momentanée étaient destinées, non seulement à assurer la position des Français pendant l'armistice, mais qu'elles serviraient de base à un traité de reconstitution pour la maison de Carignan.

Telle n'était pas l'intention du premier Consul sans doute, à moins d'une paix générale avec l'Angleterre;

mais enfin il fit valoir cette considération auprès de M. de Mélas, et c'est ce qui donna lieu à la singulière convention provisoirement exécutée, et qui fit tant rougir les officiers de l'armée autrichienne [1]. Cette convention portait : « Que les châteaux de Tortone, d'Alexandrie, de Milan, de Turin, de Pizzighitone, d'Arona, de Plaisance, de Coni, de Ceva, de Savone, la ville de Gênes et le fort Urbin seraient remis à l'armée française ; » et moyennant cette condition, on permettait à l'armée impériale de se retirer sur Mantoue, comme si dans sa position militaire elle ne pouvait pas s'assurer un passage les armes à la main. Étrange fatalité de ces corps autrichiens qui se rendaient partout en masse!

On ne peut dire l'étonnement que produisit cette convention parmi les officiers supérieurs que commandait le général Mélas, ni quel délire avait produit une telle soumission. Quoi! pour une bataille disputée jusqu'au soir, gagnée et perdue dans la même journée, on cédait tout le résultat d'une campagne! on abandonnait les

---

[1] Voici cette convention telle qu'elle fut envoyée par Bonaparte aux Consuls.

Torre de Garofolo, le 16 juin.

« Le lendemain de la bataille de Marengo, citoyens Consuls, le général Mélas a fait demander aux avant-postes qu'il lui fût permis de m'envoyer le général Skal. On a arrêté, dans la journée, la convention dont vous trouverez ci-joint copie. »

Convention entre les généraux en chef des armées française et impériale en Italie.

Art. 1er. Il y aura armistice et suspension d'hostilités entre l'armée impériale et celle de la République française en Italie, jusqu'à la réponse de la cour de Vienne.

Art. 2. L'armée impériale occupera tous les pays compris entre le Mincio, la Fossa-Maëstra et le Pô, c'est-à-dire Peschiera, Mantoue, Borgo-Forte, et depuis la rive gauche du Pô ; sur la rive droite seulement la forteresse de Ferrare.

Art. 3. L'armée impériale occupera également la Toscane et Ancône.

Art. 4. L'armée française occupera les pays compris entre la Chiesa, l'Oglio et le Pô.

Art. 5. Le pays entre la Chiesa et le Pô ne sera occupé par aucune des deux armées. L'armée impériale pourra tirer des vivres des pays qui faisaient partie du duché de Mantoue ; l'armée française tirera des vivres des pays qui faisaient partie de la province de Brescia.

Art. 6. Les châteaux de Tortone, Alexandrie, Milan, Turin, Pizzighitone, Arona et Plaisance seront remis à l'armée française, du 27 prairial au 1er messidor (16 au 20 juin).

Art. 7. Les châteaux de Coni, Ceva, Savone, la ville de Gênes, du 1er au 4 messidor (20 au 23 juin).

Art. 8. Le fort Urbin du 4 au 6 (23 au 25).

Art. 9. L'artillerie de place sera classée de la manière suivante :

places fortes qui avaient donné tant de peines et de soins à reconquérir ! C'est alors qu'on put croire qu'il y avait quelque chose de prestigieux dans la fortune de Bonaparte ; elle commandait aux destinées.

Le bulletin de la bataille de Marengo fut rédigé dans l'intérêt exclusif du premier Consul; la charge du général Kellermann avait décidé la bataille, et à peine on en parla, afin de ne pas absorber la part qui en revenait à Bonaparte. Desaix était tombé sans proférer une parole, et on lui fit tenir des discours, comme si la mort sur la face, il ne s'était préoccupé que du Consul ! La bataille avait été gagnée par la réserve, et on en donna tous les honneurs à Bonaparte qui se trouvait au corps principal en pleine retraite. Mais alors il était dit que tout ne pourrait se faire que par le premier Consul, et qu'il absorbait la postérité !

1º Toute l'artillerie des calibres et fonderies autrichiennes appartiendront à l'armée autrichienne;

2º Celles des calibres et fonderies italiennes, piémontaises et françaises à l'armée française ;

3º Les approvisionnements de bouche seront partagés ; moitié sera à la disposition du commissaire ordonnateur de l'armée française, moitié à celui de l'armée autrichienne.

Art. 10. Les garnisons sortiront avec les honneurs militaires, et se rendront avec armes et bagages, par le plus court chemin à Mantoue.

Art. 11. L'armée autrichienne se rendra à Mantoue par Plaisance en trois colonnes : la première du 27 au 1er messidor ; la seconde du 1er au 4 messidor ; la troisième du 6 au 8 messidor.

Art. 12. Les citoyens Déjean, conseiller d'état, et Daru, inspecteur aux revues, sont nommés commissaires à l'effet de pourvoir aux détails d'exécution de la présente convention, soit pour la formation des inventaires, soit pour pourvoir aux subsistances et autres transports, soit pour tout autre objet.

Art. 13. Aucun individu ne pourra être maltraité pour raison de services rendus à l'armée autrichienne ou pour opinion politique. Le général en chef de l'armée autrichienne fera relâcher les individus qui auraient été arrêtés dans la république Cisalpine pour opinion politique, et qui se trouveraient dans les forteresses de son commandement.

Art. 14. Quelle que soit la réponse de la cour de Vienne, aucune des deux armées ne pourra attaquer l'autre qu'en la prévenant dix jours d'avance.

Alexandrie, le 15 juin 1800.
Alex. Berthier.
Mélas, général de cavalerie.

CHAPITRE XIV.

RETOUR DU PREMIER CONSUL A PARIS

APRÈS MARENGO.

Situation des esprits. — Agitation des républicains. — Plan de Carnot, de Bernadotte, pour renverser le Consul. — Première nouvelle d'une défaite. — Contre-coup de la victoire. — Voyage de Bonaparte. — Séjour à Lyon. — Joie des Parisiens. — Esprit public. — Fêtes. — Puissance morale du premier Consul. — Disgrâce de Lucien et de Carnot.

Juin à Novembre 1800.

La campagne que Bonaparte venait de terminer si glorieusement en Italie n'avait pas seulement un but de victoire, de conquête et même de pacification; il ne s'agissait pas exclusivement de refouler l'ennemi au-delà des frontières et de lui imposer les dures lois d'un traité; le but du premier Consul se rattachait encore à une pensée de gouvernement intérieur. Dans tout ce qu'il faisait de grandiose et de merveilleux, il avait les yeux sur Paris, ne s'inquiétait que de l'opinion publique, et se demandait sans cesse l'effet que produirait une grande nouvelle dans la capitale. La campagne terminée par Marengo, fut accomplie sous cette préoccupation; le Consul recevait des bulletins jour pour jour de sa police personnelle; il suivait pas à pas le progrès et la décadence de sa popularité.

Bonaparte avait bien en cela ses motifs; dès son départ de Paris des conciliabules s'étaient formés avec le dessein de menacer son gouvernement; le Consul n'était pas tellement assuré dans son pouvoir qu'on ne pût songer à le renverser; la constitution de l'an VIII était à peine née; il n'y avait pas de bras assez fort pour contenir l'opposition que ce despotisme administratif avait soulevée; on se réunissait dans des clubs secrets, on se demandait quand la nation serait enfin délivrée de ce *petit Corse* qui avait surpris et usurpé le pouvoir? Le parti anarchiste avait des haines, le parti patriote des griefs et des répugnances plus justes; ceux qui avaient été joués, comme Daunou, Riouffe, Chénier, se vengeaient de leur surprise en se joignant aux mécontents. On eût désiré que Bonaparte eût disparu dans la tempête comme Romulus parmi les éclairs et les nuées [1].

Le parti patriote avait des chefs tout trouvés : Bernadotte commandait une armée assez considérable sur les côtes du Morbihan, et il n'avait point oublié sa vieille querelle; Augereau était en Hollande, et ces deux généraux ne demandaient pas mieux que d'aider un mouvement à Paris qui aurait eu pour base la mort du premier Consul, son éloignement des affaires, ou les revers qu'auraient éprouvés les armes de la République. Bonaparte n'était-il pas le fugitif d'Égypte si vigoureusement dénoncé par Kléber? n'était-il pas le dictateur qui avait absorbé toutes les libertés publiques? Aujourd'hui encore, au mépris de la constitution, il allait commander une armée sans doute pour opprimer plus violemment encore la France à son retour! Bernadotte, Jourdan, Carnot, Augereau n'étaient-ils pas une force capable de lutter avec le premier Consul?

[1] Récit d'un contemporain.

SITUATION DE PARIS (JUIN 1800). 509

Il n'y avait pas dans le gouvernement d'hommes assez forts, assez dévoués pour résister à cette sorte de conjuration morale qui aurait eu son principe dans le Tribunat. Cambacérès était faible et pusillanime, il devait craindre déjà que Bonaparte ne le compromît; Cambacérès n'avait rien de ce qui constitue l'homme d'état dans les circonstances qui demandent l'énergique développement du caractère. Il en était de même du Consul Lebrun, esprit trop modéré, trop spécial pour jamais se placer à la tête d'une résistance politique. M. de Talleyrand, absorbé dans les affaires étrangères, n'était pas un caractère de fermeté ni de dévouement tel qu'on pût compter sur lui, et la société de madame de Staël l'aurait facilement acquis par le moyen de Chénier, l'ami intime de l'ancien évêque d'Autun. Carnot était au ministère de la guerre, et certes les républicains trouveraient ses sympathies! déjà même il avait exprimé des mécontentements sur Bonaparte et sur la mauvaise tendance de la constitution de l'an VIII; combien ne serait-il pas facile de l'entraîner contre *cet homme-là*, ainsi que les républicains avaient coutume d'appeler Bonaparte.

Quant à Fouché, il eût été puéril de compter sur lui; le ministre de la police travaillait toujours pour le pouvoir qui avait le plus de chances; il n'était pas complétement à l'aise avec Bonaparte, il avait déjà des sujets de plaintes et de bouderies, à cause de ses prédilections pour les Jacobins; les polices de Duroc, de Junot, la création de la préfecture sous Dubois, le blessaient profondément; Fouché avait bien plus de rapports avec Bernadotte qu'il n'en conservait avec le premier Consul; en correspondance suivie avec le général en chef de l'armée des côtes, il l'aurait appelé au besoin comme la main militaire capable de seconder un mouvement. Fouché n'était à l'aise qu'avec les patriotes; il n'aimait pas un maître et Bonaparte voulait l'être. Toutefois, selon sa coutume, le ministre faisait la double main, en donnant des espérances à tout le monde et des gages à chaque opinion; s'il promettait aux partiotes de les appuyer dans un mouvement pour se délivrer du Consulat, il écrivait en même temps à Bonaparte tout ce qui se tramait contre lui, et cela jetait de l'inquiétude dans l'âme du premier Consul.

Le plan des patriotes paraissait être alors de se défaire de la puissance de Bonaparte, et, s'il eût été vaincu en Italie, on prononçait sa déchéance par le Sénat; Moreau et Bernadotte étaient appelés au Consulat conjointement avec Carnot, ce qui formait un triumvirat militaire énergiquement dévoué à la République. On aurait aussi modifié l'acte constitutionnel pour assurer plus de liberté et de garantie à la nation; la patrie, déclarée en danger, on convoquait une Convention, et on en aurait ainsi fini avec ce *petit Corse* qui s'imposait partout, lui et sa famille. Il fallait entendre avec quelle énergie grossière les patriotes s'exprimaient sur tous les Bonaparte; l'élévation de cette famille était le sujet des griefs habituels des républicains; ils craignaient d'y apercevoir les germes d'une dynastie.

Dans cette situation de l'esprit public, on s'explique facilement la nécessité où était le premier Consul de vaincre à Marengo; il lui fallait un coup d'éclat, une victoire qui pût saisir les imaginations et frapper de la foudre ses ennemis acharnés. La première dépêche arrivée à Paris n'était point favorable: elle ne donnait que le commen-

---

[1] On remarquera que les relations de Fouché avec Bernadotte n'ont jamais cessé un seul moment; il y a un rapprochement à faire. En 1809, Fouché désigna Bernadotte encore pour le commandement des gardes nationales contre les Anglais. C'était rappeler leur vieux projet et peut-être préparer leur complot.

cement de la journée, quand les fuyards remplissaient la plaine ¹; il y eut des conciliabules où les propositions les plus extrêmes furent faites; si la défaite se fût confirmée, c'en était fini du pouvoir du Consul. Toute la journée on se réunit chez Cabanis: on allait à Auteuil chez quelques-uns des principaux conspirateurs; ou vint même chez Fouché, pour lui demander ce qu'il faudrait faire au cas où une mesure de salut public deviendrait indispensable.

Aussi, le lendemain, quand la victoire fut annoncée, la plus étrange agitation régna parmi les hommes compromis ²; l'étoile de Bonaparte avait brillé; comment se ferait-on excuser de telles démarches, d'autant plus que Fouché s'était empressé, une fois la victoire acquise, d'adresser un long mémoire à Bonaparte sur les menées du parti patriote, tout en excusant les motifs qui l'avaient déterminé dans cette circonstance? Ne fallait-il pas sauver la

---

¹ « On était dans ces dispositions, quand, dans la soirée du 20 juin, arrivent deux courriers du commerce avec des nouvelles de l'armée, annonçant que le 14 à cinq heures du soir, la bataille livrée près d'Alexandrie avait tourné au désavantage de l'armée consulaire qui était en retraite; mais qu'on se battait encore. Cette nouvelle, répandue avec la rapidité de l'éclair dans toutes les classes intéressées, produisit sur les esprits l'effet de l'étincelle électrique sur le corps humain. On se cherche, on se rassemble; on va chez Chénier, chez Courtois, à la coterie Staël; ou va chez Sieyès; on va chez Carnot. Chacun prétend qu'il faut tirer de la griffe du *Corse* la République qu'il met en péril; qu'il faut la reconquérir plus libre et plus sage; qu'il faut un premier magistrat, mais qui ne soit ni dictateur arrogant, ni empereur des soldats. » (Témoignage d'un contemporain.)

² « Le lendemain, le courrier du premier Consul arrive chargé des lauriers de la victoire; le désenchantement des uns ne peut étouffer l'ivresse générale. La bataille de Marengo, telle que la bataille d'Actium, faisait triompher notre jeune triumvir, et l'élevait au faîte du pouvoir, aussi heureux, mais moins sage que l'Octave de Rome. Il était parti le premier magistrat d'un peuple encore libre, et il allait reparaître en conquérant. On eût dit, en effet, qu'à Marengo il avait moins conquis l'Italie que la France. De cette époque date le premier essor de cette flatterie dégoûtante et servile, dont tous les magistrats, toutes les autorités l'enivrèrent pendant les quinze années de sa puissance. On vit un de ses conseillers d'état, nommé Rœderer, faisant déjà de son nouveau maître une divinité, lui appliquer dans un journal, le vers si connu de Virgile :

Deus nobis hæc otia fecit. »

(Témoignage d'un contemporain.)

patrie dans le cas où un malheur aurait atteint le front glorieux du premier Consul! Fouché invitait Bonaparte à se rendre immédiatement à Paris pour repousser les intrigues de ses ennemis.

Sur le champ de bataille de Marengo, Bonaparte avait compris qu'il fallait au plus vite profiter du succès, non seulement contre les Autrichiens, mais aussi à l'égard de ses ennemis intérieurs. Nul ne savait mieux que lui profiter des élans de l'opinion publique : le bulletin de la bataille fut tout arrangé en l'honneur du Consul, avec son admirable talent de rédaction militaire; on n'y parlait que de lui; tout se rattachait à sa fortune, tout célébrait ses conceptions et ses admirables manœuvres; je répète qu'on disait à peine un mot de Kellermann, et toutes les paroles de Desaix étaient tournées à la gloire et à l'honneur du premier Consul; or, sans laisser le temps à l'opinion de s'éclairer et de se refroidir, Bonaparte quitta l'armée pour revenir en toute hâte à Paris [1].

Quel indicible enthousiasme! Le soir de la bataille de Marengo, toute la population illumina spontanément, on improvisa des décorations, des emblèmes où paraissait rayonnante la figure du premier Consul.

---

[1] Le premier Consul est arrivé à Lyon, le 9 messidor, à cinq heures du soir, sans y être annoncé ni attendu. Son intention était de garder l'incognito, mais cela ne lui a pas été possible. Il est descendu à l'hôtel des Célestins. Averti de son arrivée, le préfet s'est rendu auprès de lui avec les états-majors de la division et de la place, et le commissaire-général de police, ainsi que les présidents et commissaires des différents tribunaux, les autorités civiles et administratives. Le Consul a parlé à chacun des fonctions qui lui étaient propres, avec une connaissance des faits qui démontre qu'aucune partie de l'administration ne lui est étrangère. Toute la ville a été illuminée les 9 et 10.

La médaille qui fut frappée à cette occasion représente d'un côté l'effigie de Bonaparte, avec cette légende :

A Bonaparte, réédificateur de Lyon.
Verninac, préfet,
Au nom des Lyonnais reconnaissants.

De l'autre côté une guirlande de chêne au milieu de laquelle est écrit :

Vainqueur à Marengo,
Deux fois conquérant
De l'Italie,
Il posait cette pierre
Le 10 messidor an VIII de la République,
Premier de son Consulat.

Partout sur sa route il fut plus qu'un roi ; à Lyon, il posa la première pierre de la place de Bellecour, comme l'aurait fait Louis XIV ; mais son but était de toucher en toute hâte Paris parce qu'il voulait voir par lui-même quels avaient été ses adversaires, et sur quels amis il pouvait compter. Marche triomphale et rapide que celle de Bonaparte sur Paris ; il y arriva dans la nuit du 2 au 3 juillet, dix-huit jours après la bataille de Marengo.

Le lendemain, il ne fut question que de Bonaparte, de son voyage, de son arrivée : on suivit ses pas avec plus de sollicitude que ceux d'un souverain sous l'ancienne monarchie. « Le premier Consul est arrivé la nuit dernière, à deux heures du matin. Il avait avec lui dans sa voiture, son premier aide-de-camp Duroc, et son secrétaire Bourienne. Il n'était attendu que pour aujourd'hui vers la fin du jour. Les Consuls, les ministres et le conseil d'état avaient fait des dispositions pour aller le recevoir à Villejuif. Il est parti de Lyon à midi, le 29. A onze heures et demie, il avait posé la première pierre de la place Bellecour. Il est venu par Dijon, où il est resté six heures, et a passé en revue la nouvelle armée de réserve. Sur le pont de Montereau, l'écrou d'une grande roue de sa voiture s'est perdu ; la voiture a versé : le premier Consul a été légèrement blessé à la tête ; son secrétaire a été un peu plus maltraité. Les Consuls n'ont pu le voir que ce matin ; la nuit était trop avancée quand il est arrivé ; il était couché un quart d'heure après,

---

A Lyon, Bonaparte écrit une lettre à ses deux collègues du Consulat.

Aux Consuls de la République.—Lyon, le 29 juin.

« J'arrive à Lyon, citoyens Consuls, je m'y arrête pour poser la première pierre des façades de la place Bellecour, que l'on va rétablir. Cette seule circonstance pouvait retarder mon arrivée à Paris ; mais je n'ai pas tenu à l'ambition d'accélérer le rétablissement de cette place que j'ai vue si belle, et qui est aujourd'hui si hideuse.

quand ils se sont présentés pour le voir. A onze heures, au moment où les Consuls et le secrétaire d'état entraient chez le premier Consul, le canon des Tuileries et celui de Montmartre ont annoncé son arrivée. A midi, les ministres et le conseil d'état ont été introduits près des Consuls. Les premiers mots du premier Consul ont été : « Citoyens, vous *revoilà* donc! Eh bien! avez-vous fait bien de l'ouvrage depuis que je vous ai quittés? » La même réponse est sortie de vingt bouches à la fois : « Pas autant que vous, général! » Il a parlé environ trois quarts-d'heure de sa campagne, de la conduite des troupes françaises, de l'armée autrichienne, des dispositions de l'Italie à l'égard de la France, des circonstances qui font espérer la paix, et son langage ne se ressentait ni de sa chute, ni de sa fatigue, ni de la multitude de ses souvenirs. Vers une heure, les Consuls sont passés dans la salle d'audience consulaire. Le Sénat conservateur y était rassemblé; son président, le citoyen Roger-Ducos, adressa au premier Consul un discours dans lequel se trouve cette phrase : « Il est glorieux pour le Sénat, d'être le conservateur de cette constitution que vous savez si bien défendre. » Le premier Consul a répondu, au nom des deux Consuls : apercevant entre les sénateurs le général Kellermann, il lui adressa ces paroles : « Votre fils s'est bien distingué, il se porte bien, il est à Gênes. » Une députation du Tribunat, du Corps législatif, le préfet de Paris, les corps militaires ont successivement rendu leurs hommages au premier Consul. Il a dit aux officiers de la garde : « La garde

On me fait espérer que dans deux ans elle sera entièrement achevée.

« J'espère qu'avant cette époque, le commerce de cette ville, dont s'enorgueillissait l'Europe entière, aura repris sa première prospérité.

« Je vous salue,

Bonaparte. »

s'est couverte de gloire ; elle avait affaire à une troupe bien plus nombreuse qu'elle, elle l'a battue. » Le premier Consul espère une paix prochaine. Les troupes autrichiennes la veulent ainsi que la France [1]. »

L'adulation la plus vive, la plus enthousiaste, vint ainsi à lui ; ceux-là même qui avaient montré l'opposition la plus inquiète et la volonté la plus insubordonnée se précipitèrent au-devant du Consul, et renouvelèrent ces scènes de Rome avilie, si admirablement décrites par Tacite. Tant que Bonaparte restait en Italie en s'exposant à toutes les chances de la guerre, on parlait haut contre lui, on se proposait même de renverser le César qui prenait la pourpre; mais vainqueur à Marengo, qui pouvait s'opposer à lui ? Il fut alors le sauveur de la France et de l'armée; ainsi s'abaissent les caractères ! Le Consul arrivait avec l'étrange convention signée par M. de Mélas; non seulement il s'avançait comme un triomphateur, mais encore avec les chances de la paix; l'armistice n'entraînait-il pas une suspension d'armes ? Bonaparte parla peu, il oublia pour quelques-uns les trames qu'on avait poursuivies pendant son absence ; il fut moins dissimulé devant quelques autres. Pénétré de l'idée que c'étaient les Jacobins qui avaient surtout conjuré contre lui, Bonaparte s'expliqua vertement à Fouché [2] sur la

---

[1] « Paris a été illuminé en réjouissance de l'arrivée du premier Consul. Aucune ordonnance n'avait prescrit cette illumination; elle n'en a pas moins été générale, elle n'en a été que plus belle. La maison de l'ambassadeur de Hollande s'est fait remarquer. Tous les habitants de Paris étaient répandus dans les rues, ils les parcourrurent avec contentement. On ne criait pas : *Vive Bonaparte!* mais tout le monde parlait du premier Consul et le bénissait ; on ne criait pas : *Vive la République*, mais on la sentait et l'on en jouissait. » (*Journaux du temps.*)

[2] « Eh bien ! on m'a cru perdu et on voulait essayer encore du Comité de salut public !.... Je sais tout... et c'étaient des hommes que j'ai sauvés, que j'ai épargnés ! Me croient-ils un Louis XVI ? Qu'ils osent et ils verront ! Qu'on ne s'y trompe plus. Une bataille perdue est pour moi une bataille gagnée.... je ne crains rien; je ferai rentrer tous ces ingrats, tous ces traîtres dans la poussière; je saurai bien sauver la France en dépit des factieux et des brouillons... » (Témoignage d'un contemporain.)

conduite de ceux qu'il appelait les amis de Carnot, de Jourdan et de Bernadotte [1].

Le ministre, tout en blâmant les hommes qui avaient manqué de reconnaissance et de fidélité au premier magistrat de la République, tout en rappelant que lui-même avait prévenu Bonaparte, ne dissimula pas que les patriotes étaient mécontents de ce qui se passait depuis quelques mois : le Consul, selon lui, devait mettre plus de ménagement dans ses actes et ne pas favoriser aussi ouvertement les principes et les hommes du régime que la Révolution avait anéanti pour jamais : « Vous faites trop pour ces gens et pas assez pour les patriotes. » Ici, Fouché n'abandonnait pas ses amis, il se posait comme le défenseur des caractères et des intérêts de la Révolution ; Bonaparte eut de l'humeur, mais il comprit cependant tout ce qu'il y avait de sage et de réfléchi à ne pas brusquer encore les républicains.

Qui ne se serait pas laissé entraîner par les prestiges d'un pouvoir, grandissant sous les ailes de la victoire ? Jamais enthousiasme ne fut plus vif que celui qu'inspira le retour du premier Consul à Paris ; les fêtes, les illuminations se succédèrent ; Bonaparte fut décidément l'homme à la mode [2] ; on ne parla que de lui ; chaque pièce dramatique fut faite pour préparer un couplet de circonstance ; on chanta Bonaparte sur les théâtres, dans

---

[1] « Mais vous ne me dites pas tout, reprend Bonaparte ; ne voulait-on pas mettre Carnot à la tête du gouvernement ? Carnot, qui s'est laissé mystifier au 18 fructidor, incapable de garder deux mois l'autorité, et qu'on ne manquerait pas d'envoyer périr à Sinnamary. » (Récit d'un contemporain.)

[2] Voici jusqu'à quel point allait la flatterie : on lit dans le journal de M. Rœderer.

« Le général Cafarelli avait reçu hier une boîte cachetée que cinq dames qui ne se nommaient pas, le chargeaient de remettre au premier Consul. La boîte ouverte ce soir a offert aux yeux une couronne de lauriers entrelacés d'immortelles, et les vers qu'on va lire. »

Dieu des combats, sois-lui toujours fidèle !
Dieu de la paix, couronne ce guerrier !
A son génie appartient l'immortelle,
A sa valeur appartient le laurier.

les fêtes publiques; on lui donna des bals; on lui fit des harangues d'hôtel-de-ville comme aux rois des vieilles dynasties. Les modes prirent même le nom de Marengo; des baladins donnèrent aussi ce noble nom à des contredanses; on fit tout alors, même des ragoûts, sous l'inspiration de cette victoire; il fallait un esprit bien supérieur pour résister aux tentations qu'un pareil entraînement pouvait exciter. Comment ne pas saisir le pouvoir, quand tout un peuple vous l'offre? Comment ne pas prendre la dictature, lorsque le lion populaire se fait si doux qu'il vient essuyer vos pieds de sa longue crinière?

Cependant le premier Consul se trouva placé entre deux écoles politiques : la première, patriotique et forte, voulait conserver les institutions républicaines dans leur grandeur et dans leurs prestiges; elle comptait les orateurs du Tribunat, cette mâle et enthousiaste littérature, qui avait secondé les développements de la République aux jours de la Convention et du Directoire; elle défendait son œuvre avec ténacité; fille du xviiie siècle, elle ne reniait pas son origine; elle conservait l'esprit anti-religieux, et ce sentiment de liberté qui rappelait au Consul les austères devoirs de sa magistrature. Bonaparte n'avait aucun goût pour elle; il la trouvait embarrassante, pleine d'exigences impérieuses; elle l'importunait dans ses desseins d'avenir. Comme il visait à une monarchie, il trouvait dans ces républicains un embarras qu'il n'osait pas heurter de front, mais qui empêchait le développement de sa pensée d'unité.

L'autre école, toute monarchique, voulait reconstituer la vieille société au profit du pouvoir absolu, et voilà pourquoi elle plaisait tant au Consul. Rœderer, Esménard, M. de Fontanes, employaient une langue qui remuait bien mieux Bonaparte, parce qu'elle était douce, harmonieuse; elle lui parlait de monarchie, et ce mot plaisait au Consul, comme le son de l'instrument qui redit l'air de nos sympathies; elle le prenait par les fibres de son cœur, par son penchant irrésistible vers la fondation d'une nouvelle dynastie. Les formes de ces hommes, si polies, si respectueuses, lui allaient mieux; ils flattaient délicatement ses vanités. Il souriait aux petits vers de M. de Boufflers[1], à un couplet plein de grâce de M. de Ségur, cet esprit de bonne compagnie faisait son délassement; ces formes charmantes se manifestaient à lui dans les salons, dans les bals, à l'Opéra et aux Italiens[2], partout où le premier Consul allait reposer sa vie préoccupée.

En cela Bonaparte suivait un peu le goût de la société d'alors : sauf quelques voix grossières des faubourgs, tout tendait au vieux régime; les formes monarchiques étaient revenues dans la société; il y avait frénésie de plaisir auprès du Consul, soit qu'il habitât la Malmaison, soit qu'il parût aux Tuileries. Le pays avait assez de la République; cette mâle austérité de mœurs ne convenait pas à une société trop avancée et trop dissolue; une république demandait de si nobles vertus, de si belles âmes! Avec son instinct habituel, Bonaparte comprenait qu'il fallait un pouvoir fort à la France, et qu'une mo-

[1] Bonaparte avait dit de M. de Boufflers : « Il faut le rayer de la liste des émigrés; il nous fera des chansons. »

[2] « Le premier Consul multipliait les fêtes, et les animait par des encouragements, quand il ne pouvait les animer par sa présence. Il voulait que tous les ministres contribuassent à l'entretien de la gaieté publique; et M. de Talleyrand, malgré son titre d'évêque, ne fut pas même dispensé de donner un bal. On y vit réunies des personnes de toutes les classes et de tous les partis. Garat y chantait; Vestris et mademoiselle Chameroy y dansaient; M. de La Harpe y lisait des vers; le curé Bernier applaudissait; et les noms de MM. La Rochefoucauld-Liancourt, de Ségur, de Crillon; ceux de mesdames de Noailles, de Castellane, d'Aiguillon, de Vergennes, donnaient à cette fête un aspect monarchique. » (Récit d'un contemporain.)

narchie se faisait avec des hommes monarchiques, et ces sentiments expliquent ses prédilections. Il craignait l'armée ; il savait qu'elle était profondément républicaine. Partout vivait dans les camps le souvenir des victoires sous le drapeau tricolore ; le Consul était attentivement surveillé par la jalousie inquiète des généraux qui le voyaient avec peine se placer à une telle hauteur : Moreau, Bernadotte, Augereau, Jourdan, Brune, Masséna allaient-ils se résoudre à quitter leurs vieux souvenirs d'égalité pour prendre la livrée d'un dictateur ; étaient-ils pour cela assez assouplis ? Ces soldats avaient eux aussi de glorieux services ! ils avaient à montrer sur leurs membres des cicatrices profondes ! comme les centurions et les tribuns de Rome. Croyait-on qu'ils ne verraient pas avec colère et dépit le Consul tendre la main à des noms d'aristocratie, à des marquis revenus d'émigration, ou bien encore seconder un système qui substituerait l'ancien régime à la République objet de leur culte. Cette armée patriote s'unissait à Paris aux Jacobins, aux tribuns, et aux mécontents ; on ne devait pas la blesser si on ne voulait soulever contre soi toute l'opinion patriote ; plus d'une fois les conseils de Fouché revinrent à l'esprit de Bonaparte ; il en comprit la portée, il sentit bien que le temps n'était pas venu encore d'oser le renversement de la Révolution ; il temporisa avec elle, car c'était une puissance hautaine et forte !

A son retour de Marengo, on voit le Consul rappeler avec une sorte d'affectation les souvenirs de la République une et indivisible. Le 14 juillet arrive, il s'agit de célébrer l'anniversaire de la prise de la Bastille [1] ; certes,

[1] « Les Consuls, accompagnés des ministres et du conseil-d'état se sont rendus au temple de Mars. Le corps diplomatique s'y est placé à l'instant de l'arrivée des Consuls. La nef et les tribunes étaient remplies d'hommes et de femmes. On avait

rien n'était plus opposé aux opinions et aux sentiments de Bonaparte que l'insurrection des masses : il les aurait mitraillées si elles avaient tenté de s'emparer d'un poste ou de franchir une consigne militaire comme sur les marches de Saint-Roch; eh bien! le Consul ordonne que cet anniversaire soit célébré avec la plus grande solennité; on y prononce des discours, on réchauffe, par une hypocrisie de liberté, toutes les idées de 1789 que la constitution de l'an VIII vient de détruire; et si les cendres de Turenne sont portées aux Invalides dans cette cérémonie, Carnot s'empresse de dire : « que Turenne eut été un bon républicain, et aurait marché pour la défense de la patrie. » M. de Fontanes fut chargé d'écrire l'hymne du 14 juillet, et comme il y mêla des sentiments qui blessèrent un peu les Jacobins, Bonaparte se hâta de la faire supprimer, pour rendre hommage aux principes de la République. Le Consul parla du peuple, « notre souverain à tous, » dans le toast qu'il porta à cette majesté dans le banquet patriotique [1].

Le 2 septembre, vient une nouvelle fête, toujours en l'honneur de la fondation de la République, et le Consul s'y montre encore avec toutes les couleurs d'un patriotisme ardent; il cherche à calmer les craintes, il ne veut pas autoriser le bruit qui court sur ses tenta-

---

[1] « Le soir, tout Paris était illuminé. Vers les sept heures un ballon s'enleva, et fit à une assez grande hauteur une explosion très forte. A dix heures, il fut tiré un feu d'artifice sur le pont de la Concorde; à dix heures et demie, il y eut grand concert sur la terrasse du château. La fête se termina par des danses aux Champs-Elysées qui se prolongèrent fort avant dans la nuit.

« A la suite des cérémonies du Champ-de-Mars, les invalides qui avaient reçu des médailles d'or, accompagnés de deux de

réservé avec soin les places pour les membres du Sénat, du Tribunat et du Corps législatif. Aussitôt que le premier Consul a été placé, on a exécuté deux chants de triomphe en français et en italien. On y a entendu deux célèbres virtuoses italiens, M. Bianchi et Mme Grassini. Les principaux chanteurs français étaient Lays, Chéron, Garat et Richer. Lorsque ces deux chants ont été terminés, le ministre de l'intérieur a prononcé un discours. »(Témoignage d'un contemporain.)

tives pour s'emparer de la monarchie ; il veut réorganiser la France, mais il repousse la pourpre : il n'a pas la folie d'oser encore la royauté.

A ce moment d'enthousiasme parurent deux écrits qui firent une vive sensation ; le premier portait le titre : *les Adieux à Bonaparte*, j'en ai parlé déjà, car il fut publié cinq semaines avant la bataille de Marengo¹, il avait pour but de convaincre les royalistes que le Consul travaillait pour son compte, et que s'il reconstruisait la monarchie, c'était entièrement à son profit ; nul ne pouvait en douter. Il fallait désillusionner les gentilshommes qui croyaient à une restauration préparée par le Consul ; les partisans des Bourbons, avec une simplicité extrême, s'imaginaient qu'à chaque anniversaire Bonaparte allait proclamer Louis XVIII et rétablir le trône et l'autel ; il régnait un persiflage spirituel dans cette brochure ; on tenait un langage parfaitement convenable au Consul, en même temps qu'on lui démontrait ses projets d'ambition et de couronne.

Le second écrit était de nature à alarmer le parti patriote, comme une sorte de ballon d'essai jeté pour tâter

---

leurs camarades, l'un âgé de cent-quatre ans et l'autre de cent-sept, dînèrent chez le premier Consul avec les membres des principales autorités de la République. Bonaparte demanda à ces vieillards si les jeunes invalides les traitaient avec tous les égards dus à leur âge ; ils répondirent que oui et ajoutèrent : Nous n'en faisions pas tant en vingt ans qu'eux dans une campagne.

Les toasts suivants ont été portés :

Le premier Consul. — Au 14 juillet et au peuple français notre souverain.

Le second Consul. — A nos armées et aux héros vainqueurs de l'Italie et du Danube.

Le troisième Consul. — A la paix, qui sera le fruit de nos victoires.

Le citoyen Roger-Ducos, président du Sénat conservateur. — A la constitution, qui a rallié tous les Français.

Le citoyen Jard-Panvilliers, président du Tribunat. — A la philosophie et à la liberté civile.

Le général Berthier. — Au gouvernement, au Sénat conservateur, au Tribunat et au Corps législatif. Tout cela était fort libéral.

¹ Avril 1800.

l'opinion sur le rétablissement du pouvoir monarchique confié à Bonaparte; il portait le titre de : *Parallèle entre Cromwell, Monck et Bonaparte* [1]; on examinait, avec un soin particulier, lequel de ces trois personnages historiques avaient eu le plus d'éclat, le plus de chances et le plus d'avenir; et, comme on le sent bien, la préférence était accordée au héros qui se donnait la mission de reconstruire la société; « que manquait-il à cet édifice ? l'hérédité comme base. » Cette brochure arrivait aux préfectures sous le couvert de Lucien, alors ministre de l'intérieur. Quelques-uns de ces préfets étaient trop dévoués au parti patriote pour ne ne pas consulter immédiatement Fouché, leur guide et leur boussole. Que signifiait un pareil envoi ? étaient-ce là les intentions du Consul ? fallait-il parler aux administrés dans le sens d'une monarchie ou d'un empire ? Quelques-uns ne dissimulaient même pas le mauvais effet produit par une telle publication, parmi les hommes dévoués aux idées révolutionnaires. Fouché vint sur-le-champ s'expliquer avec Bonaparte; selon lui c'était chose fort maladroite que de jeter si précipitamment l'opinion dans une voie qu'on n'était pas assez fort encore pour suivre; Bonaparte fit l'étonné, déclara que c'était une maladresse de son frère et que cet écrit ne pouvait être que l'œuvre de M. Rœderer et d'une coterie qui s'était emparée du ministère de l'intérieur.

Il faut s'expliquer cette situation de Lucien. Un certain changement s'était opéré dans l'esprit du jeune frère de Bonaparte; on se rappelle qu'avant le 18 brumaire Lucien voyait beaucoup les Jacobins et les patriotes; initié à leurs clubs, il avait présidé leurs séances; il passait pour l'expression avancée de la famille Bona-

[1] Septembre 1800. Je reparlerai plus tard de ce livre.

parte dans les idées et les sentiments révolutionnaires. Mais, depuis qu'il tenait le pouvoir, Lucien avait pris des mœurs plus monarchiques. Par son goût littéraire très prononcé, il s'était entouré de prosateurs et de poëtes, et ceux-ci, à qui la flatterie ne manque jamais, le comparaient à Mécène auprès du nouvel Auguste; jeune homme à l'imagination ardente, Lucien avait pris des goûts très aristocratiques ; on l'accusait même d'une conduite qui se ressentait un peu des mœurs de l'ancienne régence. Homme de cœur, il résistait aux reproches de son frère, et comme il lui avait rendu d'immenses services au 18 brumaire, comme il lui avait donné le Consulat, il lui parlait avec liberté, et c'est ce que Bonaparte supportait le moins; il ne voulait ni égaux, ni maîtres dans le monde : on annonçait partout la disgrâce de Lucien et son prochain voyage à Madrid où il allait résider comme ambassadeur extraordinaire. Cet événement fit voir déjà l'un des côtés faibles du caractère de Bonaparte.

La disgrâce de Lucien fut presque contemporaine de la démisions de Carnot; Bonaparte ne l'avait jamais aimé, parce que, avec toute la rudesse des formes républicaines, Carnot savait aussi lui résister, et Bonaparte ne permettait à personne des paroles d'opposition. D'ailleurs il avait eu vent des tentatives de Carnot pendant la campagne de Marengo, et il ne voulait pas laisser le département de la guerre à des mains aussi malveillantes. La dépêche d'un agent secret de l'Angleterre indique les causes de cette démission du ministre qui s'était fait auprès de Bonaparte le représentant des patriotes : « Carnot vient d'éprouver une disgrâce complète de la part du premier Consul. Le 8 octobre sa *démission* a été acceptée. Un arrêté du premier Consul a rendu le ministère de la guerre au général Berthier, ambassadeur extraordinaire à Madrid. Jusqu'au retour de celui-ci, le portefeuille de la guerre sera confié à Lacuée. Carnot est allé résider dans une des terres de sa femme près Saint-Omer; je connais trop imparfaitement l'intrigue véritable du cabinet des Tuileries pour savoir quel a été le motif de ce renvoi si brusque et si plat. Est-il occasionné par quelque jalousie, par la crainte d'entendre attribuer au génie de Carnot les succès de la campagne de 1800, ou par l'envie d'expulser du gouvernement un ancien collègue de Robespierre? c'est ce que nous ignorons ici. Nous avons ouï dire que Carnot avait pour lui un grand parti parmi les républicains; que ce parti ne cachait ni ses opinions ni ses menées; que Carnot avait fait souvent au Consul des observations sur la pompe monarchique qui brillait auprès de lui, sur les inquiétudes et le déplaisir qu'elle occasionnait, sur les espérances que concevaient les royalistes. D'autres disent que le Consul le traitait comme un petit garçon, le faisait venir travailler chez lui comme un secrétaire et le couvrait d'injures quand ils n'étaient pas du même avis sur la paix ou sur la guerre; d'autres portent que, depuis quinze jours, Carnot n'allait plus aux Tuileries et qu'il y envoyait le travail tout fait, que le grand Consul apostillait ensuite; le temps seul peut éclaircir cette misérable intrigue. Ainsi s'est terminée la carrière politique de cet homme qui avait fait la fortune de Bonaparte, et qui pouvait, il y a cinq ans, faire tomber sa tête à ses pieds d'un trait de plume. »

Quoi qu'il en soit, la démission de Carnot fut acceptée et Bonaparte se réserva complétement la direction du ministère de la guerre; cette retraite produisit un fâcheux effet, et les républicains y virent une garantie de moins pour leurs opinions et leurs intérêts; Carnot, en effet, les avait toujours défendus, il murmurait sans cesse contre les formes monarchiques des Tuileries, la manière presque royale de Bonaparte, les airs de Joséphine et son salon d'aristocratie : la liberté était-elle donc exilée? Le premier Consul avait pris des habitudes de travail qui ne convenaient pas à Carnot; il ne voulait pas être sous sa sonnette comme si un roi l'appelait à l'œil-de-bœuf; il voulait servir l'État et non point un homme, la patrie et non point un dictateur.

Pour calmer le mauvais effet de quelques-unes de ces mesures dans le parti républicain, Bonaparte écrivit une lettre à Jourdan en le nommant ambassadeur auprès de la république Cisalpine [1]; il parla du vainqueur de Fleurus, des services rendus à la République en termes nobles mais un peu ambigus. Jourdan répondit par un billet plein de dignité et de convenance, il accepta mais sans se compromettre. Qui aurait pu alors s'opposer aux tendances de l'opinion? on ne voulait plus de République; tout marchait aux distinctions et aux formes, tout prenait une empreinte de monarchie : les jeux, les plaisirs mêmes; l'esprit français se réveillait; on s'occupait des concerts de madame Grassini, des romances de Garat, ou des oratorios de Haydn. On n'était pas encore à l'hiver que les bals recommençaient; Bonaparte tenait une véritable cour plénière à la Malmaison; et quoique abrité mo-

---

[1] Le premier Consul de la République au général Jourdan.

« Le gouvernement croit devoir donner une marque de distinction au vainqueur de Fleurus. Il sait qu'il n'a pas tenu à lui qu'il ne se trouvât dans les rangs de Marengo. Les Consuls ne doutent point, citoyen général, que vous ne portiez dans la mission qu'ils vous confient cet esprit conciliateur et modéré qui, seul, peut rendre la nation française aimable à ses voisins. »

Je vous salue,

Bonaparte.

La réponse de Jourdan est plus claire, et n'est pas dépourvue de noblesse : il y met toujours le gouvernement à la place du Consul. Du reste, il ne parle point des raisons qui l'ont empêché de se trouver

destement encore, il gardait la supériorité de son rang; il n'y avait plus d'égaux avec lui. Placé incessamment entre deux influences, dont l'une lui disait : « Souviens-toi, Bonaparte, de la République, ta mère, de son drapeau flottant, de ses vieux soldats, » tandis que l'autre l'entraînait doucement à la souveraineté en voulant placer sur son front la couronne impériale, Bonaparte devait tenir l'opinion incessamment réveillée par de nouveaux services; il avait vaincu à Marengo, il lui restait autre chose à faire; il avait promis la paix! pourrait-il la donner?

à Marengo; ainsi l'on ignore si c'est à lui ou au gouvernement que ce malheur a tenu.

Le général Jourdan au citoyen Bonaparte, premier Consul.

Citoyen Consul,

« J'accepte avec reconnaissance la marque de distinction dont le gouvernement veut bien m'honorer. Je répondrai à sa confiance par mon empressement à exécuter ses ordres ; et, si mes talents répondent à mon zèle, il sera satisfait de ma conduite.

« Le gouvernement me trouvera toujours dans les rangs des hommes qui respectent autant les lois et les magistrats qu'ils chérissent la patrie et la liberté. »

Salut et respect,
Jourdan.

CHAPITRE XV.

NÉGOCIATIONS APRÈS LA BATAILLE DE MARENGO.

État de l'armée autrichienne après la bataille.— Indignation des officiers. — Traité de subsides avec l'Angleterre. — Les Anglais devant Gênes. — Envoi du comte de Saint-Julien à Paris. — Négociations avec M. de Talleyrand. — Mission de Duroc pour Vienne. — Refus de l'Autriche de ratifier le traité. — Histoire des négociations de M. Otto en Angleterre. — Changement de la politique russe. — Causes réelles de la bienveillance de Paul Ier pour le premier Consul. — Question des neutres. — Théorie de l'Angleterre. — Théorie de la Russie et de la France. — Rupture de la Russie et de l'Angleterre.— Tentatives pour un traité à part. — Envoi d'une ambassade russe à Paris.

Juin à Décembre 1800.

La convention intervenue après la victoire de Marengo avait été comme une surprise que le jeune vainqueur imposait à un vieillard de soixante-seize ans; vivement ému d'une triste défaite, le général Mélas fut comme frappé de la foudre par le résultat de la bataille. Cette convention n'était que la suite d'un effroi habilement répandu par le premier Consul, moyen toujours pour lui des plus efficaces. Quand Bonaparte avait obtenu un succès, il le poussait à tout ce qu'il avait de plus extrême; nul ne profita mieux de la victoire; il y avait quelque chose de moins explicable que la bataille de Marengo, c'était le découragement fatal qu'elle avait jeté dans l'âme du général Mélas.

Aussi ce traité qui abandonnait tant de places fortes à la France par quelques lignes de convention, excita-t-il l'indignation générale dans l'état-major de l'armée autrichienne ; tout ce qui avait un peu de cœur gémissait de voir des places conquises dans une longue campagne, remises presque sans coup-férir au général de l'armée française. Partout s'élevèrent des protestations énergiques, et si le respect de la discipline n'avait pas retenu l'état-major de l'armée allemande, on aurait insulté en face, les cheveux blancs du général Mélas ; on se fût même opposé à l'exécution pleine et entière des articles arrêtés de concert avec le premier Consul. Des corps d'armée tout entiers continuèrent de se battre comme s'il n'avait pas existé de conventions ; des bruits étranges circulèrent sur quelques officiers d'ordonnance du général Mélas, accusés de corruption.

La cession de Gênes surtout était l'objet d'une plus difficile exécution : allait-on remettre la place aux Français ; les Autrichiens n'avaient pas seuls concouru au siège de cette cité ; les Anglais avaient prêté leurs forces et l'amiral lord Keith avait été l'un des signataires de la capitulation accordée à Masséna. La possession était donc commune aux deux puissances alliées. Dès lors les Anglais se demandèrent avec une certaine raison, si, partie essentielle comme ils l'étaient dans les opérations militaires, et lord Keith ayant apposé sa signature sur tous les actes, il pouvait y avoir un traité à part du côté de l'Autriche sans l'intervention des Anglais ; enfin le général Mélas pouvait-il obliger ses alliés à céder des conquêtes communes sans leur participation ? L'amiral anglais déclara qu'il allait s'emparer des forts de Gênes [1] plutôt

---

[1] Note de lord Keith, juillet 1800.

que de les voir rendre aux Français. Parvenus à temps, les ordres de M. de Mélas furent si précis que le commandant de place ouvrit les portes de Gênes aux Français en exécution de la convention militaire, avant qu'il n'y eût garnison anglaise dans les forts. Lord Minto, ambassadeur à Vienne, adressa sur cette infraction une note fort sèche au cabinet de Vienne.

Telle était la position de l'Autriche qu'elle devait se décider ou à une guerre violente et soutenue, ou bien à une paix qui pouvait lui assurer les avantages acquis. Quelques heures avant la bataille de Marengo, M. de Thugut signait un traité de subsides avec lord Minto; les deux puissances s'étaient rapprochées à ce point de convenir entre elles : « qu'elles ne pourraient en aucun cas se séparer l'une de l'autre dans un arrangement définitif. » L'Angleterre promettait deux millions de livres sterlings de subsides, et comme gage de l'exécution exacte de ses engagements, elle faisait déposer cent mille livres sterlings d'or à la banque de Hambourg pour être à la disposition du cabinet de Vienne. Moyennant ces subsides, l'Autriche promettait une levée de cent mille hommes pour continuer la guerre continentale avec persévérance; l'Angleterre s'engageait à prendre à sa solde l'armée de Condé, quinze mille Siciliens, Napolitains, Génois insurgés et de ne déposer les armes qu'après un résultat obtenu.

Sur ces entrefaites arriva la nouvelle de la bataille de Marengo et de la convention si extraordinaire qui en était la suite. Les positions prises par l'armée française compromettaient le mouvement des Autrichiens; leur retraite n'était plus assurée par le Milanais et le Tyrol, un corps français occupait les Grisons. Moreau, d'un autre côté, entrait à Munich et passait le Danube à Passaw, il marchait hardiment sur les États héréditaires; la position devenait donc toujours plus délicate pour le cabinet de Vienne vis-à-vis de l'Angleterre; il désirait toucher les subsides promis, l'or déposé à la banque de Hambourg attirait singulièrement sa sollicitude, comme un secours essentiel dans l'état de pénurie de l'Autriche; en même temps il fallait arrêter les progrès des Français s'avançant si rapidement sur Vienne.

Dans cette situation l'empereur François II demanda lui-même un armistice, en même temps qu'il envoyait le comte de Saint-Julien à Paris, chargé d'une mission spéciale pour traiter de la paix avec le premier Consul. Le comte de Saint-Julien était porteur d'un autographe impérial qui contenait les pleins-pouvoirs pour un traité, sans paroles ambiguës[1]; une lettre était même adressée au premier Consul, et l'empereur parlait à Bonaparte avec une sorte d'admiration et de respect. Le comte de Saint-Julien (San-Juliano) était Français d'origine, doué d'excellentes manières, et il fut accueilli à Paris avec une bienveillance remarquée. Le premier Consul était aise de montrer que les monarques de l'Europe venaient à lui; il parut donc partout, dans sa loge à l'Opéra, dans ses salons, accompagné du comte de Saint-Julien, qui devint l'homme à la mode; les affaires réelles se traitaient entre M. de Talleyrand et l'envoyé autrichien; était-il de force à lutter contre l'expérience et la finesse de l'habile diplomate[2]?

---

[1] « Vous ajouterez foi à tout ce que le comte de Saint-Julien vous dira de ma part et je ratifierai tout ce qu'il fera. » (Lettre de l'empereur François II, au premier Consul.)

[2] « On donne avec soin à Paris le bulletin journalier de M. de Saint-Julien. Nous savons que depuis le 22 jusqu'au 25 juillet, il avait déjà eu deux entrevues avec le ministre Talleyrand; qu'il avait été à l'Opéra dans la loge du premier Consul, accompagné du général Murat et de son épouse, sœur de Bonaparte; et que, d'une des croisées de l'appartement de Bénézech,

Il faut ici remarquer qu'il y avait deux manières de traiter d'une paix définitive. Si l'Autriche négociait directement avec la France sans le concours de l'Angleterre, elle perdait les avantages que pouvait lui prêter la Grande-Bretagne, et elle renonçait par le fait aux deux millions sterlings de subsides, et à l'or déposé à la banque de Hambourg pour le service de ses armées ; si au contraire elle désirait traiter concurremment avec l'Angleterre, il se présentait d'immenses difficultés, car les intérêts et les positions n'étaient pas identiques. Le cabinet de Londres était-il, à l'égard de Bonaparte, dans la situation abaissée de l'Autriche traitant avec le premier Consul? L'Angleterre avait beaucoup gagné, et au fond la conquête ne lui avait rien enlevé; Pitt n'était pas homme à fléchir devant celui qu'il n'avait jamais traité qu'avec mépris ; toutes les colonies françaises et hollandaises, le cap de Bonne-Espérance, l'île de Ceylan, étaient au pouvoir de l'Angleterre ; elle allait prendre Malte en même temps qu'elle forçait les Français à capituler en Égypte. Par la guerre son commerce s'était agrandi, elle s'emparait chaque année des galions espagnols, et empêchait la moindre évolution des flottes de France. Quand donc l'Angleterre se présentait dans une négociation régulière, elle y venait comme partie égale ; si la France avait fait des conquêtes sur le continent, l'Angleterre dominait les mers. Et voilà ce qui expliquait les difficultés sans cesse renaissantes qui

---

administrateur du palais des Consuls, il avait été spectateur de la revue de la garde consulaire où le premier Consul fit la distribution des sabres d'honneur.

« Nous sommes autorisés à croire que M. de Saint-Julien n'est chargé d'aucune proposition de paix, et que l'objet principal de son voyage est de réclamer contre l'occupation de la Valteline par le général Moncey, opération commandée par Masséna, au mépris de la convention d'Alexandrie. » (Note des agents anglais, juillet 1800.)

s'opposaient à une négociation sérieuse. En aucun cas l'Angleterre n'aurait voulu se poser sur le même pied de concession que l'Autriche ; il suffisait d'avoir lu les dicussions du parlement pour se pénétrer de cette vérité.

M. de Talleyrand avait parfaitement expliqué ces difficultés au comte de Saint-Julien ; tous ses efforts avaient eu pour but de séparer l'Autriche de l'Angleterre, afin de lui imposer de plus dures conditions : entraînant peu à peu le négociateur autrichien inexpérimenté, il lui avait fait signer à part un traité secret sans qu'il fût question de l'Angleterre. Par ce traité, l'alliance signé avec lord Minto était brisée ; l'Autriche se plaçait en quelque sorte sous le protectorat moral de la France [1] ; on stipulait le renouvellement des conventions de Campo-Formio ; seulement les indemnités que les préliminaires de Léoben assuraient à l'Autriche en Allemagne,

---

[1] Articles secrets et préliminaires de paix, signés par le comte de Saint-Julien.

« Sa Majesté l'empereur, roi de Hongrie et de Bohême, etc., etc., et le premier Consul de la République française, au nom du peuple français, également animés du désir de mettre fin aux maux de la guerre par une paix prompte, juste et solide, sont convenus des articles préliminaires suivants.

Art. 1. Il y aura paix, amitié et bonne intelligence entre Sa Majesté l'empereur et roi, et la République française.

Art. 2. Jusqu'à la conclusion d'une paix définitive, les armées resteront tant en Allemagne qu'en Italie, respectivement dans la position où elles se trouvent, sans s'étendre davantage vers le midi de l'Italie. De son côté, Sa Majesté impériale s'engage à concentrer toutes les forces qu'elle pourrait avoir dans les États du pape, dans la forteresse d'Ancône, à faire cesser la levée extraordinaire qui se fait en Toscane, et à empêcher tout débarquement des ennemis de la République française à Livourne ou sur tout autre point des côtes.

Art. 3. Le traité de Campo-Formio sera pris pour base de la pacification définitive, sauf les changements devenus nécessaires.

Art. 4. Sa Majesté impériale ne s'oppose pas à ce que la République française conserve les limites du Rhin telles qu'on en était convenu à Rastadt, c'est-à-dire la rive gauche du Rhin, depuis l'endroit où le Rhin quitte le territoire de la Suisse jusqu'à celui où il entre dans le territoire de la république Batave, et s'engage, de plus, à céder à la République française la souveraineté et la propriété de Frickthal et tout ce qui appartient à la maison d'Autriche, entre Zurzach et Bâle.

Art. 5. La République française n'entend pas garder Cassel, Kelh, Ehrenbreistein et Dusseldorf. Ces places seront rasées, sous condition qu'il ne pourra être élevé sur la rive droite du Rhin, et jusqu'à la distance de trois lieues, aucune fortification, soit en maçonnerie, soit en terre.

lui étaient promises en Italie. Et en cela on avait plusieurs motifs : d'une part on évitait les difficultés soulevées par le congrès de Rastadt, à l'égard du corps germanique que la France voulait ménager ; et de l'autre côté, l'Autriche qui convoitait plusieurs places dans l'Italie, soit dans la Romagne, soit dans le Piémont, se les assurait ainsi indirectement. Le traité n'était pas, sous ce rapport, désavantageux à la maison d'Autriche ; mais, comme on l'a dit déjà, ses engagements avec l'Angleterre ne pouvaient être violés sans compromettre l'exécution du traité de subsides ; et voilà ce qui rendrait la position du comte de Saint-Julien fort délicate, quand il s'agirait des ratifications. Cependant on fit grand bruit de la signature de ces préliminaires ; ils furent annoncés comme les clauses premières d'une paix générale.

Art. 6. Les indemnités que Sa Majesté l'empereur et roi devait avoir en Allemagne, en vertu des articles secrets du traité de Campo-Formio, seront prises en Italie ; et quoiqu'on se réserve, lors de la pacification définitive, de convenir de la position et de la quotité desdites indemnités, cependant on établit ici pour base que Sa Majesté l'empereur et roi possédera contre les pays que lui accordait en Italie le traité de Campo-Formio, un équivalent à la possession de Salzbourg et de la partie du cercle de Bavière, située entre l'archevêché de Salzbourg, les rivières d'Inn et de Salza, et le Tyrol, y compris la ville de Wasserbourg sur la rive gauche de l'Inn, avec l'arrondissement d'un rayon de trois mille toises, et du Frickthal qu'il cède à la République française.

Art. 7. Les ratifications des présents articles préliminaires seront échangées à Vienne, avant le 27 thermidor.

Art. 8. Immédiatement après l'échange des ratifications, les négociations pour la paix définitive continueront. On conviendra, de part et d'autre, du lieu de la négociation. Les plénipotentiaires y seront rendus, au plus tard, vingt jours après ledit échange.

Art. 9. Sa Majesté l'empereur et roi, et le premier Consul de la République française, s'engagent réciproquement, sous parole d'honneur, à tenir les présents articles secrets, jusqu'à l'échange des ratifications.

Art. 10. Les pouvoirs de M. de Saint-Julien étant contenus dans une lettre de l'empereur au premier Consul, les pleins-pouvoirs revêtus des formalités ordinaires, seront échangés avec les ratifications des présents préliminaires, lesquels n'engageront les gouvernements respectifs qu'après la ratification.

« Nous soussignés avons arrêté et signé les présents préliminaires de paix, à Paris, le 9 thermidor, an VIII de la République française » (28 juillet 1800).

J. comte de Saint-Julien, général ;
Ch. Mau. Talleyrand.

La négociation du comte de Saint-Julien devait se rattacher à un traité de paix séparé qui serait également proposé à la Grande-Bretagne ; M. de Talleyrand espérait, par ce moyen, obtenir de meilleures conditions, et l'on avait quelque espoir d'y arriver par suite d'une communication faite par l'ambassadeur d'Angleterre à Vienne, démarche qui fut saisie avec empressement. Dans une note fort étendue, lord Minto déclarait : « que son gouvernement n'était pas éloigné d'une pacification, pourvu qu'elle reposât sur les bases générales de droit public et sur un équilibre parfaitement combiné ; l'Angleterre se tenait prête à envoyer un représentant au congrès qui serait réuni d'après les intentions de la France et de l'Autriche : elle y prendrait part comme puissance active[1]. »

Cette note de lord Minto fut immédiatement transmise par M. de Thugut à M. de Talleyrand, comme un moyen d'agrandir le cercle des négociations et de se maintenir sur un terrain plus large et plus profitable. M. de Talleyrand en écrivit sur-le-champ à M. Otto, resté à Londres avec la mission officielle d'un échange de prisonniers. M. Otto, le plus habile, le plus influent des diplomates alors en mission, fut chargé de pres-

---

[1] Extrait d'une note du baron de Thugut à M. de Talleyrand, en date de Vienne, le 11 août 1800.

« L'empereur m'a ordonné, Monsieur, de faire parvenir au premier Consul, par votre canal, l'invitation pour l'assemblée immédiate de plénipotentiaires respectifs, qui de bonne foi et avec zèle s'occupent à concerter, sous le moindre délai possible, les moyens du rétablissement de la tranquillité générale, après lequel l'Europe souffrante soupire vainement depuis si longtemps ; Sa Majesté ose se flatter de trouver dans cette mesure le prompt accomplissement de ses vœux pacifiques, d'autant plus sûrement que le roi de la Grande-Bretagne, son allié, vient de lui faire déclarer qu'il est prêt à concourir de son côté aux mêmes négociations, ainsi qu'il résulte par la copie ci-jointe de la note officielle remise ici par lord Minto, envoyé extraordinaire et ministre plénipotentiaire de S. M. B. Il ne s'agit donc plus que du choix du lieu pour la réunion des plénipotentiaires, dont il sera sans doute facile de convenir, et pour lequel Sa Ma-

sentir lord Grenville sur les bases qui seraient proposées dans les préliminaires offerts par l'Angleterre et par la France. La question sérieuse était celle-ci : conclura-t-on un armistice? quelles en seront les conditions et les effets, par rapport aux deux parties contractantes?

Cette question de l'armistice était fondamentale, et Bonaparte mettait du prix à la faire résoudre dans son extension la plus grande, en ce qui touchait le droit maritime, et voici pourquoi : la suspension d'armes devait avoir pour résultat de permettre aux flottes françaises de sortir des ports avec toute liberté; or, en ce moment la France avait besoin de ravitailler Malte, assiégée par les Anglais, et d'envoyer des secours à l'armée d'Égypte de tous points menacée. On s'explique l'insistance que mettait le Consul à signer l'armistice maritime dans les conditions les plus étendues; aussi, lord Grenville, qui voit dans toutes leurs conséquences les desseins de Bonaparte, insiste à son tour pour que les termes de l'armistice soient essentiellement fixés et les conditions arrangées de manière que le ravitaillement

jesté pense, qu'afin de faciliter les communications des plénipotentiaires avec leurs gouvernements respectifs, il serait à propos de préférer un point à peu près central, tel que Schélestadt, Lunéville, etc.; ou tel autre endroit, sur lequel, pour gagner du temps, le gouvernement français pourrait s'entendre directement avec le gouvernement britannique. D'après la déclaration que j'ai l'honneur de transmettre ici à Votre Excellence, d'ordre exprès de Sa Majesté, et d'après les dispositions également pacifiques de S. M. B., il ne dépendra désormais que du gouvernement français d'accélérer l'heureux moment qui doit rendre le repos à l'Europe si cruellement déchirée par une guerre destructive. »

Signé. Baron de Thugut.

A M. de Talleyrand.

« Le soussigné envoyé extraordinaire et ministre plénipotentiaire de S. M. B., n'a pas manqué de transmettre à sa cour toutes les communications qui lui ont été faites d'ordre de l'empereur, par Son Excellence M. le baron de Thugut, relativement aux correspondances qui ont eu lieu entre S. M. I. et le gouvernement français, sur des ouvertures de paix. Le soussigné s'est trouvé en conséquence chargé de témoigner la satisfaction qu'a donnée à Sa Majesté cette marque de confiance de la part de S. M. I. et R. Le soussigné ne diffère pas, d'après les autorisations qu'il vient de recevoir, de déclarer que S. M. B., désirant donner à l'empereur et à toute l'Europe, les preuves les plus évidentes de son union

de l'Égypte, de Malte et des colonies, ne s'étende pas au-delà des besoins pendant le délai que dure l'armistice, quinze à vingt jours; autrement ce serait changer la position respective des parties. En réponse aux arguments de lord Grenville, M. Otto présenta note sur note pour dire que la position de la France et de l'Angleterre était la même que la situation de l'Autriche et de la France, et que, par conséquent, puisque l'armistice avait été conclu en Allemagne, il devait s'étendre dans les mêmes conditions à l'allié naturel de l'Autriche [1], laquelle avait pris l'engagement de ne jamais traiter séparément dans les négociations.

Au fond il n'y avait de part et d'autre aucune volonté de traiter. Toutes ces négociations diplomatiques entre M. Otto, le chevalier Georges, M. Drummund n'avaient qu'un but, c'était de gagner du temps afin de voir venir les événements; l'Angleterre attendait avec impatience la capitulation de Malte et l'évacuation de l'Égypte pour établir des bases plus fortes, plus étendues, dans un traité de paix définitif, et grandir ses prétentions. Bientôt le cabinet

parfaite et cordiale avec S. M. I. et R., et du prix qu'elle attache à la conservation constante de l'amitié intime qui est si heureusement établie entre leurs couronnes et leurs peuples, est disposée à concourir avec l'Autriche aux négociations qui pourront avoir lieu pour une pacification générale, et à envoyer ses plénipotentiaires pour traiter de la paix de concert avec S. M. I. et R., aussitôt que l'intention du gouvernement français d'entrer en négociation avec S. M. B. lui sera connue.

« Le soussigné saisit avec empressement cette occasion de renouveler à Son Excellence les assurances de sa considération la plus distinguée. »

Signé. Minto.

[1] A Son Excellence Mylord Grenville, secrétaire d'état au département des affaires étrangères.

« Sa Majesté impériale ayant fait communiquer au gouvernement de la République française une note de lord Minto, envoyé extraordinaire et ministre plénipotentiaire de Sa Majesté le roi de la Grande-Bretagne près de la cour de Vienne, de laquelle note il résulte, que le désir de Sa Majesté Britannique serait de voir terminer la guerre qui divise la France et l'Angleterre; le soussigné est spécialement autorisé à demander à Sa Majesté Britannique des éclaircissements ultérieurs sur la proposition qui a été transmise par la cour de Vienne, et en même temps, vu qu'il paraît impossible que dans ce moment où l'Autriche et l'Angleterre pren-

de Londres reçoit la nouvelle que le pavillon britannique flottait sur Malte, et dès ce moment lord Grenville se montre plus difficile et brise entièrement les rapports diplomatiques engagés avec M. Otto; il insiste pour que l'armistice soit limité et non point absolu.

Pendant ce temps, des incidents d'une nature plus sérieuse encore compliquaient les négociations générales. On a dit quel avait été le sentiment de dégoût profond qui saisit Paul Ier en apprenant la conduite de l'Autriche par rapport au vieux Suwarow (qui venait d'expirer dans les bras de l'empereur), et le délaissement des troupes russes engagées en Italie. Lord Witworth, un des diplomates les plus remarquables et ministre auprès du cabinet de Saint-Pétersbourg, eut mission de calmer le czar pour le rattacher plus fermement à la coalition. Indépendamment des traités de subsides qu'il était chargé de négocier, et des distributions clandestines aux familiers du palais d'hiver, lord Witworth caressa toutes les idées de Paul Ier : la restauration des Bourbons, le rétablissement de l'ordre de Malte, dont l'empereur serait le

draient une part commune aux négociations, la France se trouvât en suspension d'armes avec l'Autriche et en continuation d'hostilités avec l'Angleterre ; le soussigné est autorisé pareillement à proposer qu'un armistice général soit conclu entre les armées et les flottes des deux États, en prenant à l'égard des places assiégées et bloquées des mesures analogues à celles qui ont eu lieu en Allemagne, par rapport aux places d'Ulm, d'Ingolstadt et de Philisbourg.

« Le soussigné a reçu de son gouvernement les pouvoirs nécessaires pour négocier et conclure cet armistice ; il prie Son Excellence mylord Grenville de placer cette note sous les yeux de Sa Majesté Britannique et de lui transmettre la réponse de Sa Majesté. »

Londres, le 6 fructidor an VIII (24 août 1800).

Signé. Otto.

« Le soussigné a eu l'honneur de mettre sous les yeux du roi la réponse officielle du gouvernement français qu'il a reçue de M. Otto le 4 du courant, ainsi que le projet d'armistice qu'il m'a communiqué le même jour.

« L'esprit de cette réponse est malheureusement bien peu à l'unisson avec les apparences de dispositions conciliatoires qui avaient été manifestées auparavant. S'il est réellement possible dans le moment actuel de rendre à l'Europe une tranquil-

chef; et par-dessus tout il seconda la passion chevaleresque qui poussait le czar à se déclarer le protecteur de la noblesse dans tous les États européens. Lord Witworth, homme sérieux, avait sacrifié son caractère à cette diplomatie un peu en dehors des questions positives; voulant maintenir le czar dans les liens de la coalition tant affaiblie depuis la bataille de Zurich, il cherchait à pénétrer le fond de la pensée de Paul Ier. Sur ces entrefaites, un homme qui avait joué un certain rôle dans les événements militaires, le général Dumouriez, arriva à Saint-Pétersbourg. Y vint-il spontanément, y fut-il envoyé par le ministère anglais? On l'ignore. Dumouriez plut singulièrement au czar; homme d'imagination, caractère aventureux, le vieux général proposait à Paul Ier d'en finir, par un mouvement vigoureux, contre la Révolution française; il ne s'agissait plus de suivre d'une manière banale une campagne régulière en Italie[1]; mais 80,000 Russes devaient marcher en droite ligne sur Mayence, tandis

---

lité permanente, cet objet doit être rempli par des moyens bien différents que par la controverse, que cette pièce est faite pour produire.

« En effet, on propose que le blocus des ports et arsenaux maritimes des ennemis du roi, sera levé; que ces ennemis auront la faculté de faire changer de station à leurs flottes, et de diviser ou de réunir leurs forces ainsi qu'ils le jugeront plus avantageux à leurs plans futurs; l'importation des provisions et des munitions navales et militaires doit être entièrement libre; même Malte et les ports d'Égypte, quoique l'on reconnaisse qu'ils sont bloqués actuellement, doivent être approvisionnés librement, et pour un temps illimité, en contradiction directe aux stipulations de l'armistice avec l'Allemagne, relativement à Ulm et Ingolstadt, auxquelles places on avance néanmoins qu'on veut les assimiler, et l'on attend que ce gouvernement-ci s'engagera envers les alliés de la France, même avant qu'on ne puisse recevoir d'engagement réciproque de leur part; tandis qu'en même temps, on omet totalement d'un autre côté de faire mention des alliés du roi.

« On ne peut pas s'attendre que le roi voit aucun motif qui l'engage à accéder à une proposition qui répugne si clairement à la justice et à l'égalité, et qui est si nuisible non seulement aux intérêts de Sa Majesté, mais encore à ceux de ses alliés. »

Signé. Grenville.

Downing-Street, 7 septembre 1800.

[1] Voyez, page 224, le plan de Dumouriez.

qu'un autre corps s'embarquerait pour la Bretagne et la Vendée; on soulèverait la Basse-Normandie, la chouannerie du Morbihan, pour proclamer Louis XVIII, servir de noyau aux Vendéens et aux Chouans, tandis que l'Autriche tiendrait la campagne en Allemagne et en Italie. Paul Ier se prit d'enthousiasme pour ce plan; il ne parlait que de Dumouriez, qui avait si bien discuté devant lui toutes les chances des batailles : caractère exalté jusqu'à la passion, le czar aimait les hommes qui abordaient le grandiose sans sourciller.

Passerait-on à l'exécution? Les choses n'en étaient pas là; il fallait le concours de tant d'événements pour amener un tel résultat! Il était besoin surtout du concours de l'Autriche et de la Prusse; l'obtiendrait-on? Un incident vint tout à coup changer la politique de la Russie; la nouvelle arriva au czar que l'Angleterre, maîtresse de Malte, l'occupait militairement, sans parler de la restituer à l'Ordre selon ses engagements diplomatiques. Or, Paul Ier ne s'en était-il pas déclaré le grand-maître? l'Angleterre ne blessait-elle pas toutes les idées du czar, cachant sous de nobles sympathies un désir de posséder un poste militaire dans la Méditerrannée? Le cabinet russe se plaignit amèrement de cette violation inouïe d'une convention signée; lord Witworth objecta : « que l'Angleterre n'avait pas pris possession définitive de Malte, qu'elle la gardait comme un gage maritime pendant tout le temps de la guerre, sauf un arrangement ultérieur. »

Déjà profondément aigri par cette réponse, Paul Ier reçut la nouvelle de quelques hostilités commises par l'Angleterre sur les navires danois qui s'obstinaient à ne pas vouloir reconnaître le droit de visite que la Grande-

Bretagne ¹ s'attribuait à l'égard des neutres. Cette question touchait de près à Paul Ier; pourquoi ne prendrait-il pas en main la suprême direction d'une ligue qui aurait pour but de faire respecter le pavillon neutre? Pourquoi ne suivrait-il pas la politique de Catherine II, qui lui donnait une si grande prépondérance dans le droit maritime? Combien ne serait-elle pas considérable la position d'un cabinet qui défendrait les véritables principes du droit des gens? Les Danois, les Suédois, ne seraient que des auxiliaires à côté de la puissance absorbante du cabinet de Saint-Pétersbourg; et ici comme dans la question des Bourbons, l'empereur se rendait populaire tout en grandissant l'influence de son cabinet.

Quand on sut à Paris la véritable situation d'esprit de Paul Ier, on étudia tous ses penchants pour en tirer le meilleur parti possible dans une négociation; il n'existait point encore de rapport direct entre la France et la Russie; tout se faisait par la voie de la Prusse, puissance intermédiaire. Ce fut à Berlin que les premières entrevues eurent lieu entre M. de Beurnonville et M. de Krudner, l'un représentant de la France, l'autre de la Russie; M. de Haugwitz ménagea fort adroitement ces explications. La conférence eut pour résultat une note secrète adressée à Paul Ier, au nom du premier Consul,

---

¹ « Le 25 juillet, les frégates de S. M. B., la *Némésis*, la *Terpsichore*, la *Prévoyante*, la *Flèche* et le cutter le *Nil*, croisant devant Ostende, rencontrèrent la frégate de S. M. D. la *Franda*, de trente-huit canons, capitaine *Virabbe*, escortant six bâtiments marchands. Le commodore anglais soupçonnant que ce convoi était chargé de munitions navales pour les ennemis de S. M. B. voulut le visiter. Le capitaine de la frégate danoise annonça qu'il s'y opposerait, et fit tirer en conséquence sur le canot de la *Némésis*, dès qu'il le vit armé. Ces premiers coups de canon tuèrent un homme à bord de la *Némésis*. Il s'engagea alors un combat qui dura vingt-cinq minutes. La frégate danoise toute désemparée, amena pavillon, après avoir eu 8 hommes tués et plusieurs blessés. Les deux frégates anglaises la *Némésis* et la *Flèche*, ont eu chacune deux hommes tués et quelques blessés. La frégate et tout le convoi ont été amenés dans la rade des Dunes. » (*Times*.)

pour lui offrir cette sorte de souveraineté du pavillon neutre et la possession provisoire de Malte au cas d'un traité définitif. Quelques éloges et quelques présents adressés au valet de chambre Kutusow, quelques femmes de théâtre qui se mêlèrent à des intrigues de palais, voilà les causes diverses qui agirent sur les événements d'une nature décisive, qui tout à coup éclatèrent à Saint-Pétersbourg. On apprit que lord Witworth avait reçu ses passeports[1] et que la Russie se séparait définitivement de la coalition militaire qui menaçait la France depuis deux ans. Ce n'était point encore un rapprochement avec le Consul, mais seulement une situation neutre et bienveillante. Paul Ier s'était blessé profondément des prétentions de l'Angleterre en ce qui touchait Malte et le pavillon neutre, et ceci changeait toute la politique du premier Consul par rapport aux autres puissances de l'Europe.

A Paris, on a vu que le comte de Saint-Julien, sous le prestige de M. de Talleyrand, signait les préliminaires d'un traité de paix. Comme il fallait la ratification de l'empereur d'Autriche, le comte de Saint-Julien proposa de se faire accompagner à Vienne par le général Duroc, qui avait si bien réussi à Berlin. Quand donc les fêtes furent finies pour la réception de l'envoyé autrichien, il partit de Paris avec l'aide-de-camp favori du premier Consul[2], et tous deux se mirent en route à

---

[1] « Le plus grave événement est le renvoi brusque fait par Paul Ier du ministre d'Angleterre à la cour de Russie, lord Witworth, et de M. de Casamajor, destiné à succéder à celui-ci à Saint-Pétersbourg, en qualité de chargé d'affaires de S. M. B. On a vu, la semaine dernière, les deux envoyés arriver en Angleterre sur la même frégate, avec M. Hailes, ministre britannique à la cour de Suède. Les circonstances qui ont précédé leur départ tendent à confirmer les bruits de rupture entre ces deux cours et celle de Saint-James. Des traités offensifs et défensifs, conclus ou prêts à se conclure entre les quatre puissances du Nord, sont les autres indices de la formation de cette coalition. » (Note du ministre autrichien, juillet 1800.)

[2] « L'arrivée de M. le général comte de Saint-Julien à Paris, avait ouvert un vaste

travers l'Allemagne. Bientôt le gouvernement reçut une dépêche télégraphique de Strasbourg, annonçant que Duroc avait été arrêté aux avant-postes autrichiens sans obtenir la permission de passer, et que le comte de Saint-Julien était envoyé dans une forteresse. L'empereur refusait de sanctionner les préliminaires.

Pour expliquer cet événement qui fit une vive et profonde impression dans le corps diplomatique [1], il faut rappeler ce qui se passait alors à Vienne. J'ai déjà parlé du traité de subsides qui liait l'Autriche à l'Angleterre ; le comte de Saint-Julien avait agi à Paris sans instructions positives ; loyal militaire, il s'était laissé enlacer sous la parole de M. de Talleyrand et les charmes indicibles des causeries du premier Consul. Les préliminaires signés à Paris étaient entièrement en opposition avec les engagements pris par la cour de Vienne vis-à-vis la Grande-Bretagne ; comment concilier des préliminaires de paix et la promesse faite de ne traiter que conjointement ? Lord Minto pouvait dénoncer au monde la mauvaise foi du cabinet autrichien.

champ aux spéculations ; son départ pour Vienne, le 10 juillet, accompagné du général Duroc, aide-de-camp confidentiel du premier Consul, le même qui fut envoyé il y a quelque temps en Prusse, et qui fut si bien accueilli du roi et de toute la cour, a fait répandre de tous côtés le bruit que les *bases* des *préliminaires* de paix entre la République et S. M. l'empereur, avaient été arrêtées et signées à Paris, le 29 juillet. Cette nouvelle venue directement de Paris à Londres, y a été confirmée ensuite par les lettres de Hambourg, et surtout par les avis de Hollande. En effet, cette nouvelle, mandée au directoire batave, par le ministre hollandais à Paris, Shimmelpenink, a fait l'objet d'un message de ce directoire aux conseils législatifs. Il est vrai que le lendemain de cette communication, le ministre français en Hollande, Sémonville, a fait insérer dans la gazette de Leyde une note par laquelle il déclare n'en avoir reçu aucune information officielle de la part de son gouvernement. Le désaveu a fait tomber la nouvelle et baisser les fonds publics, qui s'étaient élevés partout en raison de ces bruits pacifiques. Le secret de la destinée future de l'Europe, reste donc enseveli dans le portefeuille de Duroc. Or, comme cet agent diplomatique n'a pas dû arriver à Vienne avant le 8 ou le 10 de ce mois (août), ce ne sera que vers le 25, que l'on pourra connaître à Londres le véritable objet de sa mission. » (*The Courier.*)

« [1] Duroc est retourné à Paris, le 20 août au matin ; ainsi son voyage n'a été que de vingt jours. Il ne trouva pas le premier Consul aux Tuileries ; il alla le joindre sur-

En ce moment, deux femmes exerçaient auprès de l'empereur une grande influence; d'abord l'impérieuse et fière Caroline de Naples, reine une fois déjà expulsée de sa capitale, et qui devait sa couronne à l'amiral Nelson, cette tête chevaleresque à travers tous les feux de gloire qui brillaient à son front. Caroline était si intimement liée à l'impératrice, la voix du sang parlait si haut! Elle avait juré une haine implacable aux Français, et parcourait le monde pour leur chercher des ennemis; l'autre femme était l'impératrice elle même, si puissante sur l'esprit de François II, qu'elle dirigeait avec les prestiges qu'exerce une fille de Sicile à l'imagination ardente, sur un candide fiancé d'Allemagne. La reine de Naples, Marie-Thérèse-Joseph d'Autriche, était la tante de la jeune impératrice, Napolitaine de cœur, et toutes deux excitaient à la guerre contre la France. Chose curieuse dans la vie de Napoléon! Consul, empereur, ce furent toujours des femmes qui soulevèrent contre lui l'Europe en armes; quand les têtes des rois s'abaissaient devant cette fortune merveilleuse, les femmes conservaient la fierté de leur rang même dans la disgrâce. En Prusse, ce fut une reine encore qui, montant à cheval, excita la jeune noblesse contre Napoléon dans les carrousels de Postdam, et en Russie l'impératrice douairière, la vieille mère d'Alexandre, ne voulut jamais traiter avec ce parvenu si grand qui avait posé sur son front la couronne, ce glorieux empereur qu'embrassait le czar à Tilsitt et à Erfurth.

---

le-champ à sa résidence de la Malmaison. On sut, bientôt après son arrivée, qu'il n'avait pas été jusqu'à Vienne, et que M. le général Kray l'avait gardé à son quartier-général d'Alt-Oettingen, jusqu'à l'arrivée de la réponse du cabinet autrichien. Les agioteurs de Paris répandirent aussitôt le bruit que cette réponse n'était pas satisfaisante, et les fonds publics baissèrent dans une proportion de près de 20 p. cent (le tiers consolidé tomba de 38 fr. à 31 et 1/2, et les rentes provisoires de 24 fr. à 19 et une fraction). » (Dépêche d'un agent prussien, août 1800.)

Quand donc le général Duroc parvint aux avant-postes, il lui fut signifié d'avoir sur-le-champ à retourner auprès du premier Consul. M. de Thugut refusait la ratification des préliminaires signés à Paris par le comte de Saint-Julien : le motif n'était pas fondé sur un refus absolu de la paix et sur la volonté de rentrer immédiatement en campagne ; le ministre autrichien déclarait : « Que si la ratification était refusée, c'était purement pour satisfaire lord Minto, ambassadeur de la Grande-Bretagne, manifestant le désir pour son gouvernement, d'intervenir dans les négociations générales et de conclure une paix stable et commune avec le concours de la Grande-Bretagne. »

L'Autriche donnait ce motif à la non-ratification des engagements pris ; n'était-ce pas là un prétexte pour un nouveau mouvement militaire? On voulait essayer une fois encore le sort des armes ; l'archiduc Charles[1] et l'empereur lui-même juraient sur leurs épées de venger la maison d'Autriche et de se montrer encore dans les batailles. Il y eut des scènes de chevalerie sous les yeux de l'impératrice et de la reine de Naples, comme il s'en passe toujours dans ces châteaux d'Allemagne qui ont conservé les mœurs de la primitive société féodale. L'empereur parti pour l'armée, en prit le commandement en personne ; les pleins pouvoirs furent confiés à l'archiduc Charles, qui, jeune encore, donnait de si mémorables espérances.

---

[1] Voici l'acte du cabinet par lequel l'archiduc est appelé aux armes.

« S. A. R. l'archiduc Charles qui, par raison de santé, a été obligé de s'absenter de l'armée pendant quelque temps, étant rétabli, il a plu à Sa Majesté de lui conférer le commandement de l'armée d'Allemagne. S. A. R. s'est rendue à Prague, le 14, pour prendre le commandement général ; il se propose en même temps de garder le commandement des légions bohémiennes et moraviennes, dont il a donné provisoirement le commandement au général d'artillerie comte de Staray. »

Cependant M. de Thugut, hésitant à compromettre sa cour, n'avait pas voulu rompre complétement toute négociation avec la France : une dépêche d'un agent anglais développe le tableau de la véritable situation de l'Autriche : « Le cabinet de Vienne s'était lié le 20 juin, par un traité solennel, à ne négocier que conjointement avec l'Angleterre; vingt-quatre heures après la signature de ce traité, il s'est trouvé surpris par la nouvelle de la défaite de Marengo; mais tout en adoptant provisoirement la convention conclue en Italie, il a répondu aux propositions du gouvernement français : « Que Sa Majesté impériale n'avait jamais été éloignée de conclure avec la République française une paix honorable et solide, et tendant à assurer le bien-être des divers États qui gémissent sous le poids de la guerre; mais que Sa Majesté croirait manquer son but en faisant une paix séparée; qu'elle laisse en conséquence à la République française de faire des propositions pour une paix générale, dans laquelle la couronne d'Angleterre serait aussi comprise. » Cette réponse fut faite au commencement de juillet [1]. En conséquence, des courriers et des ambassadeurs ont traversé tous les États du continent, avec des notifications et des appels de puissance à puissance, pour aviser aux moyens de mettre efficacement un terme à cette effusion de sang : mais ici le problème devient plus compliqué que jamais; l'impossibilité de faire une paix durable paraît plus manifeste, à mesure que l'on examine de plus près la situation des choses, et la

---

[1] Pendant ce temps les négociations continuaient à Londres; on lisait dans la gazette de cour.

« Les ministres de S. M. B. délibéraient alors sur les dépêches qu'ils venaient de recevoir de lord Minto, en date du 15 août, mais dont on ignorait entièrement l'objet ce matin (28). Une malle du continent, reçue tout à l'heure, avec les gazettes de Vienne, du 13, apprend qu'il était arrivé de Paris dans cette capitale un nouveau courrier de Bonaparte, parti plusieurs jours après Du-

nature des prétentions diverses. Le cabinet de Vienne a déjà exprimé que le rétablissement de la république Cisalpine mettait en danger les États héréditaires de la maison d'Autriche, et menaçait les libertés du reste de l'Italie; que si, cependant, le rétablissement de cette république est une condition *sine qua non*, il restera à voir ce que la France proposera pour la sécurité et l'indemnité de l'Autriche. D'un autre côté, on objecte à l'Autriche que, lorsqu'elle était maîtresse du Piémont et de la république de Gênes, elle ne montrait pas un intérêt aussi vif aux libertés du reste de l'Italie, et que ce changement de principes sur l'équilibre de l'Europe, dû à la bataille de Marengo, a droit de paraître très suspect de sa part. »

Cette observation si aigre se rattachait à l'attitude qu'avait prise l'Autriche dans la dernière campagne en ce qui touchait la maison de Carignan. L'agent anglais continuait son examen. « La situation de la partie septentrionale de l'Italie assurant à celui à qui elle demeurera la domination de ce beau pays, sa possession sera un sujet de guerre continuel. L'Autriche, en s'emparant tout crûment du Piémont, avait le courage de ne pas masquer ses projets ambitieux d'agrandissement; elle faisait des mécontents, mais elle ne faisait pas de dupes. Le premier Consul, au contraire, avec ses consulats et ses républiques, a l'air de créer des États *indépendants*; il oppose hautement sa conduite à celle de l'Autriche; il étourdit l'Europe avec les discours de ses orateurs, ses proclamations et ses journaux; il se donne une apparence de modération au

---

roc, et qu'il apportait à S. M. I. deux projets de la part du premier Consul : l'un pour une paix séparée entre la France et l'Autriche, l'autre pour une paix conjointement avec l'Angleterre. Ce sont, assure-t-on aujourd'hui, ces deux projets qui ont fait dernièrement le sujet des délibérations des ministres anglais, et qui ont occasionné la petite hausse survenue dans les fonds d'Angleterre. Maintenant, il n'est guère possible de pénétrer plus loin la véritable situation des choses. »

sein de la victoire; les nombreux prôneurs qu'il a sur le continent de l'Europe achèvent de répandre la confusion; mais il est plus que vraisemblable qu'aussitôt qu'un traité de paix aura consolidé la prétendue indépendance de ces républiques italiques, la France voudra s'emparer de Livourne, comme d'un port et d'un dépôt anglais, de Rome, pour venger l'affront fait à Joseph Bonaparte et aux cendres de Duphot, de Naples et de la Sicile, pour punir ces pays des secours qu'ils ont fournis aux escadres anglaises, et empêcher que les vaisseaux britanniques ne trouvent de nouveau dans leurs ports des points d'appui pour continuer de bloquer Malte, et gêner les grandes opérations révolutionnaires que Bonaparte projette encore sur la Méditerranée. »

Cette note adressée à Londres examinait la politique envahissante du Consulat dans ce qu'elle avait de menaçant pour l'Europe? Il fallait dès lors atteindre le but de la paix concurremment avec l'Angleterre. Dans ce but, M. de Thugut se hâta d'envoyer les dépêches de lord Minto à M. de Talleyrand, avec prière de les communiquer au premier Consul et de préparer, soit à Paris, soit dans une ville éloignée, les éléments d'un congrès. Ce fut alors que M. de Talleyrand transmit à M. Otto, à Londres, des pouvoirs limités pour signer un armistice sur terre et sur mer[1], difficulté immense parce qu'elle se liait à

---

[1] Voici le texte de ces pleins-pouvoirs tels qu'ils sont aux affaires étrangères.

« Bonaparte, premier Consul de la République française, en vertu de l'article 41 de la constitution, donne au citoyen Otto, commissaire du gouvernement, pour l'échange des prisonniers en Angleterre, pouvoir de proposer, consentir et signer, conformément à ses instructions, un armistice général avec S. M. le roi de la Grande-Bretagne.

« Fait à Paris, au palais du gouvernement, le 2 fructidor an VIII de la République. »

Signé. Le premier Consul, Bonaparte.

Le secrétaire d'état, Hugues B. Maret.

la souveraineté des mers à laquelle prétendait l'Angleterre, contre les principes posés par les neutres.

Dans cette complication d'intérêts, M. de Cobentzl, envoyé du cabinet autrichien à Saint-Pétersbourg, arriva subitement à Vienne; il venait d'éprouver le même sort que lord Witworth, l'ambassadeur anglais. L'empereur Paul lui avait donné l'ordre de quitter sur-le-champ sa cour, par une de ces brusqueries qui entraient dans le caractère du czar [1]. D'où était venu ce changement si complet? Qui avait entraîné l'empereur Paul dans cette vive et fatale transition? Depuis quelque temps l'orage se préparait et il éclata tout-à-coup sur l'horizon pour briser le dernier lien de la coalition de 1799; jusques là, Paul Ier avait manifesté de simples mécontentements contre l'Autriche; aujourd'hui, il se déclarait hautement contre elle et la menaçait même de la guerre.

Tout ainsi changeait de face. Au milieu de l'année 1800, quelques négociations avaient été entamées à Berlin pour rapprocher le czar du premier Consul; Bonaparte comprit tout ce qu'il pouvait y avoir de générosité dans l'âme hautaine de l'empereur Paul: voulant donc conquérir l'amitié brusque de l'empereur de toutes

---

[1] « Cependant M. de Cobentzl fut bientôt forcé de quitter Saint-Pétersbourg, sans que le czar voulût permettre à sa chancellerie et à son chargé d'affaires d'y demeurer après lui. Lord Witworth, vu également d'un très mauvais œil, le suivit de près. Paul ne reçut même pas alors l'envoyé de son gendre, le palatin de Hongrie, de peur que cette mission filiale ne voilât quelque intrigue politique; son ministre Kalitscheff quitta Vienne, où il était accrédité, et le comte Woronzoff partit de Londres sous prétexte d'aller prendre les eaux. Si ce n'était point encore là une rupture décidée, tout présageait du moins que bientôt elle aurait lieu, d'autant que Paul rappela alors le corps de troupes russes stationné à Jersey, et ordonna à Vioménil de le ramener dans ses États. Mais le gouvernement anglais, qui voulait paraître aux yeux du premier Consul n'être point brouillé avec la Russie, obtint du général qu'il retarderait le rembarquement des Russes, en lui promettant de le dédommager de ce que l'humeur vindicative de l'empereur Paul lui ferait perdre. Vioménil fut destitué, avec ordre de ne plus reparaître en Russie, et le ministère britannique le fit nommer, en Portugal, capitaine-général. » (Exposé des ministres prussiens, septembre 1800.)

les Russies et parler à sa nature passionnée pour les grandes choses, Bonaparte, sans le prévenir, par un acte de généreuse munificence, lui envoya 8,000 prisonniers russes faits par le général Brune dans les campagnes de la Hollande. Le Consul mit un soin délicat dans cette munificence, à ce point de faire habiller tous ces prisonniers sous l'uniforme russe : officiers, soldats, tous reçurent armes et drapeaux comme si on avait voulu effacer le souvenir de toutes les disgrâces. De tels actes devaient aller à l'esprit essentiellement grandiose de Paul Ier, et dès lors, il commence à répondre aux attentions du premier Consul. Ce n'est pas d'abord lui qui écrit; souverain d'un grand empire, il n'a pas assez de foi dans la République naissante et il ne se sent pas assez d'admiration pour le magistrat qui la gouverne. Mais, en même temps qu'il donne les passeports à lord Witvorth et à M. de Cobentzl, il fait écrire, par le comte Rostopchin, son ministre, à M. de Krudner, ministre à Berlin, afin qu'il prévienne le gouvernement français: « Il ne répugne plus à traiter avec lui, si l'on admet certaines conditions et particulièrement sa grande-maîtrise de Malte [1], » caprice chevaleresque à plus d'une fin et qui se liait alors à des vues de souveraineté maritime dans la Méditerranée.

Sur ces ouvertures, le cabinet des Tuileries écrit

---

[1] Le major Czernicheff porta à Paris une note, datée de Gatschina, le 26 sept. 1800, et signée par le comte Rostopchin.

« Sa Majesté l'empereur de toutes les Russies, ayant eu connaissance des lettres écrites à son vice-chancelier, comte de Panin, m'a ordonné de faire savoir au premier Consul que la bonne harmonie avec mon maître ne peut être rétablie que par l'accomplissement de ses désirs, déjà annoncés au général Beurnonville :

« 1° La reddition de l'île de Malte avec ses dépendances à l'ordre de Saint-Jean de Jérusalem, dont l'empereur de toutes les Russies est le grand-maître ; 2° le rétablissement du roi de Sardaigne dans ses États, tels qu'ils étaient avant l'entrée des Français en Italie ; 3° l'intégrité des États du roi des Deux-Siciles ; 4° de ceux de l'électeur de Bavière, et 5° de ceux de Wurtemberg. »

Le comte de Rostopchin.

que non seulement il admet les réclamations de l'empereur de Russie, mais qu'il pourra se placer, comme il l'a fait déjà, à la tête d'une ligue maritime pour soutenir le droit des neutres contre le despotisme des mers que prétend la Grande-Bretagne. En conséquence, M. de Krudner s'abouche avec M. de Beurnonville à Berlin ; le cabinet prussien intervient incessamment comme intermédiaire ; le premier Consul insiste pour que Paul Ier se place à la tête de la grande ligue des neutres ; c'était flatter ses goûts, caresser les intérêts russes, grandir enfin la puissance maritime de Paul Ier. Et bientôt on apprend qu'une ambassade russe est envoyée à Paris ; et le czar, qui vient de renvoyer M. de Cobentzl et lord Witworth sans ménagements, compose lui-même avec beaucoup de soin la légation qu'il destine au premier Consul; cette ambassade fut donnée au général baron de Sprengporten [1]; elle arrivait à Paris au milieu des joies et des plaisirs de l'hiver.

Ainsi tout allait bien pour le premier Consul : sa position diplomatique était bonne ; il avait pour base, à l'égard de l'Autriche, les préliminaires signés à Paris par le comte de Saint-Julien. L'Angleterre, qui jusque là avait méprisé ses avances, ouvrait une négociation directe avec le Consul, et M. Otto était admis à Londres en qualité de plénipotentiaire auprès de ce lord Grenville qui avait si dédaigneusement parlé de Bonaparte ; enfin Paul Ier, qui naguère jetait

---

[1] « Le général russe Sprengporten a dû partir de Berlin, le 17 novembre, pour se rendre à Bruxelles et de là à Paris ; il est chargé d'une mission particulière de l'empereur de Russie pour le premier Consul. C'est une réponse aux ouvertures faites par le gouvernement français à l'empereur Paul. La nature des communications qui ont eu lieu entre le gouvernement français et celui de Russie, forment un contraste frappant avec celles des autres puissances ; c'est un combat de générosité et de deux hommes si bien faits pour s'estimer l'un et l'autre. » (*Gazette de Berlin.*)

ses Cosaques et Suwarow en Italie pour proclamer les Bourbons et renverser la République, Paul Ier témoignait par une ambassade [1] le désir d'une alliance avec la France, ou au moins d'un rapprochement politique. Qui pouvait désormais lutter avec la fortune de Bonaparte? Quel était le parti assez audacieux pour braver ses desseins? Cependant tout cet édifice du Consulat ne tenait-il pas à une seule personne? Les débris des opinions vivaces remuaient encore en France, et des attentats inouïs furent alors osés contre le premier Consul victorieux et pacificateur!

[1] « Voici de quels personnages se composait la légation :

« M. le général baron de Sprengporten, ambassadeur à titre; le prince Joseph Dolgoroski, le conseiller de cour Homberg, secrétaire de légation à Dresde ; M. le capitaine comte de Tissenhausen ; M. Winter, officier de correspondance et M. de Scheping, fils du grand-maréchal de Courlande. Cette brillante compagnie arriva de Bruxelles à Paris, le 18 décembre, au bel hôtel de la Grange-Batelière. Le général Clarke qui avait été envoyé de Lunéville à Bruxelles pour la recevoir, l'a accompagnée jusqu'à Paris. » (*Gazette de Hambourg.*)

CHAPITRE XVI.

Complots des partis. — Attentats contre le Consul.— Conciliabule des Jacobins.— Les *enragés*.— Idées romaines. — La Mort de César.— Ceracchi, Diana, Aréna et Topino-Lebrun.—Les machines infernales.— Travail d'ateliers et des faubourgs.—Tentative des Chouans.—Georges et ses projets.—Saint-Régent, Carbon, et la machine infernale.—Origine de ce complot.—Rapport de police. — Le Consul contre les Jacobins. — Résolution de mesures exceptionnelles.

Septembre 1800 à Janvier 1801.

Les partis ont un instinct profond de ce qui les comprime ou de ce qui les blesse; ils savent deviner la tête puissante qui les arrête dans leurs projets, et ils lui vouent une haine éternelle, ils la désignent dans leurs plus sanglantes résolutions. Depuis le 18 brumaire, Bonaparte, premier Consul, était le but indiqué au ressentiment des partis extrêmes; tous savaient que l'édifice élevé par le Consulat se résumait tout entier dans la personne du premier Consul, et qu'une fois lui effacé de la scène, il ne resterait plus rien de l'œuvre que son génie avait entreprise : telle est la situation des gouvernements qui se résument en un homme; ses ennemis savent bien que quand ils ont atteint son cœur les institutions odieuses disparaissent, et que la société secouera l'ordre de choses que cet homme a fondé. La stabilité et la grandeur des peuples doit résulter d'autres causes; quelque immense que soit une intelligence ou une volonté, elle n'est pas toute dans l'existence d'un État.

Voilà ce qui explique l'acharnement des partis sous le Consulat contre la personne du premier magistrat. Bonaparte n'était-il pas le seul qui pût défendre son ouvrage? le pays n'avait foi ni en sa famille, ni en ses collègues, ni en ses amis; et puis, que serait-il resté du gouvernement et de la constitution de l'an VIII sans Bonaparte? Cambacérès demeurerait-il debout pour défendre l'œuvre d'une reconstitution sociale? Faible et pusillanime, il serait accouru devant tout gouvernement nouveau qui l'aurait pardonné; et Lebrun offrait-il une résolution plus ferme dans le cas où le premier Consul eût succombé sous le poignard [1]? Toutes les forces hostiles au gouvernement devaient donc se diriger sur Bonaparte; tout parti acharné, tout gouvernement ennemi devaient en vouloir à sa vie, car en lui était la seule énergie politique de la société; l'instinct d'un attentat sanglant arrivait alors comme une pensée naturelle dans les âmes désordonnées.

Si l'enthousiasme était vif dans la classe bourgeoise pour Napoléon, le restaurateur de l'ordre, quelques mesures violentes et maladroites avaient irrité le parti patriote. On ne peut dire le mal produit à la popularité de Bonaparte par la publication de la brochure dont j'ai parlé déjà : le parallèle entre *Monck*, *Cromwel et Bonaparte*, car on y révélait les desseins définitifs du Consul. Le fond de cette brochure était de prouver : « qu'il n'y aurait rien de plus heureux pour le peuple français que de voir l'hérédité dans la magistrature confiée à Bonaparte; » elle annonçait ainsi des pensées de dynastie. Il était vrai qu'on s'était hâté de désavouer ce ballon

---

[1] On vit même en 1812, par la conspiration Mallet, que le pouvoir de Bonaparte tenait à la vie d'un seul homme.

d'essai; Bonaparte avait montré sa colère de cette imprudence de Lucien; mais ce qu'il y eut de curieux, c'est que Fouché découvrit dans ses investigations habiles que le manuscrit avait été corrigé de la main de Bonaparte [1]. Le ministre fit semblant de ne pas connaître cette circonstance, quand le premier Consul lui ordonna d'en chercher l'auteur afin de l'envoyer au Temple; mais sous main il fit répandre le bruit que la brochure était l'œuvre du premier Consul, ce qui irrita au dernier point le parti patriote.

Dès lors, que de griefs n'eurent pas ces républicains contre le Consul : « Quoi ! César ne déguisait plus ses desseins ! N'y aurait pas un Brutus ? Les hommes de cœur et de courage manqueraient-ils à la nation ? le peuple s'oubliait-il lui-même ? pourquoi le poignard n'irait-il point atteindre la poitrine de celui qui voulait se revêtir de la pourpre des rois ? Rome, tu ne serais plus qu'une ombre ! Liberté tu n'aurais plus de généreux en-

---

[1] « A peine Fouché fut-il entré dans le cabinet de Bonaparte que le dialogue suivant s'établit entre eux avec la plus grande vivacité d'une part, et de l'autre avec un flegme imperturbable et légèrement sardonique! « Qu'est-ce que c'est que cette brochure? Qu'est-ce qu'on en dit dans Paris? — Général, il n'y a qu'une voix pour dire qu'elle est extrêmement dangereuse. — Eh bien! alors, pourquoi l'avez-vous laissé paraître? c'est une indignité. — Général, je devais des ménagements à l'auteur. — Des ménagements!... Qu'est-ce que cela veut dire? Vous deviez le faire mettre au Temple. — Mais, général, c'est votre frère Lucien qui a pris ce pamphlet sous sa protection; l'impression et la publication en ont été faites par son ordre; enfin, il est sorti du ministère de l'intérieur. — Cela m'est bien égal! Alors, votre devoir, comme ministre de la police, était de faire arrêter Lucien, et de l'enfermer au Temple. Cet imbécile-là ne sait qu'imaginer pour me compromettre! » Après avoir prononcé ces mots, le premier Consul sortit du cabinet en fermant brusquement la porte. M. de Bourrienne resté seul avec Fouché, lui demanda l'explication du demi-sourire qui avait erré plus d'une fois sur ses lèvres, pendant la colère de Bonaparte, car il voyait qu'il avait quelque chose en réserve. « Faire mettre l'auteur au Temple, lui dit alors Fouché, ce serait difficile! Effrayé de l'effet que produirait le parallèle entre Monck, Cromwell et Bonaparte, dès que j'en ai eu connaissance, je suis allé tout de suite chez Lucien, pour lui faire sentir son imprudence; alors, au lieu de me répondre, il est allé chercher un manuscrit qu'il m'a montré, et qu'ai-je vu? des corrections et des annotations de la main du premier Consul. » (Témoignages d'un témoin oculaire.)

fants! République, vierge aux bras nerveux, ne te resterait-il plus qu'à mourir? Qu'est devenue la vertu antique de tes vigoureux sectateurs? » On s'exaltait ainsi dans les conciliabules secrets [1]; le renvoi de Carnot avait exaspéré les patriotes : « Ce Corse ne pouvait donc plus souffrir la voix des plus vertueux défenseurs de la patrie; tout ce qui était libre l'importunait, même la parole; ô Brutus! ô Cassius! devant la statue de Pompée, César tomba enveloppé de sa toge consulaire, pourquoi le même sort ne serait-il pas destiné à Bonaparte?

Il existe dans tous les partis une fraction exaltée qui, se séparant de la masse, marche à ses desseins dans un sombre enthousiasme; elle ne s'arrête devant rien, aucune considération morale ne retient ses projets; que lui importent le sang, le désordre, le crime même; tout s'anoblit dans ses idées, dans ses volontés. Ce qui paraît horrible à notre conscience sociale et raffinée, leur paraît à eux généreux et fort; ils invoquent Sparte et Rome! Le parti patriote possédait de ces hommes à sentiments passionnés : les uns étaient de vieux Jacobins

---

[1] Je donne ici une série de rapports intimes de la police sur les Jacobins.

Du 2 fructidor an VIII (19 août).

« Il est constant que *les enragés* méditent un attentat, qu'ils sont vivement poussés, sans qu'ils s'en doutent peut-être, par une autre fraction que l'étranger soudoie.

« On sait que Duperron, l'un des chefs de la contre-police royale, était le plus enragé des enragés, et l'un des principaux meneurs du parti. Il a un successeur à coup sûr, et de la recherche duquel on s'occupe avec soin.

« La masse des citoyens est étrangère à ces complots. Paris est tranquille. »

Du 8 fructidor an VIII (23 août).

« Il doit y avoir aujourd'hui une réunion de quelques enragés marquants, et dans laquelle on doit s'occuper de différents projets.

« Le préfet de police y a fait introduire un de ses agents qui saura et entendra tout.

« Cet agent a su se lier avec Châteauneuf, l'un des plus enragés; celui-ci ne lui cache rien de tout ce que les frères et amis méditent.

« Châteauneuf eût déjà été arrêté, si l'on n'avait peur de ne pas retrouver un moyen sûr d'être toujours au courant.

« La tranquillité la plus parfaite règne dans les faubourgs et dans la ville. »

18 septembre.

« Les enragés suivent avec constance leurs sinistres projets.

« Il existe véritablement un complot;

mêlés à tous les événements d'insurrection depuis 1793, et qui marchaient, sans détourner la tête, devant la réalisation de l'idée démocratique. On les rencontrait dans toutes les conjurations ; ils avaient soutenu Babœuf et la loi agraire, ils étaient dans tous les mouvements du peuple, et leurs ramifications étaient grandes parmi les faubourgs au milieu des ateliers prolétaires. A côté de ces Jacobins d'élite et incorrigibles, il y avait aussi de jeunes âmes exaltées qui, par leurs études historiques et le sentiment d'artiste, s'étaient passionnés contre la tyrannie : quand vous lisiez, enfants encore, Tacite et Suétone, ne vous est-il pas arrivé de prendre en haine toutes les tyrannies, et votre main ne se serait-elle pas armée d'un poignard pour frapper historiquement, pauvre enfant que vous étiez, ces têtes de dictateur, de consul ou de roi, usurpateurs de la liberté! Si l'art vous a passionnés pour la statue antique, que n'éprouvez-vous pas devant ces souvenirs du passé où les grandes immolations se révèlent comme des actions sublimes! Quoi d'étonnant que des jeunes intelligences sortant de l'atelier de David, aient transformé en actions généreuses les sacrifices à la liberté! C'était, pour les uns, vieille ha-

mais on n'a pu encore saisir toutes ses ramifications. Les chefs sont inconnus ; quelques subalternes sont arrêtés, et il résulte de leurs déclarations et des rapprochements faits entre eux, qu'ils cèdent à l'impulsion secrète et cachée d'hommes qu'ils ne connaissent pas et qu'on ne leur indique que très vaguement.

« Que ce sont des enragés agissant d'après leur propre fureur, réunissant l'audace à l'expérience des mouvements révolutionnaires, et capables de braver tous les périls, tous les dangers.

« Ils reçoivent de l'argent, mais il sort encore de la main invisible qui les pousse, et n'arrive dans les leurs qu'après bien des détours.

« Ils n'ont qu'un but, le renversement du gouvernement ; ils n'envisagent qu'en second les conséquences qui peuvent en résulter ; détruire d'abord, voilà leur unique pensée, sauf à songer après comment on remplacera.

« On saisit au fur et à mesure ceux qui sont signalés par les réponses des hommes arrêtés ; ils sont déjà au nombre de 19 ; on remonte avec prudence aux premiers échelons, et l'on prend toutes les précautions nécessaires pour arriver à la vérité. »

bitude des clubs; pour les autres, exaltation de sentiments patriotiques.

La police connaissait parfaitement ces hommes, et nul n'était plus propre que Fouché à suivre attentivement de vieux frères et amis avec qui le ministre vivait de longue date. Fouché ne leur voulait pas de mal; tête à tête il s'épanchait avec eux sur *cet homme-là*; il les défendait partout, jusqu'à ce qu'ils fissent quelques sottises, et alors il était obligé de les livrer pour donner des gages au premier Consul [1]. Avec son esprit ordinaire, Fouché leur avait trouvé un nom, une qualification, car la première condition, quand on veut perdre un parti, c'est de lui donner un titre, un signe qui le flétrisse dans l'opinion publique. La police donnait donc aux patriotes exaltés le nom d'*enragés*; il y eut dès ce moment une faction d'*enragés*; le mot était ingénieux. Comment la bourgeoisie de Paris aurait-elle souffert des *enragés,* sorte de chiens furieux, lancés contre la société tout entière; elle devait s'armer en masse par les mêmes motifs qu'elle s'indignait contre *les brigands,* qualification également donnée aux royalistes de la chouannerie; enragés d'une part, brigands de l'autre, il était impossible que la police n'eût pas pour elle dans cette guerre, tout ce qui possédait quelque chose, tout ce qui pouvait consolider le gouvernement établi.

Depuis longtemps la police suivait, avec la plus vive attention, les discours et les projets des républicains exaltés; partout on écoutait aux portes, et il faut dire que ces hommes parlaient avec une imprudence, un laissez-aller qui faisait la joie des agents intimes du

---

[1] « Fouché étouffait journellement de semblables sottises, où il voyait autant de déceptions que de mauvais vouloirs. Ceux qui désiraient de lui une répression plus énergique, le suspectaient presque de connivence. » (Témoignages historiques.)

premier Consul. Tantôt on devait attaquer Bonaparte à la Malmaison [1], puis l'attendre au sortir de l'Opéra pour le poignarder; les uns voulaient miner les Tuileries, les autres percer de balles, par une machine infernale, la voiture de Bonaparte; ici l'on devait prendre l'habit de la garde consulaire, là s'emparer de vive force de quelques-uns des appartements des Tuileries, enfin atteindre le cœur du Consul à la chasse, à la Malmaison, partout où on présumait qu'il pourrait se montrer.

Dans ces complots il y avait plus encore de paroles animées que d'actions véritables; il en était de ces conjurations comme des clubs, on y parlait beaucoup et on n'exécutait rien. Ce n'est pas dire que ces hommes ne fussent très capables de tous les coups qu'ils préméditaient; il existait à Paris bien des débris encore de toutes les époques révolutionnaires, sorte d'enfants perdus des mauvais temps du jacobinisme; on les avait vus dans toutes les émeutes, au milieu de toutes les agitations, au 14 prairial, au 18 fructidor, dans les conspirations du Champ-de-Mars, ou bien dans la tentative audacieuse de Gracchus Babœuf. Les uns avaient ensanglanté leur vie par des actions qui faisaient frémir, il y avait les hommes de septembre, les insurgés du 10 août, républicains farouches, qui sacrifiaient toutes les lois au triomphe de leur idée. Mais ce n'était pas une raison pour le Consul de les proscrire; car lui-même n'avait-il pas été Jacobin? Fouché seul était logique en leur par-

---

[1] « Juvenot, ancien aide-de-camp d'Henriot, avec une vingtaine d'enragés, complotait d'attaquer et de tuer le premier Consul à la Malmaison. Fouché y mit obstacle et fit arrêter Juvenot. Mais il était impossible d'obtenir aucun aveu; on ne pouvait pénétrer le secret de ces trames ni en atteindre les véritables auteurs. Fion, Dufour et Rossignol passaient pour les principaux agents de la conspiration; Talot et Laignelot pour ses directeurs invisibles. Ils avaient un pamphlétaire à eux : c'était Metge, homme résolu, actif, introuvable. » (Témoignages comtemporains.)

donnant. Comment Cambacérès, Merlin, Réal, pouvaient-ils se montrer difficiles en souvenirs révolutionnaires? De tels hommes étaient fort dangereux, ils pouvaient conspirer; mais il n'y avait pas alors de véritable complot et de plan arrêté; Fouché avait le bon esprit de ne point poursuivre judiciairement ce qu'il appelait de la forfanterie et du bavardage; il se contentait de temps à autre de les faire prévenir d'être sages, parce qu'il savait tout, et qu'il répondait de la vie du premier Consul.

Cependant les esprits s'échauffaient de plus en plus, il y avait parmi les hommes qui fréquentaient les sociétés républicaines quelques têtes plus exaltées encore parce qu'elles étaient sous l'impression des habitudes d'Italie et de son soleil. Deux surtout, artistes de profession, se montraient les plus effervescents; ils ne parlaient que de poignards qui devaient atteindre le cœur du nouveau César : le premier se nommait Ceracchi, jeune sculpteur, Italien d'origine, républicain à convictions profondes, croyant à Rome et aux vertus austères de la démocratie, caractère tout à fait antique, avec une éducation mâle et fortement trempée; il s'était d'abord épris du Consul, le magistrat démocratique, le général des Pyramides; puis quand il le vit sur le chemin de la dictature, il lui voua une haine profonde. A l'origine de son enthousiasme, Ceracchi avait demandé à faire le buste de Bonaparte; quand il crut qu'il aspirait à la tyrannie, il ne demanda plus cette faveur que pour avoir l'occasion de délivrer plus sûrement la patrie en approchant de sa personne. Un peintre, son ami, du nom de Topino-Lebrun, de l'école de David, se drapant dans la toge antique, partagea les desseins de Ceracchi, par haine profonde contre Bonaparte; il voulait aussi frapper du poignard l'usurpateur de la souveraineté du peuple; tous deux s'étaient entendus avec d'autres ennemis du premier Consul, tels qu'Aréna, Demerville, l'ami de Barrère, anciennement employé au Comité de salut public.

Bientôt la police fut de moitié dans cette conspiration. On a vu que Fouché, si facile et si indulgent pour ce qu'il appelait de folles têtes, les maintenait par de simples menaces, des conseils habilement jetés, ou même par de l'argent qu'il distribuait entre les principaux d'entre eux; mais il se trouva qu'un officier du nom de Harel, qui s'exaltait extraordinairement pour la cause républicaine, fut mis dans la confidence par ces âmes insouciantes de la vie et qui conspiraient en plein air, dans les cabarets ou dans les lieux publics, et à l'Abbaye-aux-Bois surtout, où était le siége de leur réunion journalière. Harel, officier à la retraite, vit bien qu'il avait sa fortune à faire en vendant les secrets des conjurés; il ne s'adressa pas à Fouché, qui aurait encore calmé l'affaire parce qu'il s'agissait de frères et amis; il vint directement au cabinet du premier Consul, et à sa police militaire; il y reçut de l'argent pour aider le complot, et les conjurés suivirent l'instinct de leur confiance et de leur abandon, pendant que Harel continuait de les trahir en les excitant encore dans l'accomplissement de leur œuvre. Le premier Consul se trouvait fort heureux que sa police eût découvert quelque chose en dehors de Fouché; il était aise de montrer à son ministre que sa vie ne dépendait pas absolument de lui, car, dans le fait, Fouché était maître de le faire poignarder. Quand le cabinet du Consul communiqua au ministre les renseignements qu'il tenait de Harel, Fouché montra une série de rapports qui, développant le principe et les causes de la conspiration, l'indiquaient comme une folle idée passée, comme tant d'autres, dans la tête des conjurés.

Le 17 au soir, un rapport secret de police très circonstancié fut adressé à Bonaparte pour être communiqué au conseil d'état; il est curieux, dramatique et destiné à préparer l'événement qui va se passer à l'Opéra. « 11 octobre, cinq heures du soir. De nouveaux projets doivent éclater. Le citoyen Harel, capitaine, donne les moyens de prévenir un attentat et d'arrêter quelques-uns des coupables. Il est allé chez Demerville. Celui-ci, après avoir sondé ses opinions politiques, avait cru pouvoir l'initier dans une vaste conspiration. Bonaparte doit être poignardé, et le gouvernement changé! Demerville nomme plusieurs conjurés. Des généraux, des hommes en place sont désignés par lui. Harel s'est empressé de faire part au citoyen Lefebvre des connaissances qu'il venait d'acquérir. Harel a rendu une nouvelle visite à Demerville. Demerville l'a invité à se procurer quatre hommes sur lesquels on puisse compter; une somme de 150 francs est alors donnée; 60,000 francs sont promis pour récompenser leur action. L'action consommée, les conjurés se rendront maîtres de l'Arsenal; ils s'empareront de quarante à soixante pièces de canon qui se trouvent à Vincennes. 2,000,000 qui existent dans les caisses de la loterie, suffiront pour les premières dépenses; les assemblées primaires seront convoquées, et le milliard promis aux militaires sera assuré. Le même jour, Demerville avertit Harel qu'il ne faut pas perdre un seul instant, et pour trouver des hommes et pour se procurer des armes; une nouvelle somme de 100 francs est donnée, elle est destinée à cet achat. Harel, observa en présence d'un témoin, de Ceracchi, qu'il s'est informé du prix et que cette somme ne peut suffire. On promet de faire de nouveaux efforts, et, en effet, dans la soirée, le Romain Ceracchi remet encore 160 francs. Enfin, le 17, tout est arrêté; c'est le 18, à l'Opéra, que Bonaparte doit périr. Harel se rend de nouveau chez le ministre de la police générale, qui le renvoie à la préfecture, où on lui donne quatre hommes sûrs qui devaient jouer le rôle de conjurés. Le 18 au matin Harel achète quatre paires de pistolets et une paire d'espingoles; deux paires sont remises à Demerville, une à Ceracchi; il doit amener trois hommes décidés. Harel, de son côté, reçoit six poignards des mains de Demerville. Il en confie quatre à quatre citoyens, qui depuis les ont déposés à la préfecture [1]. »

Rien n'était plus odieux que ce jeu de police, ce mélange d'agents provocateurs et d'hommes ardents, désordonnés, mais de bonne foi. Harel avait dit que l'assassinat du premier Consul aurait lieu à l'Opéra, et que les conjurés étaient prêts; Bonaparte n'hésita pas un moment à s'y rendre et sa garde fut doublée; et ici se passa la scène la mieux préparée que le pouvoir ait pu jouer [2]; le Consul n'avait rien à craindre, la police étant si bien prévenue! Les républicains, ne firent aucune tentative; deux des conjurés, Diana et Ceracchi,

---

[1] Ce rapport est signé Dubois.

[2] « Un individu écrivit au cabinet du premier Consul, pour annoncer qu'il avait des choses importantes à lui communiquer : on le fit venir. « Je vous apprends, dit celui-ci, que la vie de Bonaparte est dans le plus grand danger : il y a huit personnes qui sont résolues de l'assassiner. Je suis de ce nombre. Le remords que j'éprouve me force à vous faire cet aveu. » M. de Bourrienne court chez le ministre de la police, qui demande si le jour où le crime devait être commis, était fixé. » Il ne l'est pas encore, lui répond-on, parce que les conjurés attendent qu'ils soient au nombre de douze. Il est aisé, réplique le ministre, de leur donner quatre personnes qui feindront de prendre part à leur dessein, et qui nous donneront les moyens de le faire avorter. » On charge l'individu qui est venu faire cette déclaration, de présenter les quatre personnes à ses camarades. Il le fait, chacune d'elles va toucher trente louis chez une personne qui est connue : on se réunit chez un restaurateur. A la fin du repas, on fixe le jour où l'assassinat doit être commis ; on choisit le jour de la première représentation de l'opéra des *Horaces*; dans

furent pris à l'Opéra, et les autres furent saisis à leur domicile. Qu'importait tout cela ! il fallait une conjuration pour rendre odieux les débris des opinions républicaines ; il fallait se venger d'une opposition sourde et mécontente. Le moyen fut bon, et l'on put le lendemain annoncer : « que la Providence avait miraculeusement préservé les jours du premier Consul. » On avait besoin de jeter de l'intérêt sur la tête de Bonaparte, et un complot manqué fait du bien au pouvoir qui en est l'objet.

Faudra-t-il retracer ces physionomies que la dictature de Bonaparte allait livrer au supplice ? Les conjurés arrêtés comme auteurs ou complices d'un attentat le poignard à la main, n'appartenaient point, je le répète, aux classes prolétaires de la société des Jacobins : le premier était Aréna, frère de ce représentant du peuple si hardi, si énergique contre le Consul Bonaparte dans le conseil des Cinq-Cents ; sa fortune était considérable ; ordonnateur militaire, il tenait à Paris un rang dans la société ; on lui savait des opinions exaltées, un républicanisme qui s'exhalait en mécontentements ; entre lui et Bonaparte c'était haine de Corse ; on l'accusait d'avoir fait distribuer en France un pamphlet rédigé, selon les rapports de police, par Pozzo-di-Borgo et Paoli, en Angleterre, contre les Bonaparte ; le Consul, dans son

l'espérance qu'il sera plus facile, au milieu d'une grande foule dont on augmentera le désordre en faisant quelques tentatives pour mettre le feu, ou du moins pour exciter beaucoup de fumée dans la salle.

« Le jour arrivé, le ministre de la police instruit de tout le premier Consul : « Que voulez-vous que nous fassions et que voulez-vous faire ? finit-il par lui dire. — J'irai, répond le Consul. » On augmente la garde qui devait l'accompagner. Mme Bonaparte s'en aperçoit, en demande la raison à son époux, qui lui répond que, comme il doit y avoir une grande foule, il a cru convenable d'avoir plus de monde autour de lui. Arrivée avec lui dans sa loge, elle remarque que le ministre de la police, le préfet de police et quelques autres personnes entraient, sortaient, revenaient avec un air de préoccupation qui lui en fit demander la cause à son mari. « Ce n'est rien, dit-il, occupe-toi de la pièce. » Un instant après le ministre de la police arrive, annonce qu'ils sont arrêtés et que l'on a trouvé sur plusieurs des poignards et des mèches phosphoriques. » (Témoignages d'un contemporain.)

ressentiment, ne manqua pas de le comprendre dans le complot [1].

Demerville, patriote aussi exalté qu'Aréna, fut employé dans le Comité de salut public, et son intelligence s'y était développée avec son dévouement pour la République; Barrère le prit pour secrétaire. Homme spirituel comme les méridionaux, il se faisait remarquer par la chaleur de ses convictions, et sa phrase vive, saccadée. Barrère, sans intention sans doute, le dénonça et le perdit; M. Barrère de Vieuzac avait alors un pied dans la police, un pied parmi les Jacobins. Demerville, dans un épanchement d'amitié, eut l'imprudence de le prévenir qu'il n'y aurait pas sûreté à l'Opéra, et Barrère, toujours empressé de plaire, courut avertir le général Lannes, la police militaire et Fouché, qui avait mission de préserver les jours du Consul. Dès ce moment, le ministre vit bien qu'il ne pouvait plus hésiter à suivre le complot.

Ceracchi, je l'ai déjà dit, était un jeune sculpteur de Rome, fier de son art, élève de Canova, et l'Italie tout entière connaissait sa renommée, car il l'avait peuplée

---

[1] L'écrivain le plus ardent du parti se nommait alors Metge. Fouché qui craint d'être compromis, consent à donner des gages au premier Consul. Voici le rapport qu'il lui adresse :

« Citoyens Consuls, l'œil vigilant de la police vous avertissait, il y a quelques mois, qu'une poignée de misérables tramait quelque attentat. Ils étaient poussés par les ennemis de la France. Bientôt après, les papiers du comité anglais, mis sous vos yeux, vous donnèrent la preuve de ces trames criminelles.

« Les agents de ce comité ont été arrêtés et mis en fuite.

« Le gouvernement n'a pas jusqu'ici fait juger l'affaire du comité anglais. Ce délai a été commandé par l'intérêt de l'État.

« Un nouvel attentat s'est ourdi. On en a pensé qu'en frappant le premier Consul, on frappait de mort la République, ou du moins qu'on la replongeait dans le chaos.

« Seulement on ne retrouve pas la tête qui a dirigé le bras des assassins. Elle s'est cachée dans le nuage. La police a saisi de vrais coupables; ils avouent leur crime; mais ce ne sont que des agents obscurs qui s'agitaient sous la poussière.

« Comment croire que ce fait ne se rattache pas à une cause plus puissante, lorsqu'on réfléchit que, dans le même temps,

de bustes antiques et des statues renouvelées des beaux monuments de Rome. Ceracchi, un des ardents patriotes qui placèrent sur le Capitole l'image de Brutus, fraternisait alors avec Berthier, Joseph Bonaparte, ces généraux et ces soldats proclamant la république romaine. Nuit et jour, Ceracchi travaillait et le musée s'était enrichi des belles productions du jeune émule de Canova : une Vénus antique, un buste de Jourdan, un Brutus livrant son fils au licteur, la liberté sous les traits d'une vierge de Sparte.

Topino-Lebrun était né aussi sous un soleil brûlant, car Marseille était sa ville natale ; il était venu à Paris, comme tant d'autres artistes, dans les premiers jours de la Révolution, pour travailler dans les ateliers de David ; David, ce maître aux grands traits, lui avait inspiré son art, et avec cet art l'idée patriotique et brûlante. Topino-Lebrun, juré au tribunal révolutionnaire, s'y était montré austère et inflexible ; il travaillait la nuit dans son atelier ; un peu de pain et de vin suffisait pour sa nourriture, puis il courait sur la place publique

le succès a été calculé dans certaines contrées de l'Europe ?

« Cependant je me garderai d'aucunes accusations indéfinies et illimitées ; quand on n'aime que la vérité, quand on ne veut répandre que la lumière, on doit accuser avec précaution, et seulement lorsque les preuves convainquent.

« Jusqu'à ce moment les seuls individus arrêtés sont Ceracchi, Demerville et Aréna. Les deux premiers ont révélé tout ce complot, ils accusent Aréna d'en être auprès d'eux le fauteur et le chef.

« Je vous propose de faire traduire au tribunal criminel de la Seine, Aréna, Ceracchi et Demerville, et d'y renvoyer tous les interrogatoires avec toutes les pièces de conviction.

« Tout a des bornes, les affections généreuses ont les leurs aussi ; au-delà de ce sentiment des grandes âmes, est la faiblesse et l'imprévoyance, comme au-delà de la nature est le chaos. »

Le ministre de la police,
Signé. Fouché.

« Renvoyé au ministre de la justice pour poursuivre l'exécution des lois de la République, à l'égard des individus dénommés dans le rapport du ministre de la police générale, et de leurs fauteurs et complices. »

Ce 2 brumaire, an IX de la République française.

Le premier Consul,
Signé. Bonaparte.

proclamer ses idées exaltées; Topino-Lebrun avait reçu, il y avait deux ans à peine, une couronne d'or et de chêne pour son tableau de Caïus Gracchus qui remporta le prix, et quand il fut arrêté, il crayonnait l'esquisse du siége de Lacédémone, avec son temple de Minerve, sa république populaire et sa démocratie jalouse [1].

C'étaient ces hommes que Bonaparte faisait arrêter; ils n'appartenaient point aux prolétaires du parti; tous avaient des existences avouées, des noms retentissants dans le parti jacobin. Le Dictateur voulait s'en débarrasser parce qu'il avait besoin de mettre un peu d'ordre dans les idées, et d'établir sur des bases fondamentales son pouvoir consulaire; il y avait bien des haines contre lui; les enragés conspiraient partout, répandant parmi le peuple des projets insensés; ils étaient comme une société à part qui ne pouvait souffrir l'ordre fondé par Bonaparte. Rossignol, Destrem, Talot, Santerre, Antonelle, Charles de Hesse, tous ces noms-là inspiraient de l'effroi au premier Consul, préservé par sa garde même; il ne parlait des Jacobins qu'avec

---

[1] Du 19 vendémiaire (12 octobre an IX).
« Dans la nuit du 18 au 19, Ceracchi et Diana, arrêtés au théâtre des Arts, ont été interrogés.
« La fille Fumey, Delavigne et Detecq, ont été arrêtés.
« Paris est dans l'indignation, mais tranquille. L'arrestation des scélérats n'inquiète que leurs complices qui doivent être nombreux. Ils appartiennent à un petit nombre d'enragés que la masse du peuple bafoue quand ils osent montrer des prétentions, et maltraite même lorsqu'ils laissent pénétrer leurs projets. »
Signé. Dubois.

Voici quelques-unes des exagérations de ces rapports de police.
« Sur la fin de prairial ou dans les premiers jours de messidor an VIII, Gombeau-Lachaize réunit chez lui, à un dîner, rue de l'Arbre-Sec, maison d'un charcutier, un grand nombre de conjurés. On y but à la santé de la démocratie pure, puis à la mort du tyran et de tous ceux qui avaient reçu des places de lui. Desforges demanda à Aréna si on avait des nouvelles : « On est parti; on espère qu'il ne reverra jamais Paris. — Mais sommes-nous prêts, dit Desforges. — Oui, répartit Aréna, rien n'est

rage, il savait leur terrible énergie ; ces caractères-là ne s'assoupissaient pas et frémissaient toujours sous sa main. De temps à autre on apprenait de fatales révélations, tous les moyens étaient saisis avec habileté par eux, afin de se débarrasser du premier Consul.

A ce moment l'on découvrit une première machine infernale dont je dois parler ici avant de raconter l'attentat du 3 nivôse. Dans les années où il fallut défendre le territoire menacé de l'invasion, il s'était partout organisé des ateliers d'artifice, de poudre et de salpêtre ; une grande partie de la population, les malfaiteurs eux-mêmes avaient étudié parfaitement les forces des projectiles, les moyens effrayants de l'artillerie, des bombes et des machines à jeter des artifices ; de simples ouvriers étaient devenus fort habiles dans les confections de machines de guerre. Les mœurs de guerre civile avaient jeté peu de scrupule dans l'emploi des moyens, on avait vu miner des pans de murailles, détruire les édifices et mitrailler les hommes ; Bonaparte, Fouché, Lannes, Carnot ne s'étaient pas épargné ces fatales exécutions. Un peu insouciant de la vie d'autrui comme de la sienne propre, on jouait sa tête contre d'autres têtes ; les ma-

changé. Au moment où on apprendra sa mort, on feindra de proclamer Louis XVIII, et on arborera le drapeau et la cocarde blanche pour avoir sur-le-champ les royalistes imbéciles ; tandis qu'on s'emparera de ceux bien connus. Le carnage durera quarante-huit heures sans s'arrêter, et on permettra le pillage aux troupes qui seront à Paris, pour punir les marchands d'avoir fait guillotiner Robespierre. » Desforges applaudit et dit : « Je suis prêt aussi ; je m'emparerai de la caisse des jeux, de la trésorerie et des caisses particulières. J'ai 3 à 400 hommes tout prêts avec ceux qui, dans le moment, se rangeront de notre côté. »

Les rapports secrets de la police continuent sur la conspiration.

Du 20 vendémiaire (13 octobre).

« Demerville a subi un interrogatoire, ainsi que la fille Fumey, Delavigne et Detecq. On a recueilli des aveux précieux, le tribunal va s'occuper de la procédure.

« Paris est tranquille. On n'a pu recueillir dans les faubourgs ni ailleurs une seule expression d'intérêt pour les coupables. L'attachement au premier Consul et la haine de ses ennemis se manifestent avec une ardeur qui ferait craindre pour ceux des enragés qui viendraient à être soupçonnés d'avoir trempé dans le complot. »

Dubois.

chines infernales n'étaient pas chose inouïe pour de telles âmes; les enragés du camp de Grenelle et de la poudrière qui sauta avec une si violente explosion, ces constructeurs de pétards et de machines meurtrières méditaient sans cesse les moyens d'atteindre le premier Consul, et il entrait dans leurs projets de se servir d'une machine infernale qui brisât cette vie odieuse à leur parti. Un nommé Chevalier fut le premier inventeur d'une machine infernale, et un rapport de police le signala; on saisit un baril cerclé de fer qu'un canon de fusil amorçait pour préparer une explosion. Fouché, dans sa mission attentive et soucieuse de conserver la vie de Bonaparte, avait suivi tous les fils de ce complot pour en arrêter les effets fatals contre la personne du chef de l'État, si nécessaire à la reconstruction de l'édifice politique [1].

Mais à ce moment une conspiration parallèle venait mettre bien autrement en péril les jours de Bonaparte. Depuis la pacification de l'Ouest une multitude de chefs de la Vendée, de la chouannerie, étaient arrivés à Paris; hommes aussi hardis que les Jacobins, ils étaient capables de résolutions fortes et désespérées, car dans les partis extrêmes il y a plus qu'on ne croit de ressemblance; l'exaltation part des mêmes sources, elle vient des entrailles pour enflammer le cerveau. Fouché connaissait profondément les Jacobins, répondant d'eux pour ainsi dire parce que rien ne se faisait dans leurs clubs qu'il n'en mesurât la portée, les principes et les conséquences; né dans leur sein, il en savait toutes les secrètes pensées; quant aux Chouans, ces hommes têtus et bretons,

---

[1] Chevalier, Veycer et Decremps, prévenus d'avoir conspiré contre l'exercice de l'autorité légitime en fabriquant une machine analogue à celle qui a fait explosion le 3 nivôse, furent traduits devant une commission militaire et fusillés.

Fouché ne pouvait les connaître que par quelques indiscrétions et vanteries ; il les faisait tous épier avec une intelligence particulière. Dans l'impuissance de pénétrer, à fond, les desseins définitifs des royalistes, Fouché avait demandé un rapport général sur le comité existant à Paris, sur les moyens employés pour organiser la population, et la soulever dans un moment de crise où le premier Consul serait assassiné. Ce rapport, d'un vague désespérant, ne contenait que les notions obscures d'une correspondance intime entre les membres du comité secret que Louis XVIII entretenait à Paris. La commission examina les faits et se vit forcée de réduire son travail à cette seule démonstration évidente : « Que l'Angleterre s'entendait avec les royalistes, et qu'il fallait confondre sous une commune réprobation les Anglais, les Chouans et les partisans de Louis XVIII. » C'était plutôt un travail de police pour réveiller l'esprit public qu'un réquisitoire pour arrêter les coupables [1].

Il y avait en effet à Paris un comité royaliste, sous l'influence des princes, agissant surtout à l'aide de

---

[1] Voici ce rapport d'une commission spéciale sur le comité royaliste.

« C'est surtout dans les papiers saisis chez la veuve Mercier, chez qui Hyde avait loué une chambre, qu'on a trouvé les preuves et les détails sur la conspiration. Le comité royaliste dirigeant la conspiration, résidait à Paris, d'où il correspondait avec l'Angleterre et l'intérieur de la République.

Les membres qui la composait, étaient :

1º Hyde, l'aîné, connu dans la correspondance sous le nom de Paul Berri, P... B... Neuville.

2º Dubois, personnage important, qui dirige tout et ne se montre pas, il a la confiance des princes.

3º Ferrand, ce dernier paraît être Durocher.

Hyde tenait la plume; presque toute la correspondance est de sa main, toutes les lettres de l'Angleterre lui sont adressées.

Dubois dirigeait tous les ressorts, avait tous les pouvoirs; Ferrand faisait les voyages de Paris à Londres.

Ce comité était organisé avant le 18 brumaire.

Voici quels étaient ses desseins :

1º Pousser la guerre de l'Ouest avec activité.

2º La nourrir par des débarquements.

3º Placer Pichegru à la tête des royalistes de l'Ouest, et Willot à la tête de ceux du Midi.

4º S'emparer de Brest d'après un plan convenu.

l'argent fourni par le cabinet britannique; cette agence correspondait spécialement avec le comte d'Artois; elle était prête à aider tout événement qui en brisant le pouvoir du premier Consul jetterait de nouveau la République dans la confusion. Dès que ce comité cessa de croire que Bonaparte travaillait pour les Bourbons, et qu'il jouait le rôle de Monck, tout fut dirigé contre lui; je ne crois pas que cette agence eût pu préparer un attentat, mais elle en eût profité; elle laissait faire parce qu'alors toutes les têtes étaient exaltées et qu'on exposait sa vie à un terrible talion.

La présence des officiers de l'Ouest à Paris favorisait les entreprises les plus diverses; ces hommes élevés au milieu des rochers, des sables et des châteaux féodaux du Morbihan, conservaient quelque chose de la vie sauvage dans les champs incultes; ils demeuraient à Paris, en dehors, pour ainsi dire, de ses mœurs et de ses habitudes; tous s'imaginaient qu'ils pourraient dans un mouvement simultané s'emparer des postes militaires et proclamer Louis XVIII. Pour cela il leur fallait un moment de confusion, la mort immédiate du

---

5° Faire débarquer le comte d'Artois et le duc de Berry.

6° Séduire les militaires; tromper le peuple; rendre Bonaparte odieux par des journaux, des proclamations, des affiches.

7° Voler les caisses publiques.

8° Promettre la paix au moment du rétablissement de la royauté, rassurer les acquéreurs des domaines nationaux.

9° Organiser une petite armée dans Paris, sous le commandement du chevalier Joubert.

Au moment d'un débarquement d'un prince, on devait :

1° Désorganiser la police républicaine par l'affiche de la liste de tous les espions et mouchards, qu'on avait payée 29 guinées.

2° Frapper Bonaparte et ses collègues.

3° Expédier des courriers sur toutes les routes, pas plus loin de vingt-cinq lieues, porteurs de proclamations et de journaux annonçant que la royauté venait d'être proclamée à Paris, que le peuple y était dans l'ivresse de la joie, et que la République n'existait plus.

Hyde fournissait aux frais de la contre-police, réduits à 100 louis par mois, à l'achat des journaux, impression des libelles, voyages dans l'intérieur, et autres dépenses de détail.

La contre-police était confiée à Duperron sous le nom de Marchand,

premier Consul et le chaos politique qui suivrait un tel événement; au milieu de l'agitation, un drapeau blanc promené dans Paris, de l'argent jeté au peuple, des proclamations distribuées, pourraient amener le rétablissement de la royauté, la restauration de l'ordre sous Louis XVIII. La plupart hommes de cœur, mais à vue courte, les chefs de la chouannerie, n'apercevaient pas que Paris avait à peine le souvenir des Bourbons, et que de longues épreuves devaient amener lentement la restauration politique. Qu'importait tout cela aux Chouans? Ils n'allaient pas jusqu'à ce raisonnement; leur bras était fort, leurs pistolets bien amorcés; n'avaient-ils pas dans leur âme un projet de vengeance? Bonaparte avait fait fusiller le comte de Frotté, le jeune Toustaint, et Margadel plus intéressant encore qui venait d'être militairement exécuté; ce sang ne demandait-il pas du sang, outrage contre outrage, mort contre mort? Tel fut le mobile de l'entreprise sinistre qui se préparait.

Parmi les chefs de la chouannerie arrivés à Paris, on en distinguait plusieurs d'une hardiesse remarquable; le premier se nommait Picault de Limoëlan, un des plus braves et des plus déterminés, l'ami de Georges Cadoudal, qui l'avait choisi pour son major général; c'était un homme de manière ferme et décidée, gracieux même lorsqu'il le voulait avec sa finesse et son instinct de Breton. L'autre s'appelait de Saint-Régent, officier instruit de la marine, sauvé à Quiberon, intrépide comme tous les hommes qui ont vu les grandes mers et bravé les tempêtes; tous deux venaient à Paris avec mission de la part du général Georges d'examiner le terrain, de s'informer par les royalistes de ce qu'il y avait à faire, et de tenter au besoin une hardie entreprise contre la personne et le gouvernement du premier Consul; une troupe d'intrépides Chouans suivaient leurs capitaines; M. de Limoëlan leur assura un asile et se mit à l'œuvre pour le projet qu'il voulait exécuter. Quand les passions sont exaltées rien n'arrête, et Limoëlan, avec son courage indomptable et son affreux sang-froid, vit bien que le moyen d'arriver à un premier résultat, c'était de se délivrer de Bonaparte, le seul obstacle à un changement. Il consulta Saint-Régent, Lahaye-Saint-Hilaire, Joyaux, tous lieutenants de Georges, et qui partagèrent avec lui cette conviction; ils ne pouvaient réellement s'emparer de l'autorité qu'au milieu d'un tumulte et d'une tentative bruyante; le premier Consul mort, Paris était à eux comme si à ce moment l'opinion n'était pas tellement prononcée pour Bonaparte, qu'on n'eût brisé tous ceux qui seraient venus régner sur son cadavre!

Saint-Régent n'avait pas ces craintes; il convint avec de Limoëlan d'arrêter un vaste plan d'attaque. A cette époque de passions irritées, les Jacobins et les Chouans avaient plus d'un lien commun; comme tous les partis mécontents, ils se réunissaient pour la destruction de l'ordre, et ce fut dans leurs rapports avec les enragés qu'ils apprirent les éléments du complot pour une machine infernale; ils voulurent ne point rester en arrière, et Saint-Régent, officier de marine, étudia, avec une épouvantable rectitude mathématique, les effets destructeurs des balles et des machines d'artifices. Les Chouans ne se firent ici aucun scrupule; qu'est-ce que la mort d'un homme en temps d'agitation? N'est-il pas toujours une morale à part, un système d'excuse, pris dans les griefs et la vengeance. On idéalise le crime; il y a une poésie de mauvaises actions; hélas! tous les partis n'en sont-ils pas à ces déplorables doctrines?

Les Chouans prirent leurs précautions avec un soin extrême; la machine infernale était bien faite[1], à peu près semblable à celles que la marine anglaise lançait de temps à autre contre les cités de l'Océan. Formée, comme la machine de Chevalier, d'un tonneau fortement cerclé de fer, elle contenait vingt-cinq livres de poudre, des balles de toute espèce, des grenades, de la ferraille, de telle sorte que l'explosion n'épargnerait personne dans un rayon de cent mètres; on avait calculé la dimension d'une feuille d'amadou qui devait s'enflammer dans un temps déterminé : minute à minute, l'explosion aurait lieu quand le premier Consul sortirait en voiture. Saint-Régent et Limoëlan se concertèrent avec un intrépide Chouan du nom de Carbon, chargé de mettre le feu; ils devaient s'habiller en charretiers, avec des blouses, et conduire la machine sur le passage que traverserait la voiture du premier Consul; d'après les combinaisons prises, nul n'échapperait à cette terrible explosion de mitraille.

C'était le 24 décembre, veille de Noël, dans ces nuits si longues qui permettent de tout tenter sans être aperçu; on vit, vers les cinq heures et demie, une charrette surmontée d'un tonneau peint à la manière des barils de porteurs d'eau, avec un cheval de taille moyenne et de maigre apparence, se placer à la rue Saint-Nicaise, vers ce coude qu'il faut nécessairement passer pour aller à la rue Richelieu; trois hommes en blouse bleue entouraient cette charrette avec un air calme et de sang-froid, qui ne pouvait faire rien soupçonner; on crut que c'étaient des porteurs d'eau qui faisaient station. L'un de ces hommes aux longs cheveux, l'air fort candide et

---

[1] Témoignage historique de la police.

naïf se tint debout vers la charrette; les deux autres ramassaient des pierres et les plaçaient autour comme s'ils la voulaient empêcher de remuer, mais dans le but de rendre plus fatale l'explosion et de multiplier les projectiles que le terrible tonneau lancerait. Quand ce premier travail fut fait, deux des trois se séparèrent; l'un passa sous le guichet et s'assit comme pour se reposer, l'autre se plaça au milieu de la distance : leur but était de faire connaître, par un signal, le moment de la sortie du premier Consul, afin que Carbon, qui demeurait debout près du tonneau, pût mettre le feu à temps pour atteindre la voiture du premier Consul.

Ainsi les choses se passaient rue Saint-Nicaise tandis qu'aux Tuileries, dans les salons resplendissants de bougies, le premier Consul tout rempli de ses idées de gouvernement était entouré de ses aides-de-camp, de madame Bonaparte, de sa fille Hortense et de quelques dames invitées. On avait hâté la fin du repas parce que le premier Consul devait aller entendre le magnifique *Oratorio* de Haydn sur la création; ces grandes notes sur un immense sujet, cette œuvre biblique, remuée par une tête allemande, jetait de sublimes accents et parlait vivement à l'âme du premier Consul, lui qui avait entrevu un monde moral à créer; Bonaparte s'exaltait à cet *Oratorio* qui vous ravit d'une si douce extase. Tout s'apprêtait pour la fête du soir; le premier Consul, avec son habit simple et sa tenue militaire et grave, madame Bonaparte toute en mousseline, enveloppée d'un schall de l'Inde, présent que Bonaparte lui avait rapporté d'Égypte; la jeune Hortense, vêtue à la grecque, avec cette nudité des statues antiques, le sein découvert, la robe relevée jusqu'aux genoux et une fleur de perles dans les cheveux, signe de l'âge virginal. Bonaparte, toujours actif, s'était hâté de monter en voiture, tandis que Joséphine, pour mieux poser son schall, s'était retardée de quelques instants; le Consul met le pied dans la voiture, s'élance à côté de Lannes et de Duroc, ordonne à son cocher de le conduire à l'Opéra, et à ce moment le Chouan qui était près du guichet fait le signal convenu, un autre qui se tient sur le milieu de la place le répète, Carbon met le feu à l'amadou, la voiture du Consul passe avec la rapidité d'une flèche, se détourne un peu et aussitôt une explosion terrible se fait entendre; les glaces sont brisées, les maisons remuent comme si un épouvantable tremblement de terre se faisait sentir. Partout des cris déchirants; ici des hommes sont tombés blessés à mort, là des femmes expirent sous les décombres qui de toutes parts se brisent et s'amoncellent; la voiture du premier Consul est atteinte, mais faiblement, car elle a déjà passé le danger. Le carosse de madame Bonaparte qui le suivait est également frappé, les stores sont mis en pièces, et les débris des glaces déchirent les épaules nues de la jeune Hortense, et ensanglantent sa peau si blanche, si délicate [1].

---

[1] Voici le récit officiel.

Paris, le 10 nivôse an VIII.

« Le 3 nivôse, deux tonneaux, l'un grand, l'autre petit, remplis de poudre, furent amenés rue Nicaise, sur une charrette attelée d'une jument. La voiture du premier Consul était à peine passée, qu'une explosion terrible se fit entendre. Elle a jeté des familles dans le deuil, plongé Paris dans la consternation, et exposé la France entière.

« Le chef du gouvernement, échappé au danger, donna l'ordre au préfet de police de se porter sur les lieux.

« Les blessés furent portés aux hospices ou conduits chez eux. Quatre cadavres ont été déposés à la basse geôle.

« Des procès-verbaux constatent les funestes effets de cette infernale invention.

« Quarante-six maisons sont extrêmement endommagées.

« Le dégât des immeubles est estimé à la somme de 40,845 francs,

« Celui des meubles à celle de 123,645 francs.

« Les maisons nationales ne sont point comprises dans cette estimation.

« Une foule de citoyens gémissent sur la perte de leur fortune.

« Le cheval, les débris de la voiture et quelques parties des tonneaux ont été apportés à la préfecture. »

(Extrait d'un rapport du préfet de police, Dubois.)

A l'Opéra, un spectacle brillant commençait; l'*Oratorio* de la Création était exécuté dans sa pompe : la parole créatrice de Dieu, les mondes amoncelés, les étoiles lumineuses du ciel, les animaux qui volent dans les airs, le reptile qui rampe, l'homme formé à son image, toutes ces magnificences de l'univers, Haydn l'avait reproduit dans des trésors d'harmonie, avec la tempête qui mugit, et le soleil qui éclaire, et toutes ces époques de ce grand mystère des mondes lancés dans l'espace. Tout à coup l'explosion terrible se fait entendre, l'effroi surprend ; pourquoi ce coup de canon lugubre qui ébranle comme un éclat de tonnerre jusqu'au dôme de la salle comble ? Quelques instants après, le premier Consul paraît dans sa loge ; il n'était point tranquille, comme on l'a dit : sa figure était agitée ; il regardait de droite et de gauche avec un œil attentif et inquiet, car, disait-on, la salle de l'Opéra même était menacée par les artifices souterrains qui devaient éclater quelques instants après. Bonaparte resta néanmoins, ses aides-de-camp derrière lui ; madame Bonaparte vint se placer dans la loge, plus émue encore, car un mâle courage n'était point en elle. Le consul lui avait ordonné de rester; l'*Oratorio* se finit à mesures précipitées et la salle fut presque vide après la nouvelle de l'attentat ; César portait sa fortune [1], mais il n'était point assez affermi pour qu'on se plaçât sous la destinée capricieuse d'une telle souveraine.

Les trois chouans, chefs de l'expédition, éprouvèrent un dépit profond de n'avoir point réussi ; Carbon, qui

---

[1] La machine infernale causa la mort d'une vingtaine de personnes et en blessa quarante-six plus ou moins grièvement. On vint au secours de tous les malheureux blessés suivant que les blessures étaient plus ou moins graves. Le *maximum* des secours fut de 4,500 francs, et le *minimum* de 25 francs. Les orphelins et les veuves furent pensionnés, ainsi que les enfants de ceux qui avaient péri, mais seulement jusqu'à leur majorité ; ils devaient toucher à cette époque 2,000 pour leur établissement.

avait mis le feu à la machine, eut le temps de se sauver encore, et il se trouva sur le guichet du Louvre où l'air lui rendit un peu les sens; une maison d'un des fidèles de la chouannerie lui fut offerte. Limoëlan fit des reproches à Carbon, qui s'excusait sur la qualité de l'amadou qui n'avait pas permis l'explosion assez prompte; « en ce cas, répondit Limoëlan, je serais demeuré debout et j'aurais mis le feu un tison à la main. » Saint-Régent écrivit à ses amis que le coup était manqué, mais que le succès n'était que suspendu [1].

Le désastre fut immense; la police publia avec solennité la liste des morts et des blessés, les dommages causés par la machine infernale: conception terrible! affreuse pensée que celle-là! Mais en temps de parti que ne voit-on pas? Quand les sociétés sont une fois affranchies des principes d'ordre politique, les plus épouvantables passions vivent au cœur. L'histoire d'Angleterre nous offre plus d'une fois l'exemple de cette perversité des opinions extrêmes; il y eut mille attentats contre Cromwell et Guillaume III, et les cavaliers les plus loyaux comme les puritains les plus austères, ne se firent aucun scrupule de courir sur l'homme puissant qui les gênait. Ainsi marchent les passions politiques!

---

[1] Voici un fragment d'une curieuse lettre de Saint-Régent à Georges.

« Aussitôt Carbon se disposa à accomplir son projet. A ce moment, le cheval d'un grenadier le poussa contre le mur et le dérangea. Il revint à la charge et mit le feu de suite; mais la poudre ne se trouvait pas aussi bonne qu'elle l'est ordinairement, et son effet fut de deux à trois secondes plus lent... Car, sans cela, le premier Consul périssait inévitablement. C'est la faute de la poudre et non celle du malfaiteur. Si le hasard me favorise assez pour te revoir, je désire avoir une explication avec mes associés devant toi et devant ton camarade; c'est là que je les attends. » (Lettre de Saint-Régent à Georges Cadoudal.)

CHAPITRE XVII.

PREMIÈRE DÉLIBÉRATION DES CORPS POLITIQUES

SOUS LE CONSULAT.

Le Sénat réuni. — Séance du Conseil d'état. — Le Tribunat et le Corps législatif. — Napoléon au Conseil d'état. — Premières affaires discutées. — Tribunaux spéciaux. — Liste de déportation. — Mesures contre les Jacobins. — Première séance du Tribunat. — Discussion sur les tribunaux spéciaux. — Première opposition. — Chénier, Ginguené, Benjamin Constant, etc. — Lois et actes d'organisation.

Décembre 1800 — Avril 1801.

Telle était la pensée forte et absorbante du Consulat que tout se résumait en Bonaparte; on ne songeait même plus à l'action des autres corps politiques que la constitution avait établis dans le gouvernement[1]. Le Consul était tout; la société se plaçait sous sa main, et on n'appelait plus d'autres garanties que sa volonté toute-puissante, à ce point que l'on mit en doute un moment dans l'opinion, si Bonaparte réunirait des assemblées au temps fixé par le pacte de l'an VIII. Qu'était-il besoin de Sénat, de Tribunat, quand on avait pour soi la pensée prévoyante du premier magistrat? Fallait-il encore lancer le pays sous les débats fougueux des assemblées bruyantes?

---

[1] Aucun journal ne parlait plus de la convocation du Corps législatif, et le Sénat s'était réuni deux fois.

Cependant Bonaparte lui-même sentit la nécessité de s'appuyer sur cet ensemble d'institutions qui certes, depuis le 18 brumaire, ne pouvaient le gêner. En politique, on ne doit user de violence qu'à la dernière extrémité; il ne faut pas briser les corps par des coups-d'état, mais les assouplir et les broyer de telle manière qu'ils viennent à vous tête baissée, dans l'attitude de la soumission et du plus respectueux hommage. Le despotisme étourdi fait seul de l'éclat; il faut se garder de montrer trop clairement au peuple qu'on a détruit les libertés d'un pays; on doit conserver les formes quand on tue les réalités. Bonaparte n'hésita donc pas un moment à réunir le Corps législatif et le Tribunat, dont les sessions s'ouvraient de plein droit en novembre [1].

Le Sénat, d'après la constitution, était en permanence; il gardait le pacte de l'an VIII dans son inviolabilité. Chargé de déclarer dans les circonstances solennelles si tel acte était conforme à l'esprit et au texte de la constitution, le Sénat résumait ainsi la grande puissance politique. Déjà les sénateurs, deux fois rassemblés pour organiser leur propre délibération, avaient créé dans leur sein des commissions destinées à garantir toutes les

---

[1] Au reste les consuls et le Conseil d'état avaient énormément travaillé; voici les actes et les arrêtés de deux mois seulement :

4 janvier (14 niv. 1800.) Acte relatif à l'organisation administrative de la poste aux lettres.

5 janvier (15 niv.) Acte concernant le paiement des délégations sur les contributions arriérées des années V, VI et VII.

5 janvier (15 niv.) Acte portant création d'un premier inspecteur-général de l'artillerie.

5 janvier (15 niv.) Acte portant création d'un premier inspecteur-général et de six inspecteurs-généraux de l'arme du génie.

5 janvier (15 niv.) Acte portant suppression du syndicat du commerce.

8 janvier (18 niv.) Acte sur le service de la garde d'honneur du Corps législatif et du Tribunat.

9 janvier (19 niv.) Acte concernant la nomination des membres des bureaux centraux, des commissaires de police et des officiers de paix.

9 janvier (19 niv.) Loi concernant les opérations et communications respectives des autorités chargées par la constitution de concourir à la formation de la loi.

11 janvier (21 niv.) Acte qui prescrit des mesures pour la destruction et la disper-

libertés, et, par une dérision étrange, au moment où le préfet de police mettait le scellé sur les presses, et faisait arrêter arbitrairement tous les individus suspects, le Sénat instituait des commissions pour garantir la liberté de la presse, la liberté individuelle, et ces commissions ne mettaient aucun obstacle à ces actes arbitraires du gouvernement.

Au fond, le Sénat n'avait aucun caractère d'opposition politique; composé d'hommes dont la carrière était presque finie, il ne demandait et ne voulait que le repos; il eût sacrifié toutes les garanties nationales à une simple volonté du Consul; il y avait là des patriotes, sans doute, mais tellement assouplis, tellement accablés sous la broderie, qu'à peine ils jetaient de temps à autre quelques phrases de leurs vieilles opinions, quelques lambeaux de leur libéralisme conventionnel. Sieyès exerçait une certaine influence sur le Sénat; il en avait choisi la majorité des membres. N'osant pas en prendre officiellement la présidence, il l'avait laissée à Roger-Ducos, son collègue au Consulat, son second dans toutes ses opinions et dans tous ses actes. Bonaparte portait extérieurement un grand respect au Sénat parce qu'il voulait l'élever un peu haut pour le do-

sion des rebelles dans les départements de l'Ouest.

11 janvier (21 niv.) Acte qui suprime la place de commissaire du gouvernement près des bureaux centraux.

11 janvier (21 niv.) Loi qui exige de tous les fonctionnaires publics, etc.; une promesse de fidélité à la constitution.

11 janvier (21 niv.) Loi concernant le rachat et l'aliénation des rentes dues à l'État.

13 janvier (23 niv.) Loi qui suspend l'empire de la constitution dans quatre divisions militaires.

15 janvier (25 niv.) Acte qui annule les décisions du Directoire exécutif concernant les prises du corsaire l'*Aventurier*.

16 janvier (26 niv.) Acte contenant des mesures relatives aux lieux où la constitution est suspendue.

16 janvier (26 niv.) Loi sur l'aliénation des marais salants appartenant à l'État.

17 janvier (27 niv.) Acte relatif aux journaux.

17 (27 niv.) Règlement intérieur du Tribunat.

18 janvier (28 niv.) Acte qui destine un local à l'établissement de la banque de la France.

18 janvier (28 niv.) Acte qui prescrit la

miner ensuite comme un instrument capable de servir ses desseins. Le Sénat devint le bras de son gouvernement. Tout s'y faisait en secret; on envoyait un message; des conseillers d'état portaient la parole, on discutait, et un vote immédiat sanctionnait la volonté du Consul. Combien de telles formes ne devaient-elles pas convenir à son principe d'unité !

Le conseil d'état, la partie active de l'institution, avait été bien plus occupé que le Sénat depuis son organisation définitive; Bonaparte grandit d'abord son personnel en y appelant des capacités de tous les ordres; on voyait dans ses rangs des hommes d'opinions différentes, appartenant à des écoles diverses, mais tous également remarquables par le talent et des capacités éminentes. Ainsi par exemple, M. Portalis le père, revenu de l'émigration et rallié au Consul, ne ressemblait en rien à Merlin, à Treilhard ; ses opinions étaient opposées, mais sa science était aussi profonde et sa parole pouvait éclairer une puissante discussion par des jets de lumière. Dans ses longues et fortes délibérations, le conseil d'état offrait donc deux écoles : l'une composée des révolutionnaires, vieux Jacobins dont la capacité et la force de

---

destination des fonds que recevra la caisse d'amortissement.

18 janvier (28 niv.) Acte relatif au mode de promulgation des lois.

18 janvier (28 niv.) Acte relatif à la confection des travaux maritimes.

19 janvier (29 niv.) Projet de formule, approuvé par le premier Consul, pour la promulgation des lois.

22 janvier (2 pluv.) Acte relatif aux édifices destinés à l'exercice du culte, et à la célébration des cérémonies publiques.

22 janvier (2 pluv.) Acte relatif à la solde des troupes.

22 janvier (2 pluviôse) Acte concernant les officiers suspendus ou destitués.

24 janvier (4 pluv.) Acte qui règle le mode d'admission des bons de réquisition en paiement des contributions directes de l'an VIII.

24 janvier (4 pluv.) Acte relatif au départ des conscrits.

24 janvier (4 pluv.) Acte contenant règlement sur les opérations relatives à l'armement, à l'habillement et à l'équipement des conscrits.

24 janvier (4 pluv.) Acte qui ordonne l'incorporation des bataillons de conscrits.

25 janvier (5 pluv.) Délibération du con-

gouvernement étaient invoqués par le premier Consul. Tels étaient Réal, Merlin, l'amiral Truguet, Treilhard, Berlier, Boulay (de la Meurthe), Thibeaudeau; l'autre fraction embrassait les hommes monarchiques avec des tendances conservatrices; on y comptait MM. Rœderer, Regnault de Saint-Jean-d'Angély, Portalis, Malouet; ceux-ci exprimaient sans cesse des sentiments qui plaisaient à Bonaparte; ils lui préparaient sa monarchie en l'entourant des forces de la vieille société; ils le louaient avec plus de délicatesse, ils servaient surtout sa haine contre les Jacobins. Jamais cette fraction du conseil d'état ne se fût opposée à une mesure d'ordre, alors même que la liberté aurait été sacrifiée.

Cette division d'écoles politiques dans le conseil d'état se faisait sentir lors de la plupart des discussions; on ne s'entendait pas facilement parce qu'on partait de points extrêmes et opposés : les uns invoquaient les idées de la République, les autres les formes et les souvenirs de la vieille monarchie. Le conseil d'état se réunissait aux Tuileries, non loin du cabinet du premier Consul; comme il se composait d'hommes de capacité et d'études, Bonaparte aimait ces débats; il assistait aux plus

seil d'état sur la manière de procéder contre les émigrés rentrés.

25 janvier (5 pluv.) Délibérations du conseil d'état sur la date des lois.

29 janvier (9 pluv.) Acte qui règle les fonctions des commissaires des guerres et inspecteurs aux revues.

29 janvier (9 pluv.) Acte relatif à la liquidation des débets des comptables du département de la Seine.

Février 1800.

1er février (12 pluv.) Acte qui ordonne la confection d'un état des citoyens dont la vingtième année était révolue au 1er vendémiaire an VIII.

3 février (14 pluv.) Acte relatif aux équipages d'artillerie.

5 février (16 pluv.) Loi qui proroge le délai accordé aux engagistes et échangistes non maintenus, pour faire la déclaration prescrite par la loi du 14 vendémiaire an VII.

6 février (17 pluv.) Acte relatif au mode de jugement des prisonniers de guerre.

6 février (17 pluv.) Acte qui règle le mode d'admission et d'avancement dans le corps de la gendarmerie.

7 février (18 pluv.) Loi qui proroge le délai accordé aux acquéreurs des domaines nationaux pour fournir des obligations.

longues séances, laissait dire tous les avis, et combattait souvent avec une logique pressante et forte ; il était ingénieux dans ses comparaisons comme toutes les imaginations méridionales ; il multipliait les argumentations saisissantes, les métaphores avec une énergie et un esprit tout italiens.

Bonaparte laissait la liberté des opinions sans doute, mais quand un avis lui déplaisait, il jetait à la face de son contradicteur un mot de mépris, de moquerie ou de sarcasme qui atténuait ou anéantissait même complétement l'objection qu'on opposait à ses idées ; il y avait liberté matérielle, mais la liberté morale n'existait pas : si un conseiller d'état osait une observation développée, le Consul apostrophait son adversaire par des mots piquants : « Voilà des raisons d'avocat (la grande injure); vous venez de parler comme un procureur; vous ne voyez pas la question en homme d'état, vous n'entendez rien à la politique; vous êtes l'écho de vos Jacobins; mon cher ami, vous ne savez pas ce que vous dites. » Et il accompagnait ces mots d'un secouement de tête, d'un haussement d'épaules et de gestes d'impatience qui révélaient une volonté qui ne souffre

---

14 février (25 pluv.) Acte relatif à l'uniforme des préposés à la régie des douanes qui sont habituellement armés.

16 février (27 pluv.) Acte contenant règlement sur la régie des poudres et salpêtres.

17 février (28 pluv.) Loi concernant la division du territoire français et l'administration.

18 février (29 pluv.) Acte qui ordonne la confection des nouveaux timbres pour les journaux et affiches.

18 février (29 pluv.) Acte relatif aux militaires qui, depuis le 18 brumaire an VIII, ont cessé de remplir les fonctions législatives.

18 février (29 pluv.) Acte qui augmente le nombre des brigades de gendarmerie nationale dans les départements de l'Ouest.

24 février (5 vent.) Acte contenant des mesures pour activer la levée des chevaux ordonnée par la loi du 4 vendémiaire an VIII.

24 février (5 vent.) Loi relative à l'établissement d'octrois municipaux.

26 février (7 vent.) Acte qui détermine la manière dont il sera procédé sur les demandes en radiation de la liste des émigrés.

26 février (7 vent.) Loi sur le cautionnement à fournir par plusieurs régisseurs, employés, et par les notaires.

pas de contradiction. Au reste, Bonaparte avait la plus haute estime pour son conseil d'état; il assistait avec assiduité à toutes ses séances; quand les conseillers parlaient un peu longuement, las de les écouter, il les interrompait, et, par un mouvement convulsif, il entaillait de son canif les tables ou le fauteuil sur lequel il se balançait; il avait peu de tenue, et souvent même il semblait sommeiller; ce qui lui était bien permis, au reste, après les fatigues d'esprit et de corps qu'il s'imposait. Dans ce conseil d'état se rédigeaient et se préparaient tous les projets destinés au Tribunat et au Corps législatif.

Le Tribunat avait été réuni sur la convocation du premier Consul [1], et pour la première fois il prit séance dans une vaste salle du Palais-Royal décorée de drapeaux tricolores et des attributs de la liberté. Qu'allait donc faire le Tribunat? Quelles seraient les attributions qu'on lui réservait dans les institutions politiques? Telles étaient les questions que les tribuns politiques s'adressaient les uns aux autres. Les plus crédules et les plus naïfs s'imaginaient qu'ils allaient ébranler par leurs discours toute la société; ils devaient faire une seconde édition du parlement anglais, créer une véritable opposition comme les wighs en Angleterre; ils s'imaginaient en un mot être assez forts pour faire obstacle à la volonté de Bonaparte en leur qualité de représentants du peuple; tels étaient Isnard, Chénier, Benjamin Constant, Daunou et Ginguéné, les amis de madame de Staël. D'autres avaient moins de foi dans la force du Tribunat, et craignant de fâcher Bonaparte, ils cherchaient à apaiser leurs collègues.

---

[1] Consultez, sur les délibérations du conseil d'état, les livres de MM. Pelet de la Lozère, Locré et Thibaudeau, qui furent tous témoins oculaires des séances et des discussions qu'ils rapportent.

LE CORPS LÉGISLATIF (1800).

Les jeunes, les ardents prétendaient créer une école anglaise, et avec des formes graves, louangeuses même, ils s'imaginaient empêcher les abus de la dictature, comme s'il y avait désormais une autre volonté que celle du Consul. Il fallait avoir une certaine simplicité pour croire qu'après le coup d'état du 18 brumaire, il restait d'autre pouvoir que celui de Bonaparte. On voit des époques où l'opposition n'a plus d'écho; ses paroles importunent, car la société tourne à l'obéissance [1].

Le Corps législatif avait mieux senti sa position : muet par la constitution de l'an VIII, il se résignait à recevoir les communications que le gouvernement voulait bien lui faire; les députés des départements, la plupart enveloppés encore dans leurs usages provinciaux, étaient un peu gauches, et servaient à plus d'une plaisanterie dans les antichambres militaires du Consul. Néanmoins, il se forma au sein du Corps législatif, comme au Tribunat, une opposition régulière, et quelques scrutins offrirent un tiers de boules noires; tout se faisait secrètement, et les consciences abattues avaient besoin de temps à autre de se révéler par une protestation timide et cachée. Le

---

[1] On voit déjà cette velléité d'opposition dans le discours que le président du Tribunat adresse au premier Consul, sur l'attentat de Ceracchi.

« Ne vous le dissimulez point, citoyen premier Consul, il y a eu tant de conspirations à tant d'époques et sous tant de couleurs diverses, qui n'ont été suivies ni de preuves, ni de jugement, qu'une grande partie des bons citoyens est tombée, à cet égard, dans une incrédulité funeste; il est temps de la faire cesser; un gouvernement aussi juste, aussi sage que celui dont vous êtes le chef, n'annoncera jamais que des conspirations réelles et sérieuses; mais aussi, une fois annoncées, il contracte l'engagement d'en faire poursuivre les auteurs, avec toute la solennité et la rigueur des lois. C'est ainsi qu'il rassurera enfin tous les amis de la République, et leur donnera l'occasion de manifester les sentiments de confiance et de reconnaissance qui sont dus au bien que vous avez fait, et au bien plus grand encore que vous êtes en état de faire. »

Le premier Consul a répondu :

« Je remercie le Tribunat de cette preuve d'affection. Je n'ai point réellement couru de dangers... Ces sept ou huit malheureux, pour avoir la volonté, n'avaient pas le pouvoir de commettre les crimes qu'ils méditaient... Indépendamment de l'assis-

scrutin servait les vieux souvenirs de liberté ; c'était son dernier refuge.

Toutes ces institutions, le gouvernement devait les mettre en jeu pour la première fois dans des circonstances fort graves, puisque des attentats inouïs venaient de menacer la personne du premier Consul. L'état de la législation ne paraissait pas suffisante à Bonaparte pour garantir sa personne et la société ; depuis un mois le conseil d'état était chargé de la rédaction d'un projet sur les tribunaux spéciaux ; déjà la justice ordinaire ne préservait plus, et l'on pensait à supprimer le jury dans plus d'une cause afin d'arriver à une répression violente et immédiate. Le conseil d'état chargea M. Portalis de faire ce rapport, et il le préparait avec maturité, lorsque la machine infernale éclata : on s'imagine bien que le Consul allait tirer de ce sinistre événement des conséquences fort larges pour grandir son pouvoir et briser la liberté. L'attentat était à peine commis, que le soir même il réunit aux Tuileries la majorité du conseil d'état, et prenant pour ainsi dire Fouché corps à corps, il accuse les Jacobins de la machine infernale ; il les redoute et cela suffit pour les faire proscrire [1].

Dès le lendemain de l'attentat du 3 nivôse, toutes les

---

tance de tous les citoyens qui étaient au spectacle, j'avais avec moi un piquet de cette brave garde... Les misérables n'auraient pas osé supporter ses regards.

« La police avait pris des mesures plus efficaces encore.

« J'entre dans tous ces détails, parce qu'il est peut-être nécessaire que la France sache que la vie de son premier magistrat n'est exposée dans aucune circonstance. Tant qu'il sera investi de la confiance de la nation, il saura remplir la tâche qui lui a été imposée.

« Si jamais il était dans sa destinée de perdre cette confiance, il ne mettrait plus de prix à une vie qui n'inspirerait plus d'intérêt aux Français. »

[1] Les sections de législation et de l'intérieur se réunirent sur-le-champ pour délibérer. On s'occupait depuis plusieurs jours de l'établissement de *tribunaux spéciaux*. On fut d'avis qu'il suffirait d'ajouter un article au projet pour leur attribuer la connaissance de cette espèce de délit. (Souvenir d'un conseiller d'état.)

autorités se précipitèrent aux Tuileries, et comme au temps des rois, on vint féliciter Bonaparte d'avoir échappé aux sinistres projets de ses ennemis. Le Sénat ne se présenta point en corps, il gardait la constitution ; mais le conseil d'état se hâta d'offrir ses services [1] par l'organe de Boulay (de la Meurthe) : son discours témoignait de l'admiration enthousiaste pour le Consul : « Le destin avait sauvé une vie aussi précieuse! il était temps enfin de satisfaire au vœu national et de prendre toutes les mesures nécessaires au maintien de l'ordre public. » Le conseil s'associait d'avance aux plans et aux projets de Bonaparte.

Dans le palais des Tuileries, le préfet, à la tête des maires, harangua le Consul, comme au vieux temps le prévôt des marchands et les échevins félicitaient le monarque: « On aime en vous le magistrat respectable, dit M. Frochot, que le pouvoir et les flatteurs n'ont point égaré. Le crime qui vient d'éclater est l'œuvre des septembriseurs. » Bonaparte reçut toutes ces félicitations en monarque, il s'exprima haut contre les Jacobins ; ses yeux lançaient la foudre : « Dès que cette poignée de brigands m'a attaqué directement, j'ai dû laisser aux lois leur punition ; mais puisqu'ils viennent par un crime sans exemple de mettre en danger une partie de la population de la cité, le châtiment sera aussi prompt qu'exemplaire......... Cette centaine de misérables qui ont calomnié la liberté, par les crimes qu'ils ont commis en son nom, seront désormais mis dans l'impossibilité absolue de faire aucun mal. » Bonaparte déjà désignait les coupables : la justice ne savait rien encore, et le

---

[1] Dubois, préfet de police, arriva ; le premier Consul lui dit : « Je serais bien malheureux, si dans cette circonstance j'avais été préfet de police. »

Consul dénonçait une classe entière à la vengeance des corps politiques.

L'impression produite par l'attentat de la veille était si grande que nul n'osa contredire le Consul. Cependant quelques protestations silencieuses de Réal et de Truguet amenèrent de nouveaux éclats; Bonaparte les regardant fixement, s'écria : « On ne me fera pas prendre le change, il n'y a là dedans ni nobles, ni Chouans, ni prêtres. Ce sont des septembriseurs, des scélérats couverts de crimes, qui sont en conspiration permanente, en révolte ouverte, en bataillon carré contre tous les gouvernements qui se sont succédé. Ce sont des artistes, des sculpteurs, des peintres, qui ont l'imagination ardente, un peu plus d'instruction que le peuple, qui vivent avec le peuple et exercent de l'influence sur lui. Ce sont les instruments de Versailles, de septembre, du 31 mai, de prairial, de Grenelle, de tous les attentats contre les chefs des gouvernements. »

Ces paroles furent couvertes de signes nombreux d'approbation; le Consul tournait l'événement sinistre au profit de son pouvoir; il déclamait à haute voix sans être interrompu contre les révolutionnaires, et tout le monde cherchait des yeux Fouché, le ministre de la police; qu'allait-il dire, lui, qui défendait si chaudement ses vieux amis? Il était là dans l'embrasure d'une croisée, pâle, défait, entendant tout, ne disant rien; M. Réal s'approcha et lui dit : « Qu'est-ce que tout cela signifie? Pourquoi ne parlez-vous pas?... — Fouché, relevant un peu la tête, répondit : « Laissez-les dire.... Je ne veux pas compromettre la sûreté de l'État... je parlerai quand il en sera temps... Rira bien qui rira le dernier [1] ». «En résumé, continua le

---

[1] L'embarras de Fouché était fort grand alors; presque suspecté lui-même, il dé-

premier Consul, il faut absolument trouver un moyen de faire prompte justice des auteurs et complices de l'attentat. » Le conseil d'état prit jour pour le lendemain même, afin d'arrêter des mesures de salut public.

La vaste salle du Conseil était remplie, chaque conseiller à son poste, lorsque le Consul entra, l'œil vif et le teint animé; ses deux collègues le suivaient avec une expression craintive; Cambacérès surtout paraissait profondément abattu au milieu du plus morne silence. M. Portalis rapporta l'avis du conseil sur le projet de loi des tribunaux spéciaux; il allait lire les articles, lorsque le premier Consul l'interrompant avec vivacité s'écria : « L'action du tribunal spécial serait trop lente, trop circonscrite, il faut une vengeance plus éclatante pour un crime aussi atroce; il faut qu'elle soit rapide comme la foudre; il faut du sang; il faut fusiller autant de coupables qu'il y a eu de victimes, quinze ou vingt, en déporter deux cents, et profiter de cette circonstance pour en purger la République. Cet attentat est l'ouvrage d'une bande de scélérats, de septembriseurs, qu'on retrouve dans tous les crimes de la Révolution. Lorsque le parti verra son quartier-général frappé, et que la

---

fondait les Jacobins et nommait MM. de Limoëlan, Saint-Régent, Lahaye-Saint-Hilaire, Joyaux et Carbon, comme les auteurs de la machine infernale. Il publiait leurs signalements et une prime pour les découvrir; mais la gendarmerie et la plupart des préfets n'en tenaient guère compte. Pour eux, la vérité était toute trouvée, selon certaines instructions qui leur venaient d'assez haut, avec des gloses sur *les déceptions de Fouché*, comme on disait alors. Dans ce conflit si favorable à l'impunité du crime, le ministre seul proclamait et poursuivait les coupables, tandis que le gouvernement saisissait et déportait des suspects; au lieu de preuves et d'indices sur le forfait de la veille, on exhumait tous les vieux griefs d'opinion et de parti. Il ne s'agissait pas de recherches, mais de proscriptions. Chacun fournissait des listes; j'ai vu même des chefs pacifiés de l'Ouest, apporter aussi des noms de révolutionnaires. Le ministre leur répondait : «Dites-moi seulement où sont MM. de Limoëlan et Saint-Régent. Si le coup est jacobin pourquoi se cachent-ils avec tant de soin depuis ce jour-là? Ils sont vos amis, amenez-les-moi pour se justifier, je vous donne un sauf-conduit pour eux. » (Témoignage d'un contemporain.)

fortune abandonne les chefs, tout rentrera dans le devoir ; les ouvriers reprendront leurs travaux, et dix mille hommes qui, dans la France, tiennent à ce parti et sont susceptibles de repentir, l'abandonneront entièrement. Ce grand exemple est nécessaire pour rattacher la classe intermédiaire à la République. Il est impossible de l'espérer, tant que cette classe se verra menacée par deux cents loups enragés qui n'attendent que le moment de se jeter sur leur proie. Dans un pays où les brigands restent impunis et survivent à toutes les crises révolutionnaires, le peuple n'a point de confiance dans le gouvernement des honnêtes gens timides et modérés; il ménage toujours les méchants qui peuvent lui devenir funestes.

Ici Bonaparte s'interrompit un moment au milieu du silence général; puis, il continua d'une voix irritée : « Les métaphysiciens sont une sorte d'hommes à qui nous devons tous nos maux. Il ne faut rien faire, il faut pardonner comme Auguste, ou prendre une grande mesure qui soit une garantie pour l'ordre social. Il faut se défaire des scélérats en les jugeant par accumulation de crimes. Lors de la conjuration de Catilina, Cicéron fit immoler les conjurés, et dit qu'il avait sauvé son pays. Je serais indigne de la grande tâche que j'ai entreprise et de ma mission, si je ne me montrais pas sévère dans une telle occurrence. La France et l'Europe se moqueraient d'un gouvernement qui laisserait impunément miner un quartier de Paris, ou qui ne ferait de ce crime qu'un procès criminel ordinaire. Il faut considérer cette affaire en hommes d'état. Je suis tellement convaincu de la nécessité de faire un grand exemple, que je suis prêt à faire comparaître devant moi les scélérats, à les juger. Ce n'est pas, au surplus, pour moi que je parle : j'ai bravé d'autres dangers ; ma fortune m'en a préservé, et j'y compte encore. Mais il s'agit ici de l'ordre social, de la morale publique et de la gloire nationale. »

La manière dont Bonaparte envisageait la question était tellement en dehors des habitudes de justice, qu'il dut naturellement s'élever une certaine répugnance dans le Conseil d'état : qui oserait suivre le Consul sur ce terrain de violence et d'exécution ? L'homme du 14 vendémiaire se montrait encore ; il demandait à fusiller, à mitrailler ses ennemis et ceux de son gouvernement, comme il l'avait fait sur l'escalier de Saint-Roch, sans preuves, sur la clameur publique. Depuis longtemps il méditait dans son esprit les moyens de se défaire du parti jacobin ; lui Consul, il en avait peur, il craignait le sort de César aux pieds de la statue de Pompée ; il n'avait oublié aucun des noms désignés par l'abbé Sieyès, le 18 brumaire au soir, et destinés à la déportation comme conséquence de son triomphe. Bonaparte parlait maintenant sans rien déguiser; toute sa théorie se résumait dans cet étrange discours ; il attaquait le xviiie siècle, brisant en face avec le parti de la Révolution.

Or, ce parti, je le répète, avait ses représentants dans le Conseil d'état; que devaient dire Réal, Merlin, Treilhard, Thibaudeau, lorsqu'on menaçait si vivement leurs vieux amis? Ils étaient hommes de gouvernement sans doute ; ils consentaient à prêter la force de leurs idées à Bonaparte, mais ils ne voulaient pas non plus frapper leurs proches, car en définitive, les éclats tomberaient sur eux. Si Regnault de Saint-Jean-d'Angély et Rœderer attaquaient sans cesse les Jacobins et soutenaient la dictature du Consul, il se trouva parmi les conseillers d'état des hommes d'une certaine énergie qui, tout en appuyant les moyens extraordinaires, dénoncèrent la mauvaise voie dans laquelle s'engageait Bonaparte.

Le vieil amiral Truguet, l'homme de mer, dans sa franchise de bord, s'écria : « Oui, je veux que le gouvernement ait des moyens extraordinaires pour se défaire des scélérats, mais il y en a de plus d'une espèce. » — « Parlez clairement, s'écria Bonaparte avec vivacité. » — « Eh bien, répondit Truguet sans se déconcerter, on ne peut se dissimuler que les émigrés menacent les acquéreurs des domaines nationaux, que les prêtres fanatiques égarent le peuple, que les agents de l'Angleterre s'agitent, que l'esprit public est corrompu par des pamphlets, que la révolte se ranime dans la Vendée... » Bonaparte, toujours vivement agité, s'écria : « De quels pamphlets parlez-vous ? — De pamphlets qui circulent publiquement. — Quels sont-ils ? — Vous devez les connaître aussi bien que moi, » répliqua l'amiral.

Le Consul dit alors avec énergie : « On ne me fera pas prendre le change par ces déclamations. Les scélerats sont connus, ils sont signalés par la nation. Ce sont les septembriseurs, ce sont ces hommes, artisans de tous les crimes, et qui ont toujours été défendus ou ménagés par de misérables ambitieux subalternes. On parle de nobles et de prêtres ! Veut-on que je proscrive pour une qualité ? veut-on que je déporte dix mille prêtres, des vieillards ? veut-on que je persécute les ministres d'une religion professée par la plus grande partie des Français et par les deux tiers de l'Europe ? Lorsque Georges a voulu remuer nouvellement, il a attaqué les prêtres qui restaient fidèles au gouvernement. La Vendée n'a jamais été plus tranquille, et s'il s'y commet quelques attentats partiels, c'est qu'il est impossible d'y éteindre tout à coup les ressentiments particuliers. Il faudra sans doute que je renvoie tous les membres du conseil d'état; car, à l'exception de deux ou trois, on dit aussi que ce sont des royalistes, même le citoyen Defermon. Il faudra que j'envoie le citoyen Portalis à Sinnamary, le citoyen Devaines à Madagascar, et que je me compose un conseil à la Babœuf... Nous prend-on pour des enfants? Faut-il déclarer la patrie en danger? La France a-t-elle jamais été dans une plus brillante situation depuis la Révolution, les finances en meilleur état, les armées plus victorieuses, l'intérieur plus paisible? J'aime bien que des hommes, qu'on n'a jamais vus figurer dans les rangs des véritables amis de la liberté, témoignent pour elle de si grandes inquiétudes.[1]. »

Ces vivacités du Consul avaient pour objet de prouver que sa résolution était fixement arrêtée de prendre une mesure extraordinaire contre les Jacobins; on lui disait vainement: « Que rien n'était moins prouvé que leur participation dans l'attentat du 3 nivôse; on n'avait pas de preuves et l'on voulait frapper en masse des hommes! N'était-ce pas assez que de demander le rétablissement des tribunaux spéciaux, en suspendant le cours de la justice; voulait-on même des articles additionnels? Eh bien, le conseil d'état proposait d'attribuer les crimes contre le premier Consul à des commissions militaires ou à ces mêmes cours spéciales, pourvu que tout ce qui conservait les apparences de la justice fût maintenu. »

Ces réflexions étaient bonnes sans doute, mais, en politique, quand le vent souffle d'un côté, c'est en vain qu'on s'y oppose. Il n'y avait alors qu'une voix pour proscrire les Jacobins; l'opinion publique les frap-

---

[1] (Récit d'un témoin oculaire). L'amiral Truguet voulut répliquer, et Bonaparte l'interrompit:
« Allons donc, citoyen Truguet, tout cela est bon à dire chez madame Condorcet et chez Mailla-Garat, et non dans un conseil des hommes les plus éclairés de la France. »

pait de réprobation, on les accusait partout de la machine infernale, des crimes qui ensanglantaient Paris, et quand l'opinion est ainsi agitée, on peut tout oser. En vain Fouché annonçait-il avec persévérance : « qu'il était sur les traces des véritables coupables et qu'on saurait bientôt les atteindre, qu'ils étaient tous en dehors du parti patriote; » la parole de Fouché n'était plus rien, elle se faisait entendre dans le désert; on croyait même que le ministre serait forcé de donner sa démission. Comme il arrive toujours quand la bourgeoisie a la tête montée, elle voulait des exemples, pris à droite ou à gauche, peu lui importait.

Au milieu des accusations qui pesaient sur le ministre de la police, quand on signalait sa complicité avec les Jacobins, Fouché sentit le besoin de donner des gages au premier Consul pour sauver sa position politique auprès de lui. Lorsqu'il consultait ses notes, il voyait bien que l'attentat n'était pas commis par les révolutionnaires; il avait aperçu la culpabilité des Chouans; mais, comment lutter contre l'opinion générale? il n'était pas assez fort ni assez fou pour cela, comme le ministre aimait à le répéter; on lui demandait des sacrifices, des proscriptions, il en accorda sans difficulté; et, dans une conférence de nuit, une liste fatale fut apportée et discutée entre les hommes intimes du Consul. Fouché en avait préparé les premiers éléments afin de la rendre plus odieuse; il y avait jeté tous les rebuts de l'époque révolutionnaire, tous les Jacobins qui avaient résisté à ses allèchements et ne voulaient pas suivre le char de sa fortune. Bonaparte n'oublia aucun de ceux qui avaient combattu sa dictature au conseil des Cinq-Cents; il leur portait une haine ineffaçable dans son cœur chaud et vindicatif. Ainsi Destrem, Talot, Charles de Hesse, furent les premiers portés sur la liste ; on y mit, pêle-mêle, des noms obscurs, et, de temps à autre, on les désignait par cette seule et sombre épithète de *septembriseurs?* Par là on jetait de l'odieux sur cette masse de Jacobins, on confondait l'homme couvert de sang avec le simple partisan de la République exaltée ; on y lisait des noms qui furent depuis effacés, ceux même de MM. Tissot et de Boto, le secrétaire privé de Barras ; Bonaparte n'oublia pas Moïse-Bayle, conventionnel qui avait protégé sa fortune après le siége de Toulon [1].

Curieux spectacle que ces quelques hommes réunis autour d'une table et qui, sous la direction du Consul, mettaient tel nom, effaçaient tel autre, selon le caprice ou une note de police ! C'était affreux surtout de voir des noms inconnus compris dans des listes de proscription, des marchands de vins, de pauvres ouvriers, sans importance, et au milieu d'eux, des hommes de valeur, tels que Félix Lepelletier, le colonel Lefebvre, Charles de Hesse et d'autres encore d'une célébrité triste et plus ardente. Cette liste [2], une fois arrêtée par Fouché, fut soumise au conseil d'état devant lequel on posa la ques-

---

[1] On avait commencé par emprisonner les enragés ; voici comment la police le faisait annoncer :

« On a saisi cette occasion pour s'assurer des caractères turbulents qui figurent depuis trois ans dans les clubs et les groupes jacobins ; on a emprisonné depuis le 3 nivôse : Talot, ex-législateur ; Destrem, ex-législateur ; Felix Lepelletier de Saint-Fargeau ; le ridicule prince général Charles de Hesse ; le fameux Lecointre de Versailles ; Mehée le septembriseur, secrétaire de la commune du 10 août, et depuis secrétaire de la guerre sous Carnot ; Bergoing, ex-législateur ; Mamin, assassin de la princesse de Lamballe ; Mesbecq, garçon perruquier, septembriseur ; Chrétien, limonadier ; Boto, secrétaire privé de Barras ; Tissot, ancien Jacobin ; Basin, ayant une maison d'éducation ; Moïse-Bayle, ex-conventionnel ; Duhamel, patriote exalté, soupçonné pour avoir proposé, il y a quatre ans, pour le service des armées, une machine infernale pareille à celle qui a servi aux conspirateurs. »

[2] Je donne la liste des 183 proscrits ; elle est curieuse ; je l'ai recueillie dans les registres du Sénat.

André, Louis.
Bailly, André-Antoine-Côme.
Barbier, Jean-François.
Baudray, rue de Marivaux.
Bescher, rue de la Pépinière.
Boisjolly, dit Chrétien.

tion de savoir s'il fallait obtenir une loi générale de proscription, ou bien si un acte de gouvernement suffirait.

J'ai dit quelle était la composition du conseil d'état : la grande majorité était devouée au Consul Bonaparte et soutenait son gouvernement avec franchise. Mais si des caractères tels que Rœderer, Portalis, Regnault de Saint-Jean-d'Angély, abondaient entièrement dans les idées de proscription contre les Jacobins, ceux-ci trouvaient, au contraire, des défenseurs hardis parmi les conseillers d'état de l'école de MM. Réal, Treilhard, Truguet, qui voyaient avec douleur cette réaction contre les souvenirs de 1795; n'était-ce pas les atteindre eux-mêmes? N'y avait-il pas toujours un peu des souvenirs de septembre, du 10 août, ou de tout autre excès républicain parmi les membres du conseil d'état qui avaient passé leur vie dans les comités? Ils devaient craindre tôt ou tard une sorte de proscription morale. Révolutionnaires, devaient-ils flétrir la Révolution? Ces disputes, ces divisions d'opinions se révèlent dans les débats devant Bonaparte ; ils deviennent vifs, pressants. Cette liste qu'on

Boniface, Antoine.
Bormans, Adrien-Antoine.
Bouin, Mathurin, de la division des Marchés.
Bréhan, Jacques.
Brisevin, Jean-Michel.
Brochet, rue du Vieux-Colombier.
Barlois, Laurent.
Cardinaux, Pierre-Maurice.
Carrellé, Pierre.
Ceyrat, président aux massacres de septembre.
Chateau, Joseph.
Chateauneuf, père.
Chateauneuf, fils.
Chalandon, Claude.
Cheval, Charles-Auguste.
Chevalier, Claude-Louis.
Choudieu.
Chrétien, Pierre-Nicolas.
Colette, Claude, faubourg Saint-Antoine.
Coquerelle, rue du Crucifix.
Cordas, Jacques.
Corchant, André.
Cozzette, Pierre.
Crépin, Jacques.
Crosnier, rue des Postes.
David, marchand de vins, rue du Théâtre-Français.
Delabarre, Robert-Guillaume-Antoine.
Delrue, Jean-Baptiste-Édouard-Joseph.
Derval, Nicolas-Joseph.
Destrem, Hugues.
Derville, Georges-Laurent.
Ducatel, Pierre.

présentait, qui l'avait faite? Pour un crime dont la source n'était pas prouvée, comment pouvait-on jeter dans la déportation 153 individus? Le premier Consul ouvrit la séance par ces paroles : « On va donner lecture d'un rapport du préfet de police, d'un autre d'un agent en qui j'ai confiance, et ensuite d'un rapport du ministre de la police sur 153 coquins qui troublent la tranquillité publique. » C'était s'exprimer sans déguisement; comment ne pas proscrire des coquins?

M. Réal s'emporta, en pleine séance du conseil d'état, jusqu'à dire : « Que les vrais coupables seraient déjà connus si on voulait les chercher avec bonne foi; mais que certains ennemis de la liberté ne voulaient qu'un nouveau prétexte pour proscrire ses défenseurs.... » — Je voudrais, répliqua M. Regnault de Saint-Jean-d'Angély, que M. Réal sortît du vague, en citant des faits, et quels sont ceux qui poursuivent des innocents en haine de la Révolution.... » Alors M. Réal, rouge de colère, s'écria : « Eh bien! c'est toi le premier que j'accuse, et ma démission sera au bout de mes preuves; toi, éternel ennemi de tout ce qui porte un cœur libre. » — « Si on le prend sur ce ton, dit alors M. Regnault, je vois qu'il n'y a plus de

Dufour, François.
Dupont, Guillaume-Jean.
Dusoussy, Joseph.
Eon, Paul-Marie-Dominique-Bonaventure.
Fiquet, Claude-Antoine.
Flamant, Claude.
Fontaine, quai Pelletier
Fouryon, François.
Fournier, l'Américain, Charles.
Fournière, Barthélemy.
Fyon, Jean-Joseph.
Gabriel, ouvrier septembriseur.
Gaspard, Gilles, septembriseur.
Georget, Jean-Baptiste.
Gerbeaux, Jean-Louis.
Giraud, rue du Vert-Bois.
Gosset, Jean.
Gosset, Louis.
Goulard, Jean-Baptiste.
Guillemot, Bertrand.
Gallebois, septembriseur.
Hesse, Charles.
Humblet, rue Daval.
Jacquot-Villeneuve.
Jacques-Chrysostôme.
Jallabet, Étienne.
Jolly-René, septembriseur.
Jourdeuil, Didier.
Lacombe, Bertrand.
Lageraldy, Jean-Pierre.
Lamberthé, Théodore.
Laporte, Antoine-Jean-Baptiste.

discussion possible. » M. Réal, vivement ému, s'écria : « Je demande la parole. » Le premier Consul, sentant la crise, lui fit signe de parler.... Il soutint que tout était l'œuvre de la vengeance et de la réaction ; que des hommes toujours conspirant sous divers masques, prenaient celui-ci pour satisfaire leurs ressentiments politiques. Puis, touchant adroitement un point sensible pour Bonaparte : « Ces hommes recommencent sous une autre forme un 13 *vendémiaire*. » Le premier Consul répliqua : « Comment pouvez-vous défendre de tels gens? ce sont des septembriseurs que l'on veut atteindre ! »—« Des septembriseurs! citoyen Consul, ah ! s'il en reste, périsse le dernier! Mais ici, qu'est-ce qu'un septembriseur?.. C'est M. Rœderer qui sera demain un septembriseur pour le faubourg Saint-Germain... M. Regnault de Saint-Jean-d'Angély sera un septembriseur pour les émigrés devenus maîtres du pouvoir. »—« Cependant, ajouta le premier Consul, n'y a-t-il pas des listes de ces hommes? »—« Oui, certes, il y des listes, dit M. Réal! J'y vois le nom de Baudray, qui est juge à la Guadeloupe depuis cinq ans, et qu'on va déporter pour le 5 nivôse, aussi bien que Pâris, greffier du tribunal révolutionnaire, mais qui est mort depuis

Lefebvre, colonel de la gendarmerie.
Lefebvre, Pierre.
Lefranc, Jean-Baptiste-Antoine.
Legros aîné, septembriseur.
Lemmery, Louis-Julien.
Lepelletier, Félix.
Lepine, Louis-Marie-Daniel.
Leroy, Julien, dit Eglator.
Lesueur, Jean-Nicolas.
Lebois, Réné-François.
Linage, Jean-Pierre.
Linage, Christophe.
Louis, dit Brutus.
Mamin, Jean-Gratien-Alexandre.
Marlet, Michel, septembriseur.
Maignan, Joseph.

Marconnet, Ambroise.
Marseau, Réné-François.
Marquezi, de Toulon.
Marcelin, Jean-François-Julien.
Marchand, orateur du Manège.
Massard, Guillaume-Gilles-Anne.
Menessier, Claude.
Metivier, Pierre.
Michel, Étienne, du 6e arrondissement.
Michel, Sulpice.
Millières, François.
Moneuse, marchand de vins.
Moreau, Louis.
Mulot, faubourg Saint-Martin.
Nicolas-François.
Niquille, Jean.

six mois. » — « Ah! répondit Bonaparte, en se tournant vers M. Rœderer : qui a donc fait ces listes-là...? Il y a pourtant, à Paris, assez de ces restes incorrigibles d'anarchistes de Babœuf!... » — « En ce cas, précisément, je serais sur la liste aussi, continue en riant M. Réal, comme Babouviste, si je n'étais pas conseiller d'état ; moi qui ai défendu Babœuf et ses co-accusés à Vendôme. »

Toutes ces discussions aigres, animées, avaient pour objet l'examen d'une question plus sérieuse, c'était celle de savoir si cette liste de proscriptions formerait l'objet d'une loi ou d'une mesure de gouvernement. Si l'on consultait la majorité du conseil d'état, elle déciderait qu'un projet de loi était nécessaire ; en supposant même le pouvoir le plus extraordinaire dans un gouvernement, il ne devait pas lui être permis de proscrire par grandes masses d'hommes, et de jeter, sans le concours d'une assemblée, 133 individus hors du territoire en état de déportation ; ne revenait-on pas à la Terreur? mais dans l'opinion du Consul une loi était un danger, parce qu'elle amenait une discusion et qu'elle pouvait faire manquer la force et la dignité du gouvernement ; la dictature ne voulait pas de contrôle ; était-on

Pachon, Charles.
Pâris, Nicolas.
Perrault, François.
Pepin-Desgrouettes, Pierre-Anathase.
Pradel, Jean-Baptiste.
Prévost, Gabriel-Antoine, septembriseur.
Quinon, Joseph, septembriseur.
Richardet, Claude-Marie.
Richon, Pierre.
Rivière, rue des Prêtres-Saint-Paul.
Rossignol, général de l'armée révolutionnaire.
Rousselle, Robert.
Saint-Amand, Jacques.
Saulnier, Jean.
Saulnois, Charles.

Serbollet, dit Lionnais.
Simon, Jacques-Marie.
Souillier, Nicolas.
Talot, Michel-Louis.
Taillefer, Jacques.
Thiébault, Sébastien-Hubert.
Thirion, faubourg Saint-Antoine.
Tirot, Claude.
Toulotte (de Saint-Omer).
Tréhant, Jean-Nicolas-Paul.
Vacray, Jean-Martin.
Vanneck, Jean-Baptiste.
Vatar, René.
Vauversin, Pierre.
Vitra, Agricole-Louis.
Vilain-Daubigny.

bien sûr du Tribunat? obtiendrait-on la majorité dans cette assemblée un peu décidée à faire de l'opposition aux mesures du pouvoir? Bonaparte voulait donc être autorisé à prononcer la déportation par un simple acte de police, sur un rapport du ministre et sous sa responsabilité; et puis, comme on était sûr du Sénat, où tout se faisait silencieusement, on soumettrait la résolution du gouvernement à la sanction de ce patriciat politique, se bornant à déclarer que l'acte des Consuls ne blessait pas la constitution.

Telle était la forme à suivre dans l'opinion du Consul pour amener la dictature à son résultat absolu; le pouvoir voulait proscrire sans qu'il y eût d'opposition de la part des corps politiques. Les réunions solennelles du conseil d'état se succédaient; des conseils privés, composés des deux sections du conseil, des ministres et des trois Consuls se rassemblèrent à plusieurs reprises; enfin, dans le grand cabinet des Tuileries, le premier Consul répéta hautement ses motifs sur la nécessité d'une mesure de gouvernement contre les anarchistes, et il ouvrit la discussion sur la question de savoir s'il agirait de sa propre autorité [1]. Les conseillers d'état dévoués au parti patriote, combattirent la proposition sur le fondement que la législation actuelle suffisait et qu'on ne pouvait pas, sans donner à une nouvelle loi un effet rétroactif et le caractère d'une loi de circonstance, l'appliquer à l'attentat du 3 nivôse. — « Si la loi est rejetée, le gouvernement sera désarmé, dit alors le premier Consul. » — « Eh bien! répliqua un conseiller d'état, nous aurons fait notre devoir; mais elle

---

[1] *Le premier Consul.* « La discusssion est ouverte sur la question de savoir si ces hommes-là doivent être l'objet d'une mesure générale. »

ne le sera pas. — Je n'en sais rien, dit Bonaparte; sans parler principe, on sait dans le Corps législatif quels sont les hommes qu'il s'agit d'atteindre. On n'y est pas convaincu qu'ils soient les auteurs de l'attentat; les opinions y sont au moins divisées. Il y en a qui l'imputent à un autre parti; si cet avis prévaut, la loi ne passera pas; faut-il en courir le risque?... — Cela n'est pas à craindre, répliqua un autre conseiller. Les députés savent bien que ces hommes-là sont leurs ennemis comme les nôtres. Le Corps législatif est composé du centre des diverses assemblées. On voulait jeter à l'eau les députés, lorsqu'ils refusaient, avant le 18 brumaire, de déclarer la patrie en danger. Les septembriseurs ne peuvent pas avoir dans le Corps législatif plus de huit à dix députés que je connais bien. Mais ces septembriseurs, s'il était vrai qu'ils fussent coupables de l'attentat, n'auraient pas agi de leur propre mouvement; ils auraient été commandés, pour commettre ce crime, par des chefs plus considérables. »

Bonaparte l'interrompit : « Vous êtes dans l'erreur de croire que le peuple ne fait rien que lorsqu'il est mené. Le peuple a un instinct qui le pousse, et d'après lequel il agit tout seul; pendant la Révolution, il a mené les chefs qui paraissaient le conduire. — Mais, citoyen Consul, qu'auraient fait les conjurés, répliqua un autre conseiller, dans le cas où le complot aurait réussi? — Qu'auraient-ils fait? ils ont dit : Tuons Bonaparte, et après cela nous ferons nos farces. Ils se seraient rassemblés. Ils auraient parcouru les rues et jeté l'épouvante. Peut-être que des hommes un peu plus relevés, tels que Barras, leur aurait dit : Agissez et nous nous montrerons, et qu'ils se seraient montrés. Mon cher, la plupart des hommes instruits sont des hypocrites, excepté quelques amis sincères de la vérité. Quant aux

Chouans et aux émigrés, ils se sont soumis aux lois particulières, je peux les faire fusiller comme Margadel. Au reste, voici la question, continua Bonaparte : le pouvoir extraordinaire n'appartient à personne. Qui a le droit de le donner? Si personne n'en a le droit, le gouvernement doit-il le prendre? Citoyen Talleyrand, quel est votre avis? — Il vaut mieux, répondit le ministre, un acte du gouvernement qu'une loi; cela imposera davantage au dehors; on dira que le gouvernement sait se défendre lui-même. Voyez les inconvénients de toute mesure qui ne permettra pas une punition prompte et sévère. L'affaire Ceracchi a interrompu toutes les relations diplomatiques pendant un mois et demi, et forcé à rouvrir la campagne. L'empereur de Russie a donné ordre de suspendre les ouvertures commencées. — C'est aussi mon opinion, dit le ministre de la justice, il faut que le gouvernement agisse et le plus promptement possible. Le Consul Lebrun donna le même vote. On attendait l'avis du Consul Cambacérès; il ne le manifesta point, annonçant assez clairement dans le cours de la discussion qu'il opinait pour une loi.

La majorité décida que le gouvernement n'en avait pas besoin, et ce fut M. Portalis qui fit le rapport avec son habileté accoutumée. Truguet, Lacuée et Defermon votèrent ouvertement contre; ils s'y étaient engagés vis-à-vis des patriotes; plusieurs membres du conseil d'état s'abstinrent de voter; néanmoins le premier Consul ordonna aux deux sections de rédiger un arrêté motivé. Mécontent de la rédaction lorsqu'elle lui fut présentée, il fit proposer à la délibération des deux sections les points suivants : 1° une commission militaire pour juger; 2° une commission spéciale pour déporter; 3° consulter le Sénat avant l'exécution. Les sections délibérèrent une commission militaire, pour juger; point de commission spéciale pour déporter, sauf au gouvernement à prononcer lui-même; communication après l'exécution au Sénat, au Corps législatif et au Tribunat[1].

Dans tout le cours de cette discussion, on voit fortement en relief le caractère de Bonaparte; la dictature soldatesque se montre ouvertement; il ne parle plus que de fusiller, que de commissions militaires, que de déportations; les formes promptes, expéditives, lui plaisent seules; il n'en veut pas d'autres. Tout ce qui est limité, l'importune; il est secondé dans ses projets par la fraction monarchique du conseil d'état : celle-là le pousse à tout ce qui peut jeter son pouvoir dans des conditions plus fortes. Quelques voix parmi les conseillers se font entendre pour s'opposer à ce projet, il ne s'arrête devant rien; il va droit à son but; tout ce qu'il veut, c'est qu'on lui trouve une manière de rédaction qui puisse justifier ses violences militaires. Il désire des formes; comme les empereurs de Rome, il a besoin d'un sénat, mais qui vote muet sous ses volontés et ratifie ses proscriptions; il fait refaire trois fois la rédaction de l'avis du conseil d'état.

C'est pour ainsi dire sous sa dictée que le conseil arrête

---

[1] Comparez les registres du conseil d'état et les souvenirs de M. Pelet de la Lozère. Cambacérès dit : « que le premier Consul insistait sur la nécessité d'attribuer au gouvernement un pouvoir extraordinaire, et désirait que les sections rédigeassent un projet de loi à présenter au Corps législatif. La plupart des membres persistèrent dans l'avis que les articles additionnels au projet sur les tribunaux spéciaux étaient suffisants. Portalis parla surtout avec beaucoup de chaleur contre toute mesure violente qui ne pourvoirait que momentanément aux dangers, tandis que les institutions durables, telles que les tribunaux spéciaux, étaient beaucoup plus efficaces. Le second Consul insista pour que l'on rédigeât toujours un projet dans les vues du premier Consul. « Cela n'empêchera pas, dit-il, le conseil d'en discuter l'utilité ou les inconvénients. Le premier Consul aime la discussion, pourvu qu'on n'y mêle pas d'amertume ni d'épigrammes. » L'observation s'appliquait à Truguet. Le projet fut donc rédigé. » (Souvenir d'un conseiller d'état.)

la plus étrange justification des proscriptions dictatoriales imposée par le Consul : « Considérant que depuis le commencement de la Révolution, il a existé une classe d'individus qui, profitant des divers interrègnes de la loi et de l'absence de toute force publique, s'est livrée à des crimes dont l'impunité a été une source de calomnies contre la liberté et la nation française; que depuis l'organisation du gouvernement actuel, elle n'a pas été un seul jour sans tramer l'assassinat des premiers magistrats de la République; qu'ainsi, cette classe, produit d'une révolution qui a déchaîné toutes les passions, ne peut être, et n'est en effet envisagée, par toute la nation, que comme une ligue de brigands qui est en guerre permanente contre tout ordre public; qu'une constitution et des lois, faites pour le peuple le plus généreux et le plus doux de la terre, ne peuvent offrir aucun moyen contre cette classe d'individus : est d'avis que, pour assurer la constitution et la liberté publique, le gouvernement doit mettre en surveillance, hors du territoire européen de la République, les individus que le ministre de la police lui indiquera, et que le gouvernement reconnaîtra comme appartenant à cette classe d'hommes. Le conseil est d'avis que l'acte de haute police dont il s'agit, n'est pas de nature à être l'objet d'une loi. Néanmoins le conseil, considérant que cet acte étant un acte extraordinaire, et ayant pour objet le maintien *de la constitution et de la liberté publique*, est, par cela même, de la compétence spéciale d'un corps qui, par l'esprit de son institution, doit veiller à tout ce qui intéresse la conservation du pacte social; que d'ailleurs, dans un cas comme celui-ci, le référé du gouvernement au Sénat conservateur pour provoquer, sur ses propres actes, l'examen et la décision de ce corps tutélaire, devient, par la force de l'exemple, une sauve-garde capable de rassurer, pour la suite, la nation, et de prémunir le gouvernement lui-même contre tout acte dangereux à la liberté publique, est d'avis que cet acte du gouvernement doit être porté par trois membres du conseil d'état au Sénat conservateur, pour devenir la matière d'un *Sénatus-Consulte*, prononçant sur la question de savoir si cette mesure est conservatoire de la constitution[1]. »

Cette forme d'avis du conseil d'état donnait donc plein pouvoir au gouvernement, et Bonaparte pouvait travailler à l'aise contre ses ennemis; on remania un peu les listes. Comme il ne fallait pas être absurde dans la proscription, on effaça la plupart des irrégularités que M. Réal avait signalées; on ne mit plus sur la liste des hommes morts, ou encore employés par le gouvernement : tout fut travaillé avec plus de méthode; il y eut un motif pour chaque individu, et la plupart étaient tellement inconnus qu'ils n'excitaient que peu d'intérêt. Dans cette circonstance, il ne restait plus qu'une difficulté; c'était de faire approuver par le Sénat l'acte du gouvernement, la mesure en elle-même; Sieyès qui exerçait toute influence dans ce corps s'était engagé envers Bonaparte; la liste que l'on dressait aujourd'hui était en tout semblable à celle qu'il avait lui-même préparée le 18 brumaire. Il y avait toujours une velléité de proscription dans l'abbé Sieyès; jamais il n'était satisfait que lorsqu'il pouvait éloigner quelques Jacobins acharnés contre sa personne et son pouvoir; lui donner une liste, c'était pleinement le satisfaire et d'ailleurs il avait besoin de faire oublier à Bonaparte les premiers éclats de sa mauvaise humeur après le Consu-

---

[1] Registre du conseil d'état (Décembre 1800).

lat[1]. L'abbé Sieyès conduisait la majorité du Sénat et il demanda à Bonaparte de se hâter de présenter l'acte de gouvernement à son approbation.

Des pièces volumineuses furent envoyées par un message du Consul, et avec ces pièces un rapport que Bonaparte avait imposé à Fouché pour le compromettre dans la mesure ; c'était sur ce rapport que l'arrêté de la déportation avait eu lieu ; il était étrangement conçu, de manière à enlacer sous une même proscription tous ceux qui pourraient nuire à la marche du gouvernement. Fouché, avec son talent de rédaction remarquable, y disait : « La France frémira longtemps de l'attentat du 5 nivôse. A la nature de ce forfait, aux nombreux homicides qu'il devait produire et qu'il a produits, même en manquant son but, on a pu voir qu'il n'a pu être commis que par des ennemis des hommes. Paris et la République donnent des larmes et des secours aux victimes qui ont été frappées, et le premier Consul, échappé aux dangers, est plus environné, plus pressé, en quelque sorte, mieux gardé que jamais par l'amour et par les forces de tous les citoyens. Par ce forfait inouï qu'ils viennent d'ajouter à tant d'autres forfaits, les homicides ont rendu plus inviolable encore l'union intime et sacrée de la République et de son premier magistrat. Ils ont donné plus de puissance à ce qu'ils ont voulu anéantir; ils ont manifesté aux yeux de l'Europe entière combien est indestructible une autorité qui a pour fondement les lois, pour appui l'amour de tous ceux qui leur obéissent. Des hommes exercés à tous les genres de forfaits renouvellent, chaque jour, sous toutes

[1] Il y eut, le 10 nivôse, une séance préparatoire du Sénat; la majorité opina dans le sens du premier Consul, même Monge qu'on assurait n'avoir pas été de cet avis dans ses conversations avec lui sur cette affaire.

les formes, le plan d'anéantir en France l'ordre et le bonheur publics. Ce ne sont pas là de ces brigands contre lesquels la justice et les formes sont instituées, et qui menacent seulement quelques personnes et quelques propriétés; ce sont des ennemis de la France entière, et qui menacent à chaque instant tous les Français de les livrer aux fureurs de l'anarchie. Ces hommes affreux sont en petit nombre, mais leurs attentats sont innombrables. C'est par eux que la Convention nationale a été attaquée à main armée jusque dans le sanctuaire des lois de la nation. Ce sont eux qui ont voulu faire tant de fois de tous les comités de gouvernement les complices ou les victimes de leur courage sanguinaire ; ce sont eux qui ont essayé de faire tourner contre le Directoire exécutif et contre la ville de Paris, les troupes destinées à les garder. Ils ne sont pas les ennemis de tel gouvernement, mais de toute espèce de gouvernement ; et celui qu'eux-mêmes auraient créé serait bientôt renversé de leurs propres mains. Ils ont dû changer de tactique à l'aspect d'un gouvernement environné de l'opinion publique, et fort spécialement par l'affection du peuple. Ainsi, tout ce qu'ils ont tenté depuis un an, n'avait pour but que des assassinats. La stupeur, le désordre qu'aurait produits la mort du premier Consul de la République, paraissaient propres à leurs affreux desseins. C'est une guerre atroce qui ne peut être terminée que par un acte de police extraordinaire. Il ne s'agit pas seulement aujourd'hui de punir le passé, mais de garantir l'ordre social [1]. »

Avec de telles doctrines on allait loin; en vertu de l'ordre social, on marchait droit à ces mesures de

---

[1] Rapport de Fouché aux Consuls, 1er janvier 1804.

salut public qui étaient la base de toutes les atrocités politiques aux jours de la Terreur. Sans doute le gouvernement avait besoin de sa force; il était peut-être nécessaire d'un exemple; mais cette longue série de proscrits qui s'élevait à 133, choisis en majorité parmi des hommes sans consistance, n'était au fond qu'une mesure dictatoriale à la manière de Rome. Hélas! il fallait se hâter de la prendre pour rassurer la société; le gouvernement absorbait les institutions politiques au profit de l'ordre. Ce fut le jour où 84 de ces déportés furent arrêtés par un coup de police que l'acte du gouvernement fut porté à la sanction du Sénat; on remarquera que c'était le premier vote qu'on demandait à ce corps politique; on l'inaugurait par une liste de proscrits. L'abbé Sieyès avait préparé les esprits, et il reste à peine trace de cette discussion secrète. Le procès-verbal n'existe que tronqué[1]; il paraît pourtant que quelques débris du parti patriote, tels que Cabanis, Lemercier, Lenoir-Laroche, firent entendre une opposition assez vive; ils donnèrent à cette mesure son véritable sens : la qualification de coup-d'état, car ce n'était pas autre chose.

Le Sénat eut à rédiger cependant l'acte qui sanctionnait la mesure gouvernementale, et c'est ici que se montra une fois encore cette subtilité de rhéteurs qui s'était révélée au conseil d'état, comme dans tous les corps constitués sous la main du Consul, pour une pleine justification de l'arbitraire le plus absolu; il y perce néanmoins de l'embarras, on y emploie une certaine phraséologie populaire, alors même qu'on anéantit tous les droits du peuple. Après avoir exprimé, comme le ministre de la police, toute la perversité de la classe

[1] Registre des délibérations du Sénat (chambre des Pairs).

d'hommes que l'on veut proscrire, et les craintes qu'elle inspire à l'ordre social, le Sénat dit par l'organe de Roger-Ducos : « Considérant que la constitution n'a point déterminé les mesures de sûreté nécessaires à prendre en un cas de cette nature; que dans ce silence de la constitution et des lois sur les moyens de mettre un terme à des dangers qui menacent chaque jour la chose publique, ce désir et la volonté du peuple ne peuvent être exprimés que par l'autorité qu'il a spécialement chargée de conserver le pacte social, et de maintenir ou d'annuler les actes favorables ou contraires à la constitution ; que, d'après ce principe, le Sénat, interprète et gardien de cette charge, est le juge naturel de la mesure proposée en cette circonstance par le gouvernement; que cette mesure a l'avantage de réunir le double caractère de la fermeté et de l'indulgence, en ce que, d'une part, elle éloigne de la société les perturbateurs qui la mettent en danger, tandis que, d'autre part, elle leur laisse un dernier moyen d'amendement ; par tous ces motifs, le Sénat conservateur déclare que l'acte du gouvernement, en date du 14 nivôse, est une mesure conservatrice de la constitution [1]. »

Il régnait dans ce sénatus-consulte une sorte d'hypocrisie qui se ressentait de l'école des douces proscriptions de l'abbé Sieyès; l'acte de la dictature était justifié par des motifs constitutionnels; on aurait presque dit que c'était dans leur intérêt qu'on jetait hors de France les hommes désignés dans ces listes. De quoi avait-on à se plaindre? Le Sénat se posait comme le représentant du peuple, gardien de ses droits; il défendait toutes les libertés politiques, il en était l'unique expression, et en même

---

[1] Sénatus-consulte du 16 nivôse an VIII,

temps il approuvait l'acte le plus arbitraire, une liste à la manière de Sylla. Souvent les gouvernements sont dans ces nécessités, il ne faut pas leur en faire un reproche; après de profondes secousses, une société a besoin de se reconstituer sur de fortes bases. A cet effet, il ne faut point des pouvoirs mous et incertains, des mesures qui se ressentent trop de la rigidité des principes; il faut qu'on ait la franchise de le dire; il y a quelque chose de fort dans ce qui est franc, et plus tard Napoléon va plus hardiment à ses desseins. Le Consul avait à guérir une maladie profonde; il se hâte d'obtenir le seul et grand remède, la dictature morale. L'armée et la bourgeoisie l'offraient à Bonaparte; l'armée parce qu'elle aimait et saluait son général; la bourgeoisie parce qu'elle voulait en finir avec le désordre. Dans ces sortes de crises, il faut briser toutes les petites résistances, et marcher droit à ses desseins.

Si le Sénat commençait sa carrière politique par un acte d'arbitraire aussi vaste, aussi gouvernemental; que se passait-il au Tribunat, cette institution qu'on disait fondée pour soutenir et défendre les garanties populaires? J'ai dit déjà quelle était la composition de ce Tribunat, et la division de ses membres sur les questions politiques. Les uns, tout dévoués comme Savoie-Rollin, Siméon, au gouvernement consulaire; les autres, au contraire, tels que Chénier, Benjamin Constant, Ginguéné, voulant former dans le Tribunat une sorte d'opposition anglaise qui pourrait donner à la constitution de l'an VIII quelques-uns des caractères du système représentatif. La circonstance leur paraissait belle pour protester, car, en même temps que le Consul demandait la liste de proscription au Sénat, il faisait proposer au Tribunat un projet de loi qui, suspendant le cours de la justice, créait des tribunaux spéciaux pour le jugement des crimes; ces tribunaux devaient se composer de trois militaires, de trois juges civils, et d'un président désigné par le Consul; leur mission était de frapper sans jury les crimes qui s'attacheraient ou au gouvernement ou à la société; d'où il résultait que toute garantie était suspendue pour les jugements des causes. Il y avait tant d'agitation dans la société que le gouvernement voulait en finir avec ces troubles publics qui tourmentaient Paris et les départements; la société éplorée demandait une répression, et dans ces temps tout est permis au pouvoir, il peut oser ce qui lui plaît sans crainte; l'opposition même est importune; des époques viennent quelquefois où le pouvoir absolu est accueilli comme un bienfait.

Le Tribunat eut donc à discuter ce projet des cours spéciales, et un rapport de M. Siméon exposa la nécessité d'une répression contre les ennemis acharnés de l'ordre social. Le Tribunat ouvrait pour la première fois sa séance, les salles étaient remplies; on voulait voir enfin le premier essai d'une discussion libre sous le Consul. Dans cette impatience des esprits, ce fut le tribun Savoie-Rollin qui justifia le projet. « Tout ce qu'il y a de plus hideux, s'écria-t-il, dans l'espèce humaine, est réuni dans ces bandes qui portent partout leurs brigandages, qui assassinent les citoyens paisibles, les dépouillent, assouvissent leur brutalité sur les femmes, imposent des conditions aux acquéreurs des domaines nationaux, égorgent les fonctionnaires publics, les défenseurs de la patrie, et donnent un asile et des armes à ces hommes qui abandonnent lâchement la défense de la plus belle des causes, ou fuient non moins lâchement devant un ennemi; ces bandes enfin, qui, depuis six ans, ont recueilli de si abondantes moissons de crimes, et dont il faut détruire l'horrible organisation : voici pourquoi je vote pour les tribunaux spéciaux. »

« Ne nous arrêterons-nous jamais dans ce système? Marcherons-nous en dégénérant? répondit Ginguéné. Si la fermeté des amis de la liberté n'avait été éprouvée depuis longtemps par tant de vicissitudes, aujourd'hui, sans doute, elle pourrait être ébranlée : il serait excusable d'être alarmé. L'on nous vante la force d'un gouvernement qui n'a plus besoin que d'être juste. Cependant, le projet signale partout des brigands que les lois ordinaires ne peuvent atteindre; il signale surtout la faiblesse du gouvernement. Un défaut, même important, et qu'on n'a point remarqué, se trouve dans le titre du projet; il ne parle que de l'établissement d'un tribunal spécial, lorsque le projet donne au gouvernement l'autorisation de les multiplier à son gré, et votre rapporteur, qui a bien senti ce vice de rédaction, l'a corrigé dans tout son rapport [1]. »

Chénier vint au secours de son ami, car il fallait emporter le débat par une rapide argumentation. « C'était peu, dit-il, qu'on attaquât notre sainte institution de jurés, en restreignant son principe, en le corrompant dans son essence, en substituant à la simplicité des dépositions orales, des fatras de procédures écrites, en faisant d'excellents jurés de mauvais praticiens. Il fallait rétablir dans nos tribunaux l'ancien empire de la chicane, le pouvoir expéditif de la justice prévôtale; il fal-

---

[1] Cette opposition du Tribunat commence à ennuyer Bonaparte qui la fait persifler dans les journaux, par M. Rœderer :

« Ils sont douze ou quinze, et se croient un parti. Déraisonneurs intarissables, ils se disent orateurs. Ils débitent, depuis cinq à six jours, de grands discours qu'ils croient perfides, et qui ne sont que ridicules. Enfin, au sein d'une société où les idées et les choses sont remises à leur place, ils se proclament sages, et ne s'aperçoivent pas qu'ils sont les seuls insensés. Quand nous aurons rapporté quelques-uns de leurs raisonnements pour faire apprécier leur raison, cité quelques-unes des suppositions dont ces discoureurs s'étayent, il

lait détruire autant que possible les jugements sacrés des citoyens par leurs pairs. Non, il ne faut pas les détruire, direz-vous : mais quelle amère dérision ! Vous les conservez pour les délits de peu d'importance, lorsqu'on prononce des peines légères, et vous les écartez quand l'accusation est capitale. Vous voulez des lenteurs quand il ne s'agit que d'un conflit particulier ; quand c'est une attaque de citoyen à citoyen, vous laissez exacte la balance de la justice, et, dans la lutte inégale des citoyens contre le gouvernement, de tous contre un seul, vous vous hâtez de venir au secours de la puissance accusatrice. »

Quelques murmures éclatèrent parmi les députés plus dévoués au Consulat, et le tribun Perrault prit la parole : « Mais savez-vous ce que c'est que ce gouvernement ? une autorité dont tous les actes ont justifié jusqu'à ce jour votre confiance dans ses lumières, et surtout dans la pureté de ses intentions ; une autorité qui, après avoir assuré notre indépendance au dehors, s'occupe, sans relâche, d'assurer au dedans celle de chacun de nous, vous demande une loi qui donne à sa puissance une action assez forte, assez prompte pour enchaîner les crimes, assez mesurée pour ne pas compromettre la liberté publique, pour ne pas alarmer les bons citoyens. Nous en sommes venus au moment où le crime, sous toutes sortes de masques, attaque, de toutes parts, les fondements de la société, porte la terreur jusque

faudra, ou reconnaître qu'ils sont en effet privés de sens et de raison, ou leur refuser une conscience et des souvenirs. Ils supposent que tous les hommes sont impartiaux, bons et courageux ; que dès lors les lois, telles que celle de l'institution des jurés, suffisent à la répression de brigands, qui, organisés en bandes, assassinent sur les grands chemins, dans les villages et presque dans les cités ; ils savent cependant que le premier moyen de défense de ces brigands est un engagement par lequel les chefs de bande promettent d'assassiner les jurés qui trouveraient des coupables. »

dans le sanctuaire de la justice, où personne n'ose plus faire entendre la voix accusatrice de la vérité. Les plus petits voyages sont devenus des campagnes de guerre, au danger desquelles on est tout fier d'avoir échappé ; le projet me paraît contenir tous les éléments de répression, sans aucun de ces vices qui accompagnent trop souvent les mesures qui s'écartent plus ou moins de la ligne constitutionnelle. »

Alors se fit entendre la jeune et douce voix de Benjamin Constant, l'expression du salon de madame de Staël ; examinant la mesure dans son ensemble, l'orateur se résuma en quelques paroles : « Si le projet soumis à votre discussion n'était pas d'une obscurité intolérable; s'il ne soumettait pas des délits de toute nature à l'action d'un tribunal extraordinaire; s'il ne contenait pas des dispositions susceptibles d'une foule d'interprétations dangereuses, ou je ne serais pas monté à cette tribune pour le combattre, ou j'aurais gardé le silence, m'en remettant à vous, mes collègues, de décider d'une question si importante. Je sais de quelle défaveur vont s'entourer les adversaires du projet : on pourra dire qu'ils plaident la cause des brigands, qu'ils entravent la marche d'une justice rapide contre l'organisation du crime; mais je sais trop aussi combien la crainte des interprétations peut faire fléchir la conscience du législateur, pour qu'un semblable motif m'arrête. Et moi aussi je déteste les brigandages, et je désire vivement qu'ils soient réprimés; mais il faut craindre que l'innocence ne se trouve enveloppée dans les mesures répressives qu'on nous propose. Parce que les acquéreurs de biens nationaux doivent être respectés et protégés, il ne faut pas leur donner une garantie illusoire, par cela seul qu'elle serait arbitraire; enfin, parce que nous sommes forcés de quitter un moment les formes ordinaires, il ne faut pas établir une théorie qui reproduit des phrases banales dont tous les partis ont abusé, qui offre des armes que la main des partis peut rendre funestes à la liberté. »

Cette discussion n'avait pas un grand retentissement dans le pays. Lorsque le gouvernement est tout, lorsqu'on a besoin d'ordre, que devient l'opposition? Ces tribuns qui défendaient quelques-unes des libertés expirantes étaient écoutés avec inquiétude et défaveur; on les eût volontiers confondus avec les Jacobins incorrigibles, parmi ceux qui voulaient lancer la France dans les révolutions; nul ne soutenait le Tribunat si ce n'est quelques coteries isolées, et on accueillit presque avec murmures le vote définitif qui donna une opposition de plus de deux tiers de voix [1]. L'institution du Tribunat était en dehors de la société; on la considérait comme un obstacle à la marche du gouvernement, et ce dont on avait besoin avant tout alors, c'était d'être gouverné.

Le pouvoir agissait avec force et intelligence; les Consuls s'occupaient avec sollicitude de l'administration publique. Aucune branche n'échappait à Bonaparte; Lucien avait créé le Prytanée, sorte d'université avec ses collèges voués au goût antique; l'École polytechnique recevait une meilleure organisation des études et de la science. Le crédit s'élevait pour la première fois; après le traité de Lunéville, les fonds publics furent cotés à 54 francs, chose inouïe depuis la Révolution!... L'impôt reçut une application plus remarquable; le Consul fut sans scrupule philanthropique; il rétablit la loterie, impôt volontaire sur les masses; le gouver-

---

[1] Le projet fut adopté par quarante-neuf membres, quatre-vingt-dix ont voté, et la voix contre quarante-et-une. Ainsi, sur cent, majorité n'a été que de huit.

nement organisa son système de droits réunis sur des objets de consommation, contre la théorie de l'Assemblée constituante qui n'admettait pas ce genre de taxe. Il y eut des bourses de commerce à côté de la vieille institution des prud'hommes, des charges d'agent de change et des corporations. Enfin, des commissions furent nommées sous la présidence du Consul Cambacérès pour préparer un Code civil ; ce Code sera l'objet d'un grave examen dans ce livre, quand on en viendra à l'époque de sa discussion au conseil d'état. Un Code civil, fondement de l'état des personnes et de la propriété, est la première base de l'édifice politique.

CHAPITRE XVIII.

CONGRÈS DE LUNÉVILLE. — NÉGOCIATIONS

ET TRAITÉ AVEC L'AUTRICHE.

Idée du congrès. — Développement de la campagne. — Moreau en Allemagne. — Brune en Italie. — Effet à l'extérieur des attentats contre le Consul. — Angleterre. — Suite de la négociation de M. Otto. — Rupture. — Théorie du droit maritime. — Préparatifs d'escadre. — Ordre du cabinet. — Russie. — Traité de garantie entre Paul Ier, le Danemarck, la Suède. — Ligue maritime du Nord. — Négociations avec le premier Consul. — Prusse. — Rapports avec le cabinet de Paris. — Autriche. — Questions de la paix. — Voyage de M. de Cobentzl à Paris. — Campagne d'hiver de Moreau. — Bataille de Hohenlinden. — Situation des armées d'Italie. — Les plénipotentiaires à Lunéville. — Conférences. — L'armistice de Steyer. — Signatures des préliminaires. — La paix de Lunéville. — Ses résultats. — Coup d'œil sur l'Europe.

Septembre 1800. — Février 1801.

La pensée de réunir les plénipotentiaires de l'Europe dans un congrès, dominait l'esprit du premier Consul; indépendamment de ce qu'un congrès préparerait la pacification générale, il y avait dans l'âme de Bonaparte un sentiment d'amour-propre, car il ferait ainsi reconnaître et saluer son pouvoir par tous les cabinets. Le caractère studieux et méditatif du Consul se complaisait à suivre l'histoire de ces congrès qui marquèrent l'époque de Richelieu et de Louis XIV; ces souvenirs parlaient à son imagination pleine d'aristocratie : le congrès de Rastadt avait été simplement germanique, celui de Lunéville serait européen, spectacle plus grandiose; Lunéville fut choisi, comme une de ces villes de Lorraine admirablement situées pour servir de point intermédiaire à toute négociation centrale; la cité avait le vieux palais de ses ducs que Bonaparte ordonna d'embellir pour recevoir dignement les plénipotentiaires.

Cependant les difficultés soulevées par l'Angleterre et l'Autriche faisaient pressentir l'inévitable besoin d'une forte et vigoureuse campagne pour amener un traité définitif. M. de Thugut, se croyant complétement engagé avec l'Angleterre par le traité de subsides, multipliait les nouveaux efforts de guerre. Une sorte d'esprit chevaleresque animait la puissance autrichienne; les femmes s'en mêlaient toujours, et la disgrâce de l'archiduc Charles était réparée par l'impératrice. Tandis que la reine Caroline partait pour Saint-Pétersbourg, la jeune impératrice parcourait les camps dans le but d'inspirer de nobles actions, et François II faisait un appel à tous les sujets de sa monarchie [1]. On vit alors une véritable campagne de noblesse et de cour; l'empereur eut le commandement et tous les archiducs prirent les armes; l'archiduc Charles, le grand capitaine, parce qu'on le soupçonnait d'un désir de paix, se retirait en Bohême avec la mission de réunir les nouvelles levées qui arboraient la bannière de la patrie; les archiducs Jean et

---

[1] « On sut que S. M. I. et R. avait pris la résolution, digne d'un empereur, d'aller se mettre en personne à la tête de son armée, et qu'il était parti de Vienne, le 6 septembre, accompagné de son frère l'archiduc Jean, âgé de dix-neuf ans. Pendant son absence de la capitale, l'empereur avait confié le gouvernement de l'Autriche à son frère le grand-duc de Toscane; l'archiduc palatin de Hongrie était allé organiser dans ce pays l'insurrection ou levée en masse; une conscription extraordinaire avait été commandée dans tous les États soumis à la domination autrichienne; enfin M. l'archiduc Charles devait présider, si la santé le lui permettait, à l'insurrection de Bohême, et

Ferdinand se placèrent aussi à la tête des corps détachés, l'un en Italie, l'autre dans le Tyrol. L'Autriche soutenait seule la guerre, mais elle la poursuivait avec un grand déploiement de forces et un actif dévouement qui faisait honneur à la nation allemande; on eût dit une de ces vieilles campagnes germaniques dont parlent les chroniques sous Philippe-Auguste, où l'on voyait les chevaux de bataille pesamment caparaçonnés sous des paladins de haute stature aux bords du Danube et de l'Iser. Les Hongrois, les Tyroliens, les Bohémiens avaient fourni de beaux régiments capables de lutter contre les meilleures troupes de France.

Tandis que le premier Consul poursuivait la forte organisation gouvernementale à Paris, l'armée française reprenait l'offensive sur tous les points, et la nouvelle campagne présentait l'aspect d'une immense invasion : trois expéditions marchaient simultanément vers les États de la monarchie autrichienne, et se développaient sur plusieurs lignes; au midi, dans l'Italie; au centre, dans le Tyrol; au nord, dans la Bavière. L'armée d'Allemagne était toujours sous les ordres de Moreau, qui déployant sa tactique froide, méthodique, marchait sur Vienne. Dois-je rappeler la belle composition de cette armée où l'on comptait les meilleurs tacticiens et les plus intrépides capitaines : Saint-Cyr, le savant organisateur; Lahorie, aux mœurs romaines et austères; le valeureux Richepanse; Ney, d'un si brillant courage; Dessolles,

---

commander l'armée qui devait, de ce côté, s'opposer à l'irruption dont Augereau menaçait la Franconie et la Bohême.

« L'empereur avait annoncé son départ à ses sujets par une proclamation. Cette proclamation avait calmé les esprits à Vienne, parce qu'elle laissait entrevoir de grandes espérances de paix. M. le baron de Thugut restait dans la capitale, avec S. M. la reine de Naples. L'empereur avait mené avec lui à l'armée M. le comte de Cobentzl, si connu déjà par ses négociations à Léoben, Campo-Formio et Rastadt; dès lors il n'était pas difficile de pressentir que les conseils de la prudence auraient beaucoup plus d'accès auprès de S. M. l'empereur

le meilleur chef d'état-major que l'histoire militaire puisse citer, Dessoles, qui savait aussi bien préparer une bataille qu'il avait l'art de la raconter en termes simples, précis, à la manière antique.

Moreau avait en face l'archiduc Jean et le général Kray; il connaissait la force de cette armée, et comme il avait détaché 25,000 hommes sous Moncey par le Saint-Gothard, il manœuvrait avec une extrême prudence afin de ne point s'engager au cœur des États héréditaires sans être appuyé sur ses derrières par des forces nouvelles. Cependant la campagne fut courte et brillante, autour d'Ulm, la ville basse que défendait une vigoureuse armée autrichienne. Il y eut des combats acharnés sur le Danube, jusqu'à ce que Moreau livra la bataille d'Hochstedt, célèbre dans les fastes militaires, qui lui donna la libre navigation du Danube et de l'Inn; là Moreau s'arrêta. L'Autriche voyant la nécessité impérative de faire la paix, demanda un armistice, comme le général Mélas après Marengo ; trois places furent livrées comme gages et les camps s'abandonnèrent au repos sur le Danube ; on vit les belles demi-brigades françaises, comme au temps de la chevalerie, fraterniser sous la tente avec ces bons et dignes soldats allemands, si braves sur le champ de bataille, si doux même dans la guerre, impitoyables seulement lorsque le vin du Rhin ou la bière de Passaw, ébranle leur cerveau fragile. La paix se préparait

que ceux de la vigueur. Le départ de ce souverain avait donc un caractère beaucoup plus pacifique que guerrier.

« M. de Lauer venait d'être nommé général en chef de l'armée impériale de Bavière, à la place de M. de Kray, et le quartier-maître général, ou chef d'état-major, était ce même baron de Zach qui fut pris à a bataille de Marengo. Le commandement de l'armée d'Italie avait été donné au comte de Bellegarde, après la démission successive de M. de Mélas, du général Ott, du prince de Hohenzollern, et du prince Jean de Lichstentein.

« On attendait avec impatience les résultats de la reprise des hostilités, qui devait avoir lieu partout du 11 au 12 septembre, aux termes de la notification de la rupture

ainsi par un noble rapprochement des officiers et des soldats.

Le plan de la campagne vigoureuse embrassait aussi l'invasion du Tyrol confiée à Augereau et à Moncey ; c'est avec la brave armée qui avait couché sur le champ de bataille de Marengo que l'invasion se déploya dans la montagne. On se battait sur toute la ligne, tandis qu'une troisième armée sous les ordres de Brune, envahissait le midi de l'Italie, la Toscane, si belle et si fleurie ; Rome même était menacée pour la troisième fois, et le drapeau tricolore se déployait dans les légations, toujours ardentes pour les idées de liberté ; dans cette campagne, Livourne tomba au pouvoir de Brune et des contributions de guerre de toute nature furent imposées à cette ville de richesse et d'industrie. Le commerce anglais fit des pertes considérables, tandis que le ministre Whindham, l'implacable ennemi de la Révolution, cherchait à insurger l'Italie tout entière. Des révoltes éclatèrent dans les cités, on exalta les idées religieuses pour armer les multitudes ; les campagnes présentèrent bientôt comme une mer agitée de peuple, qui ne s'apaisa qu'au seul aspect des Français. L'insurrection en Italie ressemble à ces bouillonnements qui éclatent et s'apaisent en quelques minutes. Enfin une dernière armée, celle des Grisons, sous les ordres de Macdonald devait traverser les glaciers

---

de l'armistice ; de nouveaux papiers de France avaient donné déjà les proclamations des généraux Brune et Augereau à leurs armées ; où l'on avait remarqué toutes les expressions des premières années de la Révolution ; et le *Moniteur* du 14 août avait ajouté à tous ces symptômes guerriers, en publiant les articles préliminaires de paix entre l'Autriche et la République, qui avaient été signés à Paris, le 28 juillet, par M. le comte de Saint-Julien, et dont l'empereur avait refusé la ratification. »

Proclamation de S. M. l'empereur en partant pour l'armée.

Vienne, le 6 septembre.

« Sa Majesté impériale, royale et apostolique, convaincue autant que touchée des

du Splugen, pour se précipiter au cœur même de la campagne et renouveler sur un autre point la brillante expédition de Marengo.

Ces marches militaires, quoique combinées sur un vaste plan, se ressentaient du besoin général de la paix dominant toutes les âmes; il n'y avait aucune animosité entre l'armée française et autrichienne; on se battait comme par devoir, la France parce qu'elle savait que la pacification était après la victoire, l'Autriche parce que, engagée avec l'Angleterre, elle croyait dans la bonne foi des traités, devoir se présenter sur un nouveau champ de bataille, pour gagner le subside promis; on était convenu entre les deux cabinets de Vienne et de Londres de ne point traiter l'un sans l'autre; eh bien! il fallait tenir cette promesse, réaliser cet engagement, obtenir enfin le prix réglé par les conventions.

Une des causes d'ailleurs qui avait retardé les négociations actives des cabinets avec la France, c'était l'attentat dont le premier Consul venait d'être l'objet. Comment ces cabinets pouvaient-ils être amenés à traiter définitivement avec un pouvoir chaque jour menacé d'une destruction imminente? Les hommes de quelque portée voyaient bien que toute la politique reposait sur la tête de Bonaparte; une fois cette existence brisée, la confusion la plus grande, le désordre le plus anarchique, domineraient la société. Il était résulté des derniers événements, une hésitation, une

---

maux qu'entraîne la guerre, n'a pas cessé jusqu'à ce moment de se montrer disposée à conclure une paix convenable et durable, qui puisse protéger ses royaumes et provinces, ses vassaux et fidèles sujets. Dernièrement encore elle a manifesté ses dispositions, et fait des démarches en conséquence. Malgré cela, le gouvernement français, absolument à l'improviste, et sans aucun motif fondé, a rompu l'armistice qui avait été conclu à cette fin.

« Quoique d'après les assurances de sentiments pacifiques si souvent réitérées par le gouvernement français, il y ait encore lieu d'espérer que la reprise des hostilités pourrait ne pas avoir lieu, cependant

incertitude indicible ; les relations étaient suspendues, et comme on l'a vu, M. de Talleyrand, en plein conseil d'état, n'avait pas craint de dire : « Que la conjuration de Ceracchi avait privé le gouvernement de toute force morale à l'extérieur. » Les étrangers mêmes s'exagéraient l'importance de l'opposition du Tribunat; ils croyaient que quelques paroles jetées au vent étaient de nature à empêcher l'action forte et unique de la volonté du premier Consul.

Ces raisonnements se faisaient surtout en Angleterre; le cabinet anglais était matériellement étranger à tous les complots qui se tramaient contre Bonaparte, même à la machine infernale; M. Pitt, conscience élevée à travers sa haine contre la France, s'en était défendu avec indignation. La seule participation qu'on pouvait attribuer au cabinet anglais, dans ces tristes et affreux complots, c'était une sorte de protection et de tolérance accordée aux Chouans; presque tous étaient à sa solde, et maintenant, si l'on examine que la machine infernale était une affaire de chouannerie, on devra en conclure que M. Pitt, sans en approuver les moyens, désirait tout événement qui pouvait favoriser la chute et la ruine du pouvoir consulaire. L'Angleterre n'avait-elle pas jeté sur les côtes toute cette chouannerie, sans s'inquiéter de ce qui pourrait surgir? Saint-Régent, Limoëlan recevaient de l'argent du cabinet de Londres; et que vouliez-vous que fissent ces têtes brûlées, si ce

---

S. M. voulant prouver à tous ses fidèles sujets ainsi qu'à l'Europe entière, combien elle a à cœur leur bonheur, leur soutien et leur défense, a résolu dès ce moment de se rendre en personne à son armée d'Allemagne, accompagnée de S. A. R. l'archiduc Jean, son auguste frère. Du reste, S. M. est toujours fermement et invariablement résolue d'aller avec joie au-devant de toutes propositions et conditions de paix qui seront acceptables, et elle désire avec ardeur être bientôt dans le cas de pouvoir annoncer à ses peuples fidèles la fin des maux de la guerre, qu'il a été impossible d'éviter jusqu'à ce moment.

(Gazette d'Augsbourg.)

n'est des complots pour attenter à la vie du premier Consul?

Il a été dit déjà, que lord Grenville, si fier dans ses notes primitives, avait enfin consenti à engager une négociation avec M. Otto, sur une question d'armistice et de paix générale ; l'Angleterre se croyant intimement liée avec l'Autriche, ne voulait pas traiter séparément, et c'est ce qui avait amené les démarches de lord Minto auprès de M. Thugut, pour qu'une négociation s'ouvrît à Lunéville, conjointement entre la France, l'Angleterre et l'Autriche [1]. Dans le principe, il n'y avait eu sur ce point aucune difficulté ; le débat avait porté sur le terme de l'armistice : à quelles limites s'étendrait-il ? Comme préliminaire de cette paix, M. Otto insistait toujours sur l'esprit de l'armistice, non point limité et restreint, mais étendu à tous les forts, à toutes les places assiégées, de manière à ce qu'elles pussent être ravitaillées pendant le terme de la suspension d'armes ; il désirait surtout que des communications plus libres avec le ministre du roi d'Angleterre, pussent

---

[1] Downing-Street 2 septembre, 1800.
Monsieur,

« Je vous prie d'informer M. Otto, qu'il a plu au roi de faire éventuellement choix de M. Grenville pour représenter Sa Majesté à Lunéville, et de M. Garlike, aujourd'hui secrétaire de légation de Sa Majesté à Berlin, pour agir en qualité de secrétaire de Sa Majesté dans la mission de M. Grenville. Il sera donc nécessaire que le gouvernement français donne un passeport particulier pour M. Garlike, afin qu'il puisse se rendre de Berlin à Lunéville. Vous ajouterez, qu'il conviendra au gouvernement de Sa Majesté, et à M. Garlike personnellement, que ce passeport, au lieu d'être envoyé par Londres, soit transmis par le ministre français à Berlin, au comte de Carysfort, ministre de Sa Majesté à cette cour.

« Je vous prie en outre, d'observer à M. Otto qu'il est d'usage, lors des ouvertures des négociations de paix, d'avoir préalablement des explications au moyen desquelles les ministres respectifs puissent arriver presqu'en même temps au lieu des négociations ; et que comme les nouvelles à ce sujet peuvent arriver ici plus promptement de Paris que de Vienne, le gouvernement de Sa Majesté désirerait être informé par votre intermédiaire de l'époque qui pourra être fixée pour l'arrivée à Lunéville des plénipotentiaires français et autrichiens, afin qu'il n'y ait aucun délai de la part de Sa Majesté dans l'ouverture des négociations. »

Au commissaire Georges.

Signé, Grenville.

le mettre à même de s'expliquer nettement au nom du Consul [1]. Lord Grenville continuait à son tour à soutenir l'impossibilité d'une telle convention, parce qu'elle blessait les intérêts de l'Angleterre qui avait tout à perdre et rien à gagner dans un armistice maritime; car sa marine prenait une extension démesurée, tous les chantiers, tous les ports étaient remplis de vaisseaux, au pavillon britannique; parce qu'il s'agissait enfin de faire décider la question du droit de visite, que l'Angleterre exerçait pleinement sur les neutres.

L'amirauté ne ménageait plus aucun pavillon, les escadres britanniques devaient s'emparer des vaisseaux suédois et danois; les ordres furent précis, on ne dut épargner rien de ce qui portait le pavillon neutre, et la guerre la plus violente commença dans l'Océan et dans la Baltique. L'Angleterre ne reconnaissait à personne le droit de s'immiscer dans la souveraineté des mers; Pitt devenait irritable devant les obstacles, à ce point d'oublier les égards qu'on devait aux pavillons amis. A mesure que l'Angleterre se séparait du continent, il semblait y avoir pour elle, obligation de se montrer plus despotique dans ses volontés; Pitt

---

[1] « Dans tout le cours de la négociation dont le soussigné a été chargé, il a eu lieu de regretter que le défaut de communications plus directes avec le ministère de Sa Majesté, l'ait mis dans l'impossibilité de donner à ses ouvertures officielles les développements nécessaires. Le résultat de ses dernières communications, auxquelles répond la note qu'il a eu l'honneur de recevoir, le 20 de ce mois, rend cet inconvénient bien plus sensible encore.

« La première partie de cette note paraissant mettre en doute la sincérité des dispositions du gouvernement français d'entamer des négociations pour une paix générale, le soussigné doit entrer à ce sujet dans quelques détails, qui justifieront pleinement la conduite du premier Consul.

« L'alternative proposée d'une paix séparée dans le cas où Sa Majesté n'agréerait pas les conditions d'un armistice général, loin de dévoiler un défaut de sincérité, fournit au contraire la preuve la plus forte des dispositions conciliantes du premier Consul; elle est une conséquence nécessaire de la déclaration faite par le soussigné, le 4 de ce mois. En effet, il a eu l'honneur de prévenir le ministère britannique : « que si cet armistice n'est pas conclu avant le 11 septembre, les hostilités

jouait les derniers dés de son autorité parlementaire, avec une persévérance et un courage digne d'éloges. L'opposition devenait formidable et le sentiment de la paix faisait des progrès dans la Grande-Bretagne; il fallait frapper de grands coups sur la mer par la victoire et sur le continent par les succès de l'Autriche; hélas! si ces résultats n'étaient pas obtenus, Pitt devait céder son poste de chef du cabinet, parce que l'opinion se prononçait contre lui.

A toutes ces déclarations violentes de la Grande-Bretagne sur les neutres, à ces mesures et à ces actes l'empereur Paul opposa une vigoureuse résistance; le caractère emporté du czar venait de se montrer par le renvoi subit de lord Witworth et de M. de Cobentzl; Paul était profondément blessé par les prétentions de l'Angleterre à la souveraineté des mers : quoi! ce n'était pas assez de garder Malte, le cap de Bonne-Espérance, les Iles Ioniennes, de menacer l'Égypte! il fallait encore régner sur la Baltique par les menaces injustes faites au pavillon neutre. L'empereur Paul se hâta de terminer ses communications diplomatiques avec le cabinet de Stockolm et de Copenhague; on stipula les conditions

auront été recommencées avec l'Autriche, et que dans ce cas le premier Consul ne pourra plus consentir à l'égard de cette puissance qu'à une paix séparée et complète. » Cet armistice n'a pas été conclu à l'époque indiquée; il était donc naturel de s'attendre éventuellement à une paix séparée avec l'Autriche, et dans la même hypothèse, à une paix également séparée avec la Grande-Bretagne, à moins qu'on ne pense que les calamités qui accablent depuis huit années une grande partie de l'Europe doivent se perpétuer, et n'avoir d'autre terme que la destruction totale de l'une des puissantes belligérantes.

« Ce n'est donc pas le gouvernement français qui propose à Sa Majesté de séparer les intérêts de ceux de ses alliés; mais ayant vainement tenté de les réunir dans un centre commun, et les trouvant séparés de fait par le refus de l'Angleterre de déposer sur l'autel de la paix quelques avantages particuliers, dont la France avait déjà fait le sacrifice, le premier Consul a donné une nouvelle preuve de ses dispositions en indiquant un autre moyen de conciliation que le cours des événements amènera tôt ou tard. »

Signé, Otto.

d'une ligue maritime où devaient entrer toutes les puissances neutres, le Danemarck et la Suède spécialement; Paul Ier se plaçait à la tête de cette ligue dont la première mission devait être de rendre la puissance et l'éclat à la liberté du pavillon. En même temps le czar déclarait saisies et confisquées toutes les marchandises anglaises qui se trouvaient en Russie; la colère exaltait au dernier point l'imagination de Paul Ier, et la France dut en profiter pour absorber tout à fait la Russie dans son alliance naturelle [1].

Une fois le contrepoids russe jeté dans la balance, les affaires européennes changeaient d'aspect. La France s'unissant à la Russie, dans un dessein commun; l'Angleterre était obligée de souscrire la paix à des conditions plus dures; le but du premier Consul fut d'amener la Russie jusqu'à ce point d'envoyer un plénipotentiaire au congrès de Lunéville, pour agir de concert avec le ministre français; tous deux formeraient un contrepoids à l'influence des plénipotentiaires de la Grande-Bretagne, si lord Grenville consentait enfin à une participation directe et sincère aux actes du congrès de Lunéville. L'ambassade de Paul auprès du premier Con-

---

[1] A cet acte l'Angleterre répondit :
« Attendu que S. M. a été informée qu'un grand nombre de bâtiments appartenant aux sujets de S. M. ont été et sont actuellement détenus dans les ports de la Russie, et que les marins anglais se trouvant à bord de ces bâtiments ont été et sont actuellement détenus comme prisonniers dans divers ports de la Russie; et de plus que, pendant le cours de ces procédés, une confédération d'une nature hostile contre les justes droits et les intérêts de S. M. et de ses États a été conclue avec la cour de Saint-Pétersbourg, par les cours de Copenhague et de Stockholm respectivement, S. M., de l'avis de son conseil privé, a bien voulu ordonner et elle ordonne par ces présentes, qu'aucun bâtiment ou navire appartenant à aucun des sujets de S. M., n'obtienne la permission de se rendre dans aucun port de la Russie, du Danemarck ou de la Suède jusqu'à nouvel ordre, et S M. a bien voulu ordonner en outre, qu'il soit mis un embargo général sur les bâtiments ou navires russes, danois ou suédois quelconques qui se trouvent dans ce moment ou qui pourront se trouver dans la suite, dans aucun des ports, hâvres, ou rades du royaume de la Grande-Bretagne. »

sul était un premier mobile pour arriver à ce résultat. On caressa cette idée d'une ligue maritime, parce qu'elle devait réunir tous les pavillons contre le drapeau de la Grande-Bretagne [1].

Il fallait aussi décider la Prusse à se poser comme puissance stipulante dans le congrès de Lunéville; le cabinet de Berlin ne faisait aucune difficulté d'y envoyer un plénipotentiaire; le marquis de Lucchesini, ambassadeur à Paris, fut désigné d'avance et sur ce point il s'était ouvert franchement au Consul, pour se joindre aux autres diplomates de l'Europe; mais le Consul voulait plus qu'un concours de simple médiation et la présence stérile de M. de Lucchesini; il désirait entraîner la Prusse à un abandon des principes de la neutralité impartiale pour se poser comme l'alliée de la France et partie contractante dans toutes les stipulations définitives. M. de Talleyrand comprenait qu'en s'appuyant sur la Prusse et la Russie dans le congrès de Lunéville, on obtiendrait les meilleures conditions vis-à-vis de l'Autriche et de l'Angleterre; quel appui resterait-il à François II? serait-ce le cabinet de Londres? mais avec un

---

[1] Le 21 novembre, une note signée du comte Rostopchin, président au département des affaires étrangères, annonça aux membres du corps diplomatique, résidant en cette capitale, que l'embargo mis sur les bâtiments anglais ne serait pas levé.

« Il a été exposé à S. M. l'empereur de toutes les Russies, que les généraux anglais, malgré les représentations répétées, tant de son ministre résidant à Palerme, que des ministres de S. M. Sicilienne, ont pris possession de la Valette et de l'île de Malte, au nom du roi d'Angleterre, et arboré le pavillon de ce souverain à l'exclusion de tous autres pavillons. S. M., justement choquée de cette atteinte portée à la bonne foi, a résolu de ne point lever l'embargo qu'elle a fait mettre sur les vaisseaux anglais dans les ports de Russie, avant que les dispositions contenues dans la convention de 1798 n'aient été pleinement exécutées. »

L'engouement de Paul Ier n'a plus de borne; il a ordonné par une ukase du 22 octobre, que l'on rédigeât et publiât une description de la dernière campagne des Français en Europe, et particulièrement en Italie, et qu'elle fût employée comme ouvrage élémentaire dans l'éducation militaire. Personne ne sera à l'avenir nommé officier subalterne, s'il ne le sait pas par cœur et ne le comprend.

peu d'habileté, on pouvait même espérer la séparation des deux cours, et isoler tellement ainsi le cabinet de Vienne, que la vieille maison d'Autriche subirait les conditions imposées par le premier Consul.

Le marquis de Lucchesini, si fin, si délié, devinant les vues habiles du cabinet de Paris, s'était autant que possible retranché dans l'esprit et dans les conditions de la qualité de neutre que la Prusse avait prise; il déclara : « Que la Prusse, sans doute, pouvait offrir ses bons offices, sa médiation même, pour amener comme résultat la paix générale, mais qu'elle sortirait évidemment de ce caractère de neutralité, si elle prenait une place trop marquée dans les négociations d'un congrès tout particulier entre deux puissances belligérantes. La France pouvait-elle douter de l'amitié de la Prusse? n'avait-elle pas pris un intérêt bien vif à toutes ses guerres, à toutes ses victoires? il ne fallait pas dénaturer son privilége de neutre, parce qu'elle pouvait rendre plus de services dans cette position qu'avec une alliance intime; on ne lui croirait plus un caractère impartial, si elle opinait ouvertement pour la France. » Ainsi M. de Lucchesini tâchait de s'effacer dans une négociation, afin de ne pas donner trop de prépondérance à la France dans les affaires d'Allemagne; le cabinet de Berlin voulait bien abaisser l'Autriche; mais avec le système envahissant du premier Consul, quelles bornes pouvait-on mettre à son ambition, et la Prusse n'en serait-elle pas la victime dans un temps plus ou moins éloigné?

Au milieu de ces circonstances délicates, dans quelle position se plaçait l'Autriche? Elle avait essayé une campagne sérieuse; son empereur, ses archiducs s'étaient portés sur le champ de bataille; les préliminaires du comte de Saint-Julien étaient repoussés, et le traité de subsides conclu avec l'Angleterre servait de bases à ses nouvelles relations. Les derniers événements militaires ne lui étaient pas favorables ; forcé de conclure un armistice, l'empereur était revenu à Vienne [1] ; il avait trouvé l'esprit public cruellement irrité contre l'impératrice et le ministre, le baron de Thugut. La paix préoccupait toutes les âmes, on la demandait à grands cris, même dans les théâtres : on ne voulait plus faire de sacrifices ; après tant d'efforts la nation allemande voulait se reposer ; les impôts étaient excessifs, les levées militaires incessantes, il n'y avait plus d'argent au trésor, et les subsides de l'Angleterre ne pouvaient pourvoir à toutes les dépenses du département de la guerre.

Ensuite, l'engouement pour le premier Consul s'étendait de la France à l'Allemagne. Partout se manifestait un enthousiasme indicible ; cette intelligence, si haut placée, semblait maîtresse de la destinée ; elle gouvernait les peuples et les rois ; on eût dit Bonaparte armé d'une sorte de prestige qu'il jetait sur le monde entier ; c'était l'homme de la fortune avant d'être celui de la victoire ; au palais des Tuileries, il faisait parler de lui plus que Moreau, Brune, l'archiduc Charles ; son repos même avait quelque chose de prodigieux qui fascinait. L'opinion publique, en Allemagne, poursuivait vigoureusement le baron de

---

[1] «S. M. l'empereur est retournée à Vienne. Elle est arrivée dans sa capitale, le 23, accompagnée de son ministre le comte de Lerbach. Des lettres particulières de la date du 1ᵉʳ octobre, annoncent que M. le baron de Thugut, piqué de voir que la convention en question eût été conclue sans qu'on l'eût consulté, avait offert sa démission, mais que Sa Majesté ne l'avait pas acceptée ; d'autres avis lui donnent déjà un successeur, qui est, suivant les uns, M. de Lerbach ; suivant les autres, M. de Cobentzl. Nous ne hasarderons aucune conjecture sur ces changements. Nous sommes si accoutumés depuis sept ans à voir des hommes et des partis succéder, dans le cabinet de Vienne, à des hommes et à des mesures vigoureuses, des traits de perfidie à des traits de bonne foi, des actes ambitieux à des actes pleins de magnanimité, que la seule chose que nous puissions en dire, c'est que tout y est possible.» (Note du commissaire anglais, octobre 1800.)

Thugut et tous les partisans de la guerre. La crise amena nécessairement une modification dans le cabinet; le désir public de se rapprocher de la France, poussait l'Autriche à entamer avec cette puissance de sincères négociations. Or, M. de Thugut n'était plus désormais qu'un obstacle; le premier Consul n'ayant aucune foi en lui, le considérait comme l'homme de l'Angleterre, comme le partisan déclaré du système des subsides. Jamais une négociation sérieuse ne se fût engagée entre M. de Talleyrand et M. le baron de Thugut.

L'Autriche réfléchit donc sur une première concession à faire pour obtenir la paix, et comme le comte Louis de Cobentzl arrivait de Saint-Pétersbourg à Vienne, l'empereur François l'invita à reprendre les affaires, en remplacement de M. de Thugut; il avait été un moment question de M. de Lerbach ; mais M. de Cobentzl, le plénipotentiaire de Campo-Formio, le ministre qui avait présidé à Seltz aux conférences avec M. François de Neufchâteau, viendrait à Lunéville comme le symbole de la paix, comme l'expression d'un rapprochement de bienveillance entre les cours de Vienne et de Paris. La démission de M. de Thugut fut donc acceptée, et M. de Cobentzl prit la direction supérieure des affaires de l'Autriche : dans les conférences qu'il eut avec François II, il fut bien convenu qu'on ne ferait une paix séparée qu'à la dernière extrémité [1]. Les instructions portèrent d'abord sur la nécessité d'un traité commun avec l'Angleterre,

---

[1] « Le ministère, par intérim, de M. de Lerbach n'a duré qu'un moment ; ce ministre a montré, dit-on, moins de dispositions qu'on ne l'avait présumé à suivre les directions secrètes du baron de Thugut. Tout fier de son exaltation, il prétendait, non seulement remplacer M. de Thugut de fait, mais même jouer le rôle du feu prince de Kaunitz. Le baron de Thugut, vivement choqué de ses prétentions, s'est alors réuni au parti de M. de Cobentzl, et se prévalant de la réputation avantageuse dont jouit ce ministre à la cour et à la ville, il est parvenu à renverser les espérances de M. de

ainsi que l'avait indiqué lord Minto ; pourquoi cette puissance ne serait-elle pas admise au congrès de Lunéville ? et M. de Cobentzl se proposait d'en faire l'ouverture expresse au premier Consul : « qui l'avait toujours, disait-il, écouté avec bienveillance. »

Dès qu'il eut accepté le portefeuille des mains de l'empereur, M. de Cobentzl vit immédiatement quelle était sa position réelle ; il n'avait rien à faire à Vienne ; cité en dehors de tout mouvement actif de diplomatie, et quoique le ministre sût parfaitement que personne n'était arrivé à Lunéville, il se hâta de s'y rendre en annonçant officiellement qu'il allait participer au congrès. Cette démarche lui donnait une grande force de popularité dans la monarchie autrichienne, parce qu'il devenait comme l'homme de la paix, le symbole des espérances de pacification. M. de Cobentzl quitta Vienne en octobre, resta deux jours à Lunéville. Ne trouvant point de négociateurs arrivés, il se rendit à Paris sur une invitation expresse du premier Consul. On éprouvait le besoin réciproque de se voir et de s'entendre ; M. de Cobentzl voulait étudier l'opinion publique, pénétrer la pensée du premier Consul, savoir quelle était la force de son gouvernement, et les espérances de sécurité qu'il pouvait donner. De son côté Bonaparte, qui avait toujours foi dans la puissance de sa parole séduisante, voulait employer auprès de M. de Cobentzl cet art infini qui

---

Lerbach. Celui-ci est encore ministre, mais sans département. Il a obtenu, dit-on, sa retraite avec une pension. Le baron de Thugut, satisfait d'avoir triomphé, paraît avoir décidément renoncé aux affaires.

« M. de Cobentzl est donc aujourd'hui ministre des affaires étrangères, ou pour mieux dire, premier ministre de l'empire autrichien. Aussitôt que l'acceptation de l'archiduc Charles est parvenue à Vienne, M. de Cobentzl s'est mis en route pour Lunéville, laissant la direction de son département aux plus anciens conseillers d'état, qui travailleront avec le conseil privé. » (Dépêche du ministre prussien, octobre 1800.)

lui faisait dominer les hommes[1]. Le but définitif de ses efforts était d'obtenir que l'Autriche traiterait séparément de l'Angleterre; il voulait persuader à M. de Cobentzl que tout ce qui était humainement possible avait été fait par M. Otto dans les négociations de Londres, et que le refus implacable de lord Grenville était le seul empêchement à la signature d'un traité et même de l'armistice qui pouvait préparer la paix générale.

Le premier Consul, en amenant des négociations séparées, voulait imposer à l'Autriche des cessions de principes et de territoire. M. de Cobentzl fut entouré de fêtes et de tous les prestiges qui pouvaient séduire un esprit comme le sien dans une grande capitale. Le ministre de la cour de Vienne était élève du collége d'Harcourt, comme le prince de Metternich l'était de l'université de Strasbourg; il parlait la langue française avec une correction indicible et une facilité d'enfance. L'ambassadeur fut de tous les galas, de toutes les intimités de la Malmaison et des Tuileries; on lui donna les plaisirs et les dissipations qu'offrait Paris à cette époque insouciante. Le comte Louis aimait le théâtre comme un souvenir de Saint-Pétersbourg; il y avait figuré dans les vieilles femmes en se grimant sur le théâtre de la cour de Catherine II; littérateur plein de goût, on le fit assister aux séances de l'Institut, à la lecture des beaux vers du poëte

---

[1] « M. de Cobentzl est arrivé le 23 à Strasbourg, et le 24 à Lunéville, où il a été reçu au bruit de vingt coups de canon ; il n'y a trouvé, contre son attente, ni ministre britannique, ni ministre français, ce qui l'a déterminé à faire le voyage de Paris. Ce n'est que le 24, que Joseph Bonaparte s'est mis en route pour Lunéville. Il aura rencontré M. de Cobentzl sur le chemin de Paris, et ils auront probablement fait route ensemble pour la capitale; Joseph Bonaparte n'avait de mission que pour traiter de la paix avec l'empereur, et M. de Cobentzl a débuté par faire la déclaration formelle que l'empereur, son maître, fidèle à ses engagements avec S. M. B., n'entrera en négociations que pour une paix générale, et ne traitera que conjointement avec la Grande-Bretagne. » (Dépêche du ministre prussien.)

Esménard et de M. de Fontanes. Paraissait-il dans un salon au milieu des glaces brillantes? aussitôt retentissaient des concerts d'harmonie : la voix de Garat, de madame Grassini, la bien-aimée du premier Consul, les danses, les ballets où figuraient Vestris, Gardel et mademoiselle Chameroy, la jeune fille si vite enlevée par la mort.

Au milieu de ces dissipations dont il enivrait M. de Cobentzl, le Consul cherchait à faire prévaloir ses idées d'un traité séparé avec l'Autriche, et M. de Cobentzl, avec son esprit délicat et fin, répétait : « Que Paris ne pouvait être un séjour d'affaires quand le premier Consul daignait le combler de tant de prévenances ; n'aurait-on pas le loisir durant les ennuis de Lunéville de négocier un traité demandé par tous. A Paris on se laissait aller aux arts sous la douce influence du génie de Bonaparte. Quand la paix était offerte par un grand homme, qui pouvait s'y refuser? » Par ce moyen, M. de Cobentzl échappait à toute solution définitive; ses instructions ne lui permettaient pas de traiter séparément; il appelait la réunion du congrès ; il répétait : « Que là seulement, les affaires sérieuses pourraient se négocier, mais qu'à Paris les souvenirs d'enfance, les espiégleries de collège, et le bonheur qu'il éprouvait de se trouver dans une compagnie aussi choisie, ne lui permettaient pas de s'abîmer dans la gravité des questions diplomatiques. »

Il fallut donc que le Consul se hâtât d'ouvrir sérieusement un congrès à Lunéville; les ordres furent envoyés au préfet pour que tout se fît avec magnificence. L'ancien palais des ducs de Lorraine fut orné de tentures brillantes et de tous les objets de luxe que Paris pouvait fournir; on dressa des télégraphes afin d'avoir sur-le-champ les nouvelles de la paix; un service d'estafette fut commandé afin que l'abondance et la délicatesse des mets pussent chatouiller la sensualité d'un ministre qui avait vu la cour de Catherine II. Tout dut se ressentir de la munificence du Consul; les commis des affaires étrangères furent chargés de recueillir tous les documents sur les congrès de Riswick et de Nimègue, sur le cérémonial, les fêtes et les plaisirs qui signalèrent les conférences pour la paix sous Louis XIV. Enfin, pour donner plus de solennité encore, Bonaparte désigna son frère Joseph comme le représentant de la France au congrès de Lunéville.

Joseph était un esprit droit, poli, affectueux, dont les manières ne pouvaient être qu'agréables à M. de Cobentzl; en ce moment Lucien était envoyé à Madrid pour négocier auprès de Charles IV, et Joseph, l'aîné des Bonaparte, recevait sa mission du congrès de Lunéville, comme si toutes les affaires désormais devaient se concentrer dans cette famille : le gouvernement, la guerre, et les relations avec l'étranger. Joseph n'avait pas une capacité assez étendue pour qu'on le laissât seul; le premier Consul lui adjoignit le général Clarke comme son guide, et M. de Talleyrand lui donna un homme d'expérience, un de ses secrétaires les plus actifs, M. de la Forêt, qui appartenait à l'école sérieuse de la diplomatie; il avait longtemps étudié les traités et les négociations de l'ancienne monarchie, si remarquables depuis Henri IV, ces négociations devenaient, pour le premier Consul, l'objet d'études profondes et suivies.

Joseph Bonaparte et M. de Cobentzl se retrouvèrent à Lunéville [1], au milieu d'une multitude de diplomates de

---

[1] « Au congrès à Lunéville il y aura, dit-on, des représentants de toutes les têtes couronnées, qui iront s'abaisser devant les licteurs du premier Consul. Nous savons que de cette négociation à une paix générale, à l'établissement d'une paix stable et durable,

deuxième ordre, qui formaient comme leur cortége; M. de Lucchesini, ministre de Prusse, y vint spontanément, mais sans y être accrédité; d'autres y arrivèrent aussi pour observer la tenue des conférences et en rendre compte à leur cour. Tout se passa d'abord en visites, en galas; Lunéville devint un séjour de plaisir, les rues monotones et silencieuses de la cité de Lorraine se peuplèrent d'étrangers et de riches équipages; les théâtres s'ouvrirent sous mille bougies, et Joseph fut au mieux avec M. de Cobentzl. On vit la France déployer une fois encore cette magnificence cordiale qu'elle témoigna toujours aux étrangers depuis le xvie siècle. C'était bien; mais il fallait enfin arriver aux conférences positives, aux questions sérieuses du congrès, et l'on s'aperçut bientôt que M. de Cobentzl n'avait jusque là d'autorisation que pour conclure un traité simultané avec l'Angleterre sans clause séparée. A ce moment tout espoir d'une négociation fut suspendu entre les cabinets de Paris et de Londres, car les démarches de M. Otto n'avaient produit aucun résultat; les deux cabinets s'étaient séparés sans espoir de renouer prochainement un traité de paix.

Comment dès lors les plénipotentiaires français pouvaient-ils admettre la condition d'un traité simultané vis-à-vis de l'Autriche et de l'Angleterre, ce qui rendait la paix impossible? autant valait dissoudre le congrès, et

il y a une distance prodigieuse; nous n'ignorons pas qu'il est des personnes qui se flattent que les difficultés sans nombre que présentent les négociations, y apporteront des délais suffisants pour que tous les envoyés étrangers aient le temps de se convaincre des dangers qui menacent leurs commettants; nous savons que l'on se flatte que la Prusse et la Russie y interviendront avec assez de vigueur pour faire baisser le ton à la République française, et même que l'Europe peut y poser les bases d'une coalition nouvelle mieux ordonnée que la précédente. Mais quand on a vu tout récemment encore avec quelle promptitude Bonaparte s'est fait obéir par l'empereur; quand on connaît le pusillanimité, les haines, les rivalités, et le décousu des membres de tout

plusieurs notes furent échangées sur ce point. M. de Cobentzl ne cessait de répondre que : « Tout espoir n'était pas perdu et que l'Autriche s'engageait à intervenir personnellement pour obtenir que l'Angleterre envoyât un plénipotentiaire au congrès de Lunéville, afin d'avoir pour résultat une pacification générale et non pas un traité partiel ; pourquoi prolonger ces fatales guerres qui ensanglantaient le monde ? » Avec son art habituel, M. de Cobentzl faisait valoir combien l'humanité gagnerait à cette pacification qui s'étendrait sur toutes les mers et sur le continent. Ces notes remarquablement écrites cachaient le dessein de continuer indéfiniment les négociations afin d'attendre de meilleurs résultats d'une campagne militaire, et M. de Cobentzl espérait ensuite qu'en faisant intervenir l'Angleterre, on aurait de favorables conditions pour sa monarchie.

Les notes de Joseph Bonaparte, écrites par M. de la Forêt, rappelaient les préliminaires de M. de Saint-Julien, signés à Paris comme les bases premières et fondamentales d'un traité définitif : « N'avait-on pas alors reconnu complètement l'indépendance de la question anglaise et de la question autrichienne ; pourquoi n'agirait-on pas aujourd'hui dans le même sens ? M. Otto n'avait-il pas fait tout ce qu'il avait pu sans aucun succès à Londres[1] ? »

Ces retards et ces longueurs indéfinis démontrèrent au premier Consul qu'il fallait s'arrêter à une déter-

---

ce corps germanique, on a bien de la peine à croire que le gouvernement français, éclairé d'ailleurs par le congrès de Rastadt, leur laisse autre chose à faire qu'à signer le travail qu'il a déjà tout prêt. Il nous rappellera la fable de ce burlesque cuisinier qui, ayant assemblé des goujons, leur observa, lorsqu'ils voulurent argumenter avec lui sur la nécessité de les renvoyer dans leur élément, qu'il ne leur avait donné la permission de délibérer que pour décider à quelle sauce ils préféraient d'être accommodés. » (*Times*.)

[1] Dépêches du congrès de Lunéville, novembre-décembre 1800.

mination vigoureuse pour dominer les hésitations de l'Autriche. Un armistice était conclu en Italie, en Allemagne, dans le Tyrol; Moreau en avait profité pour venir s'aboucher à Paris avec Bonaparte sur son plan de campagne, et ces deux généraux d'un si remarquable talent avaient tracé sur la carte un vaste projet qui pouvait en finir par une ou deux batailles avec les retards et les incertitudes de l'Autriche. Il est des époques où il faut savoir oser, et l'admirable talent du premier Consul était de se jeter avec une audace indicible dans une ligne fermement donnée, parce qu'ayant affaire à des ennemis mous et incertains, il était toujours sûr d'obtenir de grands résultats par un mouvement en avant. Quand le Consul s'aperçut des hésitations de M. de Cobentzl, il ordonna une prise d'armes générale, après l'armistice et une campagne courte et bonne qui aurait pour but unique la possession de Vienne dans une seule marche militaire. Maîtres des forteresses que leur donnaient les armistices en Italie et en Allemagne, les Français pourraient désormais manœuvrer avec sécurité. La reprise des hostilités dut être vigoureusement menée sur les Alpes et le Danube, et les ordres les plus précis portaient qu'on eût à s'avancer par tous les côtés sur les États héréditaires de l'Autriche.

Les armées impériales s'étaient considérablement agrandies pendant l'armistice par des levées immenses faites dans tous les États; l'archiduc Ferdinand conduisait la grande armée d'Allemagne, composée de plus de 150,000 hommes d'excellentes troupes; le feld-maréchal Bellegarde se portait en Italie avec 80,000 hommes; 25,000 hommes d'élite défendaient le Tyrol. L'archiduc Jean était en face de Moreau avec 120,000 hommes;

le général républicain était comme enveloppé d'un vaste cercle d'ennemis; une insurrection, conduite par le général Klénau, éclatait sur le Rhin, elle avait pour centre Mayence; Moreau, si réfléchi dans tous ses mouvements, s'était mis déjà en communication avec Augereau par le Tyrol, en même temps que par une marche miraculeuse, au milieu de décembre, Macdonald conduisait une seconde armée de réserve à travers le Splügen et ses glaciers immenses.

C'était le 3 décembre, en plein hiver, Moreau avait concentré ses forces près de la forêt de Hohenlinden, que l'on voit avec ses beaux arbres séculaires autour de Munich [1]; l'archiduc Jean prit position à droite de Munich, en même temps que par des ordres envoyés en toute hâte, le général Klénau devait remonter le Danube et prendre les Français par derrière. La neige tombait à gros flocons, le froid était tellement intense que l'artillerie et la cavalerie glissaient sur les vastes plaines de glace; l'armée impériale au milieu des ténèbres de la nuit se déployait avec un peu de désordre, car la neige qui battait le visage des soldats ne leur permettait pas de reconnaître les routes.

---

[1] Je donne ici la dépêche sur la bataille écrite de la main de Moreau.

Le général en chef Moreau, au ministre de la guerre. Au quartier-général à Anzing, le 12 frimaire an VIII de la République française une et indivisible (3 décembre).

« J'ai le plaisir, mon cher général, de vous rendre compte d'un événement bien glorieux pour l'armée que je commande, et d'un grand avantage pour la République.

« Par ma dépêche d'hier, en vous rendant compte du combat du 10, je vous annonçais le rassemblement de l'armée, et mon projet de prendre l'offensive.

« Hier au soir, le corps du général Grenier était rassemblé entre Hohenlinden et Hartofen. La division aux ordres du général Grandjean, dont le général Grouchy a pris le commandement, appuyait sa gauche au village de Hohenlinden, les divisions Richepanse et Decaen à Ebersberg.

« Je m'attendais à être attaqué par l'ennemi, et j'avais donné l'ordre aux généraux Richepanse et Decaen de déboucher par Saint-Christophe sur Matenpot, et de tomber avec vigueur sur les derrières de cette attaque. Ce mouvement s'est exécuté avec autant d'audace que d'intelligence.

« L'ennemi a commencé son attaque sur Hohenlinden, environ à sept heures et de-

Les ténèbres se dissipent; l'ennemi voit devant lui l'arrière-garde française, séparée du corps de bataille, les Bavarois et les Autrichiens se forment en colonnes serrées, et les poussent avec ardeur jusque dans un défilé où elles se replient. Moreau fait tourner ces colonnes par les généraux Grouchy et Grandjean; l'ennemi écrasé se retire en désordre. Une seconde colonne se déploie, magnifique, composée de Hongrois et de Tyroliens, grenadiers à la haute taille; c'est Ney qui la refoule; Richepanse marche pour appuyer son mouvement. La mêlée devient meurtrière, on se bat à droite et à gauche; à ce moment, 4,000 grenadiers hongrois s'avancent pour briser la division Decaen; Richepanse voit devant lui ces hommes forts, courant au pas de charge; il se tourne et dit à ses soldats. « Voyez-vous là-bas? que dites-vous de ceux-ci? — Ils sont morts! » répondent les grenadiers du 48e, paroles toutes romaines des vieilles légions, et une charge à la baïonnette en finit avec cette masse de fer et de feu.

La bataille est gagnée, le terrain est couvert de chevaux, d'hommes, dans les bois, sur la chaussée, partout où les Autrichiens ont paru. L'archiduc Jean fait un dernier effort sur la division Grenier, il est repoussé jusqu'à

mie du matin: on s'est borné à le contenir jusqu'à l'instant, où un moment d'hésitation m'a fait juger que l'attaque du général Richepanse commençait.

« J'ai ordonné au général Grenier de commencer la sienne. Le général Ney s'est porté avec vigueur dans le défilé, et a rencontré à moitié chemin de Matenpot le général Richepanse. Tout ce qui était engouffré dans le bois, étendu d'environ une lieue et demie, a été tué, pris ou dispersé.

« L'attaque du général Ney était soutenue par la division du général Grouchy, qui venait de culbuter la réserve des grenadiers ennemis qui avait cherché à déborder sa droite Ses attaques ont été dirigées par les généraux Grandjean et Boyer.

« Le mouvement des généraux Richepanse et Decaen a éprouvé les plus grands obstacles. Obligé de marcher par des routes étroites et entièrement entourées d'ennemis, le général Richepanse s'est trouvé séparé des autres troupes, avec cinq ou six bataillons et un régiment de chasseurs; mais sans regarder derrière lui il a marché au milieu de l'armée ennemie, sans s'inquiéter du peu de troupes qu'il avait, et a

BATAILLE DE HOHENLINDEN (DÉCEMBRE 1800).

l'Inn et on ajoute un nouveau trophée de canons et de prisonniers aux quatre-vingts pièces d'artillerie qui déjà étaient restées sur le champ de bataille. Ainsi dans un engagement, de douze heures on avait fait 10,000 prisonniers; 8,000 morts étaient couchés dans la poussière, et les Français restaient maîtres de la campagne, nobles trophées des divisions de l'armée d'Allemagne. Les manœuvres de Moreau avaient été magnifiques; les évolutions ressemblaient aux pompes militaires dans les fêtes de la cité; on eût-dit que la mort ne planait pas sur ces têtes et que les divisions se formaient ou se reformaient comme au Champ-de-Mars ou à la plaine des Sablons. Qui peut arrêter l'ardeur des troupes? Moreau profite de la victoire pour marcher en avant, il passe l'Inn et une fois encore les républicains se trouvaient à la face de l'armée de Condé. Les gentilshommes se battirent bien, ce fut même le seul point de l'Inn vaillamment défendu; la France trouvait ici la France, le jeune étendard combattait le vieux drapeau, le même sang coulait dans les veines.

Moreau touchait Lintz, lorsque Macdonald passait avec l'armée de réserve le Splügen, et descendait des gla-

joint la tête de la division du général Ney, conduite avec une égale intrépidité, par l'adjudant-commandant Ruffin. Le général Valter a été grièvement blessé à cette attaque. Le général Decaen est parvenu à faire pénétrer les Polonais au soutien du général Richepanse.»

« Pendant que le succès se déterminait au centre, un corps de troupes marchant de Wasserbourg sur Ebersberg, a forcé le général Decaen à changer de front à droite pour l'arrêter. Il fut repoussé dans le plus grand désordre.

« L'affaire paraissait complètement décidée à trois heures, lorsqu'un autre corps, marchant du Bas-Inn, a voulu déboucher par Burkrain sur Hohenlinden; comme on s'attendait à un effort sur la gauche, l'ennemi ayant eu la veille beaucoup de troupes dans la vallée de l'Isen, le lieutenant général Grenier avait laissé en position les divisions Legrand, Bastout et la réserve de cavalerie, qui, au moment où elles allaient prendre l'offensive, ont été elles-mêmes attaquées. On a fait revenir à leur soutien quelques troupes du général Ney et des autres divisions qui se sont trouvées sous la main.

« Les généraux Legrand et Bastout, après avoir repoussé ces attaques et avoir eux-

ciers avec son armée, dans le mois de décembre, comme l'aigle des Alpes quitte les pics et déploie ses ailes blanchies de neige. Augereau pénétrait par le Tyrol, tandis que Brune passant le Mincio s'avançait vers le général Bellegarde : on était au 28 décembre, et les brouillards obscurcissaient même le soleil d'Italie. A Pozzolo il y eut une véritable bataille gagnée contre le général Bellegarde, par les divisions Davoust, Moncey, Suchet et Dupont, sans le concours du général en chef. Bellegarde se mit en pleine retraite vers le Tyrol, et ce fut alors que Macdonald, continuant sa route aérienne, taillant des blocs de glace comme des rochers solides, sautant de pics en pics, comme les intrépides guides de la montagne, tomba sur les flancs du général autrichien. A ce moment on apprit l'armistice de Steyer conclu entre le général Moreau et l'archiduc Charles, l'événement le plus grave de la campagne.

Cet armistice de Steyer est le véritable traité de paix que le congrès de Lunéville ne fit que ratifier et rédiger : c'est à Steyer, en effet, qu'il fut convenu entre Moreau et l'archiduc Charles, qu'on traiterait immédiatement à Lunéville, sans le concours de la Grande-Bretagne, et

mêmes abordé l'ennemi avec une grande vigueur, enfin, après plusieurs efforts, les ont culbutés avec une perte d'une partie de leur artillerie. Le général Bastout a été blessé à cette attaque ; le général Bonnet l'a sur-le-champ remplacé.

« Cette affaire a été tellement générale, qu'il n'y a pas un corps dans l'armée française qui n'ait combattu, et certes il en a été de même de l'armée autrichienne. La neige tombait à grands flots pendant toute l'action.

« Nous avons pris environ quatre-vingts bouches à feu et deux cents caissons, 10,000 prisonniers, un grand nombre d'officiers, parmi lesquels sont trois généraux. La poursuite a duré jusqu'à la nuit. J'estime notre perte à un millier d'hommes, tués, blessés ou prisonniers ; celle de l'ennemi est incalculable. Tous ont fait leur devoir ; je ne puis donner d'éloges particuliers à aucune des armes ; artillerie, infanterie, cavalerie méritent les louanges les plus fortes et les plus vraies. Les états-majors se sont particulièrement distingués.

« Le corps du général Lecourbe qui s'était emparé de Rosenheim, le 10, a été chargé de couvrir l'Inn et de défendre tous les débouchés du Tyrol.

« Le chef de l'état-major vous rendra un

les deux causes demeurèrent ainsi séparées. Moreau fut le bras glorieux qui amena la paix par la bataille de Hohenlinden; Moreau fut le seul négociateur; lui et l'archiduc Charles étaient faits pour s'entendre, tous deux possédaient un génie froid et méthodique; ils voulaient la paix avec la même volonté, tout en combattant avec vaillance. La bataille de Hohenlinden devint, sous ce point de vue, bien plus importante, bien plus décisive que celle de Marengo; seulement elle ne fut point exploitée avec autant d'habileté. L'armistice de Steyer stipula presque toutes les clauses depuis insérées au traité de Lunéville; ce fut le Léoben de la campagne de 1800, la véritable convention que ratifièrent pour les formes les signatures de M. de Cobentzl et de Joseph Bonaparte. La nouvelle en arriva le 10 décembre au soir, et les instructions à M. de Cobentzl lui furent portées par un courrier extraordinaire. Tout était préparé d'avance, et les plénipotentiaires n'eurent plus qu'à exécuter les clauses que Moreau avait signées avec l'archiduc Charles à Steyer.

Le congrès de Lunéville ne fut dès lors qu'une forme; les plénipotentiaires devinrent de simples procureurs fondés pour signer des clauses convenues sur le champ de bataille; on avait continué la guerre pendant le congrès, et la victoire finit le congrès. Le traité authentique fut signé le 9 février [1]; mais dès le commence-

---

compte très détaillé de cette bataille d'Hohenlinden, lieu déjà connu par la convention qui nous cédait les trois places. La République doit connaître les corps et les militaires qui s'y sont particulièrement distingués. Il vous instruira également des détachements que l'ennemi a faits derrière notre gauche, et auxquels nous n'avons pas fait grande attention. L'armée est fière de son succès, surtout par l'espoir qu'il contribuera à accélérer la paix. »

Salut et amitié.

Moreau.

[1] Traité de Lunéville.

Art. 1er. Il y aura à l'avenir, et pour toujours, paix, amitié et bonne intelligence entre S. M. l'empereur, roi de Hongrie et de Bohême, stipulant, tant en son nom

ment de janvier, on était d'accord sur tous les points, et Bonaparte put communiquer les clauses du traité au Corps législatif, dès la première quinzaine de janvier. Ces clauses étaient fort avantageuses pour la France ; l'Autriche reconnaissait l'incorporation définitive de la Belgique à la République, comme à Campo-Formio, et la rive gauche du Rhin, dans toute son étendue. La cour de Vienne admettait aussi les républiques Cisalpine, Batave et Helvétique ; l'Adige servait de limite aux possessions allemandes en Italie. Enfin, la Toscane était cédée à la France en toute propriété, à la charge, par le premier Consul, d'en disposer au profit d'une puissance indépendante. Il n'était plus question des indemnités de l'Autriche en Italie ; mais, dans les articles secrets, on reconnaissait ses prétentions sur quelques-unes des légations romaines. On renouvelait ainsi les clauses stipulées dans les préliminaires signés à Paris par le comte de Saint-Julien. Le traité de Lunéville, accepté le 9 février, fut annoncé à Paris par le canon des Invalides, et Bonaparte fut salué par mille acclamations.

qu'en celui de l'empire germanique, et la République française ; s'engageant, sadite Majesté, à faire donner par ledit empire sa ratification en bonne et due forme au présent traité. La plus grande attention sera apportée, de part et d'autre, au maintien d'une parfaite harmonie, à prévenir toutes sortes d'hostilités par terre et par mer, pour quelque cause et sous quelque prétexte que ce puisse être, en s'attachant avec soin à entretenir l'union heureusement rétablie. Il ne sera donné aucun secours et protection, soit directement soit indirectement, à ceux qui voudraient porter préjudice à l'une ou à l'autre des parties contractantes.

Art. 2. La cession des ci-devant provinces belgiques à la République française, stipulée par l'article 3 du traité de Campo-Formio, est renouvelée ici de la manière la plus formelle, en sorte que S. M. I. et R., pour elle et ses successeurs, tant en son nom qu'au nom de l'empire germanique, renonce à tous ses droits et titres aux susdites provinces, lesquelles seront possédées à perpétuité, en toute souveraineté et propriété, par la République française, avec tous les biens territoriaux qui en dépendent.

Sont pareillement cédés à la République française, par S. M. I. et R., et du consentement formel de l'empire :

1° Le comté de Falkenstein avec ses dépendances ;

2° Le Frickthal et tout ce qui appartient à

La pacification du continent ainsi signée amenait un résultat immense ; après tant de guerres et de longues épreuves on imposait la paix à l'Autriche, naguère victorieuse et refoulant nos armées sur le Var. L'empereur Paul lui-même, si fier, si hautain, ce prince qui envoyait Suwarow pour restaurer les Bourbons et rendre à la France ses vieilles institutions monarchiques, le czar enfin abaissait son orgueil par une ambassade solennelle à Paris, et s'enthousiasmait pour le premier Consul. La Prusse, qui naguère restait dans une froide neutralité, venait offrir ses services et ses bons offices au premier Consul comme médiatrice. Enfin l'Angleterre ne dédaignait plus de négocier directement avec cette République et ce gouvernement que Pitt flétrissait de si étranges épithètes. L'Espagne persistait plus que jamais dans son intime alliance ; Lucien Bonaparte était accueilli à Madrid avec le vieux cérémonial des ambassadeurs de Louis XIV, et le roi lui donnait le seul divertissement que la coutume permit à celui qui porte la couronne à l'Escurial, la chasse dans les forêts d'Aranjuez, alors que le gibier tombe par mille pièces aux pieds du roi des Espagnes.

la maison d'Autriche sur la rive gauche du Rhin, entre Zurzach et Bâle ; la République française se réservait de céder ce dernier pays à la république Helvétique.

Art. 3. De même, en renouvellement de l'article 6 du traité de Campo-Formio, S. M. l'empereur et roi possédera en toute souveraineté et propriété, les pays ci-dessous désignés, savoir :

L'Istrie, la Dalmatie, et les îles ci-devant Vénitiennes de l'Adriatique en dépendantes, les bouches du Cattaro, la ville de Venise, les Lagunes et les pays compris entre les États héréditaires de S. M. l'empereur et roi ; la mer Adriatique et l'Adige depuis sa sortie du Tyrol jusqu'à son embouchure dans ladite mer ; le Thalweg de l'Adige servant de ligne de délimitation ; et comme, par cette ligne, les villes de Vérone et de Porto-Legnago se trouveront partagées, il sera établi sur le milieu des ponts desdites villes, des ponts-levis qui marqueront la séparation.

Art. 4. L'article 4 du traité de Campo-Formio est pareillement renouvelé, en cela que S. M. l'empereur et roi s'oblige à céder au duc de Modène, en indemnité des pays que ce prince et ses héritiers avaient en Italie, le Brisgaw, qu'il possédera aux mêmes conditions que celles en vertu desquelles il possédait le Modénais.

Art. 5. Il est en outre convenu que son A. R. le grand-duc de Toscane renonce, pour elle et ses successeurs et ayants cause, au

Qui ne s'explique maintenant l'indicible enthousiasme du peuple pour le premier Consul? Quel dieu avait fait ce repos! Quelle gloire rayonnait dans les œuvres d'un homme! L'enthousiasme tressait des couronnes; Paris renaissait au repos et au luxe; les étrangers y accouraient dans l'enivrement. Les ambassadeurs venaient saluer la cour de la Malmaison et des Tuileries; le marquis de Lucchesini avec ses grands équipages y représentait officiellement la Prusse; la Russie avait envoyé le général Sprengporten, et sa brillante légation faisait les délices des dames de la nouvelle cour; le comte Czernicheff, alors simple major, accomplissait son premier voyage à Paris (plus tard il obtint une plus grande célébrité); M. de Cobentzl y vint encore après le congrès de Lunéville. Tout ce corps diplomatique assistait aux fêtes du Consul avec de belles livrées, les plaques des ordres européens; Bonaparte avait goût pour ces décorations, il en parlait souvent, et disait aux siens : « Voyez comme cela est magnifique, comme cela parle au peuple. »

Il fallait voir Paris alors ivre d'amour; l'ordre se reconstituait partout, une sorte de hiérarchie s'organisait; on ouvrait les salons et la bourgeoisie paisible se livrait aux larges spéculations du commerce et de l'industrie; les arts, les sciences, tout grandissait. Cet hiver il y eut frénésie de fêtes; l'Opéra deployait les plus gracieuses

---

grand-duché de Toscane et à la partie de l'île d'Elbe qui en dépend, ainsi qu'à tous droits et titres résultant de ses droits sur les dits États, lesquels seront possédés désormais, en toute souveraineté et propriété, par S. A. R. l'infant duc de Parme; le grand-duc obtiendra en Allemagne une indemnité pleine et entière de ses États d'Italie.

Le grand-duc disposera à sa volonté des biens et propriétés qu'il possède particulièrement en Toscane, soit par acquisition personnelle, soit par hérédité des acquisitions personnelles de feu S. M. l'empereur François Ier, son aïeul. Il est aussi convenu que les créances, établissements et autres propriétés du grand-duché, aussi bien que les dettes duement hypothéquées sur ce pays, passeront au nouveau grand-duc.

pompes. Une femme éprise pour ces temps de jeunesse et de joie nous a retracé les merveilleuses chroniques des salons du Consulat; l'ivresse coulait à pleins bords dans cette société étonnée de ce qu'un seul homme avait fait. La fortune répandait ses perles, ses rubis sous les pas du Consul; on était sans passé, songeant peu à l'avenir; une romance, un feuilleton, une danseuse, papillon léger qui s'effleurait sous le lustre; une soirée de Garat, une gavotte de Gardel, mettaient Paris en émotion; époque de sensualité où le plaisir seul menait le monde!

Pourtant les funérailles se mêlaient à la joie. Sept têtes tombèrent sur l'échafaud politique; 155 proscrits quittaient la patrie au nom de cette société que le pouvoir ramenait violemment à l'ordre; Bonaparte triomphant, traînait à son char les opinions, comme à Rome les consuls conduisaient, la tête abaissée dans la poussière, les rois et les peuples vaincus; quand victorieux le Consul montait au Capitole, les captifs étaient précipités de la roche Tarpéienne et livrés à la hache du licteur. Demerville, Ceracchi, Topino-Lebrun, Aréna, moururent sur la place de Grève avec cette fierté républicaine qui n'abaissa pas leurs fronts un seul moment devant la mort; Carbon et Saint-Régent, les fiers Chouans aussi, subirent la même peine en se jouant pour ainsi dire avec leur destinée; à peine la société enivrée de sensualisme fut-elle un moment distraite par ces lugubres spectacles.

Art. 6. S. M. l'empereur et roi, tant en son nom qu'en celui de l'empire germanique, consent à ce que la République française possède désormais en toute souveraineté et propriété, les pays et domaines situés sur la rive gauche du Rhin, et qui faisaient partie de l'empire germanique; de manière qu'en conformité de ce qui avait été expressément consenti au congrès de Rastadt, par la députation de l'empire, et approuvé par l'empereur, le Thalweg du Rhin soit désormais la limite entre la République française et l'empire germanique, savoir: depuis l'endroit où le Rhin quitte le territoire helvétique, jusqu'à celui où il entre dans le territoire batave.

Le pouvoir avait besoin de sévir; le pays sortait d'une époque si fatale; il fallait des exemples terribles! Ces exaltations des partis républicain ou royaliste étaient en dehors de la vie sociale. Le Consul avait mission de restaurer l'ordre, et souvent pour cela il faut frapper fort en se couvrant la tête pour que la pitié ne vienne point au cœur. Il y a un triste mystère dans la régénération sociale, sorte d'initiation par le sang, comme le vieux paganisme nous en a laissé des traces; les anciens croyaient se racheter par des immolations. Telle est peut-être la condition éternelle des sociétés; pour restaurer l'ordre et épurer les principes, il faut souvent que le pouvoir soit inflexible. Serait-ce ici la loi d'initiation terrible, jetée comme la grande énigme dans la destinée des peuples!

FIN DU DEUXIÈME VOLUME.

TABLE DES CHAPITRES

DU DEUXIÈME VOLUME.

                                                                             Pages.

CHAPITRE I. — ORGANISATION DU GOUVERNEMENT PROVISOIRE. — Conséquence du coup-d'état du 18 brumaire. — Réunion clandestine des Conseils. — Fausse délibération. — Résolution de nuit. — Formation d'un Consulat provisoire. — Commission législative des Anciens et des Cinq-Cents. — Premiers actes du Consulat. — Proscriptions. — Déportations. — Révocation de la loi des otages. — De l'emprunt forcé. — Ordre et police de Paris. — Opinion publique. — (Novembre 1799.)   1

CHAPITRE II. — SITUATION DIPLOMATIQUE DE LA FRANCE AU 18 BRUMAIRE. — Opinion générale de l'Europe sur le 18 brumaire. — Idée allemande sur Bonaparte. — Pamphlets de Wieland. — Le Messie. — Situation de l'Angleterre. — Premières tentatives de négociations secrètes. — La Russie. — Paul Ier. — Suwarow et l'armée russe. — L'Autriche. — Le baron de Thugut. — Le comte de Saint-Julien. — La Prusse. — Agrandissement de son système. — Développement de son influence. — Origine de la question des neutres. — État précaire des négociations. — (Novembre et décembre 1799.)   29

CHAPITRE III. — HOMMES D'ÉTAT DE L'EUROPE A L'AVÉNEMENT DU CONSULAT. — Les quatre écoles diplomatiques. — 1° L'école anglaise. — Le parti Pitt. — Dundas. Canning. — Castlereagh. — — Windham. — Grenville. — Le parti Addington. — Le parti Fox. — Erskine. — Grey. — 2° L'école allemande. — Diplomates autrichiens. — Cobentzl. — Stadion. — Thugut. — Metternich père. — Saint-Julien. — Diplomates prussiens. — Haugwitz. — Hardenberg. — Lombard. — Dohm. — 3° L'école russe. — Panin. — Strogonoff. — Repnin. — 4° Débris de l'école italienne. — Lucchesini attaché à la Prusse. — Premier temps du comte Pozzo-di-Borgo. — (1799.)   51

CHAPITRE IV. — PRÉPARATIONS DE LA CONSTITUTION DE L'AN VIII. — Esprit public. — Pamphlets contre le Directoire. — Dictature morale de Bonaparte. — Force de son caractère. — Abaissement de ce qui l'entoure. — Premières conférences pour la constitution. — Division entre les monarchistes et les républicains. — Système de l'abbé Sieyès. — La pondération des pouvoirs. — Séparation avec Bonaparte — Lutte entre la dictature militaire et le gouvernement des légistes. — Retraite de Sieyès et de Roger-Ducos. — Les trois Consuls, Bonaparte, Cambacérès et Lebrun. — (Novembre et décembre 1799.)   77

CHAPITRE V. — ESPRIT DE LA CONSTITUTION DE L'AN VIII. — 1° Idée aristocratique. — Le Sénat. — Son organisation. — Ses attributions. — Son personnel. — Les listes de notabilités. — 2° Idée démocratique. — Le Tribunat. — Ses membres. — Ses fonctions. — Son but. — 3° Formation de la loi. — Le Corps législatif. — 4° Préparations de la loi. — Le conseil d'état. — 5° Le pouvoir exécutif du Consulat. — 6° Garanties politiques et civiles de la constitution de l'an VIII. — (Décembre 1799-mars 1800.)   97

CHAPITRE VI. — ACCEPTATION ET PROCLAMATION DE LA CONSTITUTION DE L'AN VIII. — Forme de l'acceptation pour l'acte constitutionnel. — Les registres. — Le peuple. — L'armée. — La marine. — Compte des voix. — Opposition. — M. de Lafayette. — Les partisans de 1789. — Le salon de Mme de Staël. — Premières mesures du Consulat contre les journaux. — Les déportés. — Actes d'administration. — Dissolution des commissions provisoires. — Distribution des palais royaux entre les autorités. — (Décembre 1799 - février 1800.)   117

CHAPITRE VII. — DÉMARCHES DIPLOMATIQUES DU PREMIER CONSUL. — Nécessité de la paix. — Publication du livre de M. d'Hauterive *sur l'État de la France à la fin de l'an* vIII. — Esprit et dessein de ce livre. — Mission du général Duroc à Berlin. — Question du Hanovre et des villes anséatiques. — Démarches officielles auprès de l'Angleterre. —Leur but. — Lettre du premier Consul au roi Georges. —Note de lord Grenville en réponse. —Message au parlement. — Explications de lord Grenville. — Les communes. — M. Dundas. — Whitbread. — Canning. —Erskine. — Système de paix. — Tentative de négociation avec l'Autriche. — Paul Ier et le cabinet de Saint-Pétersbourg. — Conclave de Venise pour l'élection d'un pape.—Pie VII. — (Décembre 1799 - avril 1800.)   136

CHAPITRE VIII. — ORGANISATION ADMINISTRATIVE ET JUDICIAIRE DU GOUVERNEMENT DES CONSULS. — Organisation départementale. — Les préfets. — Les sous-préfets. — Les conseils-généraux. —Les conseils d'arrondissement.—Jurisprudence administrative. —Les conseils de préfecture.—Le conseil d'état. — Les mairies. — Conseils municipaux. — Organisation judiciaire. — Les justices de paix. — Tribunaux de première instance. — Cours d'appel. — Cour de cassation. — Conflit administratif. — Inviolabilité des fonctionnaires. — Résultat de la nouvelle organisation des départements. — Finances. — Nouvel ordre dans les fonctionnaires. — Les cautionnements. — (Décembre 1799 - avril 1800.)   183

CHAPITRE IX. — BONAPARTE AUX TUILERIES. — Départ du Luxembourg. — Cortége du Consulat. — Distribution des appartements aux Tuileries. — Pensées du Consul dans le palais des rois. — Sa famille. — Sa mère. — Joseph. — Lucien. — Les sœurs du Consul. — Madame Bonaparte. — Les aides-decamp. — Réceptions. — Causeries. —Les femmes. — Costumes. — Étiquette. — Les revues aux Tuileries. — (Février et avril 1800.)   201

CHAPITRE X. — SITUATION MILITAIRE DE LA FRANCE ET DE L'EUROPE. — Les Russes. — Les Autrichiens. — Le Rhin. — Les Alpes. — L'archiduc Charles. — Mélas. — Kray. — L'armée de Condé. —Plan de campagne des Anglais et des Autrichiens. — Organisation consulaire de l'armée. — Choix des généraux en chef. — Moreau. — Masséna. —Brune. — Jourdan. — Bernadotte. — Institution militaire des armes d'honneur. — Idée de l'armée de réserve. — Berthier, général en chef. —Caractère de l'armée de réserve. — Nouvelles de l'armée d'Égypte. — Kléber. — Les Français sous Vaubois à Malte. — (Janvier et avril 1800.)   219

CHAPITRE XI. — SITUATION DES PARTIS APRÈS LA CONSTITUTION DE L'AN VIII. — Les Jacobins. — Leur division. — Fraction qui se rallie. — Fraction qui conspire. — Leurs plaintes contre le gouvernement du Consul. — Les royalistes. — Leur organisation en France. — Normandie. — Poitou. — Bretagne. — Anjou. — Vendée. — Languedoc et Guyenne. — Brune et l'armée d'intérieur. — L'abbé Bernier et la pacification. — Lettres de Louis XVIII au premier Consul. — Agences royalistes. — Madame de Guiche à Paris. — Lettre de Bonaparte. — Georges Cadoudal aux Tuileries. — Rigueurs et exécutions contre les royalistes. — Mort du comte de Frotté. — Vengeance jurée par les Chouans. — (Janvier et avril 1800.) 240

CHAPITRE XII. — PRÉPARATIFS DE LA CAMPAGNE D'ITALIE SOUS LE PREMIER CONSUL. — Nécessité d'un coup d'éclat militaire. — Situation de l'armée d'Italie. — Carnot et Bonaparte. — Première idée de passage à travers le mont Saint-Bernard. — Situation de l'armée de réserve à Dijon. — Départ du premier Consul. — Précautions de police. — Ses craintes. — Départ pour la Suisse. — Séjour de Bonaparte à Genève et à Lausanne. — Rapport de Marescot. — L'avant-garde sous Lannes passe le mont Saint-Bernard. — Bonaparte reste à Lausanne. — Combat d'Aoste et de Chatillon sous Berthier. — Bonaparte ne passe le Saint-Bernard que le 20, quatre jours après l'armée. — Bulletin de l'armée de Moreau. — Sa lettre à Bonaparte. — Marche de Moncey à travers le Saint-Gothard. — (Décembre 1799 - avril 1800.) 261

CHAPITRE XIII. — LES FRANÇAIS DANS LE MILANAIS. BATAILLES DE MONTÉBELLO ET DE MARENGO. — Situation de l'armée autrichienne. — Conjectures de M. de Mélas. — Dépêche d'un agent anglais sur la position militaire de Bonaparte. — Marche en avant à travers les Alpes. — Moncey sur le Saint-Gothard. — Suchet au Var. — Masséna à Gênes. — Bonaparte dans le Milanais. — Marche de l'armée. — Bataille de Montébello. — Centralisation des forces. — Préparatifs de Marengo. — Mauvaise position de Bonaparte. — Faible composition de son armée. — Fautes. — Première partie de la journée. — Défaite de l'armée française. — Mort de Desaix. — Charge de Kellermann. — Victoire de Marengo. — Armistice et convention militaire. — (Mai et juin 1800.) 285

CHAPITRE XIV. — RETOUR DU PREMIER CONSUL A PARIS APRÈS MARENGO. — Situation des esprits. — Agitation des républicains.

TABLE DES CHAPITRES.

— Plan de Carnot, de Bernadotte, pour renverser le Consul. — Première nouvelle d'une défaite. — Contre-coup de la victoire. — Voyage de Bonaparte. — Séjour à Lyon. — Joie des Parisiens. — Esprit public. — Fêtes. — Puissance morale du premier Consul. — Disgrâce de Lucien et de Carnot. — (Juin à novembre 1800.)   307

CHAPITRE XV. — NÉGOCIATIONS APRÈS LA BATAILLE DE MARENGO. — État de l'armée autrichienne après la bataille. — Indignation des officiers. — Traité de subsides avec l'Angleterre. — Les Anglais devant Gênes. — Envoi du comte de Saint-Julien à Paris. — Négociations avec M. de Talleyrand. — Mission de Duroc pour Vienne. — Refus de l'Autriche de ratifier le traité. — Histoire des négociations de M. Otto en Angleterre. — Changement de la politique russe. — Causes réelles de la bienveillance de Paul Ier pour le premier Consul. — Question des neutres. — Théorie de l'Angleterre. — Théorie de la Russie et de la France. — Rupture de la Russie et de l'Angleterre. — Tentatives pour un traité à part. — Envoi d'une ambassade russe à Paris. — (Juin à décembre 1800.)   327

CHAPITRE XVI. — COMPLOTS DES PARTIS. — Attentats contre le Consul. — Conciliabule des Jacobins. — Les *enragés*. — Idées romaines. — La Mort de César. — Ceracchi, Diana, Aréna et Topino-Lebrun. — Les machines infernales. — Travail des ateliers et des faubourgs. — Tentative des Chouans. — Georges et ses projets. — Saint-Régent, Carbon, et la machine infernale. — Origine de ce complot. — Rapport de police. — Le Consul contre les Jacobins. — Résolution de mesures exceptionnelles. — (Septembre 1800 à janvier 1801.)   362

CHAPITRE XVII. — PREMIÈRE DÉLIBÉRATION DES CORPS POLITIQUES SOUS LE CONSULAT. — Le Sénat réuni. — Séance du conseil d'état. — Le Tribunat et le Corps législatif. — Napoléon au conseil d'état. — Premières affaires discutées. — Tribunaux spéciaux. — Liste de déportation. — Mesures contre les Jacobins. — Première séance du Tribunat. — Discussion sur les tribunaux spéciaux. — Première opposition. — Benjamin Constant. — Chénier, Ginguené, etc. — Lois et actes d'organisation. — (Décembre 1800 - avril 1801.)   378

CHAPITRE XVIII. — CONGRÈS DE LUNÉVILLE. NÉGOCIATIONS ET TRAITÉ AVEC L'AUTRICHE. — Idée du congrès. — Développement de la campagne. — Moreau en Allemagne. — Brune en Italie.

— Effet à l'extérieur des attentats contre le Consul. — Angleterre. — Suite de la négociation de M. Otto. — Rupture. — Théorie du droit maritime. — Préparatifs d'escadre. — Ordre du cabinet. — Russie. — Traité de garantie entre Paul Ier, le Danemarck et la Suède. — Ligue maritime du Nord. — Négociations avec le premier Consul. — Prusse. — Rapports avec le cabinet de Paris. — Autriche. — Questions de la paix. — Voyage de M. de Cobentzl à Paris. — Campagne d'hiver de Moreau. — Bataille de Hohenlinden. — Situation des armées d'Italie. — Les plénipotentiaires à Lunéville. — Conférences. — L'armistice de Steyer. — Signature des préliminaires. — La paix de Lunéville. — Ses résultats. — Coup d'œil sur l'Europe. — (Décembre 1800 - février 1801.) 417

FIN DE LA TABLE DES CHAPITRES.

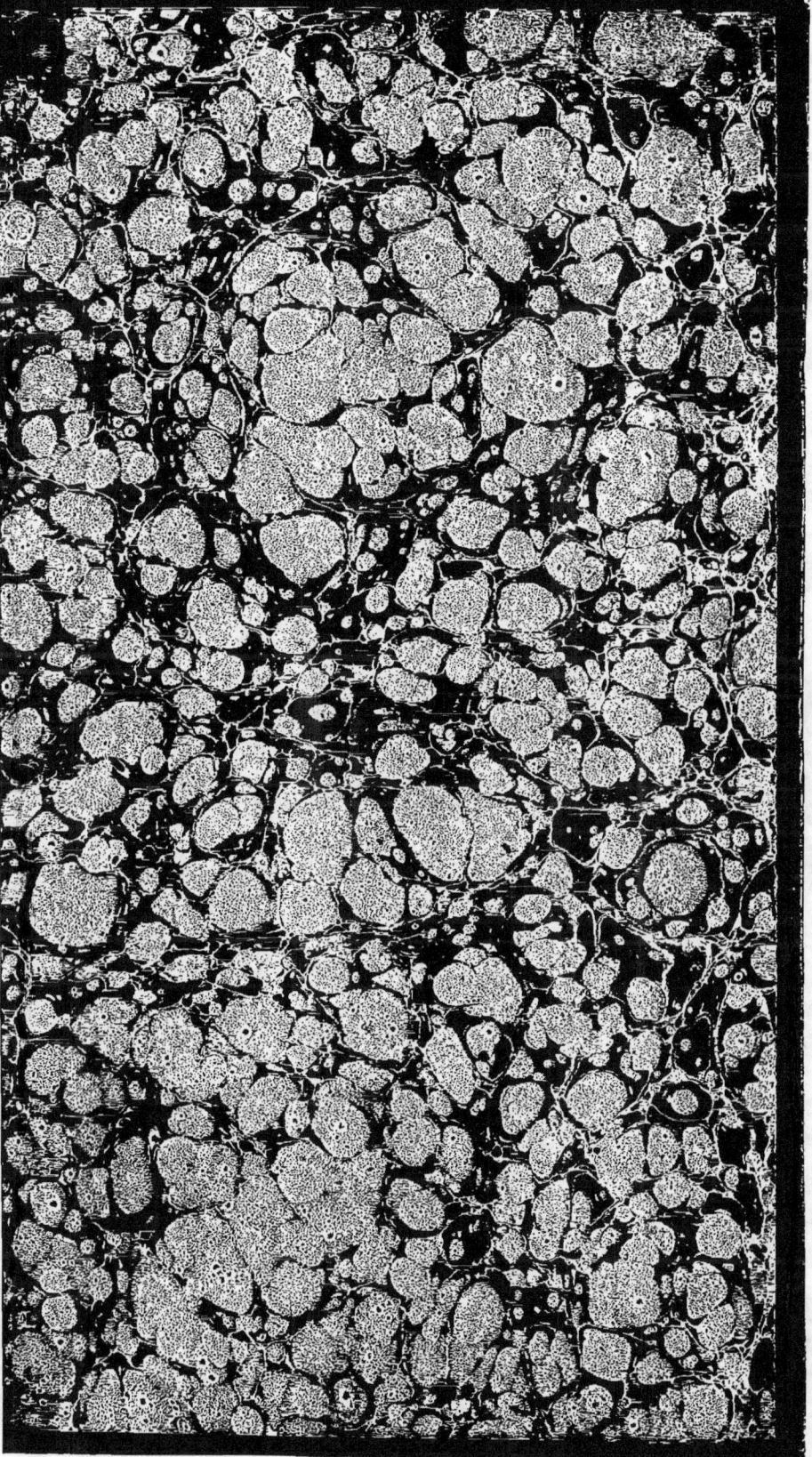

www.ingramcontent.com/pod-product-compliance
Lightning Source LLC
Chambersburg PA
CBHW060517230426
43665CB00013B/1546